a cura di
SAMUELE SANGALLI

Solidarietà e democrazia

Mediazione e dialogo tra ideali e realtà concrete

«Come esperti delle discipline sociali e come cristiani, voi siete chiamati a svolgere un ruolo di mediazione e di dialogo tra fede e scienza, tra ideali e realtà concrete; un ruolo che talvolta è anche quello di pionieri, perché vi è chiesto di indicare nuove piste e nuove soluzioni per risolvere in modo più equo gli scottanti problemi del mondo di oggi».

Giovanni Paolo II, Discorso del Santo Padre ai partecipanti all'Assemblea plenaria della Pontificia Accademia delle Scienze Sociali, Città del Vaticano, 23 aprile 1998.

Progetto grafico di copertina: Serena Aureli
Impaginazione: Scuola Tipografica S. Pio X - Roma

© 2014 Pontificio Istituto Biblico
Gregorian & Biblical Press
Piazza della Pilotta, 35 - 00187 Roma, Italy
www.gbpress.net - books@biblicum.com

ISBN: 978-88-7839-**296**-0

Alla memoria di Sant'Alberto Hurtado S.J.
un *contemplativo nell'azione*

Prefazione

Solidarietà e democrazia. Non c'è bisogno da parte mia di sottolineare l'importanza e l'attualità di questo tema nelle nostre società di oggi. Siamo infatti pienamente consapevoli che la democrazia è fragile, che la solidarietà non è spontanea, che i discorsi politici e le esortazioni morali non hanno più nessuna forza di convinzione. Oggi, tanto il contesto internazionale quanto la situazione delle nostre società richiedono una riflessione profonda e condivisa e un impegno personale con rinnovato impulso.

Il lavoro del Seminario *Sinderesi*, diretto dal Rev. Mons. Samuele Sangalli, testimonia il modo di prendere sul serio le poste in gioco in questo ambito e nel nostro mondo odierno.

Sappiamo bene che non solo la democrazia, ma anche la vita politica si indeboliscono fino al rischio di crollare quando i cittadini, che si chiudono nel loro piccolo spazio privato, abbandonano lo spazio politico e si fanno spettatori distaccati di ciò che tuttavia riguarda fondamentalmente la loro vita. Sappiamo ancora bene che la solidarietà non è un ideale astratto, un principio morale teorico, ma comincia dal "farsi prossimo" di colui che è vicino e dunque richiede la decisione morale di ognuno. Sappiamo anche che, quando si perdono la visione del bene comune e il desiderio di vivere con responsabilità la propria libertà di cittadino, la violenza si scatena a partire dagli interessi in conflitto, dal disprezzo delle persone più fragili o povere, dal rifiuto del dibattito e della condivisione. Mi sembra che ci troviamo in un momento chiave della nostra storia, perché la sfida da affrontare è come pensare e vivere la nostra vita comune con la bussola dei principi che appartengono tanto alla prospettiva democratica, quanto alla visione plasmata dalla Dottrina sociale della Chiesa. La posta in gioco è desiderare, promuovere e creare una società che riconosca l'unicità di ogni persona e che sia veramente solidale. La sfida è costruire una vita democratica vissuta eticamente dal basso fino al livello più alto delle responsabilità politiche ed economiche.

Solidarietà e democrazia: queste due espressioni richiamano alla mia mente l'immagine di tante realtà diverse tra loro interconnesse e messe in relazione tramite una rete di ponti. Questi ponti sono il senso dell'appartenenza a una "città", il dialogo aperto e fiducioso, il rispetto di ciascuno. Non basta infatti essere individui responsabili, ma occorre che questi dialoghino in un confronto rispettoso tra loro, che si pongano in relazione gli uni con gli altri, attraverso legami che possono prendere forme diverse, ma che devono avere come obiettivo l'andare oltre il singolo individuo, oltre gli interessi dell'uno o dell'altro, in vista del perseguimento di un bene che sia il "bene di tutti". La costruzione e lo sviluppo di questi ponti oggi, in un'epoca di crisi paralizzante e di disorientamento, in un momento di sfiducia verso i partiti, la politica, le istituzioni, richiede una grande creatività da parte di tutti coloro che sono consapevoli dell'urgenza dei tempi.

Questo libro è un'espressione di questa creatività nella cornice del seminario *Sinderesi* che svolge le sue attività in legame con il Centro *"Fede e Cultura «Alberto Hurtado»"* e la Facoltà di Scienze Sociali della Pontificia Università Gregoriana. Questo seminario è ovviamente un percorso di studio sotto la guida di docenti esperti, ma anche molto di più: è una sorta di "laboratorio" intellettuale, di "fabbrica delle idee", dove gli attori sono gli insegnanti e gli stessi giovani che partecipano al seminario. Quindi desidero ringraziare profondamente il Rev. Mons. Samuele Sangalli che ha ideato e gestito questo Cenacolo dal 2011, e tutti i docenti che contribuiscono a questo camminare insieme, per pensare e vivere un presente e un futuro che siano all'altezza delle questioni e delle aspettative delle nostre società.

François-Xavier Dumortier, S.J.
Rettore della Pontificia Università Gregoriana

Introduzione

Nella mia relazione introduttiva, puntualizzo che la presente pubblicazione rappresenta la terza tappa del primo ciclo del cammino di *Sinderesi*, dedicato ai fondamenti dell'etica pubblica[1] e all'indagine su due principi cardine della Dottrina Sociale della Chiesa (DSC): quello di sussidiarietà[2] e quello di solidarietà. Quest'ultimo, come apparirà dai vari contributi qui offerti, è stato esaminato interrogandosi se il modello democratico possa rappresentare, nei vari ambiti pubblici qui considerati, la via più idonea a renderlo effettivo ed efficace. A nostro parere, infatti, l'endiadi democrazia/solidarietà risulta via maestra per educare ad una società di corresponsabili, così come ormai chiede lo stato del nostro pianeta in quest'epoca di globalizzazione.

Secondo uno stile ormai consolidato, la prima parte del volume, dopo una mia sintesi dello *status quaestionis* sul tema nella DSC e la proposizione di alcune tracce di ricerca riprese poi nei successivi capitoli, raccoglie due relazioni magistrali di esperti nell'ambito delle scienza politica ed economica.

Anzitutto, in una conversazione con i partecipanti, qui trascritta con licenza del docente, il prof. L. Morlino ha mostrato come, attraverso un'analisi empirica, sia possibile valutare la qualità di una democrazia. Passando attraverso verifiche di procedimento,

---

[1] Cfr. SANGALLI S. (a cura di), *Sinderesi: fondamenti di etica pubblica*, GBPress, Roma, 2012.
[2] Cfr. SANGALLI S. (a cura di), *La Sussidiarietà: mappe e rotte di esplorazione*, GBPress, Roma, 2014.

contenuto e risultato, viene proposta una comprensione della democrazia oltre il paradigma procedurale, e dunque capace di identificare nell'uguaglianza una variabile indipendente attualmente importante tanto quella della libertà. E strettamente connessa all'uguaglianza è la solidarietà, intesa come comune coscienza di appartenere ad una comunità: da precisarsi in termini strutturali, di ampiezza e soggettivi. La solidarietà è infatti requisito della giustizia distributiva. Morlino conclude affermando che – come componente essenziale della democrazia – "la solidarietà si esaurisce nell'uguaglianza e nelle sue connessioni con la libertà".

La prof.ssa S. Bruzzi propone invece il modello dell'economia sociale di mercato (ESM) come stimolante ed idoneo per creare un nuovo ordine economico mondiale orchestrato nell'interrelazione tra democrazia, economia e solidarietà: la grande opportunità della globalizzazione. Dopo aver ripercorso le vicende del pensiero economico neoliberale lungo il XX secolo, ed in particolare la lezione tedesca degli ordoliberali e dell'ESM, la docente, facendo riferimento all'esperienza della Unione europea come laboratorio della convenienza e praticabilità della stessa ESM, suggerisce quest'ultima come modello globale a cui ispirarsi per un processo di sviluppo rispettoso della dimensione sociale dell'azione economica. Ciò infatti permetterebbe quel ripensamento della relazione Stato – Mercato – Società capace di responsabilizzare gli individui attraverso diverse rotte di ricerca, tra loro interconnesse, e indicate come in grado di "invertire" il trend di comportamenti all'origine dell'attuale "impasse" economica in Occidente.

La seconda parte del saggio, quella – a mio modesto parere – più originale e interessante, riporta l'esito delle cinque piste di ricerca in cui, divisi a gruppi, tutti i partecipanti al Cenacolo Sinderesi, stimolati dai contenuti di queste prime tre relazioni, si sono adoperati e confrontati, in riferimento ad ambiti ben precisati, circa l'interrelazione tra democrazia e solidarietà.

Il primo laboratorio, guidato da G. Alfiero e A. Piccinin con la supervisione esterna del prof. G. Scaccia, si è dedicato ad analizzare la possibile attuazione del rapporto tra democrazia e solidarietà all'interno delle forme di partecipazione politica. In particolare, anche a fronte delle recenti "evoluzioni" nello strutturarsi dell'azione politica in Europa e in Italia e al complesso problema dell'astensionismo nel voto e nella partecipazione, si intende rivendicare il recupero e la purificazione dell'istituzione partito per realizzare una modalità sussidiaria e solidale di intendere la vita pubblica. Ciò contribuirebbe a responsabilizzare le diverse componenti della società, come deve avvenire in una democrazia che goda di buona salute. In controtendenza verso quanti l'hanno già dichiarata estinta nella democrazia rappresentativa, la forma partito viene riproposta come autentico veicolo di formazione sociale e di partecipazione civile, come antidoto alla "leaderizzazione" delle politica, ovvero all'appiattimento o deresponsabilizzazione dei più su un'unica figura carismatica. Senza sottovalutare l'apporto dei moderni mezzi di comunicazione, internet in particolare, per favorire una più ampia partecipazione democratica, se ne elencano anche però puntigliosamente i limiti: dal disorientamento per la mole delle informazioni, al qualunquismo e al costante rischio di scivolare in una trattazione evidentemente superficiale di problemi complessi, anticamera dell'indifferenza. Quindi, proprio integrando le potenzialità dei network che hanno evidenziato quanto sia importante "stare in relazione" (connessi), questo gruppo di ricerca ritiene, in sintonia con la DSC, che il "corpo intermedio" rappresentato dal partito è indispensabile come forma sociale per educare e finalizzare ad una proposta politica coerente e di lungo periodo, necessaria a purificare gli interessi particolari verso il perseguimento di un più complessivo bene comune.

Il secondo contributo, elaborato dal gruppo di F. Nicotri – E. A. De Luca e sotto la supervisione esterna dell'Avv. A. Gambescia, ripensa l'indispensabile ruolo svolto dai centri culturali per una formazione democratica, e dunque solidale, del cittadino. Essi infatti rendono possibili quelle iniziative "che consentono ai cittadini di discutere in modo informato e ragionato dei temi che li riguardano", costruendo così *in actu exercito* quella cultura del dialogo e del confronto vitale per la democrazia e capace di educare alla mutua cooperazione. Ispirandosi all'esperienza italiana di impegno culturale di matrice cattolica, così diffusa, attraverso varie forme, nel secolo scorso, si desidera proporre la costituzione di quelle "minoranze creative" che sempre si sono poi dimostrate "decisive" all'interno dei processi storici, e che oggi avrebbero il compito di "ricollegare" le classi dirigenti ai veri bisogni della popolazione, in autentico spirito di servizio. A fronte dell'indebolimento dei canali istituzionali della politica e per ridurne l'eccessiva personalizzazione, questi *think tank*, o "serbatoi di pensiero", oltre a luoghi per la "fabbrica di idee", rappresenterebbero ottimi veicoli di selezione, naturale e democratica, per le future guide del Paese oltre che a configurarsi come strumenti regolati di corretta influenza e controllo verso i decisori pubblici. Nessuno si nasconde l'attuale difficoltà a ricreare tali esperienze di aggregazione sociale "dal basso", in quest'epoca di individualismo esasperato e di pluralità nelle appartenenze. Per questo viene auspicata una forma "agile": in entrata, in uscita e in ritorno; "a progetto": convenendo su idee ben precise e fatte proprie; "qualificata": a stimolare il meglio da tutti gli aderenti come scelta personale. Così, perlomeno, intende muoversi – paradigmaticamente – il *Cenacolo Sinderesi* all'interno del mondo giovanile, educando alla cittadinanza attiva, senza alcun bisogno di ritorno immediato, nell'intento di attivare tutti i percorsi necessari ad una formazione globale della persona.

Il gruppo coordinato da G. Saracino e supervisionato dal Prof. P. Onelli, continuando una ricerca già avviata negli anni scorsi nell'ambito delle politiche del lavoro, si è concentrato sull'attuale crisi del modello capitalista, a causa della manipolazione dello strumento finanziario, da mezzo a fine dell'economia, che seriamente minaccia la qualità democratica della società e del mondo dell'impresa, provocando derive di esclusione e marginalizzazione. In considerazione del grande rischio di rottura del nesso tra democrazia politica ed economica, o industriale, garanti di una società aperta come vuole essere quella europea in specie, si propone, con uno sguardo particolare verso l'Italia, una moderna regolamentazione delle varie *lobbies* e dei sistemi di rappresentanza. Questo al fine di disinnescare la spirale della tutela egoistica dei soli interessi particolaristici, a favore di un globale ripensamento dell'interdipendenza degli attori economici. Il bene/lavoro, in sostanza, per una vera promozione della dignità umana, va posto come condizione materiale di possibilità di una democrazia. E va garantito in termini inclusivi e solidaristici, come vuole la nostra Carta Costituzionale. Per ottenere ciò, in tempo di globalizzazione dei mercati e di perdita di potere da parte degli Stati nazionali, è necessario, per rimediare all'anomia in materia presente in Italia e in Europa, un nuovo modello di relazioni industriali. Questo sarà caratterizzato da una complessiva maggior co-responsabilizzazione di tutti gli attori implicati (che in fondo hanno lo stesso comune obiettivo da realizzare), per rivelarsi più efficace sia nei momenti critici che nelle fasi espansive del ciclo economico. Il contributo si conclude con la dimostrazione di come un nuovo stile culturale, segnato dalla cura e valorizzazione di ciò che viene oggi chiamato il "capitale umano", è garanzia per una ripresa a lungo termine, anche nel mondo del lavoro.

Sotto la supervisione esterna del dott. C. Borgomeo, il quarto gruppo, coordinato da M. Lancellotta e E. Pessano, propone il modello cooperativo come l'attuale migliore realizzazione della responsabilità democratica nel mondo dell'impresa, in grado di favorire autentiche dinamiche di solidarietà. Con forza viene motivata la "superiorità etica" della cooperativa, intesa come organizzazione economica solidale e democratica, perché in grado di favorire quella maturità umana indispensabile ad una gestione corretta delle diverse relazioni nel mondo del lavoro. In riferimento alla recente "crisi di sistema" delle economie occidentali, viene denunciata la dogmatica autoregolamentazione dei mercati e la rigida dicotomia profitto/filantropia, a favore invece di quella *Corporate Social Responsability* in grado di ripensare radicalmente la relazione tra impresa e suo contesto sociale. Così è possibile prendere coscienza delle potenzialità delle cooperative, finora, e per lungo tempo, ritenute dalla letteratura giuridica ed economica "imprese di serie B". Le statistiche citate dimostrano che questa forma societaria non solo ha retto bene al generale venir meno dei finanziamenti, ma paradossalmente "ha avuto un incremento in misura percentuale pari circa al doppio rispetto alla tradizionale impresa, dimostrando maggiore capacità di innestarsi nel tessuto sociale". Mutualità e condivisione sono alla base anche delle nuove forme di *sharing economy* e dei vari altri "modelli ibridi" elencati, con cui si dimostra la complessiva "rimessa in discussione" di confini e categorie, tra economico e sociale, finora ritenuti distinti ed invalicabili, alla ricerca di modelli organizzativi socialmente più sostenibili. Con realismo le autrici affrontano, utilizzando proposte innovative, il nodo dei sistemi di accesso al credito e di quelle necessarie attività e politiche di supporto alla creazione e allo sviluppo di impresa, in uno stile di flessibilità e condivisione (*copowerment*) che, con formula efficace, la trasformerebbe da "nexus of contracts" a "network of relations".

L'ultimo laboratorio – come ormai stile di Sinderesi – ha affrontato il nostro tema in un'ottica europea. Guidato da R. Gimmelli e S. Tilotta, e con la supervisione esterna dell'Amb. G. Lenzi e della dott.ssa S. Schmitt, il gruppo ha cercato di comprendere, con analisi e proposte, come Europa democratica e solidarietà rappresentino, non in modo generico, un binomio inscindibile. All'interno di un'ermeneutica ispirata alla giustizia sociale, e facendo riferimento al Trattato di Lisbona (2009), ci si è interrogati su cosa significhi oggi, in Europa, la solidarietà intesa come tutela dei propri cittadini e degli immigrati che arrivano in numero crescente. È evidente infatti che, in materia, la diversità degli approcci dei 28 Stati membri testimonia un'integrazione europea ancora difettosa. È allora possibile, o utopico, creare un vero sistema sociale comunitario? Vengono qui menzionate strategie in atto (da Europa 2020 alla Blue card, ai progetti Erasmus e Leonardo da Vinci), promosse dalla Commissione Europea che però – lo ripetiamo – devono fare i conti con le diverse situazioni e velocità attuative dei Paesi membri. Anche i Padri fondatori – con grande realismo – erano ben consapevoli che l'Europa democratica non si sarebbe "fatta di colpo", ma attraverso un perseverante cammino di solidarietà interstatale, in cui le inevitabili crisi devono fare da detonatore per sviluppi ulteriori del processo di integrazione democratica, sempre più condiviso e – perché abbia successo – rispettoso delle identità e dei tempi di tutti. L'introduzione così di forme alternative all'integrazione omogenea rappresenta uno dei lati più innovativi dei trattati europei più recenti, senza venir meno alla solidarietà del perseguimento di obiettivi convergenti, sebbene perseguiti a velocità e intensità differenziate. Tale solidarietà, oltre ad esplicarsi nei rapporti tra Stati, cittadini e istituzioni del continente, trova espressione nei confronti del resto del mondo, ove l'azione dell'Unione europea è faro di civiltà nella misura in cui salvaguardia e promuove i Diritti umani. Concludendo, il gruppo di lavoro formula la proposta di un'architettura istituzionale improntata ad una maggiore partecipazione comunitaria, stimola soluzioni comuni a problemi comuni, sollecita maggiori sforzi per la trasparenza e l'informazione in vista di una nuova *governance* più solidale.

Tracciando le somme di tutto questo cammino è possibile riconoscere nell'insieme dei contributi il tentativo, da parte di tutti i giovani di Sinderesi, di suggerire alcune forme concrete in cui il responsabilizzante binomio "solidarietà-democrazia" si possa realizzare con efficacia per il bene comune: nelle istituzioni politiche (forma partito) e culturali (i centri), nel mondo del lavoro (nuovo modello di relazioni industriali) e dell'impresa (la cooperazione), dentro il nostro contesto europeo (di obiettivi convergenti a diverse velocità attuative).

Come nella tradizione di Sinderesi, si pubblicano qui i risultati di tutto questo laborioso cammino di ricerca e confronto, sperando di dare maggiore risonanza a queste tesi, favorendo così un dibattito più ampio, su questi nodi cruciali della vita sociale, che pensiamo utile a tutti.

Anche questo volume è stato possibile grazie all'impegno e alla dedizione di tante persone coinvolte e che qui è doveroso menzionare: dall'infaticabile Segretario dott. Nicotri coadiuvato dalla dott.ssa Piccinin, ai docenti elencati, alla Fondazione Adenauer (che, tra l'altro, ha generosamente coperto le spese per la pubblicazione), alla Pontificia Università Gregoriana che, soprattutto con il Rettore Magnifico e il Direttore del Centro Hurtado, non cessa di credere nel valore e nella qualità profetica di questo lavoro. Tutti condividiamo la gioia di questa terza pubblicazione e la volontà di proseguire nell'opera avviata che, sappiamo, sta diventando, a differenti livelli, un modello esportabile di severa formazione alla "cittadinanza attiva". Pensando al futuro e al nuovo ciclo triennale che si apre, con fiducia quindi, come si diceva in altri contesti, così ripetiamo: "Dio porti a compimento ciò che ha avviato in tutti noi".

Mons. Samuele Sangalli

Parte prima

Ideali

"Gli ideali, se autentici, se umani, non sono sogni: sono doveri (...) tanto più essi si fanno urgenti e affascinanti, quanto più rumori di temporali turbano gli orizzonti della nostra storia. E sono energie, sono speranze".

Paolo VI

Ideale n. 1

Solidarietà e democrazia nell'orizzonte della Dottrina Sociale della Chiesa: riflessioni per un percorso

Mons. Samuele Sangalli

1. Comprendere la globalizzazione

Il primo ciclo triennale di Sinderesi, dopo essersi soffermato sui fondamenti dell'etica pubblica[1] ed aver riflettuto sul principio di sussidiarietà,[2] conclude il suo itinerario prendendo in esame l'altra categoria cardine della Dottrina Sociale della Chiesa (DSC): il principio di solidarietà.

Abbiamo scelto di condurre tale indagine tenendo presente, da un lato, che, soprattutto nel contesto odierno, parlare di solidarietà nell'ambito sociale significa avviare un discorso che riguarda anzitutto l'umanità come tale – ed è così che lo articola la DSC –, dall'altro comporta l'interrogarsi profondamente se lo strumento istituzionale che possa meglio favorire l'esercizio della solidarietà tra gli uomini sia il regime democratico, da istaurarsi in tutti gli ambiti pubblici: dalla politica all'economia. In tale direzione si muoveranno le varie ricerche di gruppo.

Prima di affrontare, da parte mia, una riflessione su quanto la DSC ha offerto al proposito, è utile accennare alle circostanze in cui tale dottrina è stata e va elaborandosi, segnate dalla svolta epocale della globalizzazione.[3] Quest'ultimo è uno dei termini che, intuitivamente, tutti subito ne capiscono il significato ma poi, quando si procede ad esplicitarlo, si entra in quel ginepraio meglio oggi espresso con il concetto di complessità. Che significa, infatti, globalizzazione?

---

[1] Cfr. SANGALLI S. (a cura di), *Sinderesi: fondamenti di etica pubblica*, GBP Press, Roma, 2012.
[2] L'itinerario percorso è esposto in: SANGALLI S. (a cura di), *La Sussidiarietà. Mappe e rotte di esplorazione*, GBPress, Roma, 2014.
[3] Cfr. BECK U., *Che cos'è la globalizzazione?*, Carrocci, Roma, 1999. Oppure anche in: *Utopie del nostro tempo*, *Limes* Rivista italiana di geopolitica, 8 settembre 2013.

Che il mondo si è "rimpicciolito", ovvero che la tecnica ha drasticamente ridotto le distanze spazio-temporali, permettendo l'incontro e dunque il progressivo rimescolamento di genti e culture come mai era avvenuto prima d'ora.[4] Ciò – lo notiamo quotidianamente – ha creato omologazioni, soprattutto con la diffusione capillare del "modello occidentale" caratterizzato dallo stesso dominio della tecnica su tutte le realtà della vita umana,[5] e dal progressivo imporsi della liberal-democrazia[6] che, in fondo, altro non dovrebbe essere che il configurarsi della migliore "tecnica procedurale" per il convivere nella società umana.

In realtà, questo processo non è pacifico, ma presenta continue resistenze che si configurano come contraccolpi fatti da differenze, disarticolazioni e separatezze. Uno per tutti, il continuo emergere delle varie forme di fondamentalismo: religioso, etnico e politico.

---

[4] «Tra i fattori determinanti i processi di globalizzazione ricordiamo in modo particolare: la pervasività del progresso scientifico e tecnologico e la sua capacità di generare nuovi prodotti, nuovi servizi, nuove forme organizzative e di comunicazione per i quali non sembrano esistere barriere né spaziali né temporali; il consolidarsi di un patrimonio conoscitivo e informativo comune (si studia sugli stessi libri di testo, guardano gli stessi programmi televisivi, per la navigazione in internet non esistono frontiere); la crescita (ancorché squilibrata) dei livelli di istruzione e la realizzazione di infrastrutture di base simili in tutti i paesi; l'accresciuta mobilità delle persone tanto per scelta quanto per drammatica necessità; la progressiva integrazione dei mercati attraverso l'attuazione di zone di libero scambio, unioni monetarie, forme varie di cooperazione; la finanziarizzazione dell'economia». Cfr. VENDEMIATI A., *In comunità. Fondamenti di etica sociale*, Urbaniana University Press, Roma, 2013, p. 45.
[5] Cfr. SEVERINO E., *Capitalismo senza futuro*, Rizzoli, Milano, 2012.
[6] Cfr. FUKUYAMA F., *La fine della storia e l'ultimo uomo*, trad. it., BUR, Milano, 2003. Ed inoltre: «Il punto fondamentale della mia tesi – che la democrazia liberale rappresenta la forma finale di governo – regge ancora (...) La vera questione è se sia emerso un qualsiasi altro sistema di governo negli ultimi vent'anni a scardinare la mia tesi. E la risposta resta negativa (...) Siamo passati da un'ottantina di democrazie nei primi anni Settanta a 130 o 140 due decenni più tardi. Certo non c'è stata progressione lineare. Oggi assistiamo ad una specie di regressione della democrazia (...) È chiaro che il grande slancio verso la democrazia ha toccato i suoi limiti. In alcuni luoghi, oggi si verifica una reazione antidemocratica. Ma questo non significa che la corrente più consistente non sia ancora verso la democrazia (...) È impossibile avere un buon governo senza responsabilità democratica. E credere altrimenti è un'illusione pericolosa» (Cfr. FUKUYAMA F., *Quel che resta della "fine della storia" vent'anni dopo la caduta del Muro*, testo raccolto da Nathan Gardels, traduzione di Rita Baldassarre, Global Viewpoint, in *Il Corriere della Sera*, venerdì 23 ottobre 2009).

È, in ultima analisi, il manifestarsi, quasi inconscio, di una paura verso il destino di solitudine a cui condurrebbe il prevalere incondizionato del modello occidentale, capitalista e perciò tendenzialmente individualista. La società occidentale, infatti, sembra ormai preda del nichilismo che, relativizzando ogni valore, conduce alla liquefazione di ogni legame,[7] lasciando l'uomo nella solitudine di un individualismo sempre più corrosivo.[8]

Non azzardiamo previsioni sull'esito di questo processo, innanzitutto perché non è qui nostro compito, ed inoltre la parabola dell'analisi filosofica della storia ha insegnato come sia ormai arduo, se non impossibile, configurare un modello unitario di lettura del divenire. Proprio la complessità sembra destinarci, nell'ermeneutica della realtà storica, ad un'intelligenza "narrativa", più che "concettuale".[9]

Certamente l'escatologia sottesa alla lettura della DSC è la *parusìa* finale del Cristo; ma l'intervallo del *già e non ancora* costituisce, anche per lo sguardo credente, il "luogo" del continuo tentativo di discernimento dei processi attraverso i quali essa alla fine avverrà.

In questo senso, la DSC condivide l'osservazione che evidenza pragmatica della globalizzazione sia l'interdipendenza – ormai sempre più stretta – tra gli uomini e le comunità, ad ogni livello (nazionale ed internazionale),[10] e che tale interdipendenza, assunta come atteggiamento morale e sociale – ossia come virtuosa –,[11] debba configurarsi come *solidarietà*; altro nome del rispetto della dignità di ogni uomo.

---

[7] Bauman Z., *Amore liquido. Sulla fragilità dei legami affettivi*, Laterza, Roma – Bari, 2006.
[8] Cfr. Ratzinger J., Pera M., *Senza radici. Europa, relativismo, cristianesimo, islam*, Mondadori, Milano, 2004.
[9] Cfr. Miccoli P., *La voce di Clio. Lineamenti di filosofia della storia*, Urbaniana University Press, Roma, 2008, pp. 78-85.
[10] Cfr. Benedetto XVI, *Caritas in veritate* (d'ora in poi CnV), LEV, Città del Vaticano, 2009, n. 53.
[11] Cfr. Giovanni Paolo II, *Sollicitudo rei socialis*, LEV, Città del Vaticano, 1987, n. 38.

Questa partecipazione attiva, da parte di tutti, agli impegni sociali e alla gestione degli affari pubblici è resa possibile dall'*ideale democratico*, inteso anche come forma di governo della "cosa pubblica".[12]

Prima però di procedere ad una riflessione su come *solidarietà* e *democrazia* interagiscano negli scritti del Magistero, è opportuno sostare per una essenziale chiarificazione dei due concetti alla luce della stessa DSC.

2. Cosa si intende per solidarietà nella Dottrina Sociale della Chiesa

Nella dottrina cattolica il concetto di solidarietà prende significato dalla comune origine di tutte le creature da Dio, che è anche il loro destino ultimo.[13] Per questa ragione poi, il genere umano in particolare forma una unità, retta da una legge di solidarietà e di carità, in quanto gli uomini sono tutti fratelli,[14] destinati alla comunione finale dei santi.[15] Quando l'uomo, con il suo peccato, ferisce la propria natura, egli attenta anche alla solidarietà umana.[16]

Ritroviamo tale quadro antropologico nella DSC, con il concetto di solidarietà inteso come *"uno dei suoi principi basilari"*.[17] Precisa Giovanni Paolo II nella *Centesimus Annus*: «Il principio che oggi chiamiamo di solidarietà (...) è più volte enunciato da Leone XIII col nome di *amicizia*, che troviamo già nella filosofia greca, da Pio XI è designato con il nome non meno significativo di *carità sociale*, mentre Paolo VI, ampliando il concetto secondo le moderne e molteplici dimensioni della questione sociale, parlava di *civiltà dell'amore*».[18] Il *Compendio*

---

[12] Cfr. GIOVANNI PAOLO II, *Centesimus annus*, LEV, Città del Vaticano, 1991, n. 46.
[13] Cfr. CATECHISMO DELLA CHIESA CATTOLICA (d'ora innanzi CCC), LEV, Città del Vaticano, 1992, n. 344.
[14] Cfr. *Ibidem*, nn. 360-361.
[15] Cfr. *Ibidem*, n. 953.
[16] Cfr. *Ibidem*, n. 1849.
[17] Cfr. PONTIFICIO CONSIGLIO DELLA GIUSTIZIA E DELLA PACE, *Compendio della Dottrina Sociale della Chiesa* (d'ora innanzi *Compendio*), LEV, 2004, n. 141.
[18] Cfr. GIOVANNI PAOLO II, *Centesimus annus*, op. cit., n. 10.

della Dottrina Sociale annota che, da Pio XII e nei Pontefici successivi, il termine solidarietà viene impiegato con crescente frequenza e con sempre maggior ampiezza di significato, inteso come: legge, principio, dovere, valore, ed infine come virtù.[19]
Nella DSC la solidarietà manifesta la comune interdipendenza tra gli uomini, perché, appunto, per il cristianesimo la natura umana è intrinsecamente sociale. «Mai come oggi c'è stata una consapevolezza tanto diffusa del legame di interdipendenza tra gli uomini e i popoli, che si manifesta a qualsiasi livello».[20] La solidarietà infatti, poiché tutti siamo responsabili di tutti, incita a promuovere l'inalienabile dignità di ogni uomo e a contribuire al suo sviluppo come persona.[21]
In quanto espressione dell'esigenza morale sottesa a tutte le relazioni umane, per la DSC la solidarietà si presenta sotto i due aspetti complementari di *principio sociale* e di *virtù morale.*[22]
Con il primo viene intesa come criterio basilare per costruire una società retta, scardinando – tramite nuove leggi, regole di mercato e/o ordinamenti – quelle "strutture di peccato"[23] che dominano la società umana, trasformandole in "strutture di solidarietà".[24]
La solidarietà è anche virtù morale, perché non può essere scambiata per semplice emozione o sentimento, ma si deve configurare come determinazione salda e perseverante ad agire costantemente per il bene comune, ovvero di ogni persona in quanto sociale.[25] Vivendo tale atteggiamento virtuoso, gli uomini, andando controcorrente in questo nostro tempo segnato dall'individualismo, possono coltivare maggiormente la

---

[19] Cfr. nota 17.
[20] Cfr. il *Compendio* al n. 192, riprendendo la *Mater et Magistra* di Giovanni XXIII, la *Gaudium et Spes* del Vaticano II e la *Laborem exercens* di Giovanni Paolo II.
[21] Cfr. PONTIFICIO CONSIGLIO DELLA GIUSTIZIA E DELLA PACE, *Dizionario di Dottrina sociale della Chiesa* (d'ora innanzi *Dizionario*), LAS, Roma, 2006, pp. 722-723.
[22] CCC nn. 1939-1941.
[23] Cfr, GIOVANNI PAOLO II, *Sollicitudo rei socialis*, op. cit., nn. 36-37; GIOVANNI PAOLO II, *Reconciliatio et paenitentia*, 1984, n. 16.
[24] Cfr. *Dizionario* pp. 726-727; *Compendio* n. 193.
[25] Cfr. nota precedente.

consapevolezza del debito che hanno nei confronti della società in cui sono inseriti.[26]

Il principio di solidarietà viene applicato dalla DSC ad ogni ambito sociale, per favorire pace e sviluppo a tutti gli uomini e in tutte le situazioni: nei rapporti tra uomo e donna, intergenerazionali, famigliari, economici, politici, nel mondo del lavoro, nelle relazioni e organizzazioni internazionali, nella lotta alla povertà e nel buon uso delle tecnologie, nel rispetto dell'ambiente e come nell'etica delle comunicazioni.[27] Non è possibile in questa sede approfondire, settore per settore, le indicazioni al riguardo; basti però affermare che, in ognuno, è stimolata ogni volta la creatività dell'esercizio di solidarietà che deve avere come stelle polari il rispetto della dignità di ogni persona umana e il bene comune.

In quest'ottica lo vedremo applicato nei vari ambiti, politico/istituzionali ed economico/finanziari, che affronteranno i vari gruppi di lavoro in questa nostra ricerca.

I testi della DSC affermano con forza che, alla luce del Vangelo, la solidarietà tende a superare sé stessa e a declinarsi ulteriormente secondo lo stile della gratuità piena, del dono di sé. Ciò invita a percorrere, accanto ed oltre le configurazioni della giustizia, le strade coraggiose dell'etica del dono, ovvero della gratuità, come motore della fiducia per una vera corresponsabilità al di là della semplice, ma pur sempre impegnativa, logica di reciprocità.[28] In particolare, è alla luce della vita totalmente oblativa di Gesù Cristo che risplende il nesso tra solidarietà e carità, e si comprende come in quest'ultima è chiamata a sfociare e sostenersi la prima.[29]

---

[26] «(...) sono debitori di quelle condizioni che rendono vivibile l'umana esistenza, come pure di quel patrimonio, invisibile ed indispensabile, costituito dalla cultura, dalla conoscenza scientifica e tecnologica, dai beni materiali e immateriali, da tutto ciò che la vicenda umana ha prodotto. Un simile debito va onorato nelle varie manifestazioni dell'agire sociale, così che il cammino degli uomini non si interrompa, ma resti aperto alle generazioni presenti e a quelle future, chiamate insieme, le une e le altre, a condividere, nella solidarietà, lo stesso dono». Cfr. *Compendio* n. 195.
[27] Cfr. *Compendio*, indice tematico alla voce "solidarietà", pp. 479-481.
[28] Cfr. *Dizionario* pp. 723-724.
[29] Cfr. *Compendio*, n. 196.

Nella *Caritas in veritate* Benedetto XVI ama percorrere questo itinerario, ribadendo con vigore che non è neppure possibile una vera giustizia solidale al di fuori della carità, ovvero del riconoscimento gratuito, incondizionato ed amorevole dell'altro.[30]

Papa Francesco, nei suoi interventi sin dall'esordio del Pontificato, non si stanca di "ripartire dalla solidarietà con i poveri" come criterio di riforma della Chiesa e di soluzione ai persistenti squilibri della società mondiale.[31]

Nella serie dei documenti magisteriali che hanno "dato contenuto" alla DSC, come sappiamo, l'ultimo finora più autorevole, in termini cronologici e di grado d'importanza del testo, è stata l'enciclica benedettina sopracitata che, cercando di offrire orientamenti alla situazione attuale segnata dalla crisi economico-finanziaria, afferma la necessità di una stretta connessione tra la *solidarietà* e la *sussidiarietà*.[32] Non è possibile, infatti, attuare una vera solidarietà, rispettosa dell'altro, senza aiutarlo ad assumersi le proprie responsabilità e a "camminare con le proprie gambe". Un'autentica solidarietà dunque stimola la partecipazione interattiva di tutti ad ogni stadio, fino ad ottenere un *governo sussidiario della globalizzazione*, evitando così ogni pericoloso esito monocratico.[33] Sin dalla *Pacem in terris* di Giovanni XXIII,[34] la DSC afferma che tale governo, sussidiario e

---

[30] Cfr. *CnV*, nn. 55-56.
[31] Cfr. FRANCESCO, *Lumen Fidei*, LEV, 2013, nn. 54-55.
[32] «*Il principio di sussidiarietà va mantenuto strettamente connesso con il principio di solidarietà e viceversa*, perché se la sussidiarietà senza la solidarietà scade nel particolarismo sociale, è altrettanto vero che la solidarietà senza la sussidiarietà scade nell'assistenzialismo che umilia il portatore di bisogno. Questa regola di carattere generale va tenuta in grande considerazione anche quando si affrontano le tematiche relative agli *aiuti internazionali allo sviluppo*». Cfr. *CnV*, n. 58.
[33] «(...) per non dar vita ad un pericoloso potere universale di tipo monocratico, il governo della globalizzazione deve essere di tipo sussidiario, articolato su più livelli e su piani diversi, che collaborino reciprocamente. La globalizzazione ha certo bisogno di autorità, in quanto pone il problema di un bene comune globale da perseguire; tale autorità, però, dovrà essere organizzata in modo sussidiario e poliarchico, sia per non ledere la libertà sia per risultare concretamente efficace». Cfr. *Ibidem*, n. 57.
[34] Cfr. SANGALLI S., *Il principio di Sussidiarietà nella Dottrina Sociale della Chiesa*, in Id. (a cura di), *La Sussidiarietà. Mappe e rotte di esplorazione*, op. cit., 2014.

poliarchico, deve contraddistinguere tutti i livelli, sino alle istituzioni internazionali, sia politiche che economico-finanziarie.[35] La solidarietà che si declina in termini sussidiari, proprio per l'invito – sotteso in tale orientamento – a stimolare e valorizzare il contributo di tutti, postula una formula organizzativa democratica come via normale a che tale auspicio si realizzi.

È necessario pertanto fermarci ora a considerare la riflessione della DSC sulla democrazia per comprendere in che senso, all'interno del pensiero della Chiesa circa la realtà sociale, possiamo vedere il configurarsi di indicazioni orientative per le modalità, anche istituzionali, con cui affrontare il mutamento epocale della globalizzazione.

3. Il pensiero del Magistero circa la democrazia

Sulla democrazia il lungo cammino di riflessione, avvenuto nella DSC, ha condotto alla seguente affermazione della *Centesimus Annus*:

> «La Chiesa apprezza il sistema della democrazia, in quanto *assicura la partecipazione dei cittadini* alle scelte politiche e garantisce ai governati la possibilità sia di eleggere e controllare i propri governanti, sia di sostituirli in modo pacifico, ove ciò risulti opportuno. Essa, pertanto, non può favorire la formazione di gruppi dirigenti ristretti, i quali per interessi particolari o per fini ideologici usurpano il potere dello Stato. *Un'autentica democrazia è possibile solo in uno Stato di diritto e sulla base di una retta concezione della persona umana.* Essa esige che si verifichino le condizioni necessarie per la *promozione sia delle singole persone* mediante l'educazione e la formazione ai veri ideali, *sia della «soggettività» della società* mediante la *creazione di strutture di partecipazione e di corresponsabilità*. Oggi si tende ad affermare che l'agnosticismo ed il relativismo scettico sono la filosofia e l'atteggiamento fondamentale

---

[35] Cfr. *CnV*, n. 67; Pontificio Consiglio della Giustizia e della Pace, *Per una riforma del sistema finanziario e monetario internazionale nella prospettiva di un'autorità pubblica a competenza universale*, LEV, Città del Vaticano, 2011.

rispondenti alle forme politiche democratiche, e che quanti son convinti di conoscere la verità ed aderiscono con fermezza ad essa non sono affidabili dal punto di vista democratico, perché non accettano che la verità sia determinata dalla maggioranza o sia variabile a seconda dei diversi equilibri politici. A questo proposito, bisogna osservare che, se non esiste nessuna verità ultima la quale guida ed orienta l'azione politica, allora le idee e le convinzioni possono esser facilmente strumentalizzate per fini di potere. *Una democrazia senza valori si converte facilmente in un totalitarismo* aperto oppure subdolo, come dimostra la storia».[36]

Il paragrafo citato esprime sia l'opzione avvenuta a favore dell'ordinamento democratico, sia le condizioni di possibilità – secondo la dottrina cattolica – perché esso possa giovare al bene comune e non danneggiarlo. Il processo di secolarizzazione dello Stato, ed il conseguente imporsi della democrazia liberale è stato infatti per lungo tempo percepito come un'autentica minaccia per la vita della Chiesa e il retto organizzarsi della società.[37]

Nella seconda metà dell'Ottocento, a fronte della questione sociale e del nascere della democrazia moderna, la risposta della DSC, sin dai suoi esordi con Leone XIII e continuando così la linea di insegnamento dei suoi predecessori, è stata quella di promuovere la restaurazione della società cristiana[38] e dello Stato confessionale: la cristianità, con la sottomissione degli "errori moderni" alla legge morale e religiosa della Chiesa. Il contesto vedeva la diffusione del positivismo e di un virulento anticlericalismo che certamente non favorì chi – sia in ambito cattolico che laico – cercava mediazioni. Lo scontro era ideologico; tra due antropologie antitetiche, radicata l'una sulla conformazione alla verità oggettiva sia naturale che divina, l'altra

---

[36] Cfr. GIOVANNI PAOLO II, *Centesimus Annus*, op. cit., n. 46.
[37] Cfr. FRIGATO S., *La difficile democrazia. La dottrina sociale della Chiesa da Leone XIII a Pio XII (1878-1958)*, Studia taurinensia-Michele Pellegrino, Effatà editrice, Torino, 2007; ACERBI A., *Chiesa e democrazia. Da Leone XIII al Vaticano II*, Vita e Pensiero, Milano, 1991.
[38] *"Instaurare omnia in Christo"*. Sarà questo il motto del successore di Leone, Pio X, Papa dal 1903 al 1914.

tesa invece alla promozione della libertà individuale quale unica fonte normativa etico giuridica.[39]

Stante la complessità dell'uomo singolo, nel suo intreccio di razionalità, volitività e passioni, come dei gruppi sociali, le cui dinamiche obbediscono frequentemente più alle emozioni che ad analisi razionali della realtà,[40] spesso situazioni che paiono senza via di uscita vengono "fatte evolvere" grazie ad imprevisti eventi esterni che, aiutando a comprendere meglio il dato da valutare, smussano la monoliticità di affermazioni dogmatiche le quali, accanto alla difesa di un effettivo "valore", recavano con sé però anche tutta una componente emotiva che rischiava di oscurare più che promuovere lo stesso valore. In questo senso il sorgere, negli anni Venti del secolo scorso, dei totalitarismi di destra e di sinistra, chiamando la Chiesa a difendere la libertà religiosa e quindi la dignità di ogni persona umana, farà riconsiderare la sua valutazione del sistema democratico. Ovvero, se da un lato per la DSC resta inaccettabile una teoria democratica intesa come affermazione dell'origine ultima della sovranità e del diritto dall'uomo (con conseguente relativismo della verità e positivismo giuridico), dall'altro si giunge a riconoscere che è improprio ridurre il modello istituzionale democratico/rappresentativo a questa sua teorizzazione. Infatti, dopo le convulsioni del modernismo e la sofferta vicenda dell'*Opera dei Congressi*,[41] la presa di coscienza di sé da parte del laicato cattolico e l'accettazione del *metodo democratico* nel dibattito tra *confessionalità* o *ispirazione cristiana* della loro rappresen-

---

[39] «Da un lato, bisogna sottolineare come il Papa abbia colto esattamente l'anima vera del conflitto tra cattolicesimo e modernità: lo scontro tra libertà e verità. Dall'altro, però, non si può non rilevare che la risposta che propone: la *confessionalizzazione* o la *cattolicizzazione* delle società e degli Stati moderni appare largamente anacronistica» Cfr. FRIGATO S., *La difficile democrazia. La dottrina sociale della Chiesa da Leone XIII a Pio XII (1878-1958)*, op. cit., p. 23.

[40] Esemplificativo, al riguardo, il noto saggio di Akerlof e Shiller sull'attuale congiuntura economica che qui menziono nella sua edizione italiana: AKERLOF G.A., SHILLER R.J., *Spiriti animali. Come la natura umana può salvare l'economia*, Rizzoli, Milano, 2009.

[41] Cfr. TRANIELLO F.-CAMPANINI G. (a cura di), *Dizionario Storico del Movimento Cattolico in Italia*, – Fatti, idee e protagonisti – Voll. 1-3 più supplemento, Marietti, Torino, 1997-2000.

tanza[42] e, soprattutto, gli eventi tragici della Grande Guerra e del dopoguerra con la nascita dei regimi comunisti, fascisti e nazionalsocialisti, assistiamo, a partire da Pio XI,[43] al lento e graduale passaggio dalla promozione di uno Stato autoritario cattolico alla riconsiderazione degli Stati liberal-democratici come capaci di garantire il rispetto della dignità umana e, in un contesto generale di libertà, la stessa esistenza e missione della Chiesa.[44] L'impraticabilità di una *"cattolicizzazione"* del fascismo, evidente dallo scontro aspro sull'egemonizzazione politica della gioventù nel 1931, la necessità della denuncia all'offesa sistematica perpetrata alla dignità dell'uomo da parte dei totalitarismi e del loro tentativo di asservimento della persona all'ideologia dello Stato,[45] conducono il Magistero, da un lato, alla netta riaffermazione che un diritto positivo non fondato sulle *norme del diritto naturale* costituisce una minaccia alla convivenza internazionale, dall'altro, alla viva presa di coscienza che la libertà della Chiesa è appunto legata al più generale riconoscimento della dignità di ogni uomo. Ed è con Pio XII che, avviandosi un Magistero sociale più esplicito nell'affermare la centralità della persona umana come "fondamento e fine di ogni ordinamento sociale e politico",[46] avviene l'apertura alla *democrazia rappresentativa* quale forma politica più compatibile con la dignità e la libertà dei cittadini, e dunque più

---

[42] Cfr. MORABITO A., *Movimento cattolico in Italia*, Gangemi, Roma, 1994, pp. 24-56.
[43] Cfr. VENERUSO D., *Il pontificato di Pio XI*, in GUASCO M., GUERRIERO E., TRANIELLO F. (a cura di), *Storia della Chiesa. Cattolici nel mondo contemporaneo (1922-1958)*, vol. XXIII, Edizioni Paoline, Cinisello Balsamo (MI), 1991.
[44] Cfr. SCOPPOLA P., *Gli orientamenti di Pio XI e di Pio XII sui problemi della società contemporanea*, in GUASCO M. – GUERRIERO E. – TRANIELLO F. (a cura di), *Storia della Chiesa. Cattolici nel mondo contemporaneo (1922-1958)*, op. cit.
[45] Cfr. Le tre encicliche di Pio XI: *Mit brennender Sorge, Divini Redemptoris* e *Non abbiamo bisogno*, scritte tra il 1937 e il 1938, sono la presa di coscienza e la ferma condanna di quanto elencato. Cfr: PIO XI, *Contro i nuovi idoli*, introduzione di Luigi Crippa, Edizioni Messaggero, Padova, 1987.
[46] Cfr. PIO XII, *Radiomessaggio natalizio ai popoli del mondo*, 24 dicembre 1944, in SPIAZZI R. (a cura di), *I Documenti Sociali della Chiesa*, vol. 1, Ed. Massimo, Milano, 1988, pp. 497-516.

idonea al *nuovo ordine* che avrebbe dovuto prendere forma dopo l'immane tragedia del secondo conflitto mondiale.
Si tenga presente, già con Pio XII e poi a seguire – dal Concilio Vaticano II a Benedetto XVI –, che la democrazia intesa dal Magistero non è quella liberale pluralistica ed agnostica concepita dal mondo moderno, quanto piuttosto quella che si basa sulle verità del diritto naturale, capaci di garantire il rispetto della dignità umana, ovvero della sua libertà e della fondamentale uguaglianza tra le persone.
Tornando allora alla iniziale citazione della *Centesimus Annus*, prendiamo coscienza, come frutto di tutto questo cammino, delle componenti del pensiero magisteriale circa l'istituto democratico. Anzitutto il netto favore per l'ideale democratico inteso come la forma migliore di promozione della partecipazione di tutti i cittadini agli impegni sociali e dunque, tra le tre forme di governo configurate dalla filosofia politica classica (monarchia, aristocrazia e democrazia), quella, circa l'esercizio della corresponsabilità, più auspicabile.[47]
Il distinguo della Chiesa si esercita invece sulla dissociazione, prevalente con la modernità, tra la procedura democratica e i valori assoluti che la devono ispirare. Ovvero la DSC, opponendosi all'ideologia della sovranità popolare, che ripone nel popolo l'origine ultima dell'autorità, non ammette il relativismo concettuale e morale che ritiene l'ordinamento giuridico di una società come frutto esclusivo delle convinzioni della maggioranza.[48] Vi sono infatti valori,[49] come la dignità di ogni persona umana, il rispetto dei diritti dell'uomo e l'assunzione del "bene comune" come fine e criterio regolativo della vita politica,[50]

---

[47] Cfr. GIOVANNI XIII, *Pacem in terris*, 1963, n. 271; CONCILIO VATICANO II, *Gaudium et spes*, 1965, n. 78; GIOVANNI PAOLO II, *Centesimus Annus*, op. cit., n. 46.
[48] Cfr. GIOVANNI XIII, *Pacem in terris*, op. cit., n. 279; CONCILIO VATICANO II, *Gaudium et spes*, op. cit., n. 75; GIOVANNI PAOLO II, *Redemptor Hominis*, 1979, n. 17.
[49] Per una trattazione esaustiva al riguardo invito a far riferimento a quanto elaborato nella prima edizione di Sinderesi ed ora raccolto in: ALFIERO G. *et al.*, *Laicità dello Stato e principi non negoziabili*, in SANGALLI S. (a cura di), *Sinderesi: fondamenti di etica pubblica*, GBP Press, Roma, 2012, pp. 145-174.
[50] Cfr. GIOVANNI PAOLO II, *Evangelium vitae*, 1995, n. 70.

omessi o negati i quali, non solo si smarrirebbe il significato della democrazia compromettendone la stessa stabilità, ma anche si aprirebbe il varco – come la storia, soprattutto del secolo scorso, ha già ampiamente dimostrato[51] – all'instaurarsi di regimi totalitari che non hanno il senso della dignità umana e tendono al dispotismo.

Vi è dunque una gerarchia di valori, conformi alla legge morale, a cui ogni ordinamento democratico deve ispirarsi.[52] Accanto ad essi, per la sua stabilità e sviluppo, ogni democrazia necessita di strutture socio-politiche realizzabili in uno Stato di diritto, ove sovrana è la legge e vige – a garanzia – la divisione dei poteri.[53] Il popolo, fondamento non ultimo ma immediato dell'autorità, ha il potere di scegliere, controllare e rimuovere i governanti, ai quali comunque, in quanto responsabili del bene comune, compete una relativa autonomia.[54] La DSC, ricordando il senso dell'istituto democratico che è per favorire, quanto più possibile, la partecipazione di tutti alla vita politica, fa riferimento al ruolo dei partiti politici che, come corpi intermedi, mirano al bene della società, e a quello dell'istituto del *referendum*, espressione di democrazia diretta da esercitarsi in particolari circostanze su argomenti di speciale importanza per la collettività.

Ci sarebbero poi da analizzare le prese di posizione sul rapporto, distinto e collaborante per il bene comune della società, tra la Chiesa e lo Stato democratico: ma non riteniamo qui per-

---

[51] «La storia del XX secolo basta a dimostrare che la ragione sta dalla parte di quei cittadini che ritengono del tutto falsa la tesi relativista secondo la quale non esiste una norma morale, radicata nella natura stessa dell'essere umano, al cui giudizio si deve sottoporre ogni concezione dell'uomo, del bene comune e dello Stato». Cfr. CONGREGAZIONE PER LA DOTTRINA DELLA FEDE, *Nota dottrinale circa alcune questioni riguardanti l'impegno e il comportamento dei cattolici nella vita politica*, LEV, Città del Vaticano, 2003, n. 2.

[52] «Se il cristiano è tenuto ad ammettere la legittima molteplicità e diversità delle opzioni temporali – cfr. *Gaudium et spes* n. 76 – egli è ugualmente chiamato a dissentire da una concezione del pluralismo in chiave di relativismo morale, nociva per la stessa vita democratica, la quale ha bisogno di fondamenti veri e solidi, vale a dire, di principi etici che per la loro natura e per il loro ruolo di fondamento della vita sociale non sono *negoziabili*». Cfr. *Ibidem*, n. 3.

[53] Cfr. GIOVANNI PAOLO II, *Centesimus Annus*, op. cit., n. 44.

[54] Cfr. *Dizionario* pp. 182-183.

corribile una simile vasta tematica.⁵⁵ Un ultimo accenno desideriamo invece dedicarlo al pensiero della DSC sul ruolo delle religioni in uno Stato democratico. Proprio al contesto democratico, ove, per la statuizione delle regole della convivenza, la ragione umana è chiamata a riconoscere la verità dell'uomo e della società, il Magistero ha sempre rivendicato la pertinenza del contributo pubblico della religione,⁵⁶ con quella luce che viene della fede capace di stimolare la riflessione umana attraverso un'opera di reciproca interazione e purificazione.⁵⁷ Nello

---

⁵⁵ Paradigmatico, al riguardo, resta, a mio modesto parere, l'Accordo di revisione dei Patti Lateranensi, tra la Santa Sede e lo Stato Italiano, siglato nel 1984. Cfr. A.A.V.V., *La revisione del Concordato. Un accordo di libertà*, Presidenza del Consiglio dei Ministri, Roma, 1986. Art. 1: «La Repubblica italiana e la Santa Sede riaffermano che lo Stato e la Chiesa cattolica sono, ciascuno nel proprio ordine, indipendenti e sovrani, impegnandosi al pieno rispetto di tale principio nei loro rapporti ed alla reciproca collaborazione per la promozione dell'uomo e il bene del Paese».

⁵⁶ In questa direzione vanno rilette le parole di Benedetto XVI nel suo incontro con il Presidente francese a Parigi: «È fondamentale infatti, da una parte, insistere sulla distinzione tra l'ambito politico e quello religioso al fine di tutelare sia la libertà religiosa dei cittadini che la responsabilità dello Stato verso di essi e, dall'altra parte, prendere una più chiara coscienza della funzione insostituibile della religione per la formazione delle coscienze e del contributo che essa può apportare, insieme ad altre istanze, alla creazione di un consenso etico di fondo nella società». Analogamente, qualche mese prima, nel suo discorso alle Nazioni Unite (ONU) per il 60mo della *Dichiarazione dei diritti fondamentali dell'uomo*, dopo aver ricordato la necessità di edificare la società umana a partire dalla considerazione della dignità dell'uomo, il Papa aveva sottolineato il contributo che può offrire il pensiero religioso: «D'altro canto, le Nazioni Unite possono contare sui risultati del dialogo fra religioni e trarre frutto dalla disponibilità dei credenti a porre le proprie esperienze a servizio del bene comune. Loro compito è quello di proporre una visione della fede non in termini di intolleranza, di discriminazione e di conflitto, ma in termini di rispetto totale della verità, della coesistenza, dei diritti e della riconciliazione (...) deve esser tenuta in giusta considerazione la dimensione pubblica della religione e quindi la possibilità dei credenti di fare la loro parte nella costruzione dell'ordine sociale». Cfr. CARTABIA M., SIMONCINI A. (a cura di), *La legge di re Salomone. Ragione e diritto nei discorsi di Benedetto XVI*, BUR, Milano, 2013, pp. 216ss. e 226ss.

⁵⁷ Cfr. *CnV* n. 56: «La religione cristiana e le altre religioni possono dare il loro apporto allo sviluppo *solo se Dio trova un posto anche nella sfera pubblica*, con specifico riferimento alle dimensioni culturale, sociale, economica e, in particolare, politica. La Dottrina Sociale della Chiesa è nata per rivendicare questo "statuto di cittadinanza" della religione cristiana (...) Nel laicismo e nel fondamentalismo si perde la possibilità di un dialogo fecondo e di una proficua collaborazione tra la ragione e la fede religiosa. *La ragione ha sempre bisogno di essere purificata dalla fede*, e questo vale anche per la ragione politica, che non deve credersi onnipotente. A sua volta, *la religione ha sempre bisogno di venire purificata dalla ragione* per

specifico circa questo compito poi, se da un lato va riconosciuto il contributo delle varie dottrine religiose,[58] dall'altro si rivendica la singolarità del cristianesimo come religione che, sin dagli esordi, ha fatto i conti con il *Logos* e dunque con l'esigenza di esibire la ragionevolezza e credibilità dei propri assunti in ambito pubblico.

4. Nell'orizzonte della Dottrina Sociale della Chiesa possiamo configurare democrazia e solidarietà come un'endiadi politica?

Benedetto XVI, nella *Caritas in veritate*,[59] ricordando che Paolo VI denunciava come il mondo soffra per mancanza di pensiero, auspicava un nuovo slancio di riflessione per comprendere meglio le implicazioni del fatto che i popoli del mondo costituiscono una sola famiglia, chiamata ad interagire nel segno della solidarietà piuttosto che della marginalizzazione.

Raccogliendo le sollecitazioni per favorire un "ordinamento internazionale di tipo sussidiario per il governo della globalizzazione",[60] ci si chiede non solo se, nell'orizzonte della DSC,

---

mostrare il suo autentico volto umano. La rottura di questo dialogo comporta un costo molto gravoso per lo sviluppo dell'umanità».

[58] Cfr. *CnV* n. 55: «Anche altre culture e altre religioni insegnano la fratellanza e la pace e, quindi, sono di grande importanza per lo sviluppo umano integrale (...) La libertà religiosa non significa indifferentismo religioso e non comporta che tutte le religioni siano uguali. Il discernimento circa il contributo delle culture e delle religioni si rende necessario per la costruzione della comunità sociale nel rispetto del bene comune soprattutto per chi esercita il potere politico (...) "Tutto l'uomo e tutti gli uomini" è criterio per valutare anche le culture e le religioni».

[59] Cfr. *CnV* n. 53: «Lo sviluppo dei popoli dipende soprattutto dal riconoscimento di essere una sola famiglia che collabora in comunione ed è costituita da soggetti che non vivono semplicemente l'uno accanto all'altro. Paolo VI notava che il mondo soffre per mancanza di pensiero (...) per comprendere meglio le implicanze del nostro essere famiglia». Dunque «necessità nuovo slancio del pensiero per comprendere meglio implicazioni del nostro essere una famiglia, pensiero che obblighi ad un approfondimento critico e valoriale della categoria della relazione (...) L'unità della famiglia umana non annulla in sé le persone, i popoli e le culture, ma li rende trasparenti l'uno verso l'altro, maggiormente uniti nelle loro legittime diversità».

[60] Cfr. *CnV* n. 67.

possiamo configurare solidarietà e democrazia come l'endiadi di un progetto politico e istituzionale per il futuro del pianeta, ma anche se una simile prospettiva risulti alla fine credibile.
Infatti: sono davvero le democrazie lo strumento oggi migliore per garantire la difesa dei diritti umani (per questo, in fondo, – l'abbiamo visto – furono "accettate" dal Magistero!) quando rischiano di essere travolte dalla loro incapacità a decidere in un mondo velocizzato ove sembra che, per funzionare, tutto debba affidarsi all'autoritarismo? Può la democrazia, con i suoi governi deboli e schiacciati su politiche di breve respiro per il continuo incombere delle elezioni, sostenere la sfida della globalizzazione e del prioritario procacciarsi di fonti energetiche[61] che assicurino il prosperare della società in futuro? Vediamo infatti, in tutto il mondo Occidentale, che la democrazia è ammalata. Le ravvicinate scadenze elettorali spingono a costruire programmi governativi con stile demagogico, a corto respiro, per garantirsi il successo alla successiva tornata, piuttosto che affrontare i nodi strutturali di politica economico-finanziaria e di riforma delle istituzioni come il nostro tempo di profondi mutamenti epocali richiederebbe. Oppure, dal confronto con i diversi regimi non democratici nel mondo, ne uscirà alla fine – ai diversi livelli – un *ibrido*, come il trionfo del modello cinese del capitalismo di Stato, ove quest'ultimo, nei nuovi Paesi emergenti, ha perlopiù un volto tutt'altro che democratico e solidale.[62]
Certamente, con il diffondersi della cultura e del benessere, è difficile che non prevalga l'esigenza del primato dell'individuo sul sistema, e i continui "smottamenti" dei regimi totalitari nel mondo dimostrano l'impossibilità di "coartare" un soggetto

---

[61] Esemplificativamente, al riguardo, potremmo menzionare il recente contributo: BREMMER I., *Nella sfida tra America e Russia vince chi ha più fonti energetiche*, in *Il Corriere della Sera*, 5 ottobre 2013.
[62] Cfr. TAINO D., *Neo-statalista, rigido, legato al potere. Il Capitalismo ha mutato anima?*, in *Il Corriere della Sera*, 21 gennaio 2012. L'articolo riporta che, a livello globale, nell'energia oltre il 65% delle imprese è controllato dallo Stato, come il 50% nei servizi (acqua telefonia, luce), il 35% in finanza. Vedi anche: *The Economist* vol. 402, n° 8768 del 21-27 January 2012.

quando consapevole di sé. Ma, come detto, non sappiamo chi alla fine avrà la meglio, se il pieno rispetto della dignità umana, favorito da sistemi democratici che, perseguendo il bene comune e attuando la sussidiarietà, permettono un mondo solidale, oppure se si imporrà l'esigenza di "ordine e tutela" garantita dai totalitarismi.

Se vuole prevalere nel mondo, la democrazia moderna, impiantata a salvaguardia di *freedom and equality* per tutti,[63] deve affrontare grossi problemi diremmo di *"restyling"*, sia per quanto riguarda i "gradi" di democrazia,[64] che per ri-comprendere i criteri di uguaglianza veramente perseguiti,[65] che, infine, per ripensare la *leadership* nelle democrazie in un contesto di globalizzazione,[66] ed altro ancora.

Nel suo desiderio di dare un contributo morale alla costruzione della società ispirandosi agli insegnamenti del Vangelo,[67] la DSC

---

[63] «The notion of *procedural democracy* was the most important attempt to give a solid theoretical ground to the definition (of democracy). Such a conclusion was based on the so-called non reversible relationship between freedom, understood as civil and political rights, and equality». Cfr. MORLINO L., *Changes for Democracy. Actors, structures, processes*, Oxford University Press, UK, 2012, p. 26.

[64] Una delle migliori trattazioni del problema è affrontata nel testo menzionato nella nota precedente.

[65] «La democrazia ha cambiato così profondamente rispetto a come la intendeva Babeuf perché è passata definitivamente dalle mani degli eguali a quelle dei leader politici dell'ordine dell'egoismo. Essi la applicano (con il consenso della maggior parte di noi) alla forma di governo che li seleziona e li mette nelle condizioni di esercitare il proprio dominio. Si tratta di una forma di governo adattata, almeno nei suoi requisiti fondamentali, alle attuali necessità dell'ordine dell'egoismo, plasmata ed adeguata alla permanente necessità di mantenere tale ordine in condizione di funzionare». Cfr. DUNN J., *Il mito degli uguali. La lunga storia della democrazia*, UBE - Egea, Milano, 2008, pp. 174-175.

[66] «Proprio perché il potere esecutivo e il suo leader sono diventati sempre più importanti, il loro controllo dovrà crescere di conseguenza. Proprio perché il potere esecutivo è divenuto indispensabile, chi lo detiene potrebbe cedere alla tentazione di abusarne. La forza del leader e quella del suo esecutivo dovranno trovare il loro corrispettivo nella forza delle istituzioni incaricate del loro controllo. Tali istituzioni debbono consentire ai leader e agli esecutivi di governare e contemporaneamente debbono vigilare affinché la loro azione avvenga nel rispetto dei diritti dei cittadini, in particolare di quelli che non si riconoscono nella loro politica. I leader passano, la democrazia rimane». Cfr. FABBRINI S., *Addomesticare il principe. Perché i leader contano e come controllarli*, Marsilio, Venezia, 2011, p. 183.

[67] Cfr. PAOLO VI, Esort. ap. *Evangelii nuntiandi*, 1976, n. 31.

sostiene questo travaglio riproponendo l'endiadi democrazia-solidarietà come grande forma di corresponsabilizzazione per tutti alla gestione della "casa comune", attorno alla difesa e alla promozione della dignità umana, entro la società del mondo globalizzato.

Per giudicare la plausibilità di un simile orientamento occorre però anzitutto affrontare il nodo della sua inconciliabilità con la moderna democrazia "procedurale". Questa infatti dà per scontato il suo fondarsi sul relativismo filosofico ed etico[68] che concepisce la verità come prodotto della politica e non come illuminata ispiratrice di quest'ultima. Benedetto XVI, lungo gli anni del suo pontificato, ha più volte affrontato la questione,[69] sempre ispirandosi a quanto della DSC abbiamo menzionato e dunque sostenendo invece che la democrazia, per poter sussistere, ha da fondarsi su principi morali indipendenti dal consenso sociale, premesse che essa stessa – come recita la lezione del costituzionalista tedesco Böckenförde[70] – non è in grado di procurare ma che sarebbe tenuta a riconoscere.[71]

---

[68] Citiamo, per tutti, un recente autorevolissimo interprete: KELSEN H., *La democrazia*, Il Mulino, Bologna, 1984, pp. 141-142.
[69] Esemplificativamente basti rileggere i discorsi contenuti in: BENEDETTO XVI, *La carità politica. Discorsi agli uomini e alle donne impegnati nelle istituzioni civili*, Presentazione di S.E. Mons. Lorenzo Leuzzi, LEV, Città del Vaticano, 2012.
[70] Cfr. BÖCKENFÖRDE E. W., *La formazione dello Stato come processo di secolarizzazione*, Morcelliana, Brescia, 2006.
[71] «Il merito della *Dichiarazione Universale* è di aver permesso a differenti culture, espressioni giuridiche e modelli istituzionali di convergere attorno ad un nucleo fondamentale di valori e, quindi, di diritti. Oggi però occorre raddoppiare gli sforzi di fronte alle pressioni per reinterpretare i fondamenti della *Dichiarazione* e di compromettere l'intima unità, così da facilitare un allontanamento dalla protezione della dignità umana per soddisfare semplici interessi, spesso interessi particolari (...) Dato che i diritti e i conseguenti doveri seguono naturalmente dall'interazione umana, è facile dimenticare che essi sono il frutto di un comune senso della giustizia, basato primariamente sulla solidarietà fra i membri della società e perciò validi per tutti i tempi e per tutti i popoli. Questa intuizione fu espressa sin dal quinto secolo da Agostino di Ippona, uno dei maestri della nostra eredità intellettuale, il quale ebbe a dire riguardo al *Non fare agli altri ciò che non vorresti fosse fatto a te* che tale massima "non può in alcun modo variare a seconda delle diverse comprensioni presenti nel mondo" (*De doctrina christiana*, III, 14). Perciò, i diritti umani debbono esser rispettati quali espressione di giustizia e non semplicemente perché possono essere fatti rispettare mediante la volontà dei legislatori». Cfr. BENEDETTO XVI, Discorso ai membri dell'Assemblea Generale delle Nazioni Unite, New York, 18 aprile 2008, in

La contrapposizione tra le due visioni dei fondamenti del diritto sembra irriducibile. Eppure – come fa notare M. Luciani[72] – poiché la democrazia, secondo il Magistero, è considerata la forma più adeguata di ordinamento politico in quanto garantisce la cooperazione comune allo strutturarsi del diritto, il procedimento parlamentare (cuore della democrazia "procedurale") è riconosciuto ed auspicato, come luogo dell'interlocuzione dei diversi e dell'esito come decisione compromissoria, ovviamente tranne che "nelle questioni fondamentali del diritto". Dunque: «questa opposizione (tra dottrina cattolica e positivisti) sui principi *non impedisce l'accordo sulle ordinarie prospettive di vita dell'ordinamento*, rendendo possibile, nella maggior parte dei casi, proprio quel compromesso che entrambe le posizioni considerano essenziale per il buon funzionamento di una democrazia pluralista fondata sulla rappresentanza politica».[73]

Sono i "fatti", ovvero la "realtà" a permettere ciò che, dal punto di vista ideologico, pare incompossibile, ovvero un certo intendersi *di ragion pratica*, circa i fondamenti della democrazia, tra il pensiero laico, positivista e relativista, e la visione della DSC.

Ossia, da un lato, il riconsiderare – per i positivisti – la nozione di *verità assoluta*, secondo il "pensiero della possibilità"[74] che non può non riconoscere la «natura diversa» delle costituzioni

---

CARTABIA M., SIMONCINI A. (a cura di), *La legge di re Salomone. Ragione e diritto nei discorsi di Benedetto XVI*, op. cit., p. 221-222.

[72] Cfr. LUCIANI M., *Sulla dottrina della democrazia in Benedetto XVI*, in CARTABIA M. – SIMONCINI A. (a cura di), *La legge di re Salomone. Ragione e diritto nei discorsi di Benedetto XVI*, op. cit., pp. 98-115.

[73] «(...) È dunque corretto instaurare un rapporto tra la democrazia e un non cognitivismo come *cultura del dubbio* sull'effettiva sostanza di verità dei propri giudizi morali, o – meglio – come semplice *convincimento dell'indimostrabilità razionale* che le proposizioni morali sono vere o false (e quindi dell'oggettiva esistenza di eventuali verità assolute). Ciò detto, azzardo questa tesi (...) che il principio democratico (e con esso il principio di maggioranza, che è la sua manifestazione operativa) sia la conseguenza *logica* di un approccio non cognitivista con il risultato dell'accoglimento di (inconfessate) premesse assiologiche». Cfr. *Ibidem*.

[74] Cfr. ZAGREBELSKY G., *Contro l'etica della verità*, Laterza, Roma-Bari, 2008, p. VIII.

europee, uscite dal dopoguerra, immodificabili con legge ordinaria perché eticamente non sono così "neutrali", ma si pongono come "fondamento", anche se sempre per deliberazione maggioritaria quantitativamente e non qualitativamente. L'uomo dunque non avrebbe la conoscenza certa della verità ma si accorge che – *effettivamente* – alcuni *valori* "de facto" si impongono non solo come condizione degli altri, ma anche come garanzia della sopravvivenza di *questa* umanità sul pianeta.

Analogamente l'insegnamento della Chiesa, in quella costante opera di maggior comprensione del "deposito dottrinale ricevuto",[75] ed in questo caso approfondendo la semantica della medesima nozione, si rende sempre più conto – quasi stimolata/provocata dalla indeterminatezza della modernità – che l'*assoluto* è una relazione. È l'affermazione del dogma dell'incarnazione, ovvero del primato dell'essere come evento/rivelazione, che educa il pensiero alla continua comprensione di un incontro che si manifesta progressivamente nella storia e domanda la presa di responsabilità ed una lenta comprensione.[76]

---

[75] «L'unità della fede è dunque quella di un organismo vivente, come ha ben rilevato il beato John Henry Newman quando enumerava, tra le note caratteristiche per distinguere la continuità della dottrina nel tempo, il suo potere di assimilare in sé tutto ciò che trova, nei diversi ambiti in cui si fa presente, nelle diverse culture che incontra, tutto purificando e portando alla sua migliore espressione». Cfr. FRANCESCO, *Lumen fidei*, LEV, 2013, n. 48, citando: NEWMANN J. H., *An essay on the Development of Christian Doctrine*, Uniform Edition; Longmans, Green and Company, London, 1868-1881, pp. 185-189.

[76] «(...) la verità è una relazione! Tant'è vero che anche ciascuno di noi la coglie e la esprime a partire da sé, dalla sua storia e cultura, dalla situazione in cui vive, ecc. Ciò non significa che la verità sia variabile e soggettiva, tutt'altro. Ma significa che essa si dà a noi sempre e solo come un cammino e una vita (...) In altri termini, la verità, essendo in definitiva tutt'uno con l'amore, richiede l'umiltà e l'apertura per essere cercata, accolta ed espressa». Cfr. Lettera di Papa Francesco a Eugenio Scalfari, in *La Repubblica*, 11 settembre 2013.
«San Vincenzo di Lerins fa il paragone tra lo sviluppo biologico dell'uomo e la trasmissione da un'epoca all'altra del *depositum fidei*, che cresce e si consolida con il passar del tempo. Ecco. La comprensione dell'uomo muta col tempo, e così anche la coscienza dell'uomo si approfondisce. Pensiamo quando la schiavitù era ammessa o la pena di morte era ammessa senza alcun problema. Dunque si cresce nella comprensione della verità. Gli esegeti e i teologi aiutano la Chiesa a maturare il proprio giudizio. Anche le altre scienze e la loro evoluzione aiutano la Chiesa in questa crescita

Sia che li chiamiamo "fatti normativi" difficilmente modificabili (secondo il positivismo giuridico), oppure "assoluti morali" (secondo l'orizzonte metafisico della DSC), il lungo cammino dell'avventura umana ha comunque condotto ad identificare, con la Dichiarazione del 1948, alcuni *traguardi morali*[77] capaci di *sostantivare* il concetto di dignità umana e che vanno intesi non solo *negativamente* come impreteribili (pena la fine di questa) ma soprattutto *positivamente* come stimolo al continuo confronto tra le culture per approfondire, ed ampliare, anche giuridicamente,[78] questo comune patrimonio di *bene* e non solo di *giusto*.[79]

---

nella comprensione. Ci sono norme e precetti ecclesiali secondari che una volta erano efficaci ma che adesso hanno perso valore o significato. La visione della dottrina della Chiesa come un monolite da difendere senza sfumature è errata». Cfr. SPADARO A., Intervista a Papa Francesco, in *La Civiltà Cattolica*, 2013, III, (19 settembre 2013), pp. 475-476.

[77] Se ci rifiutiamo di sottoscrivere l'affermazione di quanti liquidano la matrice occidentale e giusnaturalistica dei diritti come l'ennesima forma di imperialismo culturale verso le altre tradizioni, non possiamo non riconoscere il problema di conciliare l'universalità dei diritti umani con il pluralismo culturale e morale. Riteniamo perciò che quest'ultimo, anziché svuotare di significato i principi relegandoli a descrivere un'umanità metastorica inesistente, aiuti a concretizzarli nella realtà storico sociale, essenzializzandoli, e finendo per creare un nucleo ristretto di valori e criteri, universalmente accettati da tutti gli Stati, caratterizzati dal diritto alla vita e alla sicurezza, al soddisfacimento dei bisogni fondamentali della persona umana (alimentazione, lavoro, alloggio, protezione sanitaria), ai diritti civili e politici quali la libertà di manifestazione del pensiero e di associazione, il diritto di partecipare alla scelta delle autorità governative, di accedere alle cariche pubbliche ecc. Analogamente si va mostrando una progressiva convergenza nella condanna delle più gravi violazioni dei diritti umani quali il genocidio, la discriminazione razziale, la pratica della tortura, il rifiuto di riconoscere ai popoli il diritto all'autodeterminazione. Interessante al proposito confrontarsi con: PFÖSTL E., *Tra Etica e Politica. Nuovi saggi su Gandhi*, Editrice Aspes, Roma, 2013.

[78] «Di fatto, oggi, nel diritto internazionale, si va consolidando problematicamente una categoria di obblighi denominati *ius cogens* che non dipendono dalla volontà degli stati – anzi, la cui eventuale non osservanza rende nulli i trattati – e che sono fondati sul consenso complessivo della comunità internazionale (il cui contenuto è, per esempio, il divieto di genocidio, di schiavitù e di tortura, le massicce violazioni dei diritti umani). La ragione di questo cambiamento – che ancora deve adeguatamente maturare – è che essi rappresenterebbero esigenze non disponibili nella sostanza, anche se negoziabili nelle articolazioni». Cfr. TRUJILLO I., *Giustizia globale. Le nuove frontiere dell'uguaglianza*, Il Mulino, Bologna, 2007, p. 181.

[79] «A questo proposito è di fondamentale importanza riconoscere il dato che l'*humanum* come tale (dimensione universale) si dà sempre e solo nella concreta vita

Superando la grande frattura culturale creatasi all'inizio della modernità, è dunque possibile azzardare che da questo incontro dialogico sul piano pratico, tra orizzonti di pensiero, quello "laico –secolarizzato" e quello religioso, in qualche modo alternativi, ne esca una miglior comprensione della nozione di "verità" e dunque l'individuazione degli *essenziali* per un orizzonte comune verso cui è bene si incammini democraticamente l'umanità tutta.

Proprio questi *essenziali* – morali e giuridici – sostanziano e raccomandano la democrazia come lo strumento istituzionale migliore perché siano conservati e promossi.

Una democrazia è però "scrigno della dignità umana" se si presenta – secondo l'effato della DSC stante la comune origine delle persone dal Creatore – anzitutto come "luogo" e "progetto" di solidarietà.

Come il radicamento della democrazia dentro la "verità della natura umana", così anche il "fondamento religioso" alla fraternità umana, richiamato dalla DSC, si rivela stimolo utile ad una comprensione *laica*, ovvero *condivisa*, del concetto stesso, come richiesto da un mondo globalizzato. Tale primato della solidarietà si può proporre – accanto al principio democratico – come volano per un'effettiva evoluzione del modello economico mondiale, segnato dal capitalismo (sistema della libertà e dell'eguaglianza) ed incapace di coniugare il principio di solidarietà se non come correttivo finale alle pesanti sperequazioni del sistema.

Così allora, raccogliendo la provocazione della DSC, è possibile configurare l'endiadi "democrazia-solidarietà" come orizzonte teorico di un progetto di democrazia cosmopolita, adeguato alle sfide della globalizzazione.[80] Un progetto che vada oltre sia la

---

degli uomini e delle comunità (dimensione particolare). Così ogni comunità di uomini, con le manifestazioni culturali che la caratterizzano, è espressione dell'*universale humanum*, ma lo è nelle forme culturali storicamente determinate che sono sue proprie». Cfr. SCOLA A., *Buone ragioni per la vita in comune. Religione, politica, economia*, Mondadori, Milano, 2010, p. 15.

[80] «Nel progetto moderno la fraternità rappresenta l'idea, laica e razionale, del *legame* universale degli individui in quanto esseri umani e del loro comune destino. Inscindi-

sola difesa del principio di tolleranza o della salubrità dell'ambiente, per far emergere la cura della fraternità come cammino di corresponsabilizzazione oltre il dovere, da parte di tutti, il vero strumento per superare quella crisi delle democrazia di cui oggi soffre il mondo.

Questa "rivoluzione" ideologica è necessitata dall'inarrestabilità ed incontrollabilità dei cambiamenti e dei flussi (pensiamo solo a ciò che è quello migratorio dall'Africa e dal Medio Oriente verso l'Europa o dal Messico verso gli U.S.A.) e dal *meticciato* dei sistemi culturali, politici e giuridici.

Da qui il compito per la nostra ricerca nei vari capitoli seguenti, di vedere come l'endiadi solidarietà-democrazia possa prendere forma nelle forme di partecipazione politica, anzitutto italiana ed europea; nelle fondazioni culturali che *plasmano* lo sguardo sul futuro, così come – in ambito economico – nelle relazioni industriali e nel mondo della cooperazione.

Queste indagini, che hanno visto impegnati tutti noi, come gruppi e poi come insieme, sono state orientate, oltre che da queste miei brevi considerazioni sulla *profezia* che è la DSC al riguardo, dai due momenti di riflessione, sull'endiadi proposta, politologica – offerta dal prof. Morlino – e di teoria economica – proposta dalla prof.ssa Bruzzi.

---

bilmente connessa alla libertà e all'uguaglianza, essa costituisce la base fondativa dei diritti umani (...) Il rimedio al fondamentalismo individualista, malattia dell'Occidente moderno, non è, né può essere, il comunitarismo, in qualunque forma esso si presenti (...) C'è bisogno di comunità; ma la sola comunità possibile, ed è necessario che sia, nel *mondo degli individui* è una comunità responsabile di esseri liberi ed uguali, nella quale la fraternità gioca un ruolo importante, insieme alla libertà e all'uguaglianza; una comunità nella quale ognuno è un tutto di libertà e non già una parte subordinata o funzionale». Cfr. MANIERI M. R., *Fraternità. Rilettura civile di un'idea che può cambiare il mondo*, prefazione di Giuseppe Vacca, Marsilio, Venezia, 2013, pp. 31-33.

Ideale n. 2

Democrazia vs solidarietà? Come si valuta la qualità della democrazia, oggi.

Prof. Leonardo Morlino

Confesso, in premessa, di svolgere con piacere questa conversazione perché, per vari motivi, negli ultimi decenni, si è creata una notevole frattura, che non ha consentito una piena e reciproca conoscenza e comprensione, tra quanti studiano e fanno ricerca in scienza politica e il composito mondo cattolico.
La nostra analisi, sulle democrazie contemporanee, per avere senso da un lato deve essere empirica, ma dall'altro deve aver presente le domande normative che ci sono dietro. Non facciamo, infatti, un discorso esclusivamente normativo in quanto non ci interessa. Non è il nostro mestiere. Un'analisi empirica che non ha dietro domande normative è del tutto irrilevante. E, di questo ne prendiamo atto. Si tratta, allora, di capire come facciamo correttamente, neutralizzando i nostri valori, a proporre un'analisi empirica basata su domande normative. La domanda di tipo normativo è come si realizza una democrazia, come si valuta la qualità di una democrazia e quali sono gli elementi rilevanti.
Possiamo avere una definizione minima di democrazia, ovvero una definizione che indichi esattamente un numero limitato di caratteristiche che sono più immediatamente controllabili ed essenziali a livello empirico, consentendo così di definire una soglia al di sotto della quale un regime non può essere considerato democratico. Un regime dovrebbe essere considerato democratico se ha almeno i tratti seguenti: suffragio universale adulto (maschile e femminile); elezioni ricorrenti, libere, competitive e corrette; più di un partito politico; fonti di informazione diverse e alternative. Una definizione massima di democrazia non esiste. Se volessimo, invece, dare una "definizione ideale" di democrazia potremmo ricorrere alla seguente: "l'assetto istituzionale stabile che attraverso istituzioni e meccanismi correttamente funzionanti realizza libertà e uguaglianza dei cittadini". Non stiamo, però, dando una definizione di democrazia, in ragione

dell'enorme ambiguità del termine che ha un riferimento empirico e una connotazione normativa, ideale.

Pensando alla democrazia non dobbiamo, dunque, solo far riferimento all'elemento minimo procedurale ma anche a quegli elementi che ci consentono di dire quanto si è realizzato nella realtà dei valori che noi abbiamo individualmente, e che possono essere diversi o che possono avere differenti caratteristiche. Il punto di partenza possono essere le principali definizioni normative di democrazia sviluppate nei decenni precedenti: 1) democrazia liberale, rappresentativa; 2) democrazia responsabile; 3) democrazia partecipativa; 4) democrazia deliberativa; 5) democrazia associativa; 6) democrazia ugualitaria o sociale; 7) buon governo; 8) buona democrazia. Possono in parte sovrapporsi o essere l'una lo sviluppo dell'altra, come nel caso della democrazia partecipativa e di quella deliberativa. Queste definizioni sono ordinabili – qui sta il nodo logico-analitico di passaggio – secondo i significati di "qualità democratica", che sono sempre tre e sempre gli stessi ricorrenti: come procedura ("un prodotto di qualità è il risultato di un processo preciso, controllato, realizzato secondo metodi e tempi precisi, ricorrenti"); come contenuto ("le caratteristiche strutturali di un prodotto, che siano il design, i materiali o il funzionamento del bene o altri dettagli che esso presenta"); come risultato ("indirettamente ricavata dalla soddisfazione espressa dai consumatori, dalla loro richiesta ripetuta dello stesso prodotto o servizio"). Muovendo dalle otto citate concezioni normative di democrazia, e passando attraverso i tre significati di qualità di democrazia, si ottengono le seguenti macro-dimensioni empiriche (di qualità democratiche):

– qualità come procedura:

- *Rule of law*, che non è solo l'applicazione di norme giuridiche ma connota anche il principio della supremazia della legge e implica almeno la capacità, anche se limitata, di fare in modo che le autorità rispettino le leggi e di avere leggi che non siano retroattive, pubblicamente note, universali, stabili e non ambigue.

- *Responsabilità elettorale*, che ha un contenuto di informazione (da parte del politico od organo politico su un atto politico o serie di atti), di giustificazione (le ragioni fornite dai leader di governo per le loro azioni e decisioni) e di punizione / ricompensa (conseguenza imposta dall'elettorale o da altro organismo a seguito della valutazione dell'informazione, delle giustificazioni e di altri aspetti e interessi che stanno dietro l'azione politica); è, in particolare, quella che gli elettori possono esigere dall'eletto, quella che il governato può richiedere dal governante alla luce di certi atti che questi ha compiuto. Prendiamo il caso del Movimento Cinque stelle di cui nessuno aveva previsto le dimensioni del risultato alle ultime elezioni politiche (del 2013) – un difetto di previsione da ricercarsi in ragioni tecniche: una parte importante dell'elettorato Cinque stelle non ha, infatti, il telefono fisso che è utilizzato dalle società di rilevazione per risparmiare sui costi di realizzazione dei sondaggi. I sondaggisti avevano visto la crescita del Movimento Cinque stelle ma non erano riusciti, pertanto, a valutarne la portata. Quando abbiamo studiato il voto del Movimento Cinque stelle, dopo che è avvenuto in quelle proporzioni, facendo complessivamente dell'attuale democrazia italiana la democrazia che ha la maggiore percentuale di partiti radicalizzati di protesta di tutte le circa ottanta democrazie del mondo, è emerso, anche attraverso sondaggi più approfonditi, che molti elettori del Movimento non conoscevano il programma elettorale. Si è trattato di un voto di protesta, con un significato simbolico, che è passato e passerà attraverso la *responsabilità elettorale*.
- *Responsabilità inter-istituzionale*, è quella che i governanti hanno di rispondere ad altre istituzioni o attori collettivi che hanno le competenze e il potere per controllare il comportamento dei governanti; è di solito palese nel monitoraggio esercitato dall'opposizione al governo in parlamento, dai vari giudizi e controlli effettuati dal sistema giudiziario, se attivato, e dalle corti costituzionali, dagli uffici contabili dello Stato, dalle banche centrali e da altri organismi con funzioni simili nelle democrazie; anche i partiti politici, al di fuori del

parlamento, esercitano questo tipo di controllo, così come i media e altre associazioni intermedie come i sindacati, le associazioni dei datori di lavoro e simili; in un momento di crisi della democrazia, quale che stiamo vivendo, i poteri neutrali, cioè i poteri di controllo, sono di fatto altamente politicizzati, basti pensare al forte ruolo politico interpretato dal Presidente della Repubblica al ruolo giocato, con la sua pronuncia, dalla Corte Costituzionale rispetto al tema della legge elettorale.

- *Partecipazione*, può essere definita come l'intero insieme di comportamenti, convenzionali o non convenzionali che siano, legittimi o borderline rispetto alla legalità, che consentono a uomini e donne, come individui o come gruppi, di creare, far rivivere o rafforzare un'identità di gruppo o di tentare di influenzare il reclutamento da parte delle autorità politiche e le decisioni delle stesse allo scopo di mantenere o cambiare l'allocazione dei valori esistenti. La partecipazione convenzionale avviene attraverso i movimenti, che i partiti italiani non hanno saputo storicamente intercettare. Potremmo, così, verificare, come registrato da una ricerca, che nel 1976, quando una parte netta della classe media passò alla sinistra, il voto dei giovani, che venivano dall'esperienza dei movimenti e di mobilitazione, si distribuì lungo tutto l'arco politico, non collocandosi sul fronte di sinistra come ci si aspettava. Se il modello del partito di integrazione di massa è evaporato, non si può immaginare una democrazia senza partiti. Come confermò un sondaggio effettuato nella metà degli anni Ottanta: la maggioranza degli italiani rispose che per quanto non soddisfatta dai partiti, di essi non si sarebbe potuto fare a meno. Si tratta di un dato di fondo che aiuta a spiegare il paradosso, dei giorni nostri, del caso italiano: un Paese che ha la più alta percentuale (33%) di voto radicalizzato nel mondo, un voto anti-partitico, anti-politico canalizzato attraverso i partiti. Questo paradosso trova spiegazione nel basso livello di accesso e organizzazione dei partiti (in Francia e Germania è più difficile organizzare i partiti) e nella nostra tradizione partitica. La partecipazione non convenzionale, non solo in Italia ma in diverse altre

democrazie tra cui quelle latino-americane, contribuisce a cambiare e migliorare le *policies*, serve in termini di *responsiveness* in un momento storico in cui ci siamo vaccinati dalla violenza. Nella sinistra, da noi, i movimenti d'ordine servivano a reclutare le persone che poi diventavano terroristi, ma ad un certo punto la vaccinazione è avvenuta.
- *Competizione*, esiste se più di un attore politico è coinvolto nel processo decisionale politico.

Dimens.	Subdimensions	Indicators	Sources
Rule of law	Individual security and civil order; Independent judiciary Institutional and administrative capacity; Absence of corruption; Civil control of military	Physical Integrity Rights; IndexIndependence of the central judicial organ(s); Government effectiveness; Corruption Perceptions Index; Executive Power over Military Force	Cingranelli & Richards – Human Rights Dataset; Comparative Constitution Project; World Bank Governance Indicators; Trasparency International; Institutions and Elections Project
Elec Account	Free fair recurrent elections; Plural/ independent information; Freedom of party organization-related aspects; Presence/ stability of alternatives	Electoral Process; Freedom of the press; Freedom of Assembly and Association; alternation index	Freedom House; Cingranelli & Richards – Human Rights Dataset; Golden
Inst Account	Legislative-Executive relations; Constitutional Court; Ombudsman; Audit Courts; Modes/extent of decentralization	Executive Constraints; Constitutional Court; Ombudsman; Specialized courts in the constitution; Federalism Index	Polity IV; Comparative Constitution Project; Gerring-Thacker Project
Compet	Competition among Actors; Competition within Actors; Effective Alternation; Opposition Strenght; size of the opposition	Competition; Fractionalization of the Party systems, Fractionalization Opposition Vote Share (%)	Vanhanen Database of Political Institutions; Database of Political Institutions; Database of Political Institutions

(segue)

Dimens.	Subdimensions	Indicators	Sources
Particip	Opportunities for Participation; Election Turnout; Political Participation; Illegal Political Participation	Rights of participation; Turnout in Parliamentary Election; Petitions; Boycotts; Demonstrations; Unofficial strikes; Occupying buildings	Freedom House IDEA WVS-EVS and Latino Barometro WVS-EVS and Latino Barometro

Figura 1 – procedural sub-dimensions & selected indicators – fonte: slides lezione prof. Morlino.

– qualità come risultato:

• *Capacità di risposta* o corrispondenza del sistema ai desideri dei cittadini e della società civile in generale.

– qualità come contenuto:

• *Libertà*, significa diritti civili, diritti politici, la misura dell'accettazione della dignità personale, passando attraverso indicatori come i diritti individuali, l'espressione dell'autonomia personale.
• *Uguaglianza / solidarietà*, non facciamo riferimento all'eguaglianza politica ma a quella economico sociale registrabile attraverso la ripartizione delle risorse economiche, l'estensione della povertà, la diffusione dell'istruzione, l'esistenza di discriminazioni di genere o etniche.

Dimensions	Subdimensions	Indicators	Sources
Freedom	Personal Dignity; Civil Rights; Political Rights	Personal Autonomy and Individual Rights Empowerment Rights Index Political Rights	Freedom House Cingranelli & Richards – Human Rights Dataset-Freedom House Cingranelli & Richards – Human Rights Dataset

(segue)

Ideale n. 2 - Democrazia vs solidarietà?

Dimensions	Subdimensions	Indicators	Sources
Equality	Distribution of Resources; Existence of Economic Discrimination; Social, security and cultural rights	Gini Index Women's Economic Rights Human Development Index	UNU-WIDER – World Income Inequality Database Cingranelli & Richards – Human Rights Dataset UNDP – Human Development Report
Responsiv.	Perceived Legitimacy; Constraints to Responsiveness	Satisfaction with the way democracy develops; Confidence in Parliament; Public debt (% GDP)	WVS-EVS and Latino Barometro; C.I.A. Facts book

Figura 2 – Content and result sub-dimensions & selected indicators – fonte: slides lezione prof. Morlino.

Rule of law	La legge come arma politica La legge come strumento per perseguire interessi economici La legge come insieme di norme da aggirare Stressare e strumentalizzare i limiti nell'implementazione delle norme
Responsabilità	Disegno istituzionale fortemente maggioritario (bassa competizione) Partiti deboli, disciplina di partito in partiti oligarchici Rilevanza dell'immagine e del ruolo manipolativo dell'informazione Spostamento della responsabilità verso il livello sovranazionale
Partecipazione	Azioni dall'alto per indurre la partecipazione o per scoraggiarla Manipolazione dell'informazione per una passività o una partecipazione controllata Spinta per una partecipazione radicale e/o violenta Spinta per una partecipazione di gruppo selettiva
Competizione	Patti per evitare o contendere la competizione, anche tra autorità in carica e opposizione Rendere inefficaci le leggi elettorali Programmi politici non differenziati
Libertà e uguaglianza	Proliferazione di riconoscimenti formali dei diritti senza curarsi della loro implementazione Riconoscimento dei diritti sociali senza allocazione dei costi
Capacità di risposta	Ruolo manipolativo delle elite e dell'informazione

Figura 3 – Alcune modalità ricorrenti di sovversione della qualità – fonte: L. MORLINO, *Democrazia e mutamenti. Attori, strutture, processi*, Luiss University Press, Roma, 2014.

La libertà, eguaglianza e solidarietà, di cui si dirà, sono i principali contenuti in una concezione classica di democrazia, anche quando ci spostiamo in concezioni diverse dove l'autonomia è un elemento importante. L'autonomia, in democrazia, si esprime, infatti, attraverso la garanzia dei diritti di libertà, l'eguaglianza e solidarietà.

La ricerca empirica deve confrontarsi con la realtà, con quanto è possibile rilevare, a differenza della ricerca normativa che ha una grande ricchezza.

Da queste macrodimensioni si può passare a diverse sub-dimensioni: ad esempio la *rule of law* (figura 1) si misura attraverso l'analisi della sicurezza individuale; dell'indipendenza effettiva del potere giudiziario; della capacità amministrativa; dell'integrità / assenza di corruzione; del controllo civile di militari e polizia.

Se accettiamo quanto sin qui detto, in termini di democrazia come sostanza, mettiamo da parte la tradizione di democrazia procedurale che va da Kelsen a Schumpeter, Bobbio, Dahl e Sartori. Quel discorso aveva un senso: puntava a far accettare la democrazia anche alla sinistra. Ha un senso politico profondo e importante che Bobbio faccia questo discorso, e che Sartori, seguendolo, parli di "relazione procedurale non reversibile tra libertà e uguaglianza" secondo cui viene prima la libertà, prima vengono i diritti, e poi possiamo realizzare le diverse forme di eguaglianza. Aveva senso in quel tempo e in quella stagione.

Se vogliamo, oggi, analizzare la democrazia la possiamo capire solamente in un ambito che è culturalmente diverso. Usciamo dall'Europa, assumendo a riferimento ad esempio il caso della Sud-Corea: lì come si è legittimata la democrazia? Solo con politiche di crescita economica e di maggiore uguaglianza. Questa è stata l'invenzione che ha rigenerato la democrazia negli anni Cinquanta, Sessanta e Settanta, cioè l'aggiunta dei diritti sociali e una diminuzione delle disuguaglianze. Questo cambia il quadro. Quindi quando assumiamo, oggi, la democrazia la possiamo analizzare soltanto se andiamo oltre il paradigma procedurale, se facciamo un passo oltre: qualità della democrazia, analisi della misura in cui i contenuti ideali della democrazia si sono realizzati. Questa democrazia così vista acquista senso, superando gli aspetti della *rule of law* che sono aspetti che dovremmo dare per scontato (assenza di corruzione, sicurezza individuale, sono elementi fondamentali soprattutto in America Latina). Le altre dimensioni vanno viste insieme ai contenuti della democrazia, dovendo uscire dal paradigma procedurale. Bisogna uscire dal paradigma procedurale anche da un altro punto di vista: le otto dimensioni sono tutte correlate tra loro, non è che l'uguaglianza o la solidarietà, ad esempio, stiano in piedi da sole. Una democrazia o peggiora tutta o migliora tutta. Questo rende possibile anche verificare come le dimensioni procedurali, le dimensioni di risultato e le due dimensioni sostanziali possono combinarsi per configurare modelli diversi di democrazia di qualità.

Rule of law	Accountabs	Partipat	Competit	Respons	Freedom	Equality	*Outcomes*
-							Inefficient
-	-						Irresponsible
-		-					Passive
-			-				Stuck
-				-			Illegitimate
-					-		Reduced
-						-	Unequal
-	-			-	-	-	Minimal

Figura 5 – Democracies without quality – fonte: slides lezione prof. Morlino.

In questa prospettiva, le democrazie possono variare secondo la realizzazione maggiore o minore di ciascuna delle qualità principali, talvolta sotto la spinta di combinazioni diverse di scelte e di opportunità concrete. Le variazioni fra regimi risiedono principalmente nella presenza maggiore o minore di ciascuna dimensione, con ovvie, ampie possibilità di combinazioni diverse. Ad esempio: la partecipazione e la competizione – i "due motori della democrazia" – sono qualità che possono influenzare tutte le altre dimensioni, in quanto condizioni empiriche fondamentali per avere effettive *responsabilità*, per la stessa *rule of law* e per realizzare *libertà* e *uguaglianza*. Basterebbe ripensare alle forme di partecipazione non convenzionale (scioperi, sit-in, ...), dei nostri giorni, che contribuiscono a migliorare la libertà e l'eguaglianza in un contesto che si è vaccinato rispetto alla violenza.

Un risultato empirico rilevante è, poi, quello che evidenzia che non c'è eguaglianza senza libertà e viceversa. Si rinforzano l'un l'altra. Oggi, non ieri, l'eguaglianza variabile indipendente ha una spinta più forte della libertà variabile indipendente. Nel panorama mondiale delle democrazie l'eguaglianza acquista un importante rilievo.

Questo discorso, sulla democrazia, si tiene, legandosi, con quello relativo alla solidarietà.

Intendiamo come "solidarietà" la relazione in cui le persone sentono che hanno un obbligo di aiutarsi l'uno con l'altro. Le persone avvertono una connessione, un "noi" basato su una comunità di interessi e valori. La solidarietà, così intesa, ha almeno tre componenti che si intrecciano tra loro: una componente strutturale; una che riguarda la portata, l'ampiezza della solidarietà; una componente soggettiva.

Secondo la prima, una collettività non progredisce, non si sviluppa, se i propri membri non stanno insieme, non lavorano insieme per obiettivi comuni in cui identificarsi. L'esistenza della comunità è, insomma, la componente oggettiva della solidarietà. È il contare, o il sapere di poter contare, su questo obbligo reciproco di aiuto che rende possibile la sostenibilità della cooperazione, anche e soprattutto in situazioni di emergenza.

È bene tener presente che possiamo avere situazioni in cui la solidarietà potrebbe essere assente: ad esempio la miseria oppure la grande ricchezza possono eliminare la solidarietà. Ho vissuto, per diversi anni, nella Silicon Valley, che era ed è ancora una delle zone più ricche al mondo, ed ero lì, il 18 ottobre 1989, quando si è verificato l'ultimo grande terremoto. Ero convinto, fino a quel momento, di vivere in un'area in cui la solidarietà fosse assente, ma per mia sorpresa il terremoto riattivò, tra la popolazione, sentimenti e comportamenti solidali.

La solidarietà è ciò che nella Rivoluzione francese si chiamava "fraternité". Il riconoscimento di questo "noi" con ideali comuni, di un "noi" che facciamo parte di una comunità, pone un problema di ampiezza – configurandosi la seconda componente della solidarietà. Infatti, nel mondo moderno la solidarietà, va oltre la famiglia, si trova nel riconoscimento di comunità che sono oltre la propria città o regione oppure oltre il proprio Paese. Tanto più si allarga la comunità di riferimento, quanto più si indeboliscono, fino a diluirsi, gli aspetti di solidarietà. Ci sono, poi, sempre più, e differenti tra loro, appartenenze che possono interagire: a livello nazionale, ad esempio, il dato più interessante è rappresentato dal fatto che gli italiani, fino a qualche anno fa, soprattutto fino all'entrata in circolazione dell'euro, erano più disponibili a riconoscere una comunità europea, trattandosi in realtà di una modalità di espressione della propria sfiducia verso la comunità nazionale e nei confronti delle elite politiche del Paese. Il problema, le cui conseguenze stiamo sperimentando, è che quella comunità di destini, di popoli e di persone, nasceva e si andava sviluppando senza solidarietà, che comincerà ad entrare nella costruzione comunitaria soltanto nel 1981, quando la Grecia diventa membro della Comunità europea, con la messa a punto dei programmi mediterranei integrati da cui poi derivano gli attuali fondi strutturali. Fondi che, avevano come finalità quella di realizzare una maggiore coesione ed uguaglianza tra i Paesi e i territori europei avvicinando ad esempio Palermo con Milano, non hanno raggiunto lo scopo prefissato, consentendo piuttosto la modernizzazione delle strutture amministrative regionali, una diversa modalità di organizzazione degli interessi specifici legati ad alcune tipologie di fondi europei, la costruzione di carriere politiche per taluni leader politici.

La componente soggettiva della solidarietà riguarda, invece, gli individui che compiono azioni, creano, mantengono quella struttura necessaria per la solidarietà.

La dimensione strutturale della solidarietà è basata sull'azione, sul riconoscimento degli individui. Ma non sempre, nel corso dei secoli, è stato così: basti pensare, al secolo scorso, quando il senso di comunità si è coniugato con il nazionalismo suggerendo le concezioni corporative autoritarie che sono state importanti nel mondo fascista, in Portogallo, Spagna, Brasile, Cile, Argentina e nell'Est Europa.

Da questo passato, non così poi lontano nel tempo, ci siamo "vaccinati" guardando la solidarietà insieme alla giustizia; considerando la solidarietà un requisito della giustizia. I sentimenti di solidarietà sono un meccanismo che mette in azione l'interesse per la giustizia; è il senso di fraternità che ci spinge a parlare di giustizia. L'esser solidali verso gli altri significa riconoscere che gli altri hanno diritti, da realizzarsi, che sono collegati con il senso di giustizia. La solidarietà, insieme alla giustizia, ci spinge a riconoscere le caratteristiche distributive che sono al centro della giustizia come della solidarietà. La solidarietà sottolinea che cosa è dovuto ad altri; come nel caso della giustizia, dà speciale attenzione ai meno fortunati, alle vittime. Se cerchiamo il senso più profondo della solidarietà non possiamo non connetterla con la giustizia. Il passo, ovviamente, successivo, a questa operazione, sarà la connessione della solidarietà con l'eguaglianza. Lo snodo analitico si può, così, configurare come solidarietà, giustizia ed eguaglianza; esaurendo il discorso empirico sulla solidarietà all'interno delle nostre democrazie. È anche vero che la solidarietà può portare di fatto ad azioni diverse quali il volontarismo, l'iniziativa privata. La maggioranza delle democrazie non hanno, però, la cultura e la ricchezza degli Stati Uniti dove far filantropia significa poter pagare meno tasse. Per noi il modo concreto di far valere la solidarietà è il collegamento con la giustizia e l'eguaglianza.

L'eguaglianza è, però, legata alla libertà tornando così indietro nel ragionamento svolto: eguaglianza e libertà come elementi di fondo che hanno o possono avere dietro la solidarietà da pensarsi, ormai, insieme, alla giustizia e alla stessa eguaglianza. Solidarietà che si esaurisce nella eguaglianza e le sue connessioni con la libertà.

Ideale n. 3

Democrazia, sviluppo economico e solidarietà. Il contributo dell'Economia sociale di mercato a un nuovo ordine economico mondiale.

Prof.ssa Silvia Bruzzi

> «Infatti, come nei giorni che precedettero il diluvio mangiavano e bevevano, prendevano moglie e prendevano marito, fino al girono in cui Noè entrò nell'arca, e non si accorsero di nulla finché venne il diluvio e travolse tutti».
> Vangelo secondo Matteo (24, 38-39).

1. Verso un buon governo dell'interdipendenza planetaria

La riflessione sulla relazione tra democrazia, economia e solidarietà prende le mosse dal contesto nel quale si sviluppano le relazioni economiche tra gli uomini. Nel XXI secolo l'attività economica assume ormai una dimensione mondiale, contribuendo ad abbattere distanze e barriere che fino a poco tempo prima limitavano le opportunità di relazione a disposizione dell'uomo.

Il processo che ha forgiato questa dimensione mondiale, detto comunemente globalizzazione, viene descritto da Benedetto XVI nella Enciclica *Caritas in veritate* quale condizione di "interdipendenza planetaria" che offre all'umanità grandi opportunità, esponendola nel contempo ad importanti rischi. Benedetto XVI infatti da un lato sottolinea che «il rischio del nostro tempo è che all'interdipendenza di fatto tra gli uomini e i popoli non corrisponda l'interazione etica delle coscienze e delle intelligenze, dalla quale possa emergere come risultato uno sviluppo veramente umano»,[1] e dall'altro evidenzia che «la novità principale è stata *l'esplosione dell'interdipendenza planetaria*, ormai comunemente nota come globalizzazione. Paolo VI l'aveva parzialmente prevista, ma i termini e l'impetuosità con

---

[1] Cfr. BENEDETTO XVI, Lett. Enc. *Caritas in veritate* (29 giugno 2009), n. 9.

cui essa si è evoluta sono sorprendenti. Nato dentro i Paesi economicamente sviluppati, questo processo per sua natura ha prodotto un coinvolgimento di tutte le economie. Esso è stato il principale motore per l'uscita dal sottosviluppo di intere regioni e rappresenta di per sé una grande opportunità».[2]
Benedetto XVI sottolinea l'importanza che la "interdipendenza planetaria" favorisca "una interazione etica delle coscienze e delle intelligenze" così da produrre quale effetto "uno sviluppo veramente umano".
Per poter far fronte al processo di globalizzazione, cogliendone le opportunità, bisogna dunque partire da qui, dal riconoscimento che uno sviluppo economico giusto e, in ultima analisi, umano costituisce il fine di ogni azione dell'uomo e quindi anche, e soprattutto, di ogni azione economica dello stesso.
Affinché ciò possa avvenire è necessario che l'uomo si impegni dando alle sue scelte una precisa direzione di senso. È questo che ci ricorda anche Benedetto XVI quando parla di «un impegno inedito e creativo, certamente molto vasto e complesso».[3]
È necessario che questo processo di interdipendenza planetaria, che dobbiamo riconoscere quale processo inarrestabile, sia ben governato affinché esso crei condizioni di sviluppo economico e non degeneri, invece, facendo prevalere reazioni conservative.[4]
Al riguardo Benedetto XVI parla di una autorità globale sussidiaria e poliarchica, ispirando con queste parole un processo di innovazione istituzionale di portata storica: «La globalizzazione ha certo bisogno di autorità, in quanto pone il problema di un bene comune globale da perseguire; tale autorità, però, dovrà essere organizzata in modo sussidiario e poliarchico, sia per non ledere la libertà sia per risultare concretamente efficace».[5]

---

[2] Cfr. *Ibidem*, n. 10.
[3] Cfr. *Ibidem*, n. 33.
[4] Cfr. SANGALLI S., *Solidarietà e democrazia nell'orizzonte della Dottrina Sociale della Chiesa: riflessioni per un percorso*, in questo volume.
[5] Cfr. BENEDETTO XVI, Lett. Enc. *Caritas in veritate*, n. 57. Vale la pena ricordare al

È questa la sfida politica ed economica del XXI secolo, in cui collocare la riflessione sul nostro tema: la relazione tra economia, democrazia e solidarietà non può non essere collocata nella sua attuale dimensione globale, al fine di comprendere come oggi a fronte del nuovo contesto caratterizzato da interdipendenza planetaria sia possibile attivare un processo di sviluppo economico equilibrato, quale bene comune mondiale su cui costruire una società fondata sui principi di democrazia e solidarietà a livello globale.

La stessa Dottrina Sociale della Chiesa ci chiede di raccogliere questa sfida: è necessario comprendere cosa significhi "ben governare" il processo di interdipendenza planetaria, vale a dire definire correttamente i confini del "buon governo" della mondializzazione, nell'auspicio che esso sbocchi in un buon governo economico mondiale.

È lungo un cammino così tracciato che, in un'ottica di rinnovamento di tutte le istituzioni (tra cui anche l'impresa), le iniziative di democrazia economica, vale a dire di partecipazione diretta ed indiretta dell'uomo alla vita economica del mondo, possono trovare generale sistematizzazione e contribuire a generare così condizioni di sviluppo, finalizzato alla costruzione di un sistema economico giusto e quindi umano per tutti.[6]

La presente riflessione mira a dare un contributo in questa direzione, con l'auspicio che le nuove generazioni possano fertilizzare queste considerazioni e contribuire a dare impulso al processo con la loro testimonianza di vita e professionale. È questo ciò che ci chiede oggi anche la Dottrina Sociale della Chiesa ed è su questo che, a giudizio di chi scrive, tutti siamo chiamati a fare la nostra parte.

---

riguardo anche il Documento prodotto nel 2011 dal Pontificio Consiglio della Giustizia e della Pace "*Per una riforma del sistema finanziario e monetario internazionale nella prospettiva di un'autorità pubblica a competenza universale*", quale importante contributo alla riflessione sulla importanza di una autorità universale in ambito finanziario.

[6] Cfr. SANGALLI S. (a cura di), *Sinderesi: fondamenti di etica pubblica*, GBPress, Roma, 2012.

2. Gli insegnamenti del XX secolo: il pensiero economico neo-liberale

Un contributo importante alla riflessione sul buon governo dell'attuale interdipendenza planetaria è offerto dal pensiero economico liberale e dalla sua evoluzione nel corso del XX secolo. Ciò con l'obiettivo di comprendere il contributo che esso offre all'avanzamento dell'attuale processo di costruzione di un nuovo ordine economico mondiale.

Il processo di globalizzazione, come è noto, è stato avviato dalle imprese nel XX secolo, imprese che miravano ad espandere la loro azione oltre i confini nazionali. Sono state le imprese (in particolare, le multinazionali statunitensi) che durante il primo ciclo di sviluppo del XX secolo hanno avviato le loro strategie di internazionalizzazione al fine di trovare nuove opportunità di crescita. Si trattava dapprima di strategie di crescita *market seeking* verso l'Europa e poi *resource seeking* verso i mercati orientali, ricchi di fattori produttivi caratterizzati da minori costi. È questo processo che ha innescato la frattura tra i confini dei mercati e i confini giuridici degli Stati, frattura che sta alla base della attuale difficoltà nella gestione della globalizzazione. Di fatto l'avvio del processo di globalizzazione ha generato la frattura della relazione Stato-mercato su cui si è fondato storicamente il pensiero liberale, che ha supportato lo sviluppo dei sistemi capitalistici del XX secolo.

Nella sua impostazione originaria infatti, tradizionalmente ricondotta al pensiero di Adam Smith, il pensiero economico liberale ruota attorno all'azione di due attori, Stato e mercato, cui riconosce competenze distinte e complementari: al mercato spetta il raggiungimento del pieno impiego dei fattori produttivi, concepito quale condizione per il raggiungimento del benessere collettivo. All'attore pubblico spetta, invece, principalmente un ruolo di regolazione, mediante la definizione di un quadro istituzionale in grado di promuovere l'iniziativa privata, considerata quale condizione per lo sviluppo economico e sociale. In questo quadro, il mercato rappresenta un'entità autonoma, chiamata ad agire nel rispetto dell'ordinamento statuale cui appartiene;⁷ l'attività economica spetta quindi all'iniziativa privata, chiamata a detenere la proprietà dei mezzi produttivi.⁸ Il pensiero liberale, a differenza dell'impostazione liberista, riconosce quindi il pieno rispetto da parte del mercato delle regole sancite dallo Stato.

La crisi della fine degli anni '20 del XX secolo costituisce un momento di svolta del pensiero liberale smithiano, perché evidenzia l'ampiezza degli effetti dei fallimenti del mercato; la crisi impone l'avvio di una profonda riflessione sulla relazione pubblico-privato, che porterà all'emergere del pensiero neoliberale, che si colloca alla base del primo ciclo di sviluppo economico del XX secolo.

La crisi della fine degli anni '20 evidenzia, infatti, con forte drammaticità la necessità di un rinnovamento del ruolo delle autorità pubbliche nel governo delle forze di mercato e quindi in ultima analisi dell'economia. In questo periodo svolgono un ruolo pionieristico due paesi, gli Stati Uniti, che con Roosevelt innovano la concezione stessa di Stato federale e definiscono un assetto che porterà gli Stati Uniti a svolgere il ruolo di potenza economica del XX secolo, e la Germania, che sempre in questo periodo getta le fondamenta di quella che poi verrà chiamata l'Economia sociale di mercato, posta alla base del miracolo economico tedesco.⁹

Con riferimento all'esperienza statunitense, vale la pena ricordare come sia stato il Presidente F. D. Roosevelt ad individuare la chiave di lettura della crisi statunitense del '29, evidenziando come lo sviluppo economico statunitense nei periodi precedenti la crisi abbia potuto far leva su un vantaggio competitivo stabile: la disponibilità di risorse produttive sovrabbondanti, trasformatesi nel corso del tempo per effetto dello sviluppo

---

⁷ Cfr. FELISINI D., *Inseparabili: lo Stato, il mercato e l'ombra di Colbert*, Rubbettino Editore, Soveria Mannelli, 2010.
⁸ Cfr. VELO D., *L'impresa federale europea. Per una teoria cosmopolitica dell'impresa*, Giuffrè Editore, Milano, 2004.
⁹ Cfr. VELO D., *The European Model. The Evolution of the European Economic and Institutional Order towards a Social Market Economy*, in *The European Union Review*, Vol. XVI, no. 1-2, 2011, pp. 7-26.

economico, sociale e tecnologico. Roosevelt, in particolare, sottolinea come la crescita demografica, la sovrabbondanza di terra e il vantaggio tecnologico derivante dalla rivoluzione industriale abbiano offerto agli americani uguali opportunità di benessere, consentendo da un punto di vista istituzionale di disegnare un modello di sviluppo economico e sociale nel quale trovasse piena valorizzazione la libera iniziativa privata. La grande concentrazione di potere in capo a pochi grandi gruppi finanziari manifestatasi alla fine del XIX secolo modifica in modo sostanziale tale condizione di vantaggio. Di fatto la formazione di monopoli e oligopoli finisce con il distorcere il mercato, facendo venir meno in modo definitivo lo storico vantaggio competitivo del sistema economico statunitense, vale a dire la sussistenza di pari opportunità di iniziativa economica per l'intera popolazione americana.

Tale mutata situazione impone, dunque, l'avvio di un ordine economico nuovo, che valorizzi il ruolo dello Stato al fine di aumentare il potere d'acquisto della popolazione attraverso la realizzazione di politiche strutturali.[10] Roosevelt non intende, almeno all'inizio, procedere a politiche di *deficit spending* di stampo keynesiano, ma piuttosto avviare delle politiche di investimento pubblico per il rilancio dell'economia statunitense in settori considerati cruciali per lo sviluppo del sistema economico e quindi per il benessere della popolazione.

Con l'esperienza del New Deal gli USA si pongono quali precursori dei sistemi capitalistici moderni, che valorizzano l'iniziativa economica pubblica, attraverso l'individuazione di soluzioni istituzionali ed imprenditoriali innovative nel panorama dell'epoca.

Nell'esperienza statunitense tale processo si accompagna, infatti, ad una più profonda trasformazione istituzionale, che concerne due livelli. Da un lato esso riguarda il ruolo dello Stato federale nella vita economica del Paese. Tema al centro del dibattito statunitense fin dalle origini della storia della Repub-

---

[10] Cfr. ROOSEVELT F. D., *Looking forward*, J. Day, 1933.

blica, il ruolo dello Stato federale diviene l'elemento di rottura delle politiche del New Deal,[11] che assegnano al livello di governo più alto un ruolo fondamentale per lo sviluppo economico e la coesione sociale di questo paese. Di fatto allo Stato federale viene assegnata una funzione politico-economica fondamentale: quella di orientare l'economia secondo una logica di lungo termine, salvaguardando nel contempo i meccanismi di mercato, a tutela della libertà individuale.

Dall'altro esso concerne gli strumenti adottati dallo Stato federale per il suo intervento in economia. Roosevelt avvia in questo periodo delle esperienze imprenditoriali innovative, che, nate come "esperimenti" istituzionali e imprenditoriali, si impongono presto al dibattito politico-culturale di quegli anni quali soluzioni di successo, che ispirano le politiche di sviluppo industriale di altri paesi, tra cui in particolare l'Italia.[12] L'istituzione economica cui Roosevelt ricorre in modo massiccio per l'intervento pubblico diretto in economia è l'Authority federale, strumento pubblico di decentramento economico, chiamato ad agire in condizioni di autonomia secondo logiche imprenditoriali per lo più nei settori di pubblica utilità.[13]

Il mix pubblico-privato che caratterizza il modello capitalistico statunitense del XX secolo costituisce, dunque, la risposta istituzionale alle esigenze di sviluppo economico e sociale emerse nella prima metà del XX secolo: assegnando allo Stato federale il compito di orientare il sistema economico verso una prospettiva di lungo termine, adottando strumenti di intervento diretto e indipendente all'interno dell'economia, salvaguardando le

---

[11] Cfr. LEUCHTENBURG W.E., *Roosevelt e il New Deal*, Edizioni Laterza, Roma-Bari, 1968.
[12] Cfr. BRUZZI S., *Impresa pubblica, sviluppo industriale e Mezzogiorno: l'attualità della lezione di Pasquale Saraceno*, Centro Interregionale di Eccellenza Jean Monnet, Università degli Studi di Pavia, 2011.
[13] L'esperienza di successo della Tennesse Valley Authority costituisce al riguardo il simbolo dell'era roosveltiana. Si veda PRIMAVERA S., *L'esperienza americana delle Federal Government Corporations. Spunti di riflessione per la grande impresa federale europea*, in VELO D. (a cura di), *Dall'Europa dei progetti all'Unione Economica. Lo sviluppo della grande impresa europea di interesse generale*, Giuffrè Editore, Milano, 2009, pp. 59-85.

logiche economiche del mercato e del gioco competitivo, il modello capitalistico americano delinea una soluzione istituzionale volta a far convergere, almeno in parte, le istanze di democrazia, sviluppo economico e solidarietà.[14]
Anche in Europa le esperienze neoliberali successive alla crisi del '29 riflettono la ricerca di assetti innovativi della relazione Stato – mercato su cui costruire sistemi economici stabili, in grado di prevenire la formazione di concentrazioni economiche e finanziarie. Spicca in questa prospettiva l'esperienza tedesca dell'Economia sociale di mercato, che affonda le sue origini nell'eccezionale processo di sviluppo economico che la Germania sperimenta all'inizio del XX secolo.[15] In questo periodo il sistema economico tedesco sperimenta un massiccio processo di cartellizzazione, definito la "svolta monopolistica della Germania".[16] Lo straordinario sviluppo economico di questo

---

[14] Cfr. BRUZZI S., *Economia e strategia delle imprese farmaceutiche*, Giuffrè Editore, Milano, 2009.

[15] Come ricorda Villari nella sua Introduzione alla pubblicazione di Walter Rathenau del 1918 *L'Economia Nuova. L'utopia di un "socialismo del capitale"*: «Tra la fine dell'Ottocento e i primi venti anni del secolo nuovo il capitalismo raggiunge il grado più alto (compatibile con il livello di sviluppo generale) della organizzazione produttiva industriale e, insieme, dell'elaborazione teorica e della ricerca scientifica e tecnica. L'avanguardia di questo processo è formata soprattutto dall'attrezzatura capitalistica degli Stati Uniti e della Germania. Quest'ultima, in tempi brevissimi, viene a trovarsi, rispetto ad esempio a un Paese di più antica industrializzazione come l'Inghilterra, in uno stadio molto più avanzato degli apparati e impianti industriali non solo nel campo dell'industria di base, ma anche nei settori produttivi di formazione più recente, quali la metalmeccanica, la chimica, l'elettricità». Cfr. VILLARI L., *Introduzione*, in RATHENAU W., *L'Economia nuova. L'Utopia di un "socialismo del capitale"*, Einaudi, Torino, 1919, p. VII.

[16] La svolta monopolistica viene testimoniata dalle parole di Otto Jeidels riportate dallo stesso Villari: «La crisi del 1900 condusse alla concentrazione industriale in ben altra misura di quanto avessero fatto le crisi precedenti, per esempio quella del 1873, che diede origine a una selezione delle imprese, ma date le condizioni tecniche di allora, non tale da creare il monopolio delle imprese rimaste vittoriose. Invece un monopolio durevole di tale genere è oggi posseduto, in larga misura, dalle gigantesche aziende della grande industria siderurgica ed elettrica, grazie alla loro tecnica complessa, alla loro grandiosa organizzazione ed alla forza del loro capitale». Cfr. JEIDELS O., *Das Verhaltnis der Grofibanken zur Industrie mit besonderer Beruckesichtingung der Eisenindustrie*, Leizig, 1905, citato in VILLARI L., *Introduzione*, in RATHENAU W., *L'Economia nuova. L'Utopia di un "socialismo del capitale"*, op. cit., pp. VIII-IX.

periodo pone le basi, in un contesto politico ancora imperialistico, per la profonda trasformazione istituzionale che si sarebbe sviluppata anni più tardi nella prospettiva neoliberale tedesca. Testimone di questo processo è Walter Rathenau, il quale, vivendo da protagonista illuminato il momento storico, ne comprende la portata istituzionale e indirizza lo sviluppo della relazione pubblico-privato in quel momento in fieri.[17] Il contributo culturale di Rathenau appare in tutta la sua evidenza quando si consideri come egli, membro di spicco dell'industria privata tedesca (Rathenau era figlio del fondatore della AEG e membro del Consiglio di Amministrazione della stessa. Nel 1915 alla morte del padre ne diventa presidente), sia stato all'origine della prima esperienza di pianificazione pubblica della Germania. È Rathenau, infatti, che nel 1914 propone al governo – per poi diventarne direttore – l'istituzione di un Ufficio delle materie prime di guerra (Kriegsrohstoffabteilung, KRA), con il quale viene accentrata tutta la gestione della produzione industriale di guerra.[18] Quella di Rathenau, che quindi rappresenta l'ispiratore e fautore della prima esperienza di economia pianificata tedesca, era una prospettiva economica costituzionale che mirava a definire un ordine economico di pace, stabile nel lungo termine e lontano dalle logiche del *laissez-faire*. Scrive al riguardo Rathenau dopo la fine del conflitto bellico: «L'ordinamento, a cui noi perverremo, sarà un ordinamento di economia

---

[17] Cfr. VELO D., *The European Model. The Evolution of the European Economic and Institutional Order towards a Social Market Economy*, op. cit.
[18] L'importanza di questa istituzione per il futuro assetto tedesco delle relazioni pubblico-privato si comprende ancora una volta dalle parole di Villari: «il fatto che la KRA avesse una autonomia assoluta negli acquisti, nelle requisizioni, nella ripartizione e nella fissazione dei prezzi massimi delle materie prime, garantiva un ampio intervento politico e una libertà di manovra del governo tra le strutture produttive industriali di cui non esisteva alcun precedente in Germania. Subordinando poi strettamente gli interessi privati degli industriali alle necessità dell'economia di guerra e, soprattutto, a un orientamento coordinato e centralizzato della produzione, Rathenau e Moellendorff credevano di potere avviare un'opera di trasformazione radicale, di "sostituzione dei contenuti" dell'impresa capitalistica; di potere, infine, impostare una "pianificazione" permanente dell'economia valida quindi anche per il dopoguerra». Cfr. VILLARI L., *Introduzione*, in RATHENAU W., *L'Economia nuova. L'Utopia di un "socialismo del capitale"*, op. cit., p. XIX.

privata, come l'attuale, ma non di un'economia senza freni. Dovrà penetrarla una volontà collettiva, la stessa volontà che penetra oggi ogni opera umana solidale, ad eccezione appunto della sola produzione economica; dovrà penetrarla una moralità ed un senso della responsabilità, che oggi nobilita ogni servizio reso alla collettività (...) ma dell'economia viene accettato senza discussione come cosa sicura che essa, da cui dipende la nostra agiatezza e il nostro piacere, la nostra civilizzazione e la nostra messa in valore, non possa sussistere altrimenti che senza freni, sul terreno della libera concorrenza e della lotta civile. Che anch'essa sia suscettibile di un ordinamento razionale, di un'organizzazione cosciente, di una penetrazione scientifica e di una responsabilità solidale; che essa sotto queste forze e queste leggi organizzatrici possa rendere molte volte più di quello che oggi si ottiene con la lotta di tutti contro tutti; che libera da contese e da conflitti velenosi, senza più speculare sopra istinti sciocchi, e senza premiare la discordia, impari a concentrarsi su ciò che è importante e necessario; che essa possa offrire ai ceti più bassi non la guerra eterna, ma la libera collaborazione; tutto ciò sarà dimostrato dall'esame della nuova opera di ricostruzione».[19]

Il superamento della logica concorrenziale *tout court* è secondo Rathenau dimostrato dalla nuova situazione, caratterizzata da scarsità delle risorse: «a noi basta il riconoscimento, che va a poco a poco crescendo, che l'economia, la quale si fonda sul concorso e sulla collaborazione di tutti, non può essere più l'affare privato dei singoli individui, come poteva permetterlo il periodo dell'abbondanza».[20]

Egli anticipa quindi Roosevelt, che, come visto, dopo la crisi del '29 e dopo avere quindi sperimentato gli effetti della logica del *laissez-faire*, nel gettare le fondamenta del capitalismo moderno sostiene che l'intervento dello Stato in economia è imposto dal venire meno del vantaggio competitivo storico degli Stati Uniti, la sovrabbondanza di risorse disponibili.

---

[19] Cfr. RATHENAU, *L'Economia nuova. L'Utopia di un "socialismo del capitale"*, op. cit., p. 22.
[20] Cfr. *Ibidem*, p. 64.

Ideale n. 3 - Democrazia, sviluppo economico e solidarietà

La relazione Stato – mercato preconizzata da Rathenau è, quindi, del tutto innovativa in una fase storica nella quale il ruolo dello Stato, nell'economia in particolare, è ancora tutto da definire.[21] Rathenau proietta il processo in una prospettiva di lungo-lunghissimo termine: «Non solo ci sarà bisogno della forza creatrice del pensatore, della forza di decisione dell'uomo di Stato – poiché ora più che mai l'innovatore dovrà essere persona che fa sacrificio di se stesso –: ma anzitutto dovrà prevalere la forza operante dei lunghi periodi di tempo, delle situazioni necessarie, della ripetizione uniforme. Per ciò, come si deve ora esporre, non si richiede l'intervento di una improvvisa deliberazione governativa, ma il progetto di una costruzione che avrà bisogno di un tempo maggiore di una vita umana, e di un'età umana non di attesa titubante, ma di tenace propaganda, di buon volere e di lavoro condotto senza errori».[22]

L'intervento dello Stato deve, però, essere disegnato in modo da assicurare libertà e responsabilità,[23] due principi che, come vedremo, saranno posti a fondamento dell'Economia sociale di mercato.

Rathenau nel periodo successivo alla fine della prima guerra mondiale partecipa attivamente all'esperienza della Repubblica di Weimar (come ministro della Ricostruzione nel 1921 e come Ministro degli Esteri nel 1922) e alla rivoluzione culturale che in quegli anni cerca di guidare la trasformazione istituzionale della Germania da Impero in democrazia. Muore nel 1922, ucciso da nazionalisti, dopo aver gettato le basi culturali di un modello politico ed economico nuovo, che avrebbe preso forma compiuta in Germania solo dopo il secondo conflitto bellico.

---

[21] «L'economia nuova non sarà, come abbiamo visto, una economia di Stato, ma una economia privata sottoposta al giudizio dei pubblici poteri, una economia privata cioè che, per raggiungere una coesione organica, per superare gli attriti interni e per moltiplicare il suo rendimento e la sua forza di resistenza, avrà bisogno della collaborazione dello Stato». Cfr. *Ibidem*, p. 62.
[22] Cfr. *Ibidem*, p. 24.
[23] «Chi conosce i miei scritti sa che io non aspetto un mutamento della natura, ma un mutamento dei valori che sono continuamente mobili, che io non aspiro alla felicità per tutti noi, ma alla libertà, alla responsabilità e al miglioramento dello spirito». Cfr. *Ibidem*, p. 68.

Gli anni '30, pur sotto il dominio nazista, costituiscono un periodo importantissimo per la formazione del pensiero neoliberale tedesco. Un contributo decisivo alla definizione dell'ordine socio-economico tedesco che si formerà nel secondo dopo-guerra proviene, infatti, da Walter Eucken, che, alla guida culturale della Scuola di Friburgo, negli anni '30 getta le fondamenta dell'approccio neoliberale tedesco, il cosiddetto ordoliberalismo.[24]

Il significato del termine *ordo* viene spiegato dallo stesso Eucken, che afferma: «il termine "ordinamento" (...) si usa per significare un ordinamento che risponde alla natura delle persone e delle cose, cioè un ordinamento in cui sussiste misura ed equilibrio. Già la filosofia antica creò questa definizione del concetto dell'ordinamento. Essa cercò nella varietà delle cose l'ascoso piano architettonico del mondo. Nel medioevo fu elaborato il concetto dell'"ordo", che ebbe un'influenza decisiva su tutta la cultura medievale. Esso significa la sintesi che la ragione opera del molteplice in un tutto. Soprattutto in tempi di ordinamenti insufficienti o ingiusti, questa idea dell'ordinamento essenziale o naturale o dell'"ordo" acquista di regola una grande importanza. La spinta viene data dalla assurdità delle situazioni concrete (...) Oggi quest'idea risorge nuovamente in vista della necessità assoluta di trovare per l'economia industrializzata un ordinamento dell'economia, della società, del diritto e dello stato, capace di funzionare e degno dell'umanità. Cambino pure le definizioni di questo concetto nel corso della storia europea – l'*intenzione* che muove alla definizione del concetto rimane sempre la stessa o presso a poco».[25]

---

[24] La Scuola di Friburgo viene animata da Walter Eucken insieme a due colleghi giuristi, Franz Böhm and Hans Großmann-Doerth, della stessa Università di Friburgo, i quali fondano negli anni '30 una collana di pubblicazioni dal titolo *Ordnung der Wirtschaft*. Nel 1936 nel primo volume pubblicano una introduzione programmatica intitolata "*Our Task*", che diviene il Manifesto della Scuola. V.J. Vanberg, *The Friburg School: Walter Eucken and Ordoliberalism, Friburg Discussion Papers on Constitutional Economics*, no. 4/11, Walter Eucken Institut, 2011. Si veda anche FELICE F., *L'Economia sociale di mercato*, Rubbettino editore, Soveria Mannelli, 2008.

[25] Cfr. EUCKEN W., *I fondamenti dell'Economia politica*, Sansoni, V Edizione (1947), Firenze, 1951, p. 377.

La valorizzazione del termine *ordo* nel pensiero di Eucken vale, dunque, ad evidenziare la necessità di definire un ordinamento nuovo, in grado di guidare l'economia industrializzata di allora. Eucken pensa al riguardo alla necessità di definire una costituzione economica, che nasca dalla collaborazione tra ordinamento giuridico e teoria economica.[26]

L'ordinamento economico da definire per interpretare correttamente le esigenze della nuova economia industrializzata secondo Eucken e gli ordoliberali deve fondarsi su una economia di mercato, lontana dalle logiche di *laissez-faire*, nella quale lo Stato assume un ruolo forte di regolatore. Eucken ritiene necessario l'intervento dello Stato in economia, purché questo si limiti alla definizione del quadro istituzionale e non entri nei processi economici.[27] L'intervento dello Stato nei processi economici provocherebbe, infatti, secondo Eucken una distorsione nel sistema dei prezzi e quindi della concorrenza, portando ad una inefficiente allocazione delle risorse.[28]

Gli ordoliberali assegnano al riguardo un compito preciso allo Stato, chiamato a garantire un quadro istituzionale stabile nel tempo e coerente con i principi della concorrenza.

L'ordinamento costituzionale pensato dagli ordoliberali si

---

[26] «Il *pensiero giuridico* e il pensiero economico, nel corso del secolo XIX e agli inizi del secolo XX, sono andati ciascuno per proprio conto e rari sono stati i contatti tra di loro. In quel tempo regnava la convinzione che, mentre occorreva attuare e costruire un ordinamento *giuridico*, un ordinamento economico, idoneo e naturale, si formasse spontaneamente attraverso il giuoco delle forze evolutive (…) Nel frattempo si è però riconosciuto che il mondo industrializzato moderno, nel corso della sua evoluzione, non genera da sé un ordinamento economico idoneo, bensì che abbisogna di determinati principi fondamentali, ossia di una costituzione economica (…) Infatti pensiero e prassi giuridici hanno, e in misura crescente, il compito di collaborare alla costruzione ed alla attuazione di tale costituzione economica». Cfr. *Ibidem*, pp. 378-379.

[27] Afferma Eucken al riguardo: «The state should influence the *forms* of economy, but not itself direct the economic process. [...] State planning of forms – Yes; state planning and control of the economic process – No!». Cfr. EUCKEN W., *This Unsucceful Age or the Pains of Economic Progress*, New York, Oxford University Press, 1952, p. 95 e ss.

[28] È questo un punto fondamentale per gli ordoliberali, per i quali il corretto funzionamento del sistema di prezzi di mercato rappresenta la condizione per poter raggiungere l'equilibrio di mercato.

ispira al rispetto delle libertà economiche fondamentali – la libertà degli scambi, la libertà della proprietà privata, la libertà contrattuale –, nonché al principio della responsabilità civile e della stabilità monetaria ed economica.

A questo scopo gli ordoliberali assegnano ruoli e responsabilità distinti e separati all'attore pubblico e all'attore privato. Quest'ultimo è chiamato ad avere un ruolo chiave nel processo di accumulazione della ricchezza, nel rispetto di un quadro di regole che, sancendo il riconoscimento della libertà di iniziativa economica, vieta monopoli e cartelli. Il privato per poter svolgere i propri compiti in modo responsabile deve però poter contare su un quadro di politica economica e monetaria stabile. La responsabilità dello Stato è, dunque, quella di vigilare affinché il clima di fiducia necessario al prosperare dell'economia si mantenga stabile nel tempo.[29]

L'accento sul tema della libertà appare particolarmente spiccato:[30] la Scuola di Friburgo si sviluppa, agendo in clandestinità, sotto il giogo totalitario nazista, facendosi espressione di un forte anelito culturale alla democrazia; inoltre, non bisogna dimenticare che negli anni '30 il dibattito si confronta con due possibili opzioni economiche: quella delle logiche del mercato e quella del collettivismo. La Scuola di Friburgo, sottolineando l'importanza della tutela della libertà individuale, rifiuta ogni intervento statale di stampo collettivista e, al tempo stesso, valorizzando le logiche competitive in un quadro di regolamentazione pubblica, si pone in contrasto con le tipiche logiche del *laissez-faire*. D'altra parte il rispetto della libertà altrui costituisce il fondamento stesso del principio della responsabilità,

---

[29] Cfr. EUCKEN W., *I fondamenti dell'Economia politica*, op. cit.
[30] La libertà costituisce il fondamento dell'ordine economico teorizzato dagli ordoliberali. Ciò appare evidente considerando la stessa definizione di libertà data da Eucken: «Just as for the state governed by the rule of law, the competitive order should create a framework, in which the free pursuit of the individual is limited by the sphere of liberty of another, thus creating a balanced liberty between humans. In reality, the will for competition policy is closely linked to the will of liberty». Cfr. EUCKEN W., *Die Wettbewerbsordnung und ihre Verwirklichung*, in Ordo, Vol. 2, 1949, pp. 1-99, p. 27, citato in inglese in WORSDORFER M., *On the Economic Ethics of Walter Eucken*, in GLOSSNER C. L., GREGOSZ D., (eds.), *Formation, development*

che in Eucken precede – giustificandolo – l'intervento dello Stato.
Libertà e responsabilità costituiscono, dunque, i pilastri del pensiero economico neoliberale tedesco, che negli anni successivi avrebbe sostenuto con successo lo sviluppo economico-industriale della Germania uscita sconfitta dalla seconda guerra mondiale.
Gli anni '40 costituiscono il momento storico nel quale il pensiero neoliberale tedesco viene chiamato a forgiare il modello economico del Paese, contribuendo a realizzare quello che più tardi sarebbe stato considerato il miracolo economico tedesco. Figura politica chiave di questa fase storica è Ludwig Erhard, ministro delle Finanze tedesco, che nel 1948 traduce l'impostazione culturale dell'ordoliberalismo in precise scelte politico-istituzionali. Erhard, in particolare, sceglie di rilanciare l'economia tedesca attraverso una riforma monetaria restrittiva, basata sulla sostituzione della vecchia valuta (reichsmarks) con nuovi marchi tedeschi e, in linea con l'impostazione ordoliberale, sulla liberalizzazione dei prezzi.[31]
È in particolare quando viene nominato Director of the Administration for Economics del Bizonal Economic Council che Erhard introduce nel dibattito l'Economia sociale di mercato,[32]

---

and Perspectives of a Peacemaking Formula, 60 Years of Social Market Economy, Konrad Adenauer Stiftung, 2010, pp. 21-42, p. 29.

[31] Scrive al riguardo Henderson: «In 1947 he became the director of the Bizonal Office of Economic Opportunity and, in that capacity, advised US General Lucius D. Clay, military governor of the US zone. After the Soviets withdrew from the Allied Control Authority, Clay, along with his French and British counterparts, undertook a currency reform on Sunday, June 20, 1948. The basic idea was to substitute a much smaller number of deutsche marks, the legal currency, for reichsmarks. The money supply would thus contract substantially so that even at the controlled prices, now stated deutsche marks, there be fewer shortages. The currency reform was highly complex, with many people taking substantial reduction in their net wealth. The net result was about 93 percent contraction in the money supply. On that same Sunday the German Bizonal Economic Council adopted, at the urging of Ludwig Erhard and against the opposition of its Social Democratic members, a price decontrol ordinance allowed and encouraged Erhard to eliminate price controls». Cfr. HENDERSON D.H., *German Economic Miracle, The Concise Encyclopedia of Economics*, Liberty Foundation, 2008.

[32] L'espressione Economia sociale di mercato – Soziale Marktwirtschaft – è utilizzata

quale elemento fondante del proprio programma politico, facendovi convergere i partiti dell'Unione Cristiano-Democratica di Adenauer e dell'Unione Cristiano-Sociale.[33] Grazie ad Erhard la scuola di pensiero ordoliberale diviene nel secondo dopoguerra il punto di riferimento culturale per la definizione del modello economico che supporta la rinascita tedesca.

Da un punto di vista teorico è Willem Röpke ad esercitare una grande influenza culturale in questa fase.[34] Dopo la morte di Eucken sopravvenuta nel 1950, Röpke diviene il principale *academic advisor* di Erhard e Adenauer, svolgendo un ruolo culturale centrale nella definizione di quello che in questi anni diviene il modello tedesco di Economia sociale di mercato.[35] Considerato uno dei massimi esponenti del pensiero ordoliberale, Röpke, esiliato dalla Germania nazista nel 1933, partecipa al dibattito tedesco dal suo esilio, prima ad Istanbul poi a Ginevra, pur non facendo parte della Scuola di Friburgo.[36]

Come Eucken, anche Röpke pensa ad un modello alternativo sia alle pure logiche di mercato (*laissez faire*) che all'economia collettivista.[37] Röpke, nella sua *Civitas Humana*, parla al

---

per la prima volta nel 1946 da Alfred Müller Armack nella sua pubblicazione Wirtschaftslenkung und Marktwirtschaft (Planned Economy and Market Economy), una delle figure di spicco di quell'epoca, che collabora con Erhard in qualità di State Secretary del Ministry of Economic Affairs. Si veda FORTE F., FELICE F. e FORTE C. (a cura di), *L'economia sociale di mercato e i suoi nemici*, Rubbettino editore, Soveria Mannelli, 2013.

[33] Cfr. GLOSSNER C.L., *The Making of the German Post-war Economy*, in GLOSSNER C. L., GREGOSZ D., (eds.), *Formation, development and Perspectives of a Peacemaking Formula, 60 Years of Social Market Economy*, op. cit., pp. 9-20.

[34] Scrive al riguardo D.R. Enderson: «Among the member sod the German school were Wilhelm Röpke and Ludwig Erhard. To clean up the postwar mess, Röpke advocated currency reform, so that the amount of currency could be in line with the amount of goods, and the abolition of price controls. Both were necessary, he thought, to end repressed inflation. The currency reform would end inflation; price control would end repression. Ludwig Erhard agreed with him». Cfr. HENDERSON D.H., *German Economic Miracle, The Concise Encyclopedia of Economics*, op. cit.

[35] Cfr. KOLEV S., *F.A. Hayek as an Ordo-liberal*, Hamburg Institute of International Economics, HWWI Research Paper 5-11, 2010, p. 5.

[36] Röpke comincia a collaborare con la rivista *Ordo* negli anni '60.

[37] Come evidenziato da Kolev, diversi sono i punti di contatto tra Eucken e Röpke: «Eucken finds his solution in a specific type of market economy which he calls the

riguardo di "umanesimo economico": «Il rigore della nostra critica del "capitalismo" storico e la risoluzione di correre ai ripari da una parte, la nostra energica affermazione del principio ordinatore dell'economia di mercato dall'altra parte: questi sono i due fuochi dell'ellisse nella quale devono circolare le nostre idee di riforma. Solo quando si sia inteso questo punto di partenza, si comprende la via sulla quale cerchiamo di procedere a tentoni al di là del capitalismo e del collettivismo, quella via che, modestamente e senza alcuna pretesa di originalità, ho chiamato la "Terza Via" o anche "Umanesimo economico"».[38] La critica al modello capitalistico appare un punto fondamentale del pensiero di Röpke, secondo il quale: «L'errore fondamentale del vecchio pensiero liberale capitalistico è stato precisamente quello di considerare l'economia di mercato come un processo chiuso in sé, che si svolgesse automaticamente. Non si era notato che l'economia di mercato rappresenta soltanto un breve settore della vita sociale, incorniciato e contenuto in un campo più largo, un campo esterno nel quale gli uomini non sono concorrenti, produttori, affaristi, consumatori, membri di corporazioni, azionisti, risparmiatori e investitori, ma semplicemente uomini che non vivono di solo pane, membri di famiglia, vicini di casa, membri di comunità religiose, compagni di lavoro, cittadini del loro comune e creature di carne e ossa, con pensieri eternamente umani e col senso di giustizia, dell'onore, dell'abnegazione, dell'istinto sociale, della

---

"competitive order". For this order, government is to institute a set of (constitutive and regulative) principles which as an overall framework guarantee the "emasculation" (Entmachtung) of the economy. Röpke goes a step further, postulating that also competition is not an autonomous mechanism but rather a coordination process which itself need a framework. This is necessary to ensure that economy is "vitally satisfied" (vital befriedigt), that the ethical reserves which society needs for its cohesion and which are consumed are filled up by the outer layer of the framework. Thus, his program goes beyond Eucken's *economic* policy of order, instead he insists that a *societal* policy of order is needed to ensure that the market economy does not destroy its moral foundations». Cfr. KOLEV S., *F.A. Hayek as an Ordo-liberal*, op. cit.
[38] Cfr. ROPKE W., *Civitas Humana*, Erlenbach Zurich, Eugen Rentsch Verlag, 1944, ed. Italiana pubblicata in ROPKE, *Democrazia ed economia. L'umanesimo liberale nella civitas humana*, Il Mulino, Bologna, 2004, pp. 56-57.

pace, dell'onestà nell'esecuzione del lavoro, della bellezza e della tranquillità nella natura».[39]
L'assenza di automatismi viene continuamente affermata da Röpke, per il quale una «economia di mercato vitale e soddisfacente» è «una costruzione d'arte, un prodotto della civiltà politica che con la democrazia politica ha anche questo in comune: di essere particolarmente difficile e di presupporre molte cose che richiedono il nostro sforzo e la nostra fatica».[40]
Röpke pensa, dunque, ad un massiccio programma di politica economica che di fatto appare sovrapponibile all'*ordo* di Eucken: «(...) è costituito da misure e istituzioni che conferiscono alla concorrenza quella cornice, quelle regole e quella sorveglianza imparziale delle regole stesse, che s'impongono alla concorrenza come ad ogni gara, se non si vuole che questa degeneri in disordinate baruffe. Infatti un regime di concorrenza genuino, leale e funzionante non può esistere senza una ponderata cornice giuridico – morale e senza la costante sorveglianza delle condizioni alle quali la concorrenza deve svolgersi come vera gara di rendimento. Ciò presuppone la maturità economica di tutti i responsabili e uno Stato forte e imparziale; forte, non già affaccendato».[41]
Röpke non assegna, però, allo Stato il solo ruolo di regolatore, lo Stato cioè non deve occuparsi soltanto di definire "la cornice dell'economia di mercato". È questo un punto importante per capire il pensiero neoliberale tedesco e per marcare ancora una volta la netta distinzione tra questo e il liberismo. Afferma Röpke al riguardo: «Noi siamo convinti che negare, nell'ambito dell'economia di mercato, la necessità di determinati interventi statali sarebbe aggiungere un esempio di più all'ostinazione da me bollata di voler raggiungere l'assoluto. Certo però dobbiamo stare in guardia per non venire meno all'economia di mercato e non dare via libera a una politica interventista, priva di principi, che finirebbe per sviarsi nel collettivismo. Ci occor-

---

[39] Cfr. *Ibidem*, pp. 90-91.
[40] Cfr. *Ibidem*, pp. 82-83.
[41] Cfr. *Ibidem*, p. 83.

rono determinati principi per segnare quell'interventismo che è stato definito interventismo liberale (A. Rustow), e ottenere quelle massime di politica economica razionale, alle quali può attenersi la prassi dell'uomo di Stato, se non vuol navigare senza bussola». Röpke poi precisa a quale tipo di interventi si riferisce, specificando che lo Stato dovrebbe però limitarsi ad interventi che definisce "di adeguamento", vale a dire volti a «moderare le durezze e gli attriti degli spostamenti e dei turbamenti nella vita economica» e ad «aiutare i gruppi deboli nella loro lotta per l'esistenza, favorendo ugualmente il senso dell'economia di mercato e il semplice comandamento della ragione e dell'umanità».[42] Non solo, gli interventi da preferire dovrebbero essere conformi ai principi del sistema economico di mercato, in modo da evitare che l'intervento dello Stato possa degenerare in collettivismo. È questo un punto di estrema importanza per Röpke, per il quale l'intervento dello Stato deve restare comunque limitato per garantire la legittimità e autorevolezza dello stesso.[43]

L'educazione alla libertà e, in questo quadro, alla libertà economica appare per Röpke di estrema importanza, dal momento che essa costituisce il presupposto indispensabile dello Stato di diritto. Al riguardo Röpke osserva che «L'esempio della Germania mostra con particolare evidenza che una brutale, ma per contro altamente efficace educazione alla libertà economica e alla disciplina monetaria può ottenersi dall'esperienza fatta con l'estremo contrario, il collettivismo e l'inflazione. In ultima analisi Erhard e Vocke hanno attuato ciò che fin dall'inizio godeva di popolarità ancor prima che si fosse reso palese l'enorme suc-

---

[42] Cfr. *Ibidem*, p. 84. Röpke individua al riguardo i settori e le categorie sociali più deboli e meritevoli di aiuti di questo tipo (l'agricoltura, l'artigianato, il piccolo commercio, e la cerchia dei lavoratori e impiegati).
[43] Afferma Röpke: «Anche lo Stato più sano, ripetiamo, anche la morale più resistente e la società più robusta sopportano una misura massima di attività statale, di economia finanziaria statale e di interventi statali. Oltrepassata questa misura, il disgusto dello Stato, il disprezzo della legge e la corruzione si propagheranno sempre più e finiranno per avvelenare tutte le arterie della società». Cfr. *Ibidem*, p. 128.

cesso della ricetta che combinava economia di mercato e disciplina monetaria».[44]

Le parole di Röpke, pronunciate alla fine degli anni '50, confermano dunque il riconoscimento di libertà e democrazia economica,[45] che valorizzano i meccanismi competitivi e il privato, e di responsabilità, che chiama lo Stato alla definizione di un chiaro quadro di regole, quali pilastri del modello culturale dell'Economia sociale di mercato.

Le considerazioni svolte sulle esperienze statunitense e tedesca del XX secolo, seppure nella loro schematicità, valgono in questa sede ad evidenziare il processo di formazione del pensiero neoliberale, che ha sostenuto il primo ciclo di sviluppo economico del XX secolo nei paesi di più vecchia industrializzazione e che ha sostenuto, in particolare, nei paesi europei la costruzione di sistemi di welfare forti. A fronte degli squilibri generati dalle politiche improntate a logiche di *laissez-faire* prevalente all'inizio del XX secolo, il pensiero neoliberale ha orientato le scelte di politica economica del XX secolo verso soluzioni pubblico-privato nelle quali il ruolo dello Stato nell'economia trovava valorizzazione, quale garante della cornice di regole e quale regista delle azioni economiche volte allo sviluppo e alla coesione. La relazione Stato-mercato viene dunque ripensata nel rispetto della visione originaria del pensiero libe-

---

[44] Cfr. ROPKE W., *L'educazione alla libertà economica e le grandi decisioni dell'epoca attuale*, Relazione al IX Congresso dell'Internazionale liberale, Gardone, 1-4 ottobre 1959, pubblicato in Id., *Democrazia ed economia. L'umanesimo liberale nella civitas humana*, op. cit., pp. 167-178, pp. 169-170.

[45] Afferma al riguardo Ropke: «Infatti volgendoci in nome della genuina economia di mercato contro il monopolismo, la concentrazione e il capitalismo colossale, e pronunciandoci, in nome di una politica economica positiva, guidata dalla ragione e da un senso di umanità, in favore di una mitigazione delle durezze e degli attriti a vantaggio dei deboli, abbiamo già fatto la nostra scelta in favore di impianti piccoli e medi in tutti rami economici, in favore di ciò che è moderato, delimitato e adeguato alle dimensioni umane, in favore dei ceti medi, della ricostituzione della proprietà in larghissimi circoli, in favore di quella politica che si può riassumere nella redenzione del proletariato e nel decentramento dell'economia nazionale, politica della quale ci occuperemo ancora a lungo». Cfr. ROPKE W., *Civitas Humana*, Erlenbach Zurich, Eugen Rentsch Verlag, 1944, trad. it. Id., *Democrazia ed economia*, Il Mulino, Bolohna, 2004, p. 86.

rale che riconosce il mercato quale entità che agisce all'interno del quadro statuale di regole. In questo contesto, ciascun paese ha valorizzato il ruolo del mercato e dello Stato in modo originale, coerentemente con la propria cultura socio-politica e le proprie specificità (punti di forza e punti di debolezza) economiche.

L'elemento comune delle soluzioni adottate sotto l'egida del pensiero neoliberale, che a posteriori può essere valutato quale elemento di debolezza delle stesse, è il carattere nazionale delle stesse: si tratta cioè di modelli definiti dai singoli Stati a valere sui territori di loro competenza giuridica. A fronte del processo di globalizzazione, tali soluzioni sono apparse presto obsolete, indipendentemente dalla loro valenza interna. Ciò non significa naturalmente che la validità della soluzione neoliberale adottata sia irrilevante, va da sé che il paese che ha saputo individuare soluzioni in grado di attivare un circolo virtuoso di sviluppo e di fiducia oggi nel gioco competitivo mondiale, si trova ad agire in posizione di forza, rispetto ai *competitors* che invece in tempi di protezionismo non sono stati capaci di superare i propri punti di debolezza.

L'obsolescenza delle soluzioni neoliberali a fronte del processo di globalizzazione è stata affrontata secondo due prospettive, che ancora si confrontano nell'attuale dibattito: da una parte, quella di stampo liberista, che ha dimostrato anche nel XXI secolo tutta la sua debolezza e che ha cercato di far concidere l'obsolescenza delle soluzioni pubblico-privato del XX secolo con l'obsolescenza *tout court* dello Stato e quindi delle istituzioni nel governo dell'economia, ispirando soluzioni orientate al solo libero mercato.

Dall'altro, una prospettiva coerente alle esperienze neoliberali del XX secolo e orientata a cogliere le opportunità di un rinnovamento istituzionale, volta a proiettare l'azione delle istituzioni oltre i confini statuali. Tra queste si colloca certamente l'esperienza del processo di integrazione europea del XX secolo, che sin dalle origini ha assunto una chiara vocazione politica e che ha trovato nella dimensione economica un importante asse d'azione. Il processo di integrazione europea per essere compreso necessita di essere collocato nel nuovo contesto mondiale del XXI secolo.[46] Oggi non si tratta più di ben governare un sistema economico di una singola nazione o di una regione del mondo (per esempio l'Unione europea), ma di ben governare il sistema economico mondiale.

La scelta dell'Unione europea, espressa nella Costituzione europea, di ispirarsi ai principi dell'Economia sociale di mercato nella costruzione del modello socio-economico europeo del XXI secolo, oggi ancora in fieri, colloca quindi l'Europa in una posizione privilegiata per fornire un contributo culturale decisivo all'avanzamento del pensiero liberale e così alla costruzione di un buon governo della mondializzazione.

È questa la prospettiva espressa anche dalla COMECE, *Commission des Épiscopats de la Communauté Européenne*, che in un documento prodotto in seguito alla approvazione della Costituzione europea, ha sottolineato la responsabilità dell'Unione europea di rinnovare l'Economia sociale di mercato europea al fine di contribuire alla nascita di una autorità politica mondiale: «L'Union Européenne, en tant que communauté d'États prospères et industrialisés depuis longtemps, a une responsabilité morale particulière dans le développement à long terme d'une «authentique autorité politique mondiale» avec des structures et des institutions supranationales qui seront chargées de cette lourde tâche».[47]

---

[46] Cfr. VELO D., *The Social Market Economy and the Future of European Unification*, in *The EuroAtlantic Union Review*, Vol. 1, n. zero, 2014.

[47] Cfr. COMECE, *Une Communeauté européenne de solidarité et de responsabilité*, Déclaration des éveques de la Comece sur l'objectif d'une économie sociale de marché compétitive dans le Traité de l'Union, 2011, p. 24. Nella cultura europea ricordata dalla COMECE trova riconoscimento la visione cristiana della persona umana, che affonda le sue radici nella filosofia greco-romana e nella teologia biblica. Nella concezione filosofica greco-romana l'uomo viene riconosciuto come individuo responsabile con dei diritti e dei doveri chiaramente definiti, mentre con la Bibbia l'uomo viene riconosciuto quale persona unica dotata di una personalità inalienabile. Generato a somiglianza di Dio, l'uomo rappresenta, nella prospettiva cristiana, una creatura il cui destino è indissolubilmente legato al disegno divino della Creazione. Sulla base di questa antropologia cristiana, la Chiesa proclama la dignità fondamentale di tutti gli uomini, che deve essere riconosciuta in tutte le istituzioni democratiche e in tutti i sistemi economici.

È proprio lungo questa prospettiva che affronteremo l'ultima parte del lavoro, nella speranza che le nuove generazioni vogliano collocarsi nel solco del sentiero così tracciato, individuando linee di ricerca che possano fare luce sulle future tappe del cammino verso il buon governo dell'interdipendenza planetaria.

3. L'Economia sociale di mercato nel quadro globale: quali prospettive e rotte di ricerca

L'Economia sociale di mercato si è imposta nei tempi più recenti quale patrimonio culturale di riferimento per la costruzione di un nuovo ordine economico. Diversi sono gli autori che si sono occupati nel passato e che ancora oggi alimentano il dibattito con l'obiettivo di arricchire questo patrimonio.[48]

In questo quadro, l'esperienza dell'Unione europea costituisce un punto di riferimento di particolare valore. Essa rappresenta, infatti, l'esperienza istituzionale più avanzata di Economia sociale di mercato e quindi un laboratorio di particolare interesse per orientare l'avanzamento del processo a livello mondiale.

L'Unione europea ha inserito l'Economia sociale di mercato all'interno della Costituzione europea, che all'articolo I-3, dedicato agli obiettivi dell'Unione, stabilisce:

- l'Unione si prefigge di promuovere la pace, i suoi valori e il benessere dei suoi popoli;
- l'Unione offre ai suoi cittadini uno spazio di libertà, sicurezza e giustizia senza frontiere interne e un mercato interno nel quale la concorrenza è libera e non è falsata;
- l'Unione si adopera per lo sviluppo sostenibile dell'Europa,

---

[48] Gli economisti che si ispirano all'Economia sociale di mercato, tra cui spicca in particolare Amartya Sen, si occupano in modo particolare dei fallimenti del mercato, alla ricerca di soluzioni che mirano ad accrescere le opportunità di accesso a servizi essenziali, come quelli sanitari e dell'educazione, con l'obiettivo di ridurre gli squilibri socio-economici a livello mondiale. Si veda MAKTANNER M., *The Social Market Economy – Assembled in Germany, Not Made in Germany*, in *The EuroAtlantic Union Review*, Vol. 1, no. zero, 2014.

basato su una crescita economica equilibrata e sulla stabilità dei prezzi, su un'Economia sociale di mercato fortemente competitiva, che mira alla piena occupazione e al progresso sociale, e su un elevato livello di tutela e di miglioramento della qualità dell'ambiente. Essa promuove il progresso scientifico e tecnologico.

La scelta del modello socio-economico del XXI costituisce per l'Unione europea un momento cruciale del suo processo di costruzione. Come noto, il processo di integrazione europea muove i primi passi nel secondo dopoguerra con l'obiettivo di creare condizioni di pace e prosperità per la popolazione europea. Le prime iniziative di integrazione riguardano un settore cruciale dell'economia, come quello energetico. L'obiettivo dei padri fondatori della CECA e di Euratom era quello di unire le forze europee per la produzione e l'approvvigionamento delle risorse più importanti per il futuro benessere della popolazione europea. Il progetto era politico e mirava a dare all'Europa solide basi economiche. I passi successivi riguardano in particolare il mercato unico e la moneta unica. Conclusa la fase di integrazione monetaria, diventa ora necessario avviare una vera e propria unione economica, attraverso l'attribuzione all'Unione europea di competenze di politica economica e industriale. Il futuro dell'Europa dipende dalla sua capacità di competere con grandi attori, nell'ambito di settori strategici, in particolare potenziando l'economia della conoscenza. I singoli Stati, per quanto forti, non possono più competere da soli nel quadro globale. Non si tratta solo di trovare nuovi strumenti, ma di trovare assetti istituzionali innovativi. I sistemi di welfare che nel XX secolo hanno costituito dei punti di forza dei paesi europei, pur generando al tempo stesso forti ineguaglianze,[49] oggi nella competizione globale rischiano di penalizzare l'economia europea. Diventa, quindi, necessario ripensare il modello socio-economico europeo, un modello che sappia rendere

---

[49] COCCOPALMERIO F., *Preface*, in VELO D. and VELO F., *A Social Market Economy and European Economic Monetary Union*, Peter Lang, Berlin, 2013.

l'Unione europea competitiva, senza rinunciare, anzi rivitalizzando, le istanze solidaristiche del patrimonio culturale europeo.

L'Economia sociale di mercato, sintesi delle diverse formule capitalistiche adottate in Europa sotto l'egida del pensiero neoliberale, diviene un punto di riferimento da cui ripartire.

Si tratta, ovviamente, di un processo in corso che interesserà tutto il XXI secolo. Ogni processo è fatto di tappe, che trovano la loro direzione di senso nell'obiettivo finale.

Su questo aspetto ancora una volta la COMECE offre una sollecitazione che non possiamo trascurare. Essa evidenzia in particolare che l'espressione utilizzata nella Costituzione europea «l'economia sociale di mercato fortemente competitiva» andrebbe chiarita, mettendo l'accento sull'aggettivo "sociale", che costituisce il vero fine dell'azione economica; l'accezione "fortemente competitiva" attiene infatti al mezzo. È questo un punto centrale anche del pensiero neoliberale, che assegna allo Stato il compito di attivare circoli virtuosi di sviluppo e di coesione. L'economia (quindi lo sviluppo) costituisce un mezzo, mentre la dimensione sociale (quindi la solidarietà) costituisce il fine. Ciò chiarisce bene l'urgenza di creare condizioni di sviluppo (mezzo): se non si attivano iniziative di sviluppo economico non si riesce a valorizzare adeguatamente la dimensione sociale, e quindi solidaristica, (fine) dell'azione economica. Concepire l'economia come mezzo e non come fine significa, è bene sottolinearlo, valorizzare la scienza economica.

Quanto al come procedere nel disegnare il nuovo assetto istituzionale la COMECE specifica che «un marché vraiment concurrentiel, bien régulé, est un instrument efficace pour atteindre d'importants objectifs de justice», e che «L'idée de la libre concurrence est irréalisable sans règles claires, applicables et assorties de sanctions».[50]

---

[50] Cfr. COMECE, *Une Communeauté européenne de solidarité et de responsabilité*, op. cit., p. 14.

È necessario quindi che il mercato sia regolato e questo è compito delle istituzioni, chiamate a mettere in atto politiche monetarie, finanziarie ed economiche orientate alla stabilità.
Non sono solo gli Stati nazionali però ad essere coinvolti in questo processo di rinnovamento. Il messaggio della COMECE è molto innovativo al riguardo: «Dans l'économie sociale de marché, la responsabilité sociale ne se limite pas à la seule politique sociale».[51] Questo costituisce un punto di rottura rispetto all'impostazione tradizionale del *Welfare* europeo, che ha tipicamente affrontato le questioni economiche (di sviluppo) e quelle sociali in modo disgiunto. La sanità, per esempio, è stata concepita solo come ambito di applicazione delle politiche redistributive della ricchezza e non anche come un settore ad alto contenuto di innovazione capace, attraverso una adeguata politica industriale di investimenti di medio – lungo termine, di generare ricchezza. Sganciare l'aspetto sociale da quello economico significa creare una frattura culturale tra breve e lungo termine, tra consumi e investimenti, tra creazione e redistribuzione della ricchezza.
Su questo aspetto la COMECE esprime un messaggio di forte stimolo al ripensamento del quadro istituzionale europeo: «L'Union Européenne a, jusqu'à ce jour, des compétences limitées en matière de politique sociale, la responsabilité primaire en incombe aux États membres. Cependant, nous remarquons que dans la communauté de solidarité et de responsabilité de l'Union économique et monétaire, les questions de politique sociale, fiscale et budgétaire jouent un rôle toujours plus important. Il s'avère nécessaire et souhaitable de repenser la répartition des compétences entre l'Union et ses États membres».[52]
Ripensare il quadro istituzionale non attiene, però, solo al ruolo delle istituzioni: «ce n'est pas seulement à l' État d'imposer des limites au marché. La décision une économie de marché est en même temps une décision faisant appel à la liberté des hommes. Les personnes doivent librement et de manière solidaire

---
[51] Cfr. *Ibidem*, p. 21.
[52] Cfr. *Ibidem*, p. 19.

accepter leurs responsabilités" Dans ces sociétés, les responsabilités n'incombent alors non seulement aux producteurs, qui, en agissant en premier lieu, essayent souvent de créer des besoins nouveaux, mais aussi – et pour une large part – aux consommateurs. Ce sont les consommateurs qui, par leurs habitudes de consommation, déterminent en grande partie la vie économique en Europe et dans le monde. Toute décision économique a une conséquence morale. Un effort culturel déterminé est donc nécessaire pour permettre aux citoyens une consommation responsable».[53]

È questo un punto sostanziale: per costruire una nuova Economia sociale di mercato è necessario valorizzare la responsabilità individuale e quindi dare adeguata valorizzazione alle forme libere di solidarietà: «Les institutions correspondant à cette forme libre de solidarité – sociétés mutuelles, coopératives et organes municipaux – et d'autres formes de l'économie sociale et de l'investissement éthique, requièrent par conséquent une attention particulière en vue de l'élaboration d'une économie sociale de marché européenne. Pour cette raison nous saluons le fait qu'elles apparaissent dans les nouvelles initiatives destinées à dynamiser le marché intérieur européen. Nous attendons qu'une priorité leur soit donnée, lorsque les solutions apportées par ces initiatives s'avèrent équivalentes aux solutions publiques ou du marché».[54]

Si tratta di un obiettivo assolutamente prioritario per la COMECE, in vista dell'obiettivo perseguito dall'Unione europea di ridurre il numero di persone a rischio di povertà in Europa di 20 milioni entro il 2020.

Chiaro è dunque il messaggio della COMECE, peraltro del tutto in linea con gli insegnamenti della Dottrina Sociale della Chiesa. Il rinnovamento dell'Economia sociale di mercato passa attraverso un ripensamento della relazione Stato-mercato-società, nella quale trovi nuova linfa la responsabilità istituzionale e individuale. Le istituzioni (inclusa l'impresa) sono guidate da

---

[53] Cfr. *Ibidem*, p. 18.
[54] Cfr. *Ibidem*, p. 13.

persone che devono assumersi l'onere di agire con responsabilità. Lo sforzo richiesto agli europei è, dunque, prima di tutto uno sforzo culturale.

Il ripensamento istituzionale è profondo e impone ai cittadini europei scelte economiche e sociali chiare e decise, che agiscano verso l'alto, stimolando la riflessione su una ricomposizione delle competenze che valorizzi le istituzioni europee in ambito economico e sociale, sia verso il basso, attraverso una improcrastinabile valorizzazione di tutte le forme di iniziativa che possano contribuire a migliorare la coesione sociale.

Il cammino verso il rinnovamento morale, culturale e istituzionale è così tracciato. Si tratta per ciascuno di noi di contribuire con la propria riflessione e con la propria azione al suo avanzamento, decidendo con senso di responsabilità il ruolo che nel processo si vuole giocare.

La riflessione scientifica e istituzionale sul tema oggetto della nostra riflessione potrebbe dunque essere sviluppata lungo diverse rotte di ricerca tra loro interconnesse:

- i grandi investimenti europei nella ricerca.[55] Non esiste oggi in Europa una autorità competente per la politica industriale europea, ma sono molti i progetti che rientrano in questo ambito e che possono essere concepiti, se analizzati in modo sistemico, quali embrione di una vera e propria politica industriale europea.[56] Nel XXI secolo la politica industriale deve fondarsi su una politica della ricerca focalizzata sui settori che siano scientificamente di frontiera e istituzionalmente di interesse generale.[57] Un ruolo chiave è giocato oggi dai Programmi Quadro, con cui l'Unione europea sta tracciando le linee della propria politica per la ricerca e sta sostenendo ini-

---

[55] Cfr. VELO D. (a cura di), *L'Europa dei progetti*, Giuffrè Editore, Milano, 2007.
[56] Cfr. VELO D. (a cura di), *La cooperazione rafforzata e l'Unione Economica. La politica europea dell'energia*, Giuffrè Editore, Milano, 2007.
[57] Cfr. BRUZZI S., *Enterprise and Innovation within the European Energy Sector: the Contribution of Knowledge to the Value Creation Process*, in *The European Union Review*, n. 3, 2012, pp. 31-55.

ziative fondate sulla *partnership* industria-ricerca e pubblico-privato, valorizzando anche il ruolo della piccola-media impresa, tipica del tessuto industriale europeo; in particolare spicca in questo quadro il ruolo dell'impresa comune europea, istituto giuridico originale dell'ordinamento europeo che l'Unione europea sta valorizzando quale elemento catalizzatore di risorse e di coesione, in una logica sussidiaria, tra i diversi attori coinvolti;[58]

- le più innovative forme di cooperazione industriale a livello mondiale nelle quali l'Europa svolge un ruolo importante, come per esempio ITER, il più rilevante progetto di ricerca di base che coinvolge le più grandi potenze mondiali sulla fusione termonucleare controllata, caratterizzato da una leadership europea, volto a supportare lo sviluppo della fusione termonucleare controllata a fini di approvvigionamento energetico;[59]
- le esperienze di cooperazione sussidiaria del *non profit* europeo (fondazioni, cooperative e mutue) in ambito sociale, sanitario, educativo e rieducativo, analizzate sia da un punto di vista micro che da un punto di vista macro, in modo da comprenderne i principali *trend* a livello europeo e i relativi spazi di sviluppo e valorizzazione;[60]
- i fondi strutturali europei, che meritano speciale attenzione sia sotto il profilo teorico che da un punto di vista empirico, dal momento che costituiscono uno degli strumenti più importanti oggi a disposizione per la coesione territoriale a livello europeo. In Italia, in particolare, c'è un forte bisogno di professionalità responsabili capaci di innescare, per il tramite di

---

[58] Cfr. BRUZZI S., *Impresa comune europea e perseguimento dell'interesse generale: l'esperienza del comparto della fusione termonucleare controllata*, in ROSSI G. (a cura di), *L'impresa europea di interesse generale*, Quaderni della Rivista Servizi Pubblici e Appalti, n. 2, 2006, pp. 167-198.

[59] Cfr. BRUZZI S., *Impresa e innovazione nel settore energetico: il contributo della conoscenza alla creazione del valore*, Polo Interregionale di Eccellenza Jean Monnet, Università degli Studi di Pavia, 2012.

[60] Cfr. AA. VV., *Il privato nonprofit nel processo di riforma dei sistemi sanitari europei. Quale ruolo e spazi operativi per le fondazioni?*, Quaderno n. 7, Osservatorio sulle Fondazioni, Università degli Studi di Pavia, 2005.

questi strumenti, un circolo virtuoso tra sviluppo economico-industriale e solidarietà;[61]
- la comprensione del nuovo approccio europeo alla sanità, concepita nella sua dimensione industriale e nella sua dimensione sociale.[62] I grandi investimenti europei coinvolgono anche e soprattutto la ricerca sanitaria. L'Unione europea sta diventando, infatti, il principale finanziatore della ricerca sanitaria in Europa, ma sta anche promuovendo lo sviluppo di uno spazio europeo della sanità, nel quale i cittadini europei possano ricevere i servizi appropriati.[63] Rientrano in questa prospettiva la Direttiva europea sulla mobilità dei cittadini europei, le iniziative volte a creare i cosiddetti Centri di riferimento europei, centri di eccellenza specializzati nel trattamento di specifiche patologie destinati ad accogliere tutti i cittadini europei, e le iniziative sulle malattie rare, volte a fare rete e massa critica a sostegno della ricerca in aree scientifiche di scarso interesse;
- *last but not least*, l'Italia. Il nostro Paese è chiamato a partecipare a questi processi ormai avviati. A questo fine è necessario affrontare urgentemente i problemi strutturali, tra cui spicca il Meridione. Il dibattito parla, ormai, di desertificazione industriale,[64] di emergenza educativa,[65] di una nuova emigrazione dei giovani meridionali, di fuga dei pazienti da sistemi sanitari regionali in difficoltà.[66] Su questo tema è necessario attivare

---

[61] Cfr. European Commission, *Eighth progress report on economic, social and territorial cohesion* (June 2013), disponibile all'indirizzo http://ec.europa.eu/regional-policy/information/reports/index-en.cfm

[62] Cfr. BRUZZI S., *Innovazione e mercato: il contributo della sanità alla costruzione del nuovo ordine socio-economico europeo*, Polo Interregionale di Eccellenza Jean Monnet, Università degli Studi di Pavia, 2012.

[63] Cfr. BRUZZI S., *Il settore sanitario di fronte alle sfide del processo di integrazione economica europea*, in *Impresa Progetto*, n. 1 2007, ISSN 1824-3576, disponibile sul sito *www.impresaprogetto.it*

[64] Cfr. SVIMEZ, *Rapporto Svimez 2012 sull'economia del Mezzogiorno*, 2012.

[65] Cfr. CEI, *Un paese solidale. Chiesa italiana e Mezzogiorno*, 2009.

[66] Cfr. BRUZZI S., *Healthcare Regionalisation and Patients Mobility: the Challenges for a Sustainable Italian Health Service*, Polo Interregionale di Eccellenza Jean Monnet, Università degli Studi di Pavia, 2012.

con urgenza nuove energie e professionalità responsabili: i sistemi economici non possono reggersi a lungo su squilibri strutturali e oggi, anche a fronte della più ampia crisi globale, per dare un futuro alle nuove generazioni italiane è necessario affrontare in modo sistematico e secondo una prospettiva di lungo termine questo tema, cercando soluzioni istituzionali ed imprenditoriali capaci di attivare circoli virtuosi di sviluppo e coesione per tutto il Paese.[67]

---

[67] Cfr. BRUZZI S., *Impresa pubblica, sviluppo industriale e Mezzogiorno: l'attualità della lezione di Pasquale Saraceno*, op. cit.

Parte seconda

Realtà concrete

"Si comprende la realtà solamente se la si guarda dalla periferia e non se il nostro sguardo è posto in un centro equidistante da tutto"

Papa Francesco

Realtà concreta n. 1

Democrazia – solidarietà e forme di partecipazione politica

Alfiero Giacomo, Piccinin Antonella

con
Aventaggiato Antonio
Capri Marco
Ciancio Emanuele
Kazeneza Huguette
Parran Theodore
Pisani Marilena
Ruggiero Francesca
Viola Massimiliano
Zaccagna Andrea

sotto la supervisione esterna
del Prof. Gino Scaccia.

1. Introduzione

Nelle pagine che seguono abbiamo provato a rispondere ad alcune domande che, oggi, ci appaiono significative riguardo al problema, sempre più presente nel dibattito pubblico, della partecipazione politica.
Questo è il risultato della messa a sistema del declino del partito e di un cambiamento antropologico che non si può trascurare. Cambiamento che diviene evidente nella struttura dei nuovi media e specialmente di internet. Non è un caso, infatti, che al declino del partito corrispondano esperimenti di democrazia diretta e "internettiana": il fatto di essere *diretta* e *im-mediata* pone una visione *totalizzante* dell'*e-democracy* agli antipodi di una concezione sussidiaria della vita pubblica.
Ora, il venire meno del ruolo del partito quale corpo intermedio ha causato da un lato il fenomeno dell'incrementarsi dell'astensionismo di marginalità, e dall'altro l'acuirsi dell'astensionismo di protesta, che va di pari passo con l'incremento del voto radicalizzato e antisistemico e delle forme di partecipazione non convenzionale. Su questa considerazione abbiamo provato a ricostruire l'idea di *mediazione* a partire da quanto di buono le diverse esperienze di partecipazione politica possono insegnare. Ci siamo, esplicitamente, interrogati su quale sia la forma di partecipazione politica più adatta alle esigenze antropologiche della democrazia-solidarietà.
Al di là del nome di "partito" ci sembra che l'idea di forma di partecipazione democratica, nella sua elaborazione costituzionale, abbia come tratto distintivo la propria vocazione "sussidiaria" (nel significato più ampio possibile del termine) intesa in due sensi. Da un lato una sussidiarietà sistematica, nel senso che la struttura partecipativa deve porsi quale intermediario relati-

vamente alle domande e alle esigenze *politiche* della persona; dall'altro una sussidiarietà "gerarchica", intesa come disposizione e assunzione delle responsabilità sul territorio in modo via via più ampio sino alle istanze centrali, senza che esse però vivano prescindendo dalla realtà locale. L'aderenza alla vita reale dei cittadini incarna quel comando alla solidarietà politica espresso nell'articolo 2 della Costituzione, che obbliga il cittadino e, di riflesso, anche le strutture partecipative. Il soggetto dell'articolo 49 della Costituzione sono, infatti, i cittadini. D'altronde a determinare la politica nazionale, da Costituzione, sono associazioni di cittadini, ovvero i partiti.
La solidarietà politica, che si declina nel tentativo di arginare il deprimente problema dell'astensionismo di marginalità e quindi del disinteresse per la vita pubblica, trova in una realtà di mediazione stabile e aggregativa una risposta antropologicamente significativa, perlomeno nei suoi connotati ideali. Essa risponde, quando realizza la sua responsabilità locale e concreta creando relazioni e reti di cittadini stabilmente impegnati nel dibattito pubblico, alle domande sulla forma di partecipazione politica solidale, poiché lavora *per non condannare nessuno a subire la vita politica*. Ma, per costruire relazioni è decisivo che tali strutture siano incarnate e ritrovino quindi la loro attenzione al territorio, poiché esse sanno rispondere alle esigenze della solidarietà politica soltanto se ricostruiscono e vivono appieno il proprio ruolo sociale.
Lo stesso "andare a votare", infatti, come tutto il partecipare alla vita politica democratica, è un fatto sociale. Si pensi al film di Carlo Verdone "Bianco Rosso e Verdone": si vota in compagnia, ci si astiene da soli. L'uomo è *zoon politikon* perchè è *zoon logikon* ed è *zoon logikon* perché è *zoon politikon*. La sua capacità di essere partecipe nel gioco e nella vita democratica va di pari passo con la sua disposizione ad incontrare e a costruire insieme.
Per tutti questi motivi, la crisi dell'attuale forma di partecipazione politica, quella partitica, è una crisi della vita sociale intesa nella sua totalità, proprio come mostra il successo di una visione radicalizzata delle potenzialità del *web*. Legando, infine, la que-

stione della rappresentanza a quella della partecipazione, si proverà a sostenere la tesi che la democrazia-solidarietà, che non si riduce al momento del voto ma che sorge e si sviluppa in un certo modo di intendere la vita e la società, vive del ruolo – e della imprescindibile responsabilità – dei corpi intermedi. Quanto maggiore è il dispiegamento e la realizzazione del modo sussidiario di intendere la vita pubblica, tanto più la dimensione politica sarà adatta all'uomo che in essa si muove. Per questo occorre cominciare a ricostruire, per riconquistare l'ottica di una realtà intermedia che sappia essere solidale, una concezione della società che incarni fino in fondo l'antropologia della sussidiarietà, ovvero che restituisca all'uomo spazi che siano sia *a sua misura* che *alla sua altezza*.
A sua misura, nel senso che è necessario che tutte le realtà umane, comprese quelle entro le quali la persona sviluppa la sua partecipazione politica, siano adatte alla vita e alle dimensioni umane e ne rispettino le esigenze costitutive: l'essere incarnato e vivente nel tempo e nello spazio – non nello spazio virtuale –, l'essere inserito in una molteplicità di relazioni[1] tutte diverse e tutte necessarie per la sua piena crescita e il suo pieno sviluppo: di queste, fanno parte le relazioni politiche, e la passione per il bene comune che anima anche le relazioni familiari e amicali, luoghi nei quali i cittadini dichiarano di mettere in gioco le proprie convinzioni politiche.
In questa prospettiva è fondamentale l'aderenza alla realtà concreta che il partito può realizzare quando è attento alla sua vocazione, a quella che sopra abbiamo chiamato "sussidiarietà gerarchica".
Alla sua altezza, poi, nel senso che le strutture partecipative dovrebbero rispondere, in un modo ben diverso dagli esempi che siamo ormai abituati a vedere, alla responsabilità che gli

---

[1] Che la relazione sia ciò che fa l'uomo tale, poi, è frutto di quella prospettiva sull'uomo che lo vuole fatto a immagine e somiglianza di Dio, di un Dio che è Uno e Trino. Si veda, SANGALLI S., *Il principio di sussidiarietà nella Dottrina Sociale della Chiesa*, in Id. (a cura di), *La sussidiarietà: mappe e rotte di esplorazione*, GBPress, Roma, 2014, pp. 15-33.

impone l'essere una realtà intermedia che ha il delicato compito di mediare la domanda politica.

1.1. Perché discutere ora della solidarietà politica?

Un fenomeno sintomatico – sebbene non unico[2] – della crisi della cultura democratica è l'astensionismo. È oggi chiaro, in particolare sulla base dei dati dell'ultima tornata elettorale nazionale, che questo fenomeno non riguarda un solo tipo di elettore e non può esser considerato come un blocco integro; al contrario, occorre considerare differenti tipologie di elettore astensionista: in questo modo sarà evidente la frammentazione dell'elettorato non solo tra votanti di questo o quel partito, ma anche tra gli stessi non votanti.

È interessante notare che, in Italia, l'aumento del tasso di astensione cominciò con le elezioni politiche del 1979, nelle quali la percentuale di non votanti superò la soglia del 10%. La tendenza all'astensione, segnale di una inedita destabilizzazione dell'elettorato, non poteva che crescere quando, all'inizio degli anni '90, la classe politica vide drasticamente calare la propria credibilità. Se questo è vero, possiamo dire che sono delineabili due movimenti distinti che vanno a comporre la quota di astenuti.

Da un lato troviamo, ovviamente, la sfiducia dell'elettorato nei confronti di una classe politica rivelatasi compromessa; dall'altro, abbiamo visto questo primo punto innestarsi su un più generale e profondo declino del partito di massa.[3] È il declino proprio della seconda fase della Prima Repubblica. La ristretta parte di popolazione esclusa da questa massiccia partecipazione elettorale era quella non raggiunta dalla comunicazione politica partitica. Ora, tale esclusione individua un tipo di astensionismo che chiameremo "di marginalità" e che rappresenta il tratto tipico dell'astensione nel primo trentennio di storia

---

[2] L'altro grande sintomo della crisi della salute di una democrazia è l'estremizzazione del voto, ovvero l'ampio consenso raccolto da partiti o movimenti antisistemici.

[3] Cfr. Pasquino G., *Che razza di elettori*, in *Paradoxa*, n. 1, 2013, pp. 9 ss.; Tuorlo D., *Gli astensionisti non hanno partito*, in *Paradoxa*, n. 1, 2013, pp. 51 ss.; Cerruto M., *La partecipazione elettorale in Italia*, in *Paradoxa*, n. 1, 2013, pp. 17 ss.

repubblicana, che aumentò a partire dalle elezioni politiche del 1979. Il nuovo e diverso tipo di astensione che è, invece, tipico degli anni Novanta e Duemila è definibile "di protesta". Per questi non-votanti, a differenza di quelli "marginalizzati", il non-voto costituisce una precisa indicazione politica. Tale protesta emerge anche dalla percezione dell'elettorato che la struttura interna dei partiti, il loro sistema di finanziamento e il sistema elettorale,[4] non sono stati in grado di neutralizzare l'influenza dei poteri oligarchici, vale a dire dei "gruppi ad alta confidenzialità", più o meno "segreti", nei quali si riuniscono, periodicamente, grandi banchieri, manager di multinazionali e uomini politici che discutono e cercano soluzioni ai problemi mondiali, escludendo la massa dei cittadini.[5] Nell'elettore si radica, quindi, la convinzione che le vere decisioni siano prese in "segreto" e che, in ogni caso, essi non potranno inciderivi, alimentando rassegnazione e quindi disinteresse, se non rabbia.[6] Tuttavia, si diceva che l'astensione non è l'unico sintomo della crisi della cultura democratica. La radicalizzazione del voto, ovvero il voto destinato a partiti antisistema, mostra come l'atteggiamento dell'elettore non sia inquadrabile soltanto nelle categorie di coinvolti e non-coinvolti nel dibattito politico. Piuttosto, esiste una parte dell'elettorato che si esprime o non

---

[4] Cfr. DUVERGER M., *Partiti politici*, in *Enciclopedia del Novecento*, in *www.treccani.it*, il quale osserva: «La selezione dei candidati resta invece una funzione essenziale dei partiti, che la traducono in pratica in tre forme principali. Nei partiti di quadri, i candidati sono designati dai comitati di notabili che costituiscono il partito: è quello che gli americani chiamano il sistema del caucus. In generale il comitato locale svolge, a questo proposito, il ruolo principale. Tuttavia, in alcuni partiti (Partito Conservatore britannico, Unione dei Democratici per la Repubblica in Francia, ecc.) la designazione è accentrata da un caucus nazionale. Nei partiti di massa la designazione è fatta dagli iscritti, in congressi regionali o nazionali, seguendo il metodo all'apparenza democratico del voto per mandato: in realtà i comitati direttivi svolgono un ruolo essenziale, dato che, in genere, gli iscritti ratificano le loro scelte. Negli Stati Uniti, infine, il meccanismo delle primarie ha stabilito un terzo sistema di selezione dei candidati: la designazione da parte degli elettori del partito secondo diverse modalità».
[5] Cfr. BOBBIO N., *Il futuro della democrazia*, Einaudi, Torino, 1991; Id., *L'età dei diritti*, Einaudi, Torino, 1990.
[6] Tanto più che l'astensionismo di protesta non è un fenomeno solo italiano: CROUCH C., *Postdemocrazia*, Laterza, Roma-Bari 2003, p. 14.

esprime con atteggiamento di protesta. Vi è, dunque, una quota parte di elettorato che, votando o non votando, appoggia forze politiche il cui messaggio si fonda su considerazioni di grave critica all'apparato democratico oppure non appoggia quelle forze che, egli ritiene, prendano parte al gioco politico.

Ci troviamo dunque di fronte, in base al dato dell'incremento dell'astensione, a due considerazioni fondamentali in base alle quali esplicitare la domanda sulla partecipazione politica: in primo luogo, dal 1979 in poi è aumentata visibilmente quella parte di elettorato che non si sente coinvolto nella vita democratica, e che per questo non si reca alle urne. Dall'altro, un'altra non trascurabile parte di elettorato preferisce positivamente il non-voto al voto.

Ribadiamo, dunque, che l'astensionismo non risulta più un dato univoco, ma integra due tipologie differenti di elettori: gli elettori marginalizzati, che si astengono in quanto non interessati al dibattito pubblico e che non vengono raggiunti e coinvolti dalle forze politiche; e, gli elettori disillusi che scelgono il non voto come protesta verso un sistema corrotto.

C'è da notare, a questo proposito, che il non voto non costituisce per questo secondo tipo di elettori il tratto distintivo, poiché l'astensione di essi è analoga al voto radicalizzato. E, quel voto radicalizzato viene raccolto da forze politiche che si auto-interpretano come alternative alle proposte partitiche. In effetti, è luogo comune che la "malattia" di cui soffre la democrazia sia da individuarsi in ciò che sostanzia il momento democratico per eccellenza, ovvero il voto: ciò verso cui la retorica della protesta è diretta sono i *partiti*,[7] che perdono il loro ruolo "sussidiario" (una conseguenza, infatti, è la formulazione di esperimenti di democrazia diretta e *im*-mediata– ad esempio quella "internettiana").

Gli stessi partiti sono anche la causa dell'aumento del fenomeno dell'astensione di marginalità, venendo meno al loro ruolo

---

[7] Ad esempio: BAZZICALUPO L., *La rappresentanza politica dopo la sua decostruzione*, in BALDASSARI M., MELEGARI D. (a cura di), *Populismo e democrazia radicale*, Ombrecorte, Verona, 2012, p. 104.

"solidale". Difatti, «a garantire l'integrazione delle cerchie sociali più esterne e disconnesse dalla politica hanno contribuito, per lungo tempo, i partiti di massa (...) All'origine del primo astensionismo massiccio dal dopoguerra non ci sarebbero tanto le trasformazioni culturali degli elettori e della società quanto lo sfaldamento del sistema dei partiti, meno presenti di un tempo sul territorio».[8] La domanda sulla partecipazione democratica vede, quindi, come protagonista il partito politico che causa, ritirandosi o mostrando la sua debolezza rispetto alla corruzione e alle influenze, il calo della partecipazione elettorale.

I dati importanti, che come si è detto consistono nell'aumento dell'astensionismo di marginalizzazione e di quello di protesta legato alla radicalizzazione del voto, rendono evidente il calo del consenso da parte delle tradizionali strutture di «aggregazione e canalizzazione del voto»,[9] ovvero i partiti stessi.

Ora, questo calo di consenso è un dato. La domanda che occorre porsi è dunque se esso sia dovuto alla fine del partito tradizionalmente inteso in favore, magari, di strutture di concentramento del consenso più snelle e agili, forse più adatte alla fluidità della comunicazione contemporanea, oppure se siano i partiti storici, quelli che si sono effettivamente formati e che hanno effettivamente preso parte alle elezioni, ad aver fallito. Nel primo caso, occorre ripensare la democrazia rappresentativa al di là del ruolo dei partiti; nell'altro, occorrerà ritrovare invece quel ruolo e ri-proporre, alla luce della situazione contingente, la visione di chi ha inteso la politica nazionale come determinata da quelle associazioni di cittadini che sono dette partiti. La differenza è molto grave, e per esprimere fino in fondo l'alternatività delle due tendenze sarà necessario in seguito richiamare gli elementi fondamentali dell'associazione partitica.

Fino a oggi i partiti sono sembrati un elemento essenziale della struttura democratica, in quanto è parso che tale forma di stato

---

[8] Cfr. TUORTO D., *Gli astensionisti non hanno partito*, op. cit., p. 54.
[9] Cfr. SARTORI G., *Democrazia*, in *www.treccani.it*

non potesse prescindere dalla funzione di mediazione svolta da questi particolari corpi intermedi. Essi consistono in strutture organizzative che dovrebbero costituire dei centri nei quali convogliare interessi diversi e talvolta confliggenti tra loro, disciplinando e riordinando tali conflitti in un programma condiviso, basato su progetti a lungo periodo che abbiano come obiettivo la concreta realizzazione dell'interesse collettivo.[10]

Questa funzione di razionalizzazione è ciò che costituisce la funzione di intermediazione dei partiti. La domanda si ripropone, così, nei seguenti termini: va messa da parte in tutto la natura di intermediazione dei partiti oppure va recuperata e reinterpretata alla luce della società odierna?

Un fatto importante messo in luce da numerosi studiosi è il cambiamento della struttura partitica. Tale cambiamento si configura fondamentalmente come un assecondamento dei mezzi della comunicazione politica: per questo motivo l'imporsi del mezzo televisivo[11] e poi del *web* hanno costituito due variabili fondamentali per la comprensione del fenomeno noto come "leaderizzazione".

La caratteristica del mezzo televisivo è, infatti, che il rapporto molti-molti che costituisce l'ossatura della maggior parte delle relazioni umane pubbliche, è sostituito dal rapporto molti-uno. Con l'uso della televisione quale intermediario centrale della comunicazione politica, o almeno in concomitanza con esso, «i partiti ideologici hanno perso nel tempo i loro tratti caratterizzanti, e si sono personalizzati».[12] Questo comporta una situa-

---

[10] I partiti dovrebbero «(...) differenziare l'unità indistinta del "popolo" facendo finalmente emergere parti distinte tra loro in competizione», e «(...) svolgere una funzione essenziale di disciplinamento di tale competizione, riconducendo gli interessi frazionali e particolari a progetti di lungo periodo, d'interesse qualificabile come collettivo». Cfr. FIORAVANTI M., *Potere costituente e diritto pubblico*, in Id. *Stato e Costituzione*, Giappichelli, Torino, 1993, p. 232.
[11] L'informazione politico-elettorale giunge ai cittadini principalmente attraverso la TV (89%). Cfr. CECCARINI L., *Non solo Tv. La rete e le relazioni personali*, in *Paradoxa*, n. 1, 2013, p. 27.
[12] Cfr. *Ibidem*, p. 25.

zione di inevitabile asimmetria tra rappresentanti e rappresentati. L'autonomia di questi ultimi «si limita (...) alla possibilità di reagire all'offerta di contenuti espressa dai leader politici».[13] La caratteristica accentratività televisiva gioca un ruolo fondamentale nella comprensione del cambiamento dell'attività dei partiti. E se tale fenomeno è evidente nella comunicazione televisiva, non si limita a essa. Nella tv ciò è soltanto più evidente, ma l'accentramento e la personalizzazione dei partiti politici riguarda la totalità della vita partito-politica. Ceccarini nota che «lo stesso Manin, rivisitando la sua teoria, sottolinea il peso della sfiducia nei partiti e l'erosione della lealtà elettorale, attribuendo particolare rilevanza allo sviluppo delle nuove forme di partecipazione, non istituzionalizzate e dirette. *Disintermediate*, potremmo dire».[14] L'adattamento perfetto al mezzo televisivo, e questo è il punto, tradisce il passaggio dal partito come corpo intermedio a realtà fortemente centralista e leaderizzata.[15] Nel fenomeno di leaderizzazione dei partiti[16] il popolo non si sente spogliato del proprio potere sovrano, ma si identifica nel *leader*,[17] che sembra convogliare nella sua persona le risposte che prima un partito convogliava in un programma. Il *leader* risulta, così, capace di arginare la crisi, convogliando a sé il potere e escludendo le oligarchie nascoste, ma soprattutto è sorretto e indirizzato dal sistema di comunicazione di massa,

---

[13] Cfr. *Ibidem*, p. 25.
[14] Cfr. *Ibidem*, pp. 25-26
[15] Non che i partiti ideologici della Prima Repubblica non avessero forti strutture centrali; ma essa viveva dello scambio con la base più o meno militante decentrata e radicata del territorio. Tra l'altro, «la logica dello spettacolo associata alla politica, una miscela di informazione e di intrattenimento, ha prodotto un ibrido espressivo denominato *politica pop*» (Cfr. *Ibidem*, p. 24). Cambia così il ruolo del *leader* politico a cui si lega sempre più il carattere di personaggio carismatico e di tendenza, cambia anche il ruolo dei partiti, cambia la campagna elettorale e la propaganda politica è un "permanente" *spot* pubblicitario in quello che Bernard Manin definisce la "*democrazia del pubblico*", o dell'"*audience*". Si veda MANIN B., *Principi del governo rappresentativo*, Il Mulino, Bologna, 2010.
[16] Cfr. GARZIA, *The Personalization of Politics in Western Democracies. Causes and Consequences on Leader-Follower Relationships*, in *The Leadership Quarterly*, n. 22, pp. 697-709.
[17] Cfr. MASTROPAOLO A., *La democrazia è una causa persa?*, Bollati Boringhieri, Torino 2011, pp. 309-310.

che limita il senso critico e plasma la figura del *leader* stesso a discapito dei rispettivi partiti.[18]

2. La solidarietà politica: tutta questione di "mediazione"

2.1. L'uomo e la democrazia-solidarietà: evitare la marginalizzazione politica

Nell'ottica che intendiamo esporre, il principio di solidarietà assume un ruolo assolutamente centrale, specialmente per quel che riguarda il problema della marginalizzazione politica. Il principio di solidarietà, infatti, la cui menzione nella carta costituzionale è stata fortemente voluta dai Costituenti (Mortati lo considerava, infatti, come il *trait d'union* sotteso ai principi democratico, personalista, pluralista e laburista che caratterizzano la nostra Costituzione), rappresenta il baluardo della convivenza sociale. Questa è finalizzata a una progressiva e migliore integrazione delle persone nella vita politica e sociale, per raggiungere «quel minimo di omogeneità senza il quale la vita politica si ridurrebbe al *bellum omnium contra omnes* di hobbesiana memoria».[19]

Il Legislatore costituzionale, con l'accostamento all'art. 2 dei doveri di solidarietà politica, economica e sociale ai diritti inviolabili dell'uomo,[20] traccia una nuova visione del rapporto Stato – persone, in cui l'uomo sociale, quale persona umana[21] e non

---

[18] Cfr. COTTA M., VERZICHELLI L., *Political Institutions in Italy*, Oxford University Press, Oxford, 2007.
[19] Cfr. LOMBARDI G., *Contributo allo studio dei doveri costituzionali*, Giuffrè, Milano, 1967, p. 43.
[20] Cfr. MENGONI L., *Fondata sul lavoro: la Repubblica tra diritti inviolabili dell'uomo e doveri inderogabili di solidarietà*, in *Il lavoro nella dottrina sociale della Chiesa*, a cura di NAPOLI M., Vita e Pensiero, Milano, 2004, pp. 75 – 76, secondo cui tali diritti entrano nell'ordinamento italiano «senza perdere il loro status di principi morali, appartengono in pari tempo al diritto e alla morale».
[21] Cfr. AURIEMMA M., *La costituzione della solidarietà. Linguaggio e storia della carta repubblicana del '48*, Aracne Editrice, Roma, 2012, pp. 75-76, «Quello che i costituenti, almeno coloro che facevano parte delle grandi organizzazioni politiche, cercavano era un assetto giuridico "proporzionato" a quello sociale, fondato su una base teoretica salda. Questa base era stata trovata nel concetto di "persona umana", non considerata in modo astratto ed etereo, isolata dagli altri, bensì in relazione reale ovvero, non soltanto volontaria, con gli altri uomini e che si sviluppa organicamente

già come individuo,[22] costituisce l'architrave di tutto l'impianto costituzionale[23] al cui sviluppo devono essere strumentalmente orientati i pubblici poteri, al fine di consentire il superamento di quelle condizioni lesive della pari dignità di ogni persona nella concreta realtà sociale.

In tal modo, la solidarietà[24] si pone come parametro guida del trinomio persona – comunità intermedie – Stato, riconoscendo la «precedenza sostanziale della persona umana (...) rispetto allo Stato e la destinazione di questo al servizio di quella». Infatti le persone «sono destinate a completarsi e a perfezionarsi a vicenda mediante una reciproca solidarietà economica e spirituale: anzitutto in varie comunità intermedie, disposte secondo una naturale gradualità (...) e quindi, per tutto ciò in cui quelle comunità non bastino, nello Stato».[25]

Si coglie, nell'art. 2, il valore attributo alle formazioni sociali a cui aderisce il singolo, quali strumenti indispensabili per lo svolgimento, per la promozione, per la realizzazione della persona umana nella sua libertà.[26] Il comun denominatore, quindi,

---

in una pluralità di enti sociali. Lo Stato non è tutta la società, esso è l'assetto giuridico della società, ma "non l'assorbe" ed è rispettoso della realtà sia della persona, sia di tutti gli enti in cui la personalità si sviluppa».

[22] Cfr. BIFULCO R., CELOTTO A., OLIVETTI M. (a cura di), *Commentario alla Costituzione*, Utet, Milano, 2006, p. 42, nota al testo n. 20, in cui emerge chiaramente la distinzione tra persona ed individuo, trattandosi la prima di un concetto che assomma a sé «una serie indeterminata di rapporti sociali, mediante la quale l'individuo caratterizza il proprio essere e realizza la propria personalità».

[23] Cfr. MARTINES T., *Diritto Costituzionale*, Giuffrè editore, Milano 1994, per il quale «L'elemento umano è posto in piena evidenza nella nostra Costituzione, sia che l'uomo venga considerato come singolo, sia che venga considerato come componente una formazione sociale, cioè una società intermedia fra il singolo e lo Stato o le altre società politiche».

[24] Cfr. CRISAFULLI V. in *Lo spirito della Costituzione* – in AA.VV., *Studi per il decennale della Costituzione. Raccolta di scritti sulla Costituzione*, vol. I, Giuffrè, Milano 1958, p. 104 – afferma che l'articolo 2 della Costituzione repubblicana «costituisce la chiave di volta dell'intero ordinamento costituzionale».

[25] Cfr. SCOPPOLA P., *La Repubblica dei partiti*, Il Mulino, Bologna, 1997, pp. 214-215, richiama il contenuto dell'ordine del giorno proposto da Dossetti, in Assemblea Costituente, il settembre 1946.

[26] Cfr. ROSSI E., *La democrazia interna nei partiti politici*, in *Rivista*, n. 1, 2011, tratto da *www.associazioneitalianadeicostituzionalisti.it/articolorivista/la-democrazia-interna-nei-partiti-politici*, chiarisce che «Mortati esprimeva con chiarezza quella che sarà l'evoluzione del ruolo dei partiti nella società ita-

che raccorda democrazia e diritti della persona umana è la partecipazione, in quanto la prima non potrebbe realizzarsi senza il concorso diretto di tutti i cittadini, sia come singoli che tramite i corpi intermedi ai quali aderiscono, alla vita politica, economica e sociale del Paese.[27]

La democrazia si nutre di partecipazione. Essa è «la forma di vita comune di esseri umani solidali tra loro. Ciò è espressione dell'idea di virtù repubblicana di Montesquieu, di quell'amore per la cosa pubblica che presuppone disponibilità a mettere in comune qualcosa di sé, anzi il meglio di sé: tempo, capacità, risorse materiali. Tutto ciò costituisce un patrimonio di tutti, *res publica* per l'appunto, senza il quale non vi potrebbe essere né repubblica né quella forma di repubblica che è la democrazia; non vi potrebbe cioè essere gestione da parte di tutti di qualcosa che, non essendo di nessuno in particolare, può essere di tutti in generale. Altrimenti, vi sarebbe solo una somma di *res particulares*, rimesse alla cura, allo sfruttamento e al godimento dei singoli possessori. Al patrimonio comune tutti devono poter

---

liana: non soltanto strumento per la selezione della classe politica e per la determinazione dell'indirizzo politico, ma ancor più luogo di partecipazione civile, in cui i cittadini vengono "educati" alla dimensione sociale – ancor prima di quella politica – e ad esserne attori e non spettatori».

[27] Cfr. GROSSI P., *La costituzione italiana quale espressione di un tempo giuridico post-moderno*, in *Rivista Trimestrale di Diritto Pubblico*, fasc. n. 3, 2013, p. 607, richiamando il discorso di La Pira in Assemblea Costituente ben chiarisce che «accanto agli attori individuali si colloca tutta una serie di comunità intermedie, preziose nella loro funzione integratrice del singolo e stimolatrice del suo sviluppo nella società, anch'esse anteriori a ogni cristallizzazione statale. Ma sia ben chiaro che l'uomo di cui parla La Pira è un soggetto storico concreto sociale, come concrete storiche sociali sono le varie comunità intermedie. Non si tratta né di astrazioni, né di artifici dalla impronta ideologica, giacché si leggono nella società e nella sua documentata vicenda storica. Esistono nel corpo sociale, lo articolano, lo sorreggono. Pertanto, si deve tenerne conto e valorizzarle, liberandosi finalmente di quella lettura riduttiva della società fatta propria dall'illuminismo giuridico ma violatrice della sua intima natura (…) È proprio questa concezione pluralista – pluralismo economico, giuridico, politico – la concezione che corrisponde alla struttura organica del corpo sociale, perché la realtà di questo corpo sociale non è costituita soltanto di singole persone: le persone sono naturalmente raggruppate in tanti organismi che sono elementi essenziali e perciò ineliminabili del corpo sociale: la comunità familiare, quella religiosa, quella professionale – che sono altrettanti elementi costituzionali della società – esistono nel corpo sociale e lo articolano e lo definiscono».

attingere. L'emarginazione sociale è contro la democrazia e l'idea che nessuno possa essere lasciato indietro, abbandonato a se stesso o alle difficoltà della sua vita particolare, non è un suo elemento accidentale, che può esserci o non esserci, a seconda delle politiche del momento. Il giudice democratico di Bertolt Brecht che, per includere il debole, adegua la domanda alla risposta e non esige la risposta adeguata a una domanda crudele, è un perfetto esempio di questo atteggiamento della democrazia. L'alternativa alla solidarietà, parola che esprime in sintesi questi concetti, è il darwinismo applicato alla vita sociale».[28]
L'atteggiamento veramente democratico, dunque, mirerà in primo luogo a una forma di partecipazione politica che minimizzi il problema della marginalizzazione.

3. Ma ... quale mediazione?

3.1. Quale forma di partecipazione politica per la democrazia-solidarietà?

Abbiamo tentato, nel paragrafo precedente, di mostrare perché un'idea di democrazia totalmente diretta basata sulle moderne tecnologie e sull'uso di internet non possa rispondere alle esigenze più elementari della democrazia. Anche se oggi i partiti sembrano non riuscire più con facilità a elaborare soluzioni ai problemi reali dei cittadini, un loro sostituto non può trovarsi in internet, o in qualsiasi altro mezzo di comunicazione. Riconoscere come necessario il ruolo di mediazione dei partiti significa riconoscere anche come quella sorta di "saggismo" politico che si vuole aperto a qualsiasi problematica e tollerante verso ogni idea, oggi di moda tra gli apolidi politici, è in realtà una presa di posizione molto forte che, con la pretesa di includere tutte le posizioni, finisce con l'escludere tutte quelle posizioni che invece pretendono per loro una qualche oggettività. Quell'identità elastica che il mondo del *web* richiede è in realtà

---

[28] Cfr. ZAGREBELSKY G., *Dieci punti*, in Id., *Imparare la democrazia*, Einaudi, Torino, 2007.

elastica solo all'interno della sua virtualità, e quando viene trasportata sul piano della realtà anch'essa si rivela estremamente rigida.
Per la salute della democrazia ci paiono necessarie quelle opere di mediazione che i partiti sono chiamati a fare: si tratta, in particolare, di tradurre le esigenze dei cittadini in problematiche reali e di proporre, dal basso, le soluzioni. Si tratta di discernere le giuste priorità da dare alle diverse problematiche, ma ancor di più, si tratta di dare l'opportunità ai cittadini di incontrarsi, dibattere e discutere concretamente nella consapevolezza di perseguire obiettivi comuni che identificano in maniera reale la loro comune appartenenza politica. Propagandare l'idea che la partecipazione alla vita politica possa essere ridotta al semplice uso del *web*, o dei moderni mezzi di comunicazione, significa condannare un gran numero di cittadini ad essere spettatori passivi della politica concreta che inevitabilmente viene portata avanti dai vari partiti. La partecipazione dei cittadini si ridurrebbe ad una individuale presa di posizione su ogni singolo problema, lasciandolo totalmente disincarnato dalla reale vita politica. È per questo che pur incanalando verso forme di partecipazione gli astensionisti "di protesta", l'uso ideologico del *web* fomenta invece l'astensionismo "di marginalizzazione".
A partire da ciò proveremo, ora, a delineare i tratti fondamentali di quelli che ci sembrano gli elementi cardine da recuperare per far sì che la democrazia rappresentativa, incarnata nella competizione partitica intesa nel senso ampio che vedremo, sia l'unica possibilità umana e credibile anche per l'elettorato in generale.

3.2. Vecchie mediazioni e nuove im-mediazioni

Oltre alla tv, negli ultimi anni, si sta imponendo l'uso sistematico e strutturale di internet nella vita politica. Questo ci darà modo di osservare come anche il *web*, sebbene recuperi in un certo senso la dimensione interpersonale, non costituisca la soluzione definitiva in quell'ottica di partecipazione politica umana che deve contraddistinguere la democrazia-solidarietà. A differenza della televisione internet garantisce, in virtù dalla natura interattiva del mezzo stesso, una continua interazione tra pari, eliminando apparentemente l'accentramento televisivo.[29] Non si ha più di fronte un mezzo mediatico di tipo *broadcast* con un "centro di trasmissione" che invia informazioni in modo unidirezionale a diversi "sistemi riceventi", bensì un *sistema policentrico* caratterizzato da un *modello di trasmissione "a rete"*, di tipo bidirezionale, tra i vari "punti" o "nodi", da cui deriva la denominazione "*rete di reti*" (*Interconnected Networks*).[30]

Dal punto di vista della democrazia e della partecipazione alla vita politica l'avvento di internet è stato salutato con grande entusiasmo: si sono aperte nuove forme di partecipazione politica e sono nati i nuovi concetti di *e-democracy*[31] e di *e-govern-*

---

[29] Basti considerare le nuove frontiere raggiunte con il cosiddetto Web 2.0 che «segna il passaggio da uno scenario caratterizzato prevalentemente da siti *web* statici senza alcuna possibilità di interazione con l'utente se non la navigazione tra le pagine, l'uso delle e-mail e dei motori di ricerca, ad uno scenario nel quale si moltiplicano le applicazioni on-line che permettono uno spiccato livello di interazione e socializzazione» (Cfr. PASCUZZI G., *Il diritto dell'era digitale*, Il Mulino, Bologna, 2010, p. 28). Col *Web 2.0*, infatti, si è ottenuta una «transizione dei siti *web* da contenitori informativi isolati a sorgenti di contenuto e funzionalità, capaci di fungere in tal modo da piattaforma elaborativa al servizio delle applicazioni *web* per l'utente finale», la differenza che intercorre tra il *Web 1.0* e la sua nuova evoluzione «è da ricercarsi nell'approccio con il quale gli utenti si rivolgono al *web*, che passa essenzialmente dalla semplice consultazione, seppure supportata da strumenti di ricerca, selezione e aggregazione, alla possibilità per l'utente di contribuire alimentando il *web* con propri contenuti», ossia si è ormai di fronte ad una realtà in cui chiunque, non solo gli esperti informatici, può esprimere la propria personalità individuale o collettiva sulla Rete in modo facile ed intuitivo. Cfr. GAMBINO A. M., STAZI A., *Diritto dell'informatica e della comunicazione*, Giappichelli, Torino, 2009, p. 7.

[30] Per un approfondimento: RYAN J., *Storia di Internet e il futuro digitale*, Einaudi, Torino, 2011. Caratteristica essenziale della rete è certamente la sua *transnazionalità*: proprio a causa della sua stessa struttura e per la sua estensione su scala mondiale risulta «l'impossibilità di una connotazione geografica del fenomeno o l'apposizione di confini materiali: è completamente irrilevante il luogo fisico in cui si trovano i singoli operatori telematici».

[31] Contrazione inglese di *Electronic Democracy*. Pertanto, per democrazia elettronica, sinonimo di democrazia digitale, nonché di *e-democracy* si intende quella forma di democrazia in cui vengono utilizzate le moderne tecnologie dell'informazione e della comunicazione. Considerata l'origine recente del termine, la sua definizione è ancora abbastanza controversa sia dal punto di vista teorico, sia per quanto riguarda le esperienze pratiche cui si fa riferimento. In linea generale si può dire che nella categoria di

ment,[32] dove la trasparenza delle informazioni è vista come sinonimo diretto della salute della democrazia e dove *la partecipazione dei cittadini alla vita politica sembra essere diventata ormai diretta senza più bisogno di alcuna mediazione*.
In più, internet sembra costituire una vera rivoluzione dell'informazione. Essa è tra i principali strumenti di *partecipazione democratica*,[33] poiché senza conoscenza non è possibile alcuna partecipazione; ed infatti, «la principale questione, da sempre, è stata l'organizzazione delle informazioni»,[34] e per tale motivo si afferma che «l'efficacia di una democrazia è sempre proporzionale alla sua capacità di gestire le informazioni».[35]
Tutto questo sembra essere andato a discapito della rappresentanza storica dei partiti, che da sempre hanno operato per la democrazia quell'importante ruolo di mediazione tra i cittadini e lo Stato. Grazie a internet la creatività dei cittadini può esprimersi non solo in maniera *diretta* ma anche in modalità più ampie: non si è più legati alla limitata lotta di partito ma si può spaziare tra i diversi movimenti organizzati che lottano per una

---

democrazia elettronica, sono comprese le pratiche e le sperimentazioni di utilizzo delle tecnologie telematiche da parte dei cittadini per partecipare alle scelte politiche delle istituzioni democratiche di qualsiasi livello (locale, nazionale, sovranazionale, internazionale).

[32] A volte anche governo elettronico o *e-gov* ovvero quel sistema di gestione digitalizzata della pubblica amministrazione, il quale consente di trattare la documentazione e di gestire i procedimenti con sistemi informatici. Sul punto si veda il capitolo: *Democrazia e cittadinanza in un mondo globale*, in SANGALLI S., *Sinderesi: fondamenti di etica pubblica*, GBPress, Roma 2012, pp. 175-218.

[33] Relativamente ad un contesto civico-politico, sappiamo anche che la rete è un grande laboratorio di partecipazione, all'interno della quale l'utente del *web* può intervenire in modo diretto e non "mediato" al dibattito in corso: i *blog*, i *forum online*, i *social network*, le *chat* sono solo alcune delle modalità con la quale la rete si nutre di messaggi di tutti i tipi. A tal proposito, risulta di grande interesse anche l'esperimento di integrazione tra democrazia e tecnologia promosso e sviluppato in Islanda: il primo tentativo di stesura collettiva della legge fondamentale dello Stato utilizzando i servizi di Internet, soprattutto i *social network*, per diffondere le dirette delle proprie riunioni e le bozze dei propri lavori, e per raccogliere le osservazioni e le proposte dei cittadini, in un vero e proprio innovativo tentativo di *democrazia diretta* (Cfr. NATALE M. S., *La nuova Costituzione si scrive via Facebook e Twitter*, in *Il Corriere della Sera*, 12 giugno 2011).

[34] Cfr. GRANIERI G., *Blog generation*, Laterza, Roma-Bari, 2009, p. 52.

[35] Cfr. *Ibidem*, p. 14.

determinata causa: «i moderni mezzi di comunicazione, come internet, rendono ancora più facile ed economico organizzare e coordinare nuovi gruppi di interesse».[36] L'uso di internet sembra rendere il singolo cittadino più libero di orientarsi verso svariati punti di impegno politico, mentre il vecchio partito lo obbligherebbe a sottoscrivere un preciso programma. La vecchia tessera di partito finirebbe per costringere il singolo cittadino all'interno di una precisa identità; finirebbe con l'identificarlo troppo rigidamente e con l'impegnarlo troppo limitatamente, rispetto alle svariate possibilità offerte, invece, dal mondo del *web*, che consente inoltre la possibilità di unirsi senza nessuna difficoltà a tutte quelle lotte politiche che definiremmo "trasversali" e che non possono diventare materia del programma di un singolo partito perché riguardano l'intera società civile.

Nonostante gli apparentemente illimitati vantaggi, però, si è costretti a confrontarsi con dati di fatto che sembrano smentire – almeno in parte – gli entusiasti della nuova democrazia elettronica, e ciò innanzitutto a partire dalla facilità nel reperire informazioni *on-line* e dalle conseguenze dell'immediatezza tipica del *web*. Scrive Crouch che «c'è una differenza importante tra due concetti di cittadino democratico attivo che sfugge alle teorie più ottimistiche. È cittadinanza nell'accezione positiva quando gruppi e organizzazioni di persone sviluppano insieme identità collettive, ne percepiscono gli interessi e formulano autonomamente richieste basate su di esse che poi girano al sistema politico. È attivismo nell'accezione negativa, protesta e accusa, quando lo scopo principale della discussione politica è vedere i politici chiamati a render conto, messi alla gogna e sottoposti a un esame ravvicinato della loro integrità pubblica e privata. Questa differenza trova un parallelismo stretto in due diverse concezioni dei diritti dei cittadini. I diritti positivi tendono a sottolineare la capacità dei cittadini di partecipare alla politica: il diritto di voto, il diritto di associarsi e organizzarsi, quello di essere informati al meglio».[37] Oltre

---

[36] Cfr. CROUCH C., *Postdemocrazia*, op. cit., p. 20.
[37] Cfr. *Ibidem*, p. 18.

all'effetto collaterale di dare sfogo alla concezione negativa di cittadinanza attiva, l'immediatezza informativa porta con sé almeno altri due grandi problemi.

Il primo è quello di disorientare il cittadino che, di fronte alla grande mole di informazioni che gli vengono offerte, non sempre riesce a formulare richieste precise ai propri politici i quali si trovano a confrontarsi con un pubblico confuso e passivo nell'elaborazione dei programmi. Chi critica il linguaggio troppo desueto dei programmi di partito, dovrebbe riflettere sulla confusione del linguaggio che comporta un'informazione senza briglie come quella di internet.

L'altro svantaggio deriva dalla facile accessibilità alle informazioni,[38] anche di natura politica, unita alla deresponsabilizzazione che il mondo del virtuale comporta, che induce il cittadino a trattare alla stessa maniera ogni tipo di problema, senza farsi scrupoli riguardo alle competenze necessarie per gestire determinati problemi, e proponendo soluzioni tanto facili quanto inutili che tendono quasi sempre al qualunquismo. Non si può nemmeno trascurare la pesante ipoteca che grava sul modello informativo di internet: le informazioni sfuggono al controllo, l'attendibilità delle fonti, spesso ignote, non è sempre del tutto attestata. Inoltre la veicolazione delle informazioni da parte dei media, spesso guida l'opinione pubblica e tende ad imporre determinati contenuti. Sia i giornali, sia la televisione, che internet subiscono oggi il ricatto delle logiche di mercato che tramite mezzi di finanziamento e introiti pubblicitari tendono a ridurre sempre di più l'oggettività e la trasparenza delle informazioni veicolate. È illusorio considerare l'informazione proveniente da internet come assolutamente libera, ed è utopico credere che basti la pluralità di informazioni per ristabilirne l'oggettività.

---

[38] Senza contare che vi è un ulteriore pericolo che può essere definito *"information overload"*: il numero delle risorse informative e l'ammontare delle opinioni e dei dati disponibili superano considerevolmente la capacità di un individuo di poter compiere una libera scelta consapevole e razionale. Cfr. DAHLGREN P., *The Political Web*, Palgrave Macmillan, 2013, p. 11.

Il mondo del *web* e la concezione di democrazia diretta ad esso associata, se hanno il vantaggio di dare al cittadino un'identità politica abbastanza elastica, o *liquida*, hanno però lo svantaggio di rendere il cittadino spesso lontano dalla concretezza dei problemi discussi, offrendo ad esso solo un modo superficiale di informazione e di partecipazione attiva. E se di fronte a ciò il cittadino, cosciente della virtualità del suo impegno, scegliesse l'indifferenza?
Questo non accade, invece, al cittadino appartenente ad un determinato partito, che viene impegnato localmente ma anche concretamente, che viene introdotto gradualmente alla complessità dei problemi politici di tutti i livelli. Se è vero che internet rende molto più agevole aderire a svariati gruppi di interesse che perseguono determinate cause, è anche vero che questi gruppi e queste forme di partecipazione non hanno niente a che vedere con il vero attivismo politico: «dobbiamo innanzitutto distinguere tra l'attivismo che persegue un programma essenzialmente politico, cercando di ottenere dalle istituzioni pubbliche un'azione concreta, un provvedimento legislativo, o un intervento finanziario, e coloro che invece intervengono in prima persona saltando a piè pari tutte le questioni tradizionalmente affidate alla politica».[39]
In breve, potremmo dire che al binomio di opposti tra identità politica elastica, quella di internet, e identità rigida del partito, corrisponde il binomio tra identità virtuale, che ha scarsa presa effettiva sulla realtà, e identità reale.
Quello che avviene a livello di crisi della democrazia sappiamo essere epifania di quello che avviene al livello antropologico, dunque, questo binomio tra identità virtuale ed identità reale si riscontra anche su questo piano.
A livello antropologico possiamo dire, infatti, che il primo prodotto della rivoluzione di internet e del fenomeno della globalizzazione è proprio l'identità virtuale. Internet ha fatto crollare ogni sorta di barriera facendoci tutti partecipi di un unico

---

[39] Cfr. CROUCH C., *Postdemocrazia*, op. cit., p. 21.

grande ambiente nel quale siamo chiamati a vivere seguendo le regole e le convenzioni di quella precisa società virtuale. La concezione dell'uomo che sta dietro questa idea di società virtuale è la stessa di quella che sta dietro l'idea di globalizzazione ed è caratterizzata da una forte impronta individualista. L'abbattimento di ogni tipo di barriera e la comunicazione su canali uguali per tutti porta ogni singolo abitante del mondo virtuale a sentirsi uguale a tutti gli altri abitanti della rete: tutti usano gli stessi mezzi, tutti parlano lo stesso linguaggio, tutti seguono le stesse regole, convenzioni e mode, tutti sono chiamati al continuo aggiornamento e a restare al passo con i tempi, pena l'esclusione dal mondo del web. Tutto ciò favorisce la nascita di un'idea di persona stereotipata, dove il requisito fondamentale è quello di non avere una posizione fissa, ma essere disposto ad accogliere qualsiasi novità: ciò che serve è dunque anche qui un'identità elastica, fluida, che non abbia niente di rigido. Questa identità è tanto più virtuale, cioè aderente al modello proprio del mondo di internet, quanto più è elastica e malleabile. A questo tipo di identità si oppone l'identità più rigida che il mondo reale sembra pretendere, data dalla diversità dei luoghi, delle lingue e delle culture e da tutte quelle diversità che il mondo virtuale ha saputo abbattere. In realtà, però, abbattere ciò che ci rende diversi e lontani significa abbattere quanto costituisce la nostra vera identità. Quello che il mondo di internet sembra vivere come una rigidità è in realtà il costituente della reale identità di ciascuno.

La globalizzazione spinge proprio verso questa perdita di rigidità da parte dell'identità di ciascuno. Ad essa segue una sorta di virtualizzazione dell'identità dell'essere umano; la globalizzazione tende, in questo senso, a virtualizzare anche le stesse relazioni umane. Esse cominciano a essere vissute con una sorta di superficialità, la stessa che si incontrava sul piano della partecipazione democratica. La globalizzazione, annullando le differenze, perde necessariamente di vista la giusta profondità del reale. Ne segue una mancanza di efficacia e di possibilità di azione sulla propria vita e sulla realtà tutta intera: l'effettività e l'efficacia che perde l'attivismo politico, se ridotto ad adesione

virtuale, è frutto di una perdita di efficacia e di effettività che l'uomo in quanto tale perde nei confronti del reale.[40]
Può, dunque, internet proporsi come sostituto della mediazione partitica? No. Non si tratta ovviamente di demonizzare le grandi conquiste fatte dalla tecnologia né le grandi opportunità di partecipazione e di informazione che internet e il modello globale sono riuscite a far sorgere; basta, semplicemente, non fare di esse un'ideologia pretendendo che siano loro a sostituire la mediazione *umana*. Torniamo, brevemente, al discorso sul *web*, per mostrare quali possono essere, nell'ottica che proponiamo, i giusti sviluppi di questo importante mezzo di comunicazione. Criticata la strumentalizzazione ideologica del *web* e chiariti i presupposti che ci sembrano propri di un certo modo di intendere la democrazia, cerchiamo di individuare la grande utilità di internet nel processo democratico. Se, infatti, la crisi dei partiti, intesi come fondamentali strumenti di mediazione rappresentativa tra le istituzioni e la società,[41] vive l'indebolimento della capacità partecipativa dei cittadini e se certamente questa lacuna non potrà essere colmata totalmente ed esclusivamente dall'uso incondizionato di Internet, «però è vero che nel vuoto della politica la rete permette almeno una possibilità di vita sociale e di connessione tra le persone».[42] Può, innanzitutto, permettere di ricomprendere quanto proprio la "rela-

---

[40] Un esempio eclatante di questo fenomeno è rilevabile considerando le modalità che le iniziative di solidarietà tendono ad assumere in questi ultimi periodi. Di fronte a situazioni emergenziali le campagne di solidarietà coinvolgono non più intere comunità ma il singolo cittadino che, raggiunto tramite i nuovi mezzi di comunicazione, viene chiamato a contribuire, esclusivamente in maniera economica, nell'individualità e nel totale anonimato. Infatti uno dei frutti più maturi della globalizzazione e dell'uso massiccio dei nuovi mezzi di comunicazione sembrano essere le nuove forme di individualismo, prodotto spesso dall'incapacità di saper accordare quella doppia identità che oggi viene vissuta da ogni singolo: da una parte quella reale, dall'altra quella virtuale.
[41] In tal senso, Luigi Ferrajoli parla di un «indebolimento dei partiti quali luoghi di aggregazione sociale e di elaborazione dal basso di programmi e di scelte politiche e la loro trasformazione in costose oligarchie stabilmente collocate nelle istituzioni rappresentative e massimamente esposte alla corruzione e al malaffare». Cfr. FERRAJOLI L., *Poteri selvaggi*, Editori Laterza, Roma-Bari, 2011, p. 33.
[42] Cfr. *Ibidem*.

zione" sia l'elemento fondamentale nello sviluppo e nella formazione di un pensiero politico generale e collettivo, che non guardi esclusivamente a spoliticizzati interessi individuali ed egoisti.[43]

Difatti, ancora oggi – seppure nell'attuale contesto di *"individualismo corrosivo"*[44] – la sfera relazionale, di amici e familiari, risulta decisiva nella scelta elettorale e nella socializzazione politica: è chiaro come «questi ambiti sociali si configurino come un luogo permanente di discussione e confronto (...) sono uno spazio importante di elaborazione e di costrizione dell'opinione pubblica, attraverso il processo *deliberativo*; argomentazione e contro-argomentazione, specie quando la composizione dei *network* è eterogenea sotto il profilo delle idee politiche».[45] Proprio l'eterogeneità appare un elemento chiave sulla rete. In particolare, grazie alle sue caratteristiche di velocità, economicità, e diffusione, la vastità delle opinioni prodotte e condivise facilitano il coinvolgimento civico e politico e garantiscono il confronto di idee ed opinioni: in questo si può ritrovare il fondamento della democrazia e tutta la potenzialità per un suo miglior funzionamento.

Muovendo un passo avanti, qualora siano introdotte delle strategie adeguate per garantire lo sviluppo di un discorso significativo e sostenuto anche all'interno della comunità dei *social networking*, vi sarebbe una reale possibilità che queste tecno-

---

[43] Cfr. LEE F. L. F., CHAN J. M., *Media, Social Mobilisation and Mass Protests in Post-colonial Hong Kong: The Power of a Critical Event*, Taylor and Francis, 2010, pp. 43-63. L'autore fornisce una discussione dettagliata delle dinamiche della partecipazione e la mobilitazione politica di base, soffermandosi anche su come i *media* influenzino l'organizzazione e la partecipazione politica, sia spontaneamente sia in modo strutturato. Cfr. anche MATTONI A., *Media Practices and Protest Politics: How Precarious Workers Mobilise*, Ashgate Publishing Ltd, 2012, pp. 155-164. Si propone una discussione approfondita dei vari modi in cui i "lavoratori precari" hanno utilizzato diverse forme di *media* nel rispondere pubblicamente ai problemi politici e sociali recentemente percepiti in Italia. Queste tattiche includono il reclutamento di persone interessate, organizzando incontri e proteste, e la promozione di messaggi politici e sociali.

[44] Cfr. SANGALLI S., *Solidarietà e democrazia nell'orizzonte della Dottrina Sociale della Chiesa: riflessioni per un percorso*, in questo volume.

[45] Cfr. CECCARINI L., *Non solo Tv. La rete e le relazioni personali*, op. cit., pp. 31-32.

logie possano avere un'influenza positiva sul discorso politico di una democrazia aperta. Le nuove tecnologie possono di fatto avere un simile impatto positivo in tutti i principali metodi della partecipazione politica democratica, dall'espressione (ovvero, il libero discorso che dà voce a tutti), al coinvolgimento (inteso come incontro assembleare e coesione sociale), ed infine l'intervento (come azione collettiva reale).[46] Tuttavia, se l'attuale e continuo "*dumbing-down*" della comunicazione in generale, così come anche il discorso politico in generale, diventano la tendenza dominante, questo creerà problemi reali. Così, piuttosto che essere uno strumento di forza per promuovere il dialogo e la vera partecipazione, produrrebbe una maggiore disgiunzione e frazionamento, che è attualmente il più preoccupante anatema del sistema politico democratico occidentale.

3.3. *Democrazia – solidarietà e realtà di partecipazione politica non convenzionali*

Negli ultimi cinquanta anni si sono sviluppate forme di partecipazione *non convenzionale,* che rappresentano una categoria molto ampia in cui convivono le più disparate forme di partecipazione politica ed espressioni delle diverse forme in cui la democrazia prende corpo. Esse consistono, ad esempio, in proteste/manifesti pubblicati sui giornali (ad esempio, il manifesto *Verso una terza repubblica* di Italia Futura); adesione a forme di boicottaggio politico e non solo; autoriduzione di tasse o affitto; occupazione di edifici; blocchi del traffico; i cosiddetti *sit-in*; adesione attraverso la firma di una petizione; scioperi così come cortei pacifici. In sostanza, parliamo di tutte quelle forme di "pressione", sensibilizzazione, tentativi di determinare il discorso politico che non si inquadrano nella sfera dei partiti. Da un lato ci sono quindi eventi occasionali e, dunque, manifestazioni, dimostrazioni, raccolte di firme, eventi più o meno spontanei che comunque non vengono dai partiti; dall'altro, il

---

[46] Cfr. *Ibidem*, p. 18.

lavoro costante di associazioni e strutture intermedie non partitiche che mirano a un fine particolare piuttosto che a un altro. Il collegamento tra le forme di associazionismo / movimenti politici non convenzionali con la struttura classica dei partiti sembra quanto mai agli antipodi. Se da una parte i partiti hanno conservato la loro struttura organizzativa classica e ormai desueta, dall'altra è innegabile che le nuove forme di partecipazione non convenzionale, grazie all'utilizzo delle tecnologie mediatiche, si presentano come forme alternative di partecipazione democratica alla *res publica* più efficaci e più vicine ai cittadini. Non è un caso che ormai anche i partititi più conservatori si vantino di utilizzare il *web* per ottenere una maggiore partecipazione dei loro elettori.
Tuttavia ci pare che esse non possano sostituire completamente il ruolo del partito. Esso, infatti, come si è detto, mira – o deve mirare – a sviluppare una proposta coerente e a lungo periodo, che non soffra della particolarità e dell'individualità che è, invece, il punto forte delle forme di partecipazione politica non convenzionali. Ancora una volta la funzione intermedia del partito, e la sua vocazione costituzionale alla solidarietà politica fanno sì che esso debba incaricarsi di intercettare quelle istanze che animano le forme di partecipazione particolari e determinate.
Inoltre, l'incremento di queste realtà identifica una frattura, oggi, piuttosto evidente: quella tra la politica "territoriale", effettiva, e dall'altra parte le elezioni; frattura, questa, che *è il problema fondamentale*. La discrasia tra la democrazia dei vertici centralizzati e l'azione partecipativa locale e non convenzionale è strettamente legata sia all'astensionismo di marginalità (chiaramente, poiché perdendo l'aderenza sul territorio il partito, negando la sua vocazione di solidarietà politica, mostra il dibattito pubblico come lontano e infine poco interessante) sia a quello di protesta (poiché quell'allontanamento non è per tutti indolore e privo di conseguenze).
Una visione del partito che rispetti la vocazione genuina di istanza sociale di mezzo tra istituzioni e cittadini può costituti-

vamente tenere insieme il momento *democratico – partecipativo* a quello *democratico – elettorale*.

3.4. E il partito?

Alla luce di quanto detto, ci sembra che l'elemento cardine della forma di partecipazione politico-partitica sia la sua natura di corpo intermedio. La leaderizzazione, il rapporto di molti verso uno, hanno come effetto il venir meno del ruolo della struttura intermedia, che mantiene solo le funzioni a-politiche e perde invece quelle di utilità veramente sociale. È chiaro che non si capisce il ruolo degli "organi di mezzo" tra leader e base se il rapporto "elettorale" è *im*-mediato. Il venire meno, con la mediatizzazione del rapporto di rappresentanza, della colonna vertebrale della struttura partitica, fa sì che non si capisca più l'utilità dell'istanza di mezzo. Tale istanza viene concepita anzi come quella "casta" composta da personaggi di dubbia moralità che traggono qualche vantaggio dal loro ruolo nel partito senza per questo dar nulla alla collettività. Sebbene a volte questo sia vero, non possiamo mettere da parte la convinzione che tale istanza sia, invece, antropologicamente fondamentale per far sì che il dialogo sussista tra individui concreti. Non da idee e proposte sciolte e assolute; piuttosto, la discussione politica sorge da persone che ne parlano, da idee e proposte intimamente legate a desideri, passioni, pensieri, convinzioni, amori. Il ruolo della mediazione è di portare la ricchezza di tutto questo a un'unità superiore, razionalizzandola cercando di tradirla il meno possibile. Venendo meno questa responsabilità si impone, così, un modello partitico di tipo "schumpeteriano",[47] basato essenzialmente sul processo competitivo, piuttosto che sul ruolo aggregativo e di mediazione politica della collettività con le istituzioni.[48]

Ora, nella moderna democrazia rappresentativa, il grande scarto con l'esperienza liberale ottocentesca (la quale si era sviluppata

---

[47] Si rinvia a: SCHUMPETER J. A., *Capitalismo, socialismo e democrazia*, Etas, Milano, 2009.
[48] Cfr. KELSEN H., *La democrazia*, Il Mulino, Bologna, 1998, pp. 57 ss.

secondo un canone di separazione tra società civile e Stato) sta proprio nell'aver posto i partiti politici in una posizione intermedia tra Stato e società.[49] È per questa ragione che i partiti sono coessenziali ad essa, perché hanno la specifica funzione di regolare la tensione tra *pluralismo sociale* e naturale *unilateralità delle decisioni politiche*.

Occorre ricomprendere che i partiti politici rientrano a pieno in quelle "formazioni sociali" o "comunità intermedie" in cui si svolge la personalità dell'uomo, caratterizzandosi per la loro particolare funzione: la rappresentanza del tessuto sociale a livello istituzionale. Nell'art. 49 della Costituzione è disposto: «Tutti i cittadini hanno diritto di associarsi liberamente in partiti per concorrere con metodo democratico a determinare la politica nazionale»: dalla lettura dell'articolo in questione si denota immediatamente un aspetto: la *strumentalità dei partiti* rispetto agli individui. I soggetti della disposizione sono, infatti, i "cittadini"; solo questi ultimi sono gli effettivi titolari del diritto di concorrere a determinare la politica nazionale e i partiti costituiscono solamente lo strumento o il mezzo attraverso cui attuare il concorso.

Nel disegno dei nostri Padri costituenti, il partito politico doveva trovare le sue basi nell'art. 18 della Costituzione dedicato al diritto di associazione per un motivo ben preciso: bisognava far prevalere la dimensione associativa dei partiti su quella istituzionale, garantendo così il rispetto del principio pluralista.[50]

Ci sembra, dunque, che i partiti, intesi come "formazioni sociali" e come "corpi intermedi", siano gli unici strumenti che, in una democrazia rappresentativa, consentono di portare ad unità, sul piano istituzionale, la molteplicità degli interessi provenienti dal tessuto sociale e per questa ragione essi, rispondendo così alla domanda iniziale, *non possono assolutamente*

---

[49] Cfr. RIDOLA P., *Democrazia rappresentativa e parlamentarismo*, Giappichelli, Torino, 2011.
[50] Cfr. *Ibidem*.

fallire in una sistema democratico rappresentativo. Ciò che davvero risulta necessario è rendere i cittadini realmente partecipi della vita pubblica, garantendo loro uno spazio concreto in cui agire.
Affermare che la democrazia si attui solamente al momento del voto è profondamente sbagliato e riduttivo. Essa, per sua stessa natura, deve andare al di là delle elezioni dei rappresentanti, deve assicurare l'effettiva *partecipazione* di tutti i cittadini, legati da un vincolo di solidarietà, alla *res publica*; una repubblica democratica che non garantisca anche questo spazio agli uomini non potrà mai essere una vera democrazia (lo sarà solo formalmente). Il punto è che se la democrazia e la vita democratica non si riducono al momento del voto, allora anche un tipo di organizzazione politica composta di comitati che nascono e muoiono al momento della chiamata alle urne, e che si trasformano a seconda di questo o quel candidato separando la "democrazia quotidiana" e le elezioni, tradisce ciò che di antropologicamente importante c'è nella forma democratica.
Riteniamo *le associazioni di cittadini che liberamente si uniscono per determinare con metodo democratico la politica nazionale* indispensabili in un sistema democratico perché coessenziali ad esso – coessenziali, anzi, alla cultura democratica, e non alle elezioni. Ma essi non sono sufficienti di per sé: ciò che può rendere effettiva una democrazia è solo la partecipazione attiva di ogni singolo cittadino alla gestione dello Stato perché non è sufficiente delegare dei rappresentanti. È qui che i partiti giocano il ruolo più importante: essi devono riuscire a dar voce concreta agli elettori, devono far sentire ciascun cittadino parte attiva della gestione dello Stato offrendo lo *spazio* (politico) entro cui discutere, proporre e far vivere la democrazia: «la democrazia prospera quando aumentano per le masse le opportunità di partecipare attivamente, non solo attraverso il voto ma con la discussione e attraverso organizzazioni autonome, alla definizione delle priorità della vita pubblica; quando le masse usufruiscono attivamente di queste opportunità; e quando le élite non sono in grado di controllare e sminuire la maniera in cui si

discute di queste cose»[51] allora sì, possiamo parlare finalmente di *democrazia*. Partecipazione, poi, che non si esprimerà soltanto in modo negativo, ma fattivamente e responsabilmente. Ciò è direttamente conseguente al principio di solidarietà, che «richiede l'adempimento dei doveri di solidarietà politica, economica e sociale» (art. 2 della Costituzione): i "doveri" di cui si parla sono indirizzati *in primis* ai cittadini e, inoltre, non pensiamo sia un caso che al primo posto vi sia proprio l'adempimento dei doveri di "solidarietà politica".

I partiti, in questo senso, sono lo strumento predisposto e più adatto per attuare questo *dovere*: essi, in particolare, hanno lo specifico compito di aggregare le istanze sociali, filtrarle e trasferirle sul piano politico – istituzionale.

Ciò che è realmente essenziale è, però, che questo processo di graduale trasposizione degli interessi dal livello sociale a quello istituzionale parta dai cittadini perché solo questi, come abbiamo visto, sono gli effettivi titolari del diritto di determinare la politica nazionale. Il problema, quindi, non è l'idea di partito in sé, ma è la mancanza di uno *spazio pubblico* per i cittadini entro cui *fare politica*: solo garantendo questo spazio avremo una vera democrazia che potrà finalmente superare la semplice forma ed arrivare anche alla sostanza.

4. Conclusione

Una volta ricompreso questo imprescindibile ruolo di mediazione, sorge una ulteriore domanda. Il politologo Gianfranco Pasquino definisce la partecipazione politica come «un insieme di azioni e di comportamenti che mirano a influenzare in maniera più o meno diretta e più o meno legale le decisioni, nonché la stessa selezione dei detentori del potere nel sistema politico o in singole organizzazioni politiche, nella prospettiva di conservare o modificare la struttura (e quindi i valori) del sistema di interessi dominante».[52] Ora, nelle democrazie con-

---

[51] Cfr. CROUCH C., *Postdemocrazia*, op. cit. p. 6.
[52] Cfr. PASQUINO G, *Manuale di scienza della politica*, Il Mulino, Bologna, 1986.

temporanee, a fronte del declino della partecipazione politica convenzionale, emergono forme alternative alla democrazia rappresentativa, quali la democrazia partecipativa, deliberativa ed altre forme di partecipazione non convenzionali.
Il partito deve, quindi, ritrovare quella grande responsabilità richiesta dalla solidarietà politica. Responsabilità che non si attua soltanto in riduzioni e ragionamenti di ordine economico ma che prescrive una ri-comprensione del suo ruolo di *mediazione*.[53]
Il recupero della vocazione costituzionale del partito ricalca il dato antropologico fondamentale che percorre tutta la Dottrina Sociale della Chiesa: l'uomo è un essere relazionale e in quanto tale vive e si nutre di tutte quelle relazioni veramente umane che lo costituiscono per quel che è. La vita politica non è esclusa da questa realtà primitiva. La partecipazione politica non può fare a meno del rapporto umano in carne e ossa, vicino alla persona e alla sua vita concreta. La solidarietà politica si esprime esattamente nel tentativo di far sì che il dibattito pubblico coinvolga la totalità dei cittadini, affinché tutti si sentano realmente, e non virtualmente, responsabili del bene comune. Il partito, quale corpo intermedio, deve farsi carico di questo compito: non è un caso che gli articoli 49 e 18 della Costituzione siano profondamente legati. La natura privatistica del partito italiano mira a garantire il rapporto umano nel rapporto politico. In quest'ottica la partecipazione politica si riveste di quella vera solidarietà che è «la partecipazione interattiva di tutti ad ogni stadio»,[54] che invita e stimola ciascuno «ad assumersi le proprie responsabilità e a "camminare con le proprie gambe"».[55]
Per curare la nostra democrazia occidentale ammalata occorre cominciare a curare le patologie delle relazioni tra le persone. Il

---

[53] «Se i partiti occorrono, la loro necessità non li redime dai loro peccati. È vero che l'intermediazione dei partiti si trasforma, spesso, in un diaframma, o anche in una sopraffazione partitocratica. Ma combattere le degenerazioni e criticare i partiti è un conto, rifiutarli un altro». Cfr. SARTORI, *Democrazia*, op. cit.
[54] Cfr. SANGALLI S., *Solidarietá e democrazia nell'orizzonte della dottrina sociale della chiesa: riflessioni per un percorso*, in questo volume.
[55] Cfr. *Ibidem*.

problema, in fondo, della crisi del partito è che le persone non si sanno più incontrare, mettere insieme, perseguire un obiettivo comune. Non si sanno più *associare*. Non sanno più essere responsabili e responsabili insieme. Scrive Zagrebelsky che «quando parliamo di democrazia (...) non pensiamo solo a partiti, elezioni, parlamenti, governi, e cose di questo genere. In una parola, non pensiamo solo a forme e istituzioni politiche, cioè a tecniche di governo. Pensiamo anche a una sostanza della società».[56] Non pensiamo *solo* a partiti, dunque, ma a una sostanza della società. Ma pensiamo *anche* a quei corpi intermedi che devono determinare la politica nazionale e che quella sostanza devono respirarla e incarnarla.

Se vogliamo che la democrazia torni ad essere quella *marea che monta*[57] lungo il corso della storia, dobbiamo riconoscere che non è nel mito del mondo virtuale, o soltanto in azioni saltuarie e battaglie individuali, o al momento del voto, che si gioca concretamente tutta l'azione politica di ciascuno di noi. Essa, piuttosto, si nutre di tutte queste cose insieme e le supera, e questa è l'unità e la sintesi che dovrebbe e potrebbe dare quell'*associazione* che è detta partito. Per questo, malgrado le degenerazioni, non è *il partito* a fallire, quanto piuttosto molte delle sue realizzazioni concrete, alle quali è giusto e doveroso chiedere di ricostruire – ripartendo dall'idea originaria di *mediazione* – l'ambiziosa responsabilità della solidarietà politica.

---

[56] Cfr. ZAGREBELSKY G., *Lezione sulla democrazia*, in *www.festademocratica.it*
[57] Cfr. DE TOCQUEVILLE A., *Note sul primo viaggio in Inghilterra*, trad. it., Il Mulino, Bologna, 1961.

Realtà concreta n. 2

Centri (culturali) per un mondo che "soffre di pensiero"

Nicotri Francesco, De Luca Edoardo Antonio

con
Abelardi Elisabetta
De Napoli Antonio
Fontana Paolo
Montagna Vincenzo
Moroni Francesco
Moscetta Ulderico
Pigna Nicola
Ruscitti Gianmaria Alessandro
Vella Antonio

sotto la supervisione esterna
dell'Avv. Alberto Gambescia

«Svegliati, mia arpa,/ che voglio svegliare l'aurora:/
cantare i silenzi dell'alba/ chiamare le genti sulle porte/
e salutare il giorno:/ e dare speranza agli umili/ e dire insieme la preghiera/ del pane che basti per oggi:/ allora anche i poveri ne avranno d'avanzo./ Amen».[1]

1. Lo Stato democratico è un fenomeno espansivo, in (continuo) mutamento

«Lo Stato democratico è un fenomeno espansivo, non un mondo chiuso (…) ha la vocazione dell'intesa e del lento fecondo dibattito, a ogni livello, tra le opinioni pubbliche e i singoli, per rendere possibile la pace su basi di comprensione e di collaborazione (…) non si costruisce se non con l'impegno ad estendere dall'interno all'esterno la circolazione delle idee, il riconoscimento dell'altro, la valorizzazione dell'uomo».[2] Potremmo proseguire, e allargare, il discorso servendoci delle «numerose indagini sociologiche e comportamentali che descrivono il nostro vissuto di società».[3] Senza negare l'affermazione di un "disagio", «provocato dalla democrazia, dalle sue istituzioni politiche e dalla sua realtà sociale»,[4] ci confronteremo,

---

[1] Cfr. Turoldo D. M., *Nel lucido buio. Ultimi versi e prose liriche*, a cura di Giorgio Luzzi, BUR, Milano, 2002, p. 145.
[2] Cfr. Citazione di Moro A., Discorso pronunciato a Milano il 3 ottobre 1959 in Id., *La democrazia incompiuta*, Il Corriere della Sera, Milano, 2011.
[3] Cfr. Martini C. M., *Alla fine del millennio, lasciateci sognare!*, Discorso in occasione della festa di Sant'Ambrogio del 1996, in *www.chiesadimilano.it*
[4] «(…) il tipo di uomo che oggi abita le democrazie reali ha sempre più spesso un atteggiamento verso la politica che rende difficile anche la democrazia: una ripulsa rabbiosa o rassegnata, generata dall'imbarazzo per una morte che non si può annun-

invece, con i "mutamenti della democrazia"; con quella dinamica risposta (in un gioco di maggioranze e minoranze) «all'esigenza (...) di dare voce al popolo»,[5] che, «nonostante le sue miserie e i suoi peccati, è autenticamente umano e, nonostante tutta la sua bassezza, è ricco di contenuti e sano, perché affonda le sue radici nella struttura essenziale dell'essere».[6] Ben consci che «qualsiasi forma prenda, la democrazia dei nostri successori non sarà e non potrà giustamente essere la democrazia dei nostri predecessori».[7]

2. Il cambiamento della comprensione

Sentendo «il peso di circa due decenni di denunce infruttuose»,[8] e aderendo al monito affidatoci nella relazione introduttiva, intendiamo «guardare oltre alle fatiche di ogni giorno»,[9] «considerarci prosecutori del compito di altri uomini e donne che hanno già dato il loro contributo e costruttori di un ambito comune, di una casa, per coloro che verranno dopo di noi»,[10] offrendo nel nostro sforzo di fare sintesi una "visuale positiva" di democrazia che faccia perno su: l'infondere reciproca fiducia negli altri e nella società, essenziale «per la convivenza, per giungere a orizzonti condivisi»;[11] il "far scuola", come «condizione di accesso a esperienze guidate da figure di rilievo che si

---

ciare (...) ed è un disagio anche oggettivo, strutturale». Cfr. GALLI C., *Il disagio della democrazia*, Einaudi editore, Torino, 2011, pp. 3-4.
[5] Cfr. DAHRENDORF R., *Dopo la democrazia*, Editori Laterza, Roma-Bari, 2003, p. 71.
[6] Cfr. BERGOGLIO J. M. (Papa Francesco), citazione in FARES D., *In ascolto dell'anima del popolo. Antropologia politica di Papa Francesco*, in *L'Osservatore Romano*, 14 febbraio 2014.
[7] Cfr. DAHL R. A., *La democrazia e i suoi nemici*, Editori Riuniti, Roma, 1997, p. 464.
[8] Cfr. CENSIS, *I valori degli italiani 2013. Il ritorno del pendolo*, Marsilio editori, Venezia, 2013, p. 39.
[9] Cfr. MARTINI C. M., *Alla fine del millennio, lasciateci sognare!*, op. cit.
[10] Cfr. BERGOGLIO J. M., *Nel cuore dell'uomo. Utopia e impegno*, Bompiani, Milano, 2013, p. 45.
[11] Cfr. BIANCHI E., *Fede e fiducia*, Einaudi editore, Torino, 2013, p. 18.

facciano carico di uno sviluppo equilibrato degli allievi»;[12] il "riarmare la parola", tornando a prendersi il gusto e la libertà di dialogare perché solo così «il mondo appare quello di cui si parla, nella sua obiettività visibile da ogni lato»;[13] il costruire un nuovo "spazio pubblico", come luogo dello "stare insieme" in cui trovino «il loro necessario luogo di confronto – anche polemico, magari duro, ma vero – quei valori, quelle norme, e quei progetti che possono rappresentare il (non troppo metaforico) territorio comune, non solo per tenere insieme le tante società da cui è composta la società italiana, ma anche e soprattutto per riaprire loro un futuro responsabilmente condiviso»;[14] il trarre «l'azione politica dal prassismo del giorno per giorno, privo di grandi prospettive e di autentica capacità innovativa, e ricondurla a recuperati fondamenti culturali fino qui, in campo politico, giudicati inutili, quando non dannosi».[15]

E, allora, quando «il processo decisionale tende a massimizzare la sua efficacia, abbattendo i tempi di discussione»,[16] più dell'ingegneria costituzionale può «servire l'ingegneria sociale in funzione costituzionale, la promozione cioè di sedi e di occasioni che consentano ai cittadini di discutere in modo informato e ragionato dei temi che li riguardano».[17] Abbiamo, così, individuato nelle nostre città[18] – entro le «cui cerchia (..) i problemi del tempo presente assumono una dimensione umana perfettamente comprensibile»[19] – quei "luoghi" (o meglio "laboratori" e "serbatoi") di "produzione", "condivisione" e "distribu-

---

[12] Cfr. CELLI P. L., *Le virtù deboli*, Apogeo, Milano, 2007, p. 47.
[13] Cfr. ARENDT H., *Che cos'è la politica?*, Edizioni di Comunità, Torino, 2001, p. 40.
[14] Cfr. ORNAGHI L., PARSI V. E., *Lo sguardo corto. Critica della classe dirigente italiana*, Editori Laterza, Roma – Bari, 2001, p. 148.
[15] Cfr. LAZZATI G., Presentazione a MARITAIN J., *Cristianesimo e democrazia*, Vita e Pensiero, Milano, 1977, p. X.
[16] Cfr. CENSIS, *Il vuoto della rappresentanza degli interessi*, Documento Incontro Un mese di sociale. I vuoti che crescono, 12 giugno 2014, in *www.censis.it*, p. 1.
[17] Cfr. AMATO G., *Saper dialogare è il vero segreto della democrazia*, in *Il Sole 24 Ore*, 30 dicembre 2010.
[18] Per una storia della città, che intrecci riflessione filosofica, esperienza politica e cultura estetica, si veda CACCIARI M., *La città*, Pazzini editore, Villa Verucchio, 2009.
[19] Cfr. LA PIRA G., Intervento al convegno dei sindaci delle capitali (Firenze, 2 ottobre 1955), in E. BALDUCCI, *Giorgio La Pira*, ECP, Firenze, 1986.

zione" di questa "cultura dell'incontro", entro cui sia possibile "far esperienza": di dialogo,[20] come «via di costruzione di un mondo che crede alla forza della parola e rifiuta di affidarsi alla parola della forza»;[21] di originalità, non come «stramberia, amore estetizzante della stravaganza ma, etimologicamente, come seria capacità di dare inizio, origine a un progetto, a un rinnovamento che produce vita nuova e combatte la passiva e animalesca ripetività»;[22] di cultura, prima ancora di azione, politica.[23]

È un impegno, questo nel lavoro intellettuale, che, «non si limita alla trasmissione o all'acquisizione di un sapere o di una competenza», chiede di «comunicare il desiderio di pensare e di vivere il coraggio dell'intelligenza», si realizza nella trasmissione di «un modo di essere e di vivere».[24] Può divenire occasione, attraverso ciò che si insegna e si studia, la formazione

---

[20] Come non ripensare all'esperienza della Cattedra dei non credenti, "rivolta a tutti coloro che vogliono pensare", "invitandoli a una riflessione sulla condizione umana", dispiegatesi a Milano dal 1987 al 2002 per iniziativa del Card. Carlo Maria Martini, dando parola e ascolto anche ai non credenti. Si consiglia, tra le tante consultabili, la testimonianza di G. GIORELLO in *La lezione di Martini. Quello che da ateo ho imparato da un Cardinale* (Edizioni Piemme, Milano, 2013) che può racchiudersi in una constatazione conclusiva del filosofo: «(...) Sono un tipo particolare di ateo cui non interessa più prevalere sulla carne (sulla mente, sulla carne) di chi crede. Ringrazio Carlo Maria Martini per aver purificato il mio ateismo da questa tentazione» (p. 93).
[21] Cfr. BIANCHI E., *Quando credenti e non credenti cercano insieme la verità*, in *La Repubblica*, 16 settembre 2013; ora, anche, in (Papa) FRANCESCO, SCALFARI E., *Dialogo tra credenti e non credenti*, Einaudi editore, Torino, 2013, pp. 111 – 116.
[22] Cfr. ZAGREBELSKY G., *Imparare democrazia*, Einaudi editore, Torino, 2007, pp. 19-20.
[23] La cultura politica è costituita da «a) modelli cognitivi (concetti), che permettono di imporre un ordine al mondo mediante un processo razionale di oggettivazione critica, applicando uno specifico patrimonio concettuale; b) modelli valutativi (valori), che permettono di conferire senso al mondo mediante l'identificazione con particolari valori, che tracciano una linea di separazione tra ciò che è buono, giusto, desiderabile e quello che è cattivo, ingiusto e da evitare». Cfr. CARTOCCI R., *La cultura politica degli italiani: una pluralità di percorsi di ricerca*, Paper presentato al panel *The civic culture at '50s: una valutazione sugli studi sulla cultura politica in Italia*, Convegno annuale SISP, 17-19 settembre 2009.
[24] Cfr. DUMORTIER F.-X., Discorso inaugurale del Rettore Magnifico in occasione della inaugurazione dell'Anno Accademico 2013-2014, 463mo anno dalla fondazione del Collegio Romano, Roma, 7 ottobre 2013.

data e ricevuta, per sperimentare la ricomposizione della «rottura tra Vangelo e cultura» che è il «dramma della nostra epoca, come lo fu anche di altre».[25]
In un mondo che "soffre per mancanza di pensiero",[26] abbiamo, insomma, bisogno di "uomini di pensiero capaci di riflessione profonda" e aperti "terreni di incontro" chiamati «a comprendere meglio le implicazioni del nostro essere una famiglia (...) affinché l'integrazione avvenga nel segno della solidarietà piuttosto che della marginalizzazione»;[27] dal momento che «l'essere umano esiste in proporzione del suo essere generato e quindi dell'essere in relazione d'appartenenza con un luogo d'origine». Si tratta di uno scambio generativo che, significando genesi e legame, accoglienza e riconoscimento, trasmissione e tradizione, cura ed educazione, responsabilità e custodia, lealtà e fedeltà, necessita «di eventi di sintesi "esperienziale", di luoghi umanamente "abitabili", di forme di vita "partecipabili"».[28] Non potendo, e non dovendo, «ridurre questo sguardo fiducioso sulla realtà come "inguaribile" effetto culturale della teologia cristiana della storia, da ritenersi dunque un atteggiamento "per soli cattolici"».[29] Ricostruendo, invece, una connes-

---

[25] Cfr. PAOLO VI, Esortazione apostolica *Evangelii Nuntiandi*, 8 dicembre 1975, in *www.vatican.va*
[26] Cfr. PAOLO VI, Lettera Enciclica *Populorum progressio*, 26 marzo 1967, n. 85, in *www.vatican.va*
[27] Cfr. BENEDETTO XVI, Lett. Enc. *Caritas in Veritate*, 2009, n. 53.
[28] Cfr. BOTTURI F., *Cattolici e vita pubblica. Priorità antropologiche*, in *Paradoxa*, n. 2, aprile / giugno 2008, p. 39.
[29] Cfr. SANGALLI S., *Le ragioni che ispirano un cammino*, in SANGALLI S., NICOTRI F., *Narrare l'etica e l'economia. Tracce di un comune cammino*, Rubbettino Editore, Soveria Mannelli, 2011, p. 16.
Il nostro lavoro ha, comunque, trovato ispirazione nel confronto-incontro con un'eredità, quella del cattolicesimo democratico italiano, che può annoverare «una elaborazione culturale, forse modesta, ma vivace; un'opera di formazione vasta e costante, di quadri e di masse; sforzi organizzativi appassionati e perseveranti; e soprattutto tanta fede e tanta speranza e tanti sacrifici di persone umili e realmente disinteressate; e infine, alcuni momenti forti di mediazione civile e politica riconosciuta da molti come valida» (Cfr. DOSSETTI G., *Sentinella, quanto resta della notte?*, in *Metronomie*, giugno – dicembre, 2004). Si tratta di «un patrimonio non solo genericamente ideale, ma compiutamente politico. In quanto tale, esso può costituire una più che sufficiente dotazione iniziale atta a trattare problemi attuali e a fornire una base solida – anche se non esclusiva – per la elaborazione di una realistica ed autonoma

sione, «in grado di dar forma e tenuta civile», tra «trasformazioni sociali ed elaborazioni culturali», tra «progettualità sociale e legami di cittadinanza», che abbia come premessa la riscoperta di un'identità, che si «rielabora e rinnova giorno per giorno»,[30] in cui sia racchiuso il senso profondo del vincolo comune che lega e tiene insieme all'interno della comunità nazionale – che «si impone su di noi» – che non è network o rete – che «è qualcosa che pensiamo essere noi a creare».[31]
In quest'opera di ricostruzione del nesso tra produzione di conoscenza e deliberazione pubblica misureremo il ruolo dei centri culturali, non apparendoci percorribile, per quanto suggestiva, la proposta di un "Senato delle competenze e del saper fare" che dovrebbe «diventare il luogo delle indagini conoscitive, del controllo dei fatti e del monitoraggio dei saperi che permettono all'intero assetto istituzionale di agire con saggezza e lungimiranza».[32]

3. «Una società in profonda trasmigrazione culturale»[33]

Abbiamo assistito, in questi anni: al crollo dei «paradigmi ideologici che pretendevano, in un passato recente, di essere risposta "scientifica"»[34] alla questione sociale; ad «un inasprirsi del confronto politico, a un uso ideologico del passato sempre più rozzo e violento, a un'esaltazione acritica del capitalismo e del

---

agenda politica» (Cfr. DIOTALLEVI L., *L'ultima chance. Per una generazione nuova di cattolici in politica*, Rubbettino Editore, Soveria Mannelli, 2011, pp. 43-44).
[30] Cfr. SCHIAVONE A., in Id., GALLI DELLA LOGGIA E., *Pensare l'Italia*, Einaudi Editore, Torino, 2011, pp. 9 – 139.
[31] Cfr. BAUMAN Z., *Communitas. Uguali e diversi nella società liquida*, Aliberti Editore, Roma, 2013, p. 31.
[32] La proposta è di Armando Massarenti, illustrata in un convegno e in un articolo (Id., *Il Senato della conoscenza*, in *Il Sole 24 Ore*, 8 dicembre 2013). «(…) Il modello è la House of Lords, un'istituzione "alta" che in Gran Bretagna produce documenti di analisi su problemi caldi suggerendo a Parlamento e Governo uno spettro di azioni da intraprendere per affrontarli alla luce delle migliori conoscenze disponibili».
[33] Cfr. MORO C. A., Relazione *Il futuro nelle nostre mani. Appunti su un mondo in trasmigrazione*, in *Studi Zancan*, n. 6, 2005.
[34] Cfr. BENEDETTO XVI, Discorso ai partecipanti alla XXIV Assemblea plenaria del Pontificio Consiglio per i Laici, 21 maggio 2010, in *www.vatican.va*

mercato, al tentativo ripetuto di servirsi della storia come di un'arma»;[35] ad una società civile che difetta di educazione alla politica, di «confidenza con gli elementi conoscitivi minimi e basilari per poter ragionare appropriatamente di politica (...) per capire che cosa è e come funziona davvero quella realtà complessa in cui consiste la cosa pubblica»;[36] ad una "sfera intima"[37] «diventata il luogo in cui emergono e si vogliono risolvere i problemi della società»;[38] alla «caduta simbolica della differenza generazionale» con «il rispecchiamento reciproco, il vedersi come simili che caratterizza i rapporti tra allievi e insegnanti e tra genitori e figli»;[39] alla «scomparsa della cultura alta (...) e massificazione dell'idea stessa di cultura (...) intesa, unicamente, come un modo piacevole di passare il tempo»;[40] a una ricezione, ormai capillare e costante, di informazioni a cui non sempre siamo capaci di dare un senso.

In questi fenomeni, non di «cambiamento di un'epoca ma (...) di cambiamento di epoca»,[41] si registrano i segnali di pericolo di un malinteso, difettoso, rapporto tra cultura e politica che va rinnovato, colmando il «vuoto (...) di idee, di emozioni, di pensieri, di analisi circa la realtà del Paese»;[42] reagendo alla cultura, sempre più prevalente, «del fare, dell'intervenire subito, dell'immediatezza»;[43] ripensando, in altri termini, lo spazio pubblico, ovvero «ogni luogo di proprietà pubblica o di uso

---

[35] Cfr. SCHIAVONE A., in Id., GALLI DELLA LOGGIA E., *Pensare l'Italia*, op. cit., p. 133.
[36] Cfr. GALLI DELLA LOGGIA E., *Nel teatro semplificato del potere la gogna diventa strumento politico*, in *Il Corriere della Sera*, 18 aprile 2013.
[37] Si veda SENNETT R., *Il declino dell'uomo pubblico*, Bruno Mondadori, Milano, 2006.
[38] Cfr. TONELLO F., *L'Età dell'ignoranza. È possibile una democrazia senza cultura?*, Bruno Mondadori, Milano, 2012, p. 16.
[39] Cfr. RECALCATI M., *Patria senza padri*, Edizioni Minimum fax, Roma, 2013, p. 89.
[40] Cfr. VARGAS LLOSA M., *La civiltà dello spettacolo*, Einaudi Editore, Torino, 2013, p. 25.
[41] Cfr. FRANCESCO, La mia scuola, a cura di DE GIORGI F., Editrice La Scuola, Brescia, 2014, p. 49.
[42] Cfr. GALLI DELLA LOGGIA E., in Id., SCHIAVONE A., *Pensare l'Italia*, op. cit., p. 134.
[43] Cfr. DE RITA G., in AA. VV., *Lezioni per la democrazia. I giovani amministratori alla prova della modernità*, Marsilio Editori, Venezia, 2012, p. 45.

pubblico accessibile e fruibile a tutti gratuitamente o senza scopi di lucro»,[44] che sembra, oggi, identificarsi con la televisione nel «senso misero di "aperto al pubblico" come capita con i centri commerciali che vanno sempre più sostituendosi alle piazze»;[45] potendo, però, contare difficilmente su quella «conoscenza sociale diffusa nel Paese o nella fabbrica», quel senso comune che permetteva ai nostri nonni di «capire "in che mondo viviamo" con sicurezza».[46] Non è questione soltanto di informazione ma di cultura, come suggerisce la letteratura con il suo potere di «aiutare i lettori a capire meglio la complessità umana»[47] oltre che di intrattenimento; di cultura politica, rilevante per la qualità e il complessivo buon andamento della democrazia, della cui produzione e diffusione non potranno che farsi carico i centri culturali del nostro Paese, su cui ci concentreremo.

4. Cultura per l'associazione

Una prima indicazione operativa, che possiamo trarre dalle riflessioni svolte, è quella di fare della cultura, quale «trasmissione da una generazione all'altra di significati condivisi che permettono agli uomini di comunicare, conoscere e sviluppare punti di vista di valore nei confronti degli altri e del mondo»,[48] un principio «di coesione, di comunione di idee, di amicizia spirituale, di collaborazione intellettuale. Associazione per la cultura è episodio abbastanza frequente, ma cultura per l'associazione non così».[49] È un'avventura di cui l'esperienza italiana di impegno culturale di ispirazione cristiana ha dato

---

[44] Cfr. *Carta dello spazio pubblico*, in *www.biennalespaziopubblico.it*
[45] Cfr. Escobar R., *Casa o piazza? Le dimensioni dello spazio pubblico*, in *Il Mulino*, n. 5, settembre – ottobre 2010.
[46] Cfr. Tonello F., *L'Età dell'ignoranza. È possibile una democrazia senza cultura?*, op. cit., p. 150.
[47] Cfr. Vargas Llosa M., *La civiltà dello spettacolo*, op. cit., p. 173.
[48] Cfr. Cartocci R., *Diventare grandi in tempi di cinismo*, Il Mulino, Bologna, 2002, p. 23.
[49] Cfr. Paolo VI, Discorso alla Benemerita Famiglia dell'Editrice "Studium", 10 febbraio 1964, in *www.vatican.va*

testimonianza, nel secolo scorso, con la promozione di cenacoli di studio e di lavoro, riviste[50] e case editrici, progetti e percorsi formativi. Si è trattato, traendone così una seconda indicazione, di apporti «di gruppi di *elites*, di nuove aristocrazie, non aristocrazie del sangue naturalmente, ma morali e culturali»,[51] di cui abbiamo ancora bisogno poiché «normalmente sono le minoranze creative che determinano il futuro»,[52] il cui compito è quello di essere «cunei di contraddizione, modelli di alterità positiva e di buone pratiche, esploratrici del presente, espressione nel pensiero e nei modelli pratici di tutto ciò che le maggioranze non possono essere, e sempre senza disprezzo per le maggioranze».[53]

Il problema, oggi, per il nostro Paese, è quello di riuscire a «mettere in campo una nuova progettualità e a rinnovare i propri legami comunitari, al posto di quelli vecchi, di "classe"»,[54] senza però «pensare che in una vera democrazia "i pochi", le *elite*, scompaiano, o debbano scomparire, perché sarebbero espressione d'interessi particolari».[55] Anche perché «se una volta era "la ribellione delle masse" che minacciava l'ordine sociale e le tradizioni di civiltà della cultura occidentale (…) ai nostri tempi la minaccia principale sembra venire» dalle classi dirigenti, che «hanno perso il contatto con la gente, sono ormai sempre più cosmopolite e migratorie, sempre meno legate alle collettività» rispetto a cui hanno funzioni di direzione e di

---

[50] Sul fermento editoriale, in particolare di riviste, del mondo cattolico italiano, si vedano: SARESELLA D., *Le riviste del Secondo dopoguerra*, in www.treccani.it; VALENTE G., *Fuori dal "ghetto": l'editoria cristiana come ponte tra cattolicesimo e società civile*, in *Italianieuropei*, n. 4, 2011, pp. 97-106.
[51] Cfr. SCOPPOLA P., *La democrazia dei cristiani. Il cattolicesimo politico nell'Italia unita*, Editori Laterza, Roma-Bari, 2006, pp. 226-228.
[52] Cfr. BENEDETTO XVI, Intervista durante il volo verso la Repubblica Ceca, 26 settembre 2009, in www.vatican.va
[53] Cfr. FOFI G., *La vocazione minoritaria. Intervista sulle minoranze*, Editori Laterza, Roma – Bari, 2009, p. 131.
[54] Cfr. SCHIAVONE A., in Id., GALLI DELLA LOGGIA E., *Pensare l'Italia*, op. cit., p. 9.
[55] Cfr. PADOA SCHIOPPA E., *Italia, una ambizione timida. Classe dirigente e rischi di declino*, Rizzoli, Milano, 2007, p. 38.

guida.⁵⁶ Coniugare le *elite* di governo con la partecipazione popolare può diventare l'occasione di maturazione di «nuovi stili di governo centrati sul servizio del prossimo e orientati al bene comune»,⁵⁷ che superino l'illusione liberale «che bastino le istituzioni, in opposizione al carattere, a provvedere di tutta la virtù di cui la democrazia ha bisogno».⁵⁸

Si tratta di un'opera di ricostruzione, e non di mera pianificazione, che pone «un problema di uomini, il problema delle future *elite* dirigenti»;⁵⁹ un problema di educazione che «è necessaria in democrazia per poter avere delle *elite* tratte da ogni classe e categoria, aperte a tutti, sempre rinnovate e portatrici di rinnovamenti»;⁶⁰ un problema di cura delle parole,⁶¹ di qualità, ampiezza e profondità di contenuto e di modalità di svolgimento del discorso democratico.⁶²Un problema, insomma, di sviluppo.⁶³

---

⁵⁶ Cfr. LASCH C., *La ribellione della elite. Il tradimento della democrazia*, Giangiacomo Feltrinelli Editore, Milano, 2001, p. 29 e quarta di copertina.
⁵⁷ Cfr. BERGOGLIO J. M., *Noi come cittadini, noi come popolo*, Libreria Editrice Vaticana – Jaca Book, Città del Vaticano – Milano, 2013, p. 91.
⁵⁸ Citazione contenuta in REVELLI M., *Finale di partito*, Einaudi Editore, Torino, 2013, p. 57.
⁵⁹ Cfr. MARITAIN J., *Cristianesimo e democrazia*, Passigli editori, Firenze, 2007, p. 59.
⁶⁰ Cfr. Citazione di Luigi Sturzo contenuta in STURZO G., *Cattolici e spirito di servizio nella dottrina politica di Luigi Sturzo*, Quaderni del Centro Internazionale Studi Luigi Sturzo, n. 1, luglio 2010, p. 4.
⁶¹ «Il numero di parole conosciute e usate è direttamente proporzionale al grado di sviluppo della democrazia e dell'uguaglianza delle possibilità. Poche parole e poche idee, poche possibilità e poca democrazia; più sono le parole che si conoscono, più ricca è la discussione politica e, con essa, la vita democratica» (Cfr. ZAGREBELSKY G., in G. NAPOLITANO, G. ZAGREBELSKY, *L'esercizio della democrazia*, Codice edizioni, Torino, 2010, p. 47). Come non ripensare, in proposito alla lezione della Scuola di Barbiana di don Lorenzo Milani: «(...) è solo la lingua che fa eguali. Eguale è chi sa esprimersi e intende l'espressione altrui. Che sia ricco o povero importa meno. Basta che parli» (Cfr. Scuola di Barbiana, *Lettera a una professoressa*, Libreria Editrice Fiorentina, Firenze, 1967, p. 96).
⁶² Si è ridotto il, «(...) tendenzialmente impersonale e alto, dibattito pubblico ai codici di una "visione intimista della società" che privilegia il pettegolezzo sulla discussione meditata dei problemi, il gossip sui programmi, l'iper-personalizzazione dei comportamenti sulle relazioni sociali, fino ad abrogare l'idea del "collettivo"» (Cfr. REVELLI M., *Finale di partito*, op. cit., p. 55). Si veda, anche, il capitolo sesto (pp. 101-109) di LASCH C., *La ribellione delle elite. Il tradimento della democrazia*, op. cit.
⁶³ «Una politica di sviluppo che non riesca a essere auto sviluppo diviene un'imposi-

Lo sforzo è: corale, dal momento che «nessuno può chiamarsi fuori dal problema nel proprio settore di appartenenza»;[64] impegnativo, perché «non basta transitare da ruoli dell'economia, dell'università e della ricerca o del sociale a ruoli di alta responsabilità generale per garantire la necessaria metamorfosi»;[65] di non immediata soluzione, giacché «la democrazia – che è fatta di tante voci, tanti interessi, tanti conflitti – (...) cammina piano, non procede a passo di carica».[66] È uno sforzo che deve sfuggire «a ogni trappola continuista (...) come se si fosse semplicemente chiusa una parentesi, e bastasse ripristinare vecchie abitudini e vecchi modelli».[67]

Di fronte all'indebolimento della politica e dei partiti, come segnalato nel capitolo precedente, si è registrata, negli ultimi anni, nel nostro Paese, la nascita di «fondazioni politiche, associazioni, centri studi e forum, con l'obiettivo di alimentare il dibattito culturale, influenzare le scelte del decisore pubblico o promuovere una specifica agenda».[68] A questa composita realtà, non sostitutiva ma complementare del ruolo dei partiti, intendiamo rivolgere la nostra attenzione, affinché possa formarsi una nuova "sapienza della prassi";[69] attivarsi una nuova circola-

---

zione o un'elargizione gratuita, senza seguito. Lo sviluppo di una società non può essere né regolato né imposto; è la vita stessa della società, che può essere soltanto vissuta e fatta propria da quella società». Questa frase, che è un po' la "summa" del pensiero di Giorgio Ceriani Sebregondi è riportata da DE RITA G., *Il percorso intellettuale di Giorgio Sebregondi*, in CASULA C. F. (a cura di), *Credere nello sviluppo sociale, La lezione intellettuale di Giorgio Ceriani Sebregondi*, Edizioni lavoro, Roma, 2010, p. 41.
[64] Cfr. AA. VV., *Generare classe dirigente. Un percorso da costruire*, Luiss University Press, Roma, 2007, p. 20.
[65] Cfr. *Ibidem*, p. 18.
[66] «(...) Riflette, non improvvisa. Elabora. Cerca di convincere, non di incalzare, tanto meno di travolgere». Cfr. FOLLINI M., *Elogio della pazienza*, Mondadori, Milano, 2010, p. 6.
[67] Cfr. SCHIAVONE A., *L'Italia contesa. Sfide politiche ed egemonia culturale*, Editori Laterza, Roma – Bari, 2009, p. 75.
[68] Cfr. DILETTI M., *Non abbiamo una classe dirigente, servono think tank*, in www.linkiesta.it, 7 luglio 2013.
[69] «(...) La *sapienza della prassi* (...) sta soprattutto nell'acquisizione di *abiti virtuosi*: che occorrono tutti non solo per agire, ma anche e prima per pensare correttamente ed esaustivamente i giudizi e le azioni conseguenti, che possono essere esigiti dai problemi della vicenda individuale, familiare, sociale, politica, internazionale che l'oggi

zione, oltre il rinnovamento, delle classi dirigenti; affermarsi un ritorno agli spazi pubblici in cui articolare la "discussione pubblica".[70] Mediante queste istituzioni culturali e di ricerca, che hanno già dato prova del loro potenziale in momenti di difficoltà e disorientamento – rappresentando «una risorsa alla quale attingere per trovare soluzioni in tempi rapidi (...) un porto franco per discutere in libertà a proposito delle soluzioni di *policy* da adottare, uno strumento per offrire nuovi paradigmi attraverso i quali leggere la realtà»[71] –, si può ricominciare a costruire identità e appartenenza, rifuggendo dall'«impaludamento che si nobilita con i panni della discussione», dall'«accanirsi sui dettagli per non fare niente».[72] Battendo quella "schizofrenia", sempre più diffusa, per cui «da un lato ci si sente individualmente e soggettivamente vitali; ma collettivamente ci si sente depressi, incapaci di agire, di reagire»;[73] rispondendo all'urgente necessità di «pensare insieme, di credere insieme (...) di rifarsi a un sapere collettivo, non individuale»;[74] evitando, così, di ricorrere a soluzioni pronte all'uso o improvvisate, attrezzandosi invece a un lungo e meticoloso lavoro di semina richiamato dall'etimo di cultura.[75]

---

presenta alla coscienza di ciascuno e della comunità cristiana». Cfr. Dossetti G., Introduzione a Gherardi L., *Le querce di Monte Sole: vita e morte delle comunità martiri fra Setta e Reno, 1898 – 1944*, Il Mulino, Bologna, 1994, p. XLI.

[70] «L'ideale della discussione pubblica è strettamente connesso con due determinate pratiche sociali che meritano una particolare attenzione: la tolleranza di diversi punti di vista (insieme alla possibilità di essere d'accordo oppure no) e l'incoraggiamento della discussione pubblica (insieme al riconoscimento del valore di imparare da altri)». Cfr. Sen A., *La democrazia degli altri. Perché la libertà non è un'invenzione dell'Occidente*, Oscar Mondadori, Milano, 2008, p. 21.

[71] Cfr. Diletti M., *Think tank*, in Almagisti M., Piana D., *Le parole chiave della politica italiana*, Carocci editore, Roma, 2011, pp. 205-206.

[72] Cfr. Battista P., *Se l'ideologia nella discussione blocca le decisioni*, in *Il Corriere della Sera*, 24 gennaio 2014.

[73] Cfr. Censis, *I valori degli italiani 2013. Il ritorno del pendolo*, op. cit., p. 60.

[74] Cfr. *Ibidem*, p. 86.

[75] "Cultura" deriva dal verbo latino *colere* (p.p. *cultus*), "coltivare", "attendere con cura".

5. Uno sguardo dal ponte

Venendo meno, in qualche modo, all'iniziale indicazione di non concentrarsi su "indagini sociologiche e comportamentali", pur importanti, è utile "uno sguardo dal ponte" per capire la nostra condizione attuale, come Paese, in un processo di cambiamento che è, ormai, globale. Non potremmo, così, non prender atto di quanto la nostra epoca sia caratterizzata da un'ascesa senza precedenti (...) di leader che «contano (e sono destinati a contare) sempre di più», dovendo però puntualizzare che «nessun sistema di governo può massimizzare il ruolo del leader negando il ruolo del partito. O viceversa (...) Impedire l'ascesa del Principe è sbagliato, prima ancora che irrealistico. Addomesticarne l'ascesa è possibile, prima ancora che necessario. Ecco perché è tempo di elaborare una cultura politica del governo democratico»[76] adeguata alla complessità delle sfide da affrontare, che trovi fondamento su un'aggiornata educazione alla cittadinanza che «combini l'istruzione formale con l'accesso a modelli di ruoli democratici».[77] È questo il compito riconosciuto, oggi anche nel nostro Paese, ai *think tank*, i "serbatoi di pensiero" che «negli Stati Uniti svolgono da oltre un secolo un ruolo cruciale di supporto operativo e strategico ai capi eletti dal popolo»,[78] che di fatto «rappresentano una forma collettiva e contemporanea del consigliere del principe».[79]

6. *Think tank*, le fabbriche delle idee

Non è solo americana la definizione *think tank*[80] ma anche l'intuizione e la conseguente istituzione di queste "fabbriche di

---

[76] Cfr. FABBRINI S., *Addomesticare il Principe. Perché i leader contano e come controllarli*, Marsilio Editori, Venezia, 2011, pp. 11 – 184.
[77] Cfr. Network of European Foundations and Council of Europe, *From Student Voice to Shared Responsibility. Effective Practice in Democratic School Governance in European Schools*, Strasburgo, 2007.
[78] Cfr. CALISE M., *Pensatoi di governo*, in *www.maurocalise.it*
[79] Cfr. BENIGNI G., *Intellettuali e popolo nel Novecento*, in *Arel. La rivista*, n. 1, 2010, p. 197.
[80] Il termine «entrò a far parte del gergo militare quando il Dipartimento della Difesa

idee", nate per "aiutare" i leader e/o i governi "a pensare", che si distinguono[81] da altre organizzazioni della società civile tra cui le università.

Suggeriamo, quindi, di non applicare la definizione di *think tank* anglosassone al nostro Paese,[82] in ragione di differenze che vanno oltre il sistema di tassazione e fiscale riservato (anche, e soprattutto, per i soggetti che effettuino donazioni), dovendosi piuttosto parlare, per quanto in questa sede di nostro interesse, di "fondazioni politiche" che «cercano la propria legittimazione, non solo nelle attività tipiche dei *think tank*, ma anche

---

(statunitense) creò sezioni speciali per l'analisi dell'andamento della guerra. I luoghi di riunione di queste sezioni – che isolavano scienziati, ufficiali ed esperti dalle incombenze quotidiane del conflitto – vennero soprannominati appunto *think tank*» (Cfr. DILETTI M., *I think tank. Le fabbriche delle idee in America e in Europa*, Il Mulino, Bologna, 2009, p. 11). Per una storia dei *think tank* in America, con una ricostruzione critica del loro sviluppo e delle modalità organizzative adottate si rinvia a DILETTI M., *I think tank. Le fabbriche delle idee in America e in Europa*, op. cit., pp. 11-40. Negli USA i *think tank* «sono stati definiti come *public policy research institutes* (...); *policy planning organizations* (...); *policy elites* (...); *nonpartisan policy research organizations* (...); essi sono descritti anche come "organizzazioni composte da esperti di *public policy* – che rimangono solitamente ai margini o al di fuori dell'arena politica, delle istituzioni rappresentative e dei corpi burocratici – (...) create allo scopo di condurre ricerca, produrre idee, conoscenza, informazioni e strumenti tesi a orientare o influenzare il processo di *decision-making* di specifiche politiche pubbliche» (Cfr. DILETTI M., *I think tank al confine tra conoscenza, valori e interessi*, in *Rivista italiana di politiche pubbliche*, n. 2, agosto 2011, pp. 347-348).

[81] Si contraddistinguono per: «l'indipendenza, che richiama il principio di autonomia della società civile nei confronti del potere politico (il corollario è la necessità dell'indipendenza economica – rispetto ai finanziamenti pubblici – dei centri di ricerca); l'autodeterminazione dell'agenda di ricerca; il *policy focus* (l'obiettivo di influenzare il *policy process* è la caratteristica più importante di un *think tank*); la dimensione pubblica, poiché i *think tank* sono impegnati nell'attività di divulgazione verso l'opinione pubblica; un accertato "professionismo di *policy*" del personale dei *think tank*, ovvero la presenza di esperti con un forte *background* scientifico (e l'abitudine all'utilizzo delle "porte scorrevoli" tra *think tank*, università e istituzioni: saper studiare e saper lavorare nei governi)». Cfr. DILETTI M., *I think tank al confine tra conoscenza, valori e interessi*, op. cit., p. 348.

[82] «I grandi *think tank* italiani sono stati prima un affare di stato (pensiamo all'epoca della programmazione, dallo Svimez ai centri studi delle grandi aziende pubbliche, passando per la Banca d'Italia), poi un percorso intrapreso da alcuni pionieri (dal Mulino allo IAI, passando per il Censis o i centri nati grazie all'iniziativa di Beniamino Andreatta), infine un affare di partito (dallo Sturzo alla Fondazione Gramsci)». Cfr. DILETTI M., *A cosa serve un think tank*, in *www.affarinternazionali.it*, 5 giugno 2009.

nell'opera di ridefinizione e produzione di cultura politica».[83] C'è, però, un elemento in comune: «al processo di personalizzazione della politica e a quello di indebolimento delle organizzazioni di partito è corrisposto un processo di creazione di "*think tank* del leader"»[84] o personali (legati a singole personalità politiche), esplosi da metà degli anni Novanta del secolo scorso, che sono una caratteristica del caso italiano[85] con conseguente: "scarso dimensionamento"; "non diffusa internazionalizzazione"; "poca ricerca di impatto pubblico"; "sistema autoreferenziale"; "ideologia e valori *pret-a-porter*"; "incapacità di far sistema".[86]

Gli Stati Uniti disvelano quanto poi i gruppi d'interesse facciano pressione, e svolgano attività d'influenza, verso i decisori pubblici attraverso, anche, i "serbatoi di idee", la cui efficacia d'azione è direttamente proporzionale alla capacità di essere ascoltati in virtù della qualità dei contenuti sviluppati e delle soluzioni suggerite. Inoltre: attraverso la funzione di *public relations* e di *stakeholder engagement* dei *think tank*, le *lobby* oltre a "camuffarsi" e "guadagnare" autorevolezza e reputazione possono individuare e "ingaggiare" potenziali alleati (in gergo tecnico questa tattica di *lobbying* viene denominata *coalition building*), aumentando il proprio potere d'influenza e, ancor più nello specifico, incrementare le risorse (economiche, mediatiche, relazionali, etc.) a loro favore.

Per quanto le attività delle *lobby* e dei *think tank* talvolta si sfiorano e incrociano è fondamentale che restino distinte e non sovrapposte tra loro. Non c'è da stupirsi, dunque, se le grandi aziende corrispondono anche ai principali soggetti finanziatori di questi "serbatoi delle idee". Questa attività di *lobbying* indi-

---

[83] Cfr. DILETTI M., *I think tank. Le fabbriche delle idee in America e in Europa*, op. cit., p. 102.
[84] Cfr. *Ibidem*, p. 114.
[85] Si rinvia, per un approfondimento sul caso italiano, alla ricerca *I think tank in Italia*, coordinata da DILETTI M., del Dipartimento di Comunicazione e Ricerca Sociale dell'Università La Sapienza.
[86] Questi sono alcuni dei risultati della, già citata, ricerca *I think tank in Italia*.

retto rappresenta, ormai, uno *step* dell'evoluzione, e soprattutto una delle ragioni più forti dello sviluppo e del proliferare nel nostro Paese, dei centri culturali che si pro-pongono come vere e proprie "agenzie di servizi" svolgendo macro-funzioni *core*: produzione di conoscenza e d'informazioni attraverso attività di ricerca, ma in particolare produzione di *policy* da suggerire/offrire alla politica; porta di accesso ai *decision makers*; operazioni di marketing politico, *agenda setting*, costruzione del consenso (in sostanza, attività di comunicazione).

7. Ripartiamo da qui

L'esperienza dei *think tank* conservatori americani – che, introducendo «novità organizzative, un utilizzo attento dei mezzi di comunicazione, nuove strategie di marketing delle idee (...) ha condizionato l'organizzazione della "guerra delle idee" anche nel campo democratico»[87]-, per quanto non replicabile *sic et simpliciter* nel nostro Paese, costituisce una risorsa, e una direzione di marcia, utile per la rigenerazione del nesso tra elaborazione intellettuale e pratica politica[88] che «si è spezzato nella fase finale di quella che siamo soliti definire Prima Repubblica»,[89] rinnovando la *"rupture"* dell'Illuminismo: gli uomini di cultura «smettono di parlare solo al principe e di parlare solo agli altri uomini di cultura».[90]

---

[87] Cfr. DILETTI M., *Il soft power e il partito americano. I think tank negli USA*, in *www.fabriziobarca.it*
[88] Di cui ne è testimonianza, oltre che memoria storica, il discorso pronunciato da Alcide De Gasperi, a Parigi, all'Assemblea generale della Conferenza della pace, il 10 agosto 1946, in cui si presentò «come rappresentante della nuova Repubblica» armonizzatrice «in sé» delle «aspirazioni umanitarie di Giuseppe Mazzini, le concezioni universalistiche del cristianesimo e le speranze internazionalistiche dei lavoratori». Cfr. DE GASPERI A., *Scritti e discorsi politici*, III. *Alcide De Gasperi e la fondazione della democrazia italiana*, 1943-1948, a cura di CAPPERUCCI V., LORENZINI S., t. 2, Il Mulino, Bologna, 2008, p. 1738.
[89] Cfr. GALLI C., *Riportare alla luce la cultura politica*, in L. ZANNINO (a cura di), *Una e plurale. L'Italia della cultura*, Viella, Roma, 2013, p. 35.
[90] Cfr. BENIGNI G., *Intellettuali e popolo nel Novecento*, in *Arel. La rivista*, n. 1, 2010, p. 182.

Riabilitare una «cultura di comunità, dei modi di pensare collettivi»,[91] anche attraverso una riaffermazione della funzione sociale degli intellettuali[92] condannati «all'irrilevanza e, alla fine, al disprezzo»,[93] potrebbe già costituire un ampio programma, di non facile realizzazione, su cui impegnarsi. Del resto: «una vita senza idee e una società che non sprigiona idee» – idee, prima di tutto, "politiche", cioè «generali e progettuali» – sono «letteralmente "infelici", cioè infeconde, non creative, destinate a non vivere ma, nella migliore delle ipotesi, a sopravvivere come colonie».[94]

È una sfida, questa del «riuscire a coniugare senso, legami e valori»,[95] lavorando sulle idee, con le idee, per le idee, di cui l'organizzazione TED ne ha dimostrato le potenzialità globali;[96] la cui importanza strategica rileviamo alla luce delle nostre esperienze associative come singoli e di quella del cenacolo Sinderesi

---

[91] Cfr. MORLINO L., *Terza repubblica, nuova forma-partito cercasi. Il ruolo delle fondazioni*, in *www.ilsussidiario.net*, 15 maggio 2008.
[92] «(...) sono un intellettuale, uno scrittore, che cerca di seguire tutto che succede, di conoscere tutto ciò che se ne scrive, di immaginare tutto ciò che non si sa o che si tace; che coordina fatti anche lontani, che mette insieme i pezzi disorganizzati e frammentari di un intero coerente quadro politico, che ristabilisce la logica là dove sembrano regnare l'arbitrarietà, la follia e il mistero. Tutto ciò fa parte del mio mestiere e dell'istinto del mio mestiere». Cfr. PASOLINI P. P., *Cos'è questo golpe? Io so*, in *Il Corriere della Sera*, 14 novembre 1974.
[93] «(...) Data la carenza di ruolo sociale, o ci si rifugia nella pura speculazione fine a se stessa, che è una sorta di consolazione del pensiero, oppure, rinunciando all'autonomia e all'indipendenza della funzione intellettuale, si cerca di collegarsi con chi sta dove il potere si esercita effettivamente, nell'economia e nella politica, per diventarne "consulenti"». Cfr. ZAGREBELSKY G., *L'epoca dei consulenti*, in *La Repubblica*, 5 ottobre 2011.
[94] Cfr. ZAGREBELSKY G., *Fondata sulla cultura. Arte, scienza e Costituzione*, Einaudi Editore, Torino, 2014, p. 66.
[95] Cfr. RULLANI E., *Oltre le malattie della modernità*, in GABRIELLI G., MITRA C., PARMEGGIANI B., *Costruire un futuro sostenibile. Cooperazione, mutualità, partecipazione*, Luiss University Press, Roma, 2011, p. 57.
[96] «TED (Technology, Entertainment, Design) è un'organizzazione non-profit votata alle "idee che meritano di essere diffuse" – "ideas worth spreading". Le conferenze TED sono nate 25 anni fa in California (...) Nella Conferenza annuale di TED i maggiori protagonisti del "pensare" e del "fare" sono invitati a raccontare le proprie idee in presentazioni di massimo 18 minuti. I loro interventi sono messi a disposizione, gratuitamente, sul sito ted.com». Sono queste informazioni tratte dalla rete, rinviando per un approfondimento più dettagliato alla consultazione del sito *www.ted.com*

come gruppo. È una scommessa che riteniamo i centri culturali, come punti di aggregazione dedicati all'innovazione della cultura politica o delle politiche pubbliche, influenzando il dibattito pubblico o direttamente il decisore pubblico, possano giocare, pur con degli aggiustamenti e aggiornamenti (non solo organizzativi) da adottare per superare fondati profili e rilievi critici – tra cui quelli di essere strumenti di campagna elettorali o espressione di correnti politiche, fonti alternative di autofinanziamento[97]– e adattarsi, così, ad un contesto istituzionale, sociale, economico e culturale in continuo mutamento.

Aggregando "minoranze attive"

In un paese, come l'Italia, che discute poco del futuro, in cui non è facile fare interpretazione e sintesi di quel che avviene e tantomeno prospettare cosa sarà il "dopo" e in quale direzione vada cercato, crediamo si debba puntare sulle tante "minoranze attive"[98] nella società. Auspichiamo che questi soggetti, «anziché disperdersi emigrando o mortificandosi nella monotonia e inconcludenza della vita locale, o invece di corrompersi assumendo poteri e instaurando rapporti di clientela, possano avere l'occasione di una piena valorizzazione facendosi quadri

---

[97] «Il sistema è ormai noto: un big di partito crea un'associazione culturale che accede al 5 per mille e ai fondi dei ministeri, spesso senza neppure il vaglio del Parlamento. E grazie alla nuova legge sul finanziamento ai partiti accede anche alle detrazioni». Cfr. GAZZANNI C., *Fondazioni e think tank: così il politico si finanzia tra fondi pubblici e "regali"*, 15 maggio 2014, in *www.espresso.repubblica.it*

[98] Pensiamo in particolare: alle generazioni più giovani, già laureate in cerca di lavoro o che stanno svolgendo i propri studi universitari, "costrette" molte volte ad emigrare dalle proprie terre di origine verso altre regioni del Paese o fuori confine «senza però ipotizzare una definitiva fuoriuscita dalla nostra vita collettiva» (Cfr. DE RITA G., *Tanti piccoli apolidi (forse) salveranno l'Italia*, in *Il Corriere della Sera*, 31 ottobre 2010); alle decine di migliaia di piccoli imprenditori che vanno nel mondo restando saldamente collegati ai valori del *made in Italy*; all'ampio mondo dei professionisti a partita iva; all'universo delle *start up* che hanno successo e a quelle che falliscono; a quanti «si ostinano a credere in una esperienza religiosa insieme attenta alla persona e alla complessità dello sviluppo ai vari livelli» e a coloro che «hanno scelto l'appartenenza a strutture collettive (gruppi, movimenti, associazioni, sindacati, ecc...) come forma di una nuova coesione sociale e di ricerca di senso della vita» (Cfr. CENSIS, *Le considerazioni generali* in XLI Rapporto sulla situazione sociale del Paese, 2007).

"organici" della loro comunità».[99] Un "farsi quadri di una comunità" entrando «in sintonia con i settori migliori e competenti della società»,[100] che pur ci sono, in un sano e proficuo incontro, e non scontro, tra generazioni; facendosi aiutare, da quei pochi intellettuali sopravvissuti alla pratica consulenziale di moda, «a capire, anche condividendo con loro pensieri, quel che sta succedendo».[101] Sarà possibile, per questa via contribuire a generare nuova «classe dirigente a mezzo di classe dirigente», esprimendo idee, progetti e visioni in grado di legare destini personali a quello generale del Paese; creando una «cultura di classe dirigente che guidi e non assecondi e, che stando al timone, scelga la rotta migliore da seguire».[102]

È una scommessa che si dovrà giocare, per lo meno all'inizio, non in chiave istituzionale, ma secondo un'autentica dinamica *botton down*, di formazione spontanea, come insegna la storia delle prime università, che presero forma dall'incontro di giovani desiderosi di imparare con persone, più mature, disposte a mettere a disposizione le proprie conoscenze e soprattutto le personali esperienze. È un "reclutamento" tra coetanei, basato sul passaparola, la cui positiva percorribilità può verificarsi nell'esperienza (di successo) dell'associazione di RENA,[103] di una "rete di persone" – non casualmente forse la rete è la forma e formula più adeguata –, tra loro distanti geograficamente e distinte per professionalità, accumunate dalla condivisione di una proposta, in questo caso un progetto di società, in cui riconoscersi ed esser riconosciuti. Non è, forse, uno degli elementi chiave del "successo", quale sintesi di tendenze e sensibilità diverse che meritano comunque attenzione e rispetto, dell'ag-

---

[99] Cfr. CERIANI SEBREGONDI G., *Studio della società e nuove forme di organizzazione democratica*, in CASULA C. F. (a cura di), *Credere nello sviluppo sociale, La lezione intellettuale di Giorgio Ceriani Sebregondi, op. cit.*, p. 285.
[100] Cfr. CARBONI C., *La società cinica. Le classi dirigenti italiane nell'epoca dell'antipolitica*, Editori Laterza, Roma – Bari, 2008, p. 142.
[101] Cfr. OCONE C., *Il mestiere dell'intellettuale: capire e far capire*, in *Le nuove ragioni del socialismo*, n. 88, aprile 2011.
[102] Cfr. CARBONI C., *La società cinica. Le classi dirigenti italiane nell'epoca dell'antipolitica, op. cit.*, p. 142.
[103] Si consulti, per conoscere l'associazione RENA, il sito di *www.progetto-rena.it*

gregazione grillina? Come non ripensare – anche se, come diremo, il virtuale è ormai divenuta dimensione non più trascurabile – alle «assemblee, lezioni di catechismo, manifestazioni in chiesa, processioni» dell'Azione Cattolica, perché proprio «questo stare insieme faceva popolo (...) che ha avuto la possibilità di pesare politicamente».[104] Non è, oggi, semplice ricreare esperienze di aggregazione sociale dal basso quando il vissuto personale, specialmente dei più giovani, segna l'adesione ad una molteplicità di appartenenze, che non appaiono più chiare, caratterizzanti e soprattutto stabili e durature nel tempo. Diventa, dunque, decisivo che queste iniziative: si configurino come «luoghi di espressione di sé (di "protagonismo giovanile"), non come acquisizione di identità cristallizzate e definitive»;[105] si articolino come organizzazioni a bassa, per quanto solida, strutturazione che consentano una facilità di ingresso e di eventuale ritorno dopo un'uscita; si agglutinino attorno a idee che è necessario «siano discusse, riconosciute, fatte proprie» e a progetti che «producano un impatto sostanziale e diventino modelli replicabili su scala più ampia (...) diventando un punto di riferimento e aggregazione»[106] per tutte quelle eccellenze che non fanno ancora tessuto connettivo, portandole in evidenza, raccontandone le storie.

Non possiamo trascurare, infatti, che in un diverso momento storico della nostra vita nazionale si è avuta rigenerazione sociale grazie alle società di mutuo soccorso, attraverso cui per rispondere alle difficoltà ci si attrezzò mettendo insieme «un po' delle risorse di ciascuno, risparmiando qualcosa collettivamente per destinarlo a sostenere chi ne avesse urgente bisogno per resistere a una crisi, una malattia, un impedimento al lavoro, la vecchiaia. E nello stesso tempo per migliorarsi culturalmente,

---

[104] Cfr. Di Lascio F., Paris D. (a cura di), *Non arrendetevi mai. Colloquio con Oscar Luigi Scalfaro*, op. cit., p. 100.
[105] Cfr. Di Gioia R., Rotondi S., *I risultati dei questionari*, in Di Gioia R., Giacomello L., Inserra P. P., Rotondi S. (a cura di), *Quando i giovani partecipano Prima indagine nazionale sulla presenza giovanile nell'associazionismo, nel volontariato e nelle aggregazioni informali*, Sviluppo Locale Edizioni, Roma, 2009, p. 111.
[106] Cfr. Rena, sezione documenti istituzionali del sito *www.progetto-rena.it*

acquistare consapevolezza dei propri diritti, informarsi reciprocamente: rafforzarsi dal punto di vista individuale per riuscire a interpretare un futuro reso incerto dalla grande trasformazione in atto».[107]
Il "segreto", dunque, della buona riuscita, ai giorni nostri, di esperienze di "minoranze" che si propongano di farsi realtà, attorno sempre più a comunanze di vissuti, sta probabilmente nel recupero dell'insegnamento di Agostino d'Ippona che «nel suo *De civitate Dei* sottolineava come il confine tra la città del diavolo (quella della sopraffazione e dell'egoismo) e la città di Dio (quella dell'amore per l'Altro e gli altri) non è tracciato nei popoli, ma passa dal cuore di ogni singolo uomo».[108] Ovvero: non saranno nuove, o aggiornate, piattaforme ideologiche a fare la differenza, in termini di profetica azione, ma semmai quelle aggregazioni che inneschino, o stimolino l'innesco, tra i propri aderenti, di profondi cammini di continua trasformazione della propria persona – necessari per far memoria del passato, leggere il presente e tracciare il futuro del popolo a cui si appartiene – che è la premessa al desiderio di contagiare gli altri, ma soprattutto per superare con sincerità, e non sulla base di interessi e/o convenienze contingenti, le barriere, le differenze, pur presenti.[109]
La riconquista della prospettiva del futuro diventa, quindi, operazione educativa in senso pieno,[110] che «dalla situazione cen-

---

[107] Cfr. DE BIASE L., *I media civici. Informazione di mutuo soccorso*, Vita, Milano, 2013, p. 36.
[108] Cfr. SANGALLI S., *Le ragioni che ispirano un cammino* in SANGALLI S., NICOTRI F., *Narrare l'etica e l'economia. Tracce di un comune cammino*, op. cit., pp. 19-20.
[109] In proposito, ci piace richiamare la testimonianza offerta da Letizia Bardazzi, presidente dell'Associazione Centri culturali italiani – che riunisce centoventi centri culturali presenti sul territorio nazionale – in una sua relazione (del febbraio 2014, consultabile nella sezione documenti del portale *www.centriculturali.org*): «(…) Ho cominciato ad incontrare i centri culturali, e la prima cosa che mi ha colpito è che fra di loro erano amici, *è sempre un centro affettivo il punto organizzatore di un centro culturale* (L. Giussani*, «L'esperienza, orizzonte e sorgente della cultura», Tracce-Litterae Communioni*). Gente che dona il tempo, la propria energia, che si mobilita per rendere un gesto pubblico una possibilità di incontro e di dialogo con chiunque (…) Non è una questione di risorse impiegate o di mobilitazione né di particolare erudizione (quella serve sempre se è a servizio) ma di lucentezza di testimonianza e di fedeltà ad un tempo donato. L'iniziativa è espressione di un amore che muove».
[110] Dare e ricevere educazione "in senso pieno" come «atto d'amore (…) che è esi-

trale di calma e tranquillità» si dirige verso la «zona periferica»[111] delle nostre società. È un orizzonte di impegno "alto", "apostolico e missionario", che ha forte natura "operativa", di cui stiamo facendo esperienza nel Cenacolo Sinderesi[112] che, senza alcun obiettivo di ritorno immediato,[113] «è un atto di cultura di una comunità che si ritrova per dare una forma alla vita del Paese, in cui tutte le possibilità di ognuno concorrano dialetticamente, non nella dialettica della materia, ma della totalità del mondo, non in quella del consumo, ma in quella dell'amore, della giustizia, della speranza che sono in ogni (...) comunità».[114]

Puntando sull'educazione (politica)

Dell'educazione «necessaria, sia per l'insieme del popolo, sia soprattutto per i più giovani, affinché tutti i cittadini possano

---

gente, chiede di impegnare le migliori risorse, di risvegliare la passione e mettersi in cammino con pazienza insieme». Cfr. FRANCESCO, Discorso del Santo Padre ai partecipanti alla plenaria della Congregazione per l'educazione cattolica (degli istituti di studi), 13 febbraio 2014, in *www.vatican.va*

[111] «(...) i grandi cambiamenti della storia si sono realizzati quando la realtà è stata vista non dal centro, ma dalla periferia (...) Stare in periferia aiuta a vedere e capire meglio, a fare un'analisi più corretta della realtà, rifuggendo dal centralismo e da approcci ideologici». Cfr. FRANCESCO come citato in SPADARO A., *"Svegliate il mondo!" Colloquio di Papa Francesco con i Superiori Generali*, in La Civiltà Cattolica, n. 3925, 4 gennaio 2014.

[112] Si tratta di un'occasione di preparazione per giovani donne e uomini affinché si conoscano si stimino tra loro, «favorendo la creazione di quei legami di sintonia ideologica capaci di sostenere poi un impegno in prima persona nei luoghi di responsabilità, professionale e istituzionale, che caratterizzeranno il loro futuro». Cfr. SANGALLI S., Prefazione a Id. (a cura di), *Sinderesi: fondamenti di etica pubblica*, GBPress, Roma, 2012, p. 7.

[113] Stimolante è, in proposito, la testimonianza di Oscar Luigi Scalfaro: «L'Azione cattolica ci ha preparati. Non perché fosse suo compito preparare alla politica. Ci formava a servire anzitutto il Signore. E, siccome era una vera scuola di formazione perché insegnava a prendere sul serio la vita e ad assumerci responsabilità, ci preparava ad approfondire e vivere principi e ad acquisire competenze che poi trasferivamo in altri ambiti». Cfr. DI LASCIO F., PARIS D. (a cura di), *Non arrendetevi mai. Colloquio con Oscar Luigi Scalfaro*, Paoline Editoriale Libri, Milano, 2007, p. 56.

[114] Cfr. TESTORI G., Conversazione con il Centro culturale don Ettore Passamonti di Biassono, 1980, in *www.centriculturali.it*

svolgere il loro ruolo nella vita della comunità politica», [115] «parlano un po' tutti (...) spesso organizzando incontri, scuole e convegni sul tema. Alcune volte realizzati con serietà e cura degli educandi; la maggior parte delle volte sono semplici passerelle per i leader nazionali o i grandi del momento». [116]
Il sostegno della Fondazione Konrad Adenauer alla nostra esperienza di Sinderesi ci ha interrogato sul ruolo e contributo di questa educazione alla politica, come esperienza di *cittadinanza attiva*, [117] che in Germania è (materia obbligatoria) scolastica ed extrascolastica, e che nel nostro Paese si svolgeva all'interno di: scuole di partito, [118] ormai dismesse quale diretta conseguenza della messa al bando, da parte della maggioranza delle attuali formazioni partitiche, della funzione culturale e sociale di coagulo, in precedenza, esercitata; scuole di formazione all'impegno sociale e politico promosse dalle Diocesi ita-

---

[115] Cfr. CONCILIO VATICANO II, Costituzione pastorale sulla Chiesa nel mondo contemporaneo *Gaudium et Spes*, 7 dicembre 1965, n. 75, in *www.vatican.va*
[116] Cfr. D'AMBROSIO R., *La storia siamo noi. Tracce di educazione politica*, Cittadella Editrice, Assisi, 2011, p. 8.
[117] La cittadinanza attiva è «la capacità dei cittadini di organizzarsi in modo multiforme, di mobilitare risorse umane, tecniche finanziarie, e di agire nelle politiche pubbliche con modalità e strategie differenziate, per tutelare diritti e prendersi cura dei beni comuni, esercitando a tal fine poteri e responsabilità». Cfr. MORO G., *Azione civica. Conoscere e gestire le organizzazioni di cittadinanza attiva*, Caroccin Editore, Roma, 2005, pp. 38-39.
[118] «A costituire la scuola di punta del PCI era l'Istituto di Studi comunisti d'Italia e dell'Europa occidentale ("scuola delle Frattocchie"), istituita di fatto nel 1944 (...) e funzionante fino alla trasformazione del Partito comunista italiano in Partito democratico della sinistra, all'inizio degli anni '90. Mentre punto di riferimento principale dell'attività di formazione politica della Democrazia cristiana è stato, dalla metà degli anni '50 alla fine degli anni '80, il Centro studi politici Alcide De Gasperi ("scuola della Camilluccia"). Entrambe, non costituivano l'unico percorso formativo promosso dai partiti di riferimento, bensì rappresentavano semplicemente "la punta" di un sistema piramidale che si articolava capillarmente su tutto il territorio nazionale (...) Prioritaria è la trasmissione dei valori e della memoria storica del partito per conservarne l'identità e favorirne la legittimazione e il consolidamento (...) servivano poi a favorire la socializzazione tra i militanti di partito, a incrementare il livello di alfabetizzazione tra quelli non scolarizzati, a selezionare e preparare sul piano teorico e tecnico-pratico i futuri quadri e dirigenti o ad aggiornare quelli che occupavano posti di responsabilità». Cfr. FALLOCCO S., *Le scuole di partito tra passato e presente*, in DE MUCCI R. (a cura di), *La palude della partitocrazia. Quale spazio per le eccellenze in politica?*, Luiss University Press, 2012, pp. 50-52.

liane[119], in collaborazione e/o "concorrenza" con l'associazionismo cattolico (Fuci, Azione cattolica, Acli, ecc...), con significative capacità di «contrazione e ricomposizione di funzioni (di aggregazione e socializzazione, di salvaguardia e trasmissione della memoria storica, di addestramento teorico e tecnico, etc...)».[120]
Di fronte all'inaridimento di queste scuole di formazione, e selezione, della classe dirigente, a cui ha fatto riscontro l'indebolimento degli altri "serbatoi" tradizionali di alimentazione (ad esempio alcune grandi aziende, come l'Olivetti, l'Eni, l'Iri, ecc...), la nostra società, nel suo complesso, se intende dirsi ancora democratica, non può non porsi il problema di insegnare ad onorare e tradurre (in pratica) l'ideale democratico, non però attraverso «occasioni periodiche (se non sporadiche) di riflessione, informazione e socializzazione politica, quando non di mobilitazione e propaganda politica»,[121] riabilitando luoghi e momenti – strutturati, aperti e partecipati, dai tempi lunghi – di, più impegnativa ed esigente, educazione politica. È un compito, in passato «largamente condiviso»,[122] che, oggi, i centri culturali possono assumere nell'ambito, come detto, di un progetto educativo che sia ampio, non solo in termini di coinvolgimento di soggetti istituzionali a cui affidare responsabilità, ma anche in tema di obiettivi, che non significhi però: archiviazione, semmai affinamento, delle «forme di educazione che si sono venute a creare nell'arco degli ultimi due secoli»;[123] costruzione di un'"ideologia dei migliori" che «fa credere (...) si debbano avere eccellenti *performance* (...) perché altrimenti non si è nessuno».[124]

---

[119] Per una registrazione della variegata realtà delle attività, a cui corrisponde un'ampia varietà di offerta in termini di percorsi e di contenuti, di formazione all'impegno sociale e politico, presenti delle Diocesi italiane, si consulti il sito *www.fondazionelanza.it/fisp*
[120] Cfr. FALLOCCO S., *Le scuole di partito tra passato e presente*, op. cit., p. 49.
[121] Cfr. *Ibidem*, p. 53.
[122] Cfr. Comitato per il progetto culturale della Conferenza Episcopale Italiana, *La sfida educativa*, Editori Laterza, Roma-Bari, 2009, p. XIV.
[123] Cfr. DAHL R. A., *Sulla democrazia*, Editori Laterza, Roma-Bari, 2006, p. 197.
[124] Cfr. GABRIELLI G., *La diversità come dono e sfida educativa*, Franco Angeli, Milano, 2013, p. 21.

Ben consapevoli: di quanto sia difficile persuadere, ai giorni nostri, dell'opera di formazione politica quando «lo stile di pensiero e di vita di coloro che, ai più visibili livelli, gestiscono la città dell'uomo, non è tale da mostrare in atto quello che a parole si insegna»;[125] del pericolo crescente di corsi *a la carte*, che alla fine rilasciano anche un attestato.

In questa educazione dei cittadini, pur nella diversità delle forme e delle formule che potrebbero assumere nuovi «percorsi di accesso conoscitivo alla politica»,[126] crediamo ci sia l'opportunità di investire, o tornare a investire, su alcune possibilità – da leggersi come inviti all'esplorazione e alla comprensione che potrebbero divenire oggetto di sperimentazione in scala ridotta da parte proprio dei centri culturali – i cui lineamenti, senza alcuna pretesa di esaustività, proviamo a tracciare:

– l'approfondimento delle «motivazioni interiori» di un agire che sia "responsabile", "coraggioso", "prudente", "forte", "docile", "solerte" e "umile";
– la riscoperta, in parallelo all'acquisizione di una competenza scientifico-tecnica, di «saperi fine a se stessi che possono avere un ruolo fondamentale nella coltivazione dello spirito e nella crescita civile e culturale dell'umanità»,[127] sconfessando

---

[125] Cfr. LAZZATI G., *Formazione politica per una società a servizio dell'uomo*, in AA. VV., *Giovani e politica*, Edizioni del Rezzara, Vicenza, 1985, ora in Id., *Per l'educazione cristiana*, a cura di L. CAIMI, Editrice La Scuola, Brescia, 2009, p. 152.
[126] Cfr. DAHL R. A., *Sulla democrazia*, op. cit., p. 194.
La formula assunta dal Cenacolo di Sinderesi trova eco nella visione di Università elaborata dal beato John Henry Newman: «Quando una moltitudine di giovani, acuti, di cuore aperto, pronti alla simpatia e all'attenzione, come sono i giovani, si trovano insieme e si frequentano liberamente l'uno con l'altro, sono certi di imparare l'uno dall'altro, anche se non vi sia nessuno a insegnar loro; la conversazione di tutti è una serie di lezioni a ciascuno, ed essi accolgono nuove idee e punti di vista, nuovi contenuti di pensiero, e principi per giudicare e agire, giorno per giorno». Cfr. NEWMAN J. H., *Il cuore del mondo. Antologia degli scritti*, A cura di O. GRASSI, Bur Rizzoli, Milano, 2011, pp. 164-165.
[127] Cfr. ORDINE N., *L'utilità dell'inutile. Manifesto*, Bompiani, Milano, 2013, p. 7.
Pensiamo, in particolare, agli studi cosiddetti umanistici, e più in generale alla «prospettiva culturale che da quegli studi prende vita e che a sua volta quegli studi alimenta», il cui ritiro affievolisce «lo sguardo critico sulla realtà e dunque la capacità di confrontarsi in maniera aperta ed inclusiva con le molteplici diversità che ci attorniano», contribuendo a determinare «la crisi del politico (...) che in Italia è stato

quella convenzione per la quale una coscienza morale, anche «cristianamente formata, basti da sola ad affrontare responsabilità civili e politiche senza il contributo irrinunciabile di specifica competenza, con il risultato di possibile frustrazione per chi accetta l'impegno»;[128]
- la rilettura, educandosi a ciò, della storia, sintesi e non somma di «diverse memorie»;[129]
- il ritorno ad una "grammatica della semplicità",[130] spogliata dei sofismi espressivi e degli artifici letterari, che non è leggerezza anzi al contrario pienezza di parola frutto di un lungo "ruminare", per farsi capire dal mondo e riuscire a parlare al cuore di tutti trasmettendo solo l'essenziale, come suggerisce il Ministero di Papa Francesco e come testimoniato da quello del Cardinale Carlo Maria Martini;[131]
- la conoscenza "critica" della realtà nella quale si vive ed opera, per: superare l'appropriazione, «da parte degli esperti, degli specialisti, dei tecnici, di un numero crescente di problemi vitali»;[132] non restare ostaggi di un pensiero «parcellizzato (...) che taglia il tessuto complesso del reale in fette di salame»,[133] di un pensiero «tecnico che sa fare le cose, ma che

---

costituito alle sue radici proprio da quel sapere» (Cfr. ASOR ROSA A., ESPOSITO R., GALLI DELLA LOGGIA E., *Un appello per le scienze umane*, in *Il Mulino*, n. 6, 2013).
[128] Cfr. LAZZATI G., *Dimensioni civile e politica per l'edificazione della coscienza credente*, in AA.VV., *I giovani tra fede, ragione e prassi*. Convegno Milano 26-27 novembre 1983, Vita e Pensiero, Milano, 1984, ora in Id., *Per l'educazione cristiana*, op. cit., p. 131.
[129] Cfr. SCOPPOLA P., *La democrazia dei cristiani. Il cattolicesimo politico nell'Italia unita*, op. cit., p. 92.
[130] Cfr. FRANCESCO, Incontro con l'episcopato brasiliano in occasione della XXVIII Giornata Mondiale della Gioventù, 27 luglio 2013, in *www.vatican.va*
[131] Va, in verità, sottolineato che «la semplicità comunicativa delle parole e dei gesti (...) non avrebbe la forza che ha se non fosse abitata da (...) sincerità e trasparenza (...) solo chi ama la verità e al tempo stesso ama la gente cui proporla è capace di coniugare i due amori in una comunicazione vera, illuminante e contagiosa (...) la semplicità (...) diventa un esempio e una scuola per tutti, specialmente per chi è abituato a parlare il "politichese", capace di moltiplicare parole in maniera inversamente proporzionale ai contenuti di verità trasmessi». Cfr. FORTE B., *Sincerità, semplicità e sobrietà: ecco Francesco*, in *Il Sole 24 Ore*, 17 novembre 2013.
[132] Cfr. MORIN E., *La testa ben fatta. Riforma dell'insegnamento e riforma del pensiero*, op. cit., p. 11,
[133] Cfr. *Ibidem*, p. 109.

non si sofferma sul senso delle cose che facciamo».[134] Abbiamo «bisogno dunque di riarmarci intellettualmente, istruendoci per pensare la complessità (...) per tentare di pensare i problemi dell'umanità nell'era planetaria»,[135] per accettare e affrontare l'imprevisto e l'imprevedibile. «A un pensiero che isola e separa si dovrebbe sostituire un pensiero che distingue e unisce»,[136] capace di non rinchiudersi nel locale e nel particolare, contribuendo, così, al senso di cittadinanza e di solidarietà;
- la capacità, e disponibilità, a mediare che, al di là della diffusione di «una sorta di orrore per ogni ipotesi di intese, alleanze, mediazioni, convergenze tra forze politiche diverse»,[137] indica "il fare incontrare", "congiungere", "tenere insieme" due realtà per sé diverse",[138] di cui il principale strumento è il dialogo a cui «noi non siamo affatto abituati»;[139]
- l'apertura ad una sensibilità globale della cittadinanza,[140] quale riflesso dell'interdipendenza, da "configurarsi come solidarietà",[141] di «pratiche e credenze religiose un tempo lontano»

---

[134] Cfr. CELLI P. L., *Manager senza risposte*, in G. GABRIELLI, C. MITRA, B. PARMEGGIANI, *Costruire un futuro sostenibile. Cooperazione, mutualità, partecipazione*, op. cit., p. 100.
[135] Cfr. MORIN E., *La testa ben fatta. Riforma dell'insegnamento e riforma del pensiero*, op. cit., p. 109.
[136] «(...) Si ha effettivamente necessità di un pensiero capace di: cogliere che la conoscenza delle parti dipende dalla conoscenza del tutto e che la conoscenza del tutto dipende dalla conoscenza delle parti; riconoscere e trattare i fenomeni multidimensionali, invece di isolare in modo mutilante ciascuna delle loro dimensioni; riconoscere e trattare le realtà che sono nel contempo solidali e conflittuali (come la stessa democrazia, sistema che si nutre di antagonismi mentre li regola)». Cfr. *Ibidem*, pp. 90 – 91.
[137] Cfr. NAPOLITANO G., Messaggio del Presidente della Repubblica in occasione del giuramento davanti alle Camere, 22 aprile 2013, in *www.quirinale.it*
[138] Cfr. LAZZATI G., *Formazione politica per una società a servizio dell'uomo*, op. cit., p. 148.
[139] Cfr. LAZZATI G., *Quale impegno politico per il fedele laico*, in MARTINI C. M., LAZZATI G., *In politica da cristiani. Coscienza contemplativa e azione civile*, In dialogo, Milano, 2011, p. 49.
[140] Cfr. SANGALLI S., *Religions and business ethics: il futuro umano della globalizzazione*, Associazione per lo Sviluppo degli Studi di Banca e Borsa, Quaderno n. 44, 2012, pp. 9-10.
[141] Cfr. SANGALLI S., Relazione introduttiva.

che, oggi, «informano le nostre attività»,[142] in primo luogo quelle economiche e "riempiono" il nostro dibattito politico; «consci che *il fattore religioso costituisce tradizionalmente il nucleo duro dell'identificazione culturale* e della storia dell'elaborazione dei sistemi di significato per la vita umana (...) con l'importanza di una "presa di coscienza della comune dignità umana e della responsabilità collettiva per conservarla nell'ecosistema in cui ci è dato di vivere". Ciò adottando / verificando valori, criteri e modelli che ogni popolo trae dalla propria tradizione etico-religiosa e che danno consistenza ad un ethos comune dell'umanità».[143]

Nell'«opera di coscientizzazione, di un'educazione popolare di base che coincide di fatto con la coscientizzazione alla partecipazione democratica»,[144] si può ricostruire il collegamento tra le personali competenze tecniche e la dimensione politica (di lettura, interpretazione e soluzione) dei problemi della società. A condizione, però, che accanto alle conoscenze ("il sapere") e alle sensibilità ("il saper essere") sia presente una capacità, e in caso contrario a questo educati, a "saper fare", possibilmente attorno a soluzioni da sviluppare e/o problemi oppure situazioni cui soffermarsi insieme (nella forma di laboratori, di esperienze di dialogo), conoscendo e utilizzando «gli strumenti di intervento democratico che ci sono o che si possono promuovere»,[145] in cui sia possibile anche «sbagliare (...) senza essere subito condannati», «parlare e discutere senza riverenze e (...) timore di ritorsione».[146] L'entrare, l'essere inserito, nei problemi e nei contesti nei quali si opera e sui quali si riflette non può essere vissuta come una dimensione accessoria delle attività di

---

[142] Cfr. NUSSBAUM M., *Coltivare l'umanità. I classici, il multiculturalismo, l'educazione contemporanea*, Carocci editore, Roma, 2013, p. 127.
[143] Cfr. SANGALLI S., *Religions and business ethics: il futuro umano della globalizzazione*, op. cit., pp. 9-10.
[144] Cfr. MARTINI C. M., *Per un'etica nella pubblica amministrazione*, Edizioni Dehoniane, Bologna, 1987, p. 189.
[145] Cfr. *Ibidem*.
[146] Cfr. CELLI P. L., *Elite in crisi e senza dirigenti*, in Corrieconomia, 8 ottobre 2007.

questi centri, che anzi deve esser valorizzata, resa familiare se estranea attraverso un accompagnamento. Come dire: «si può parlare di povertà se non la si sperimenta con un'inserzione diretta nei luoghi nei quali la si vive?»[147]

L'obiettivo, dunque, a cui devono tendere, *pro quota parte*, questi centri culturali è la formazione di «"non solo esperti", validi quasi sempre per se stessi e per carriere individuali, ma persone con "una coscienza trasversale" e una "attitudine generale" che aiutino a sviluppare vere competenze anticipatorie, non riducibili a risposte standard».[148] Servono, insomma, «sensibilità (...), percezione delle diversità e dei fenomeni che si addensano ai margini»,[149] «pratiche, saperi, intelligenze articolate e saggezza. Che nascono lentamente e si articolano attraverso confronti, prove, errori e correzioni».[150] «Per questo sono più che mai necessari autentici testimoni, e non meri dispensatori di regole e di informazioni; testimoni che sappiano vedere più lontano degli altri, perché la loro vita abbraccia spazi più ampi».[151] Ciò che risulta, invece, mancare è: «l'interesse – o il tempo, la voglia, la curiosità e il rischio – per affrontare un pensiero»,[152] come si è detto, globale, pensante; un far scuola, che significa «dedicare tempo e quindi sprecare tempo»,[153] che molte comunità educative e larga parte dell'associazionismo di ispirazione cristiana non hanno smarrito come propria "missione".

C'è, poi, un aspetto, quale esito dei percorsi di formazione, che ha anche però carattere di fattore abilitante alla buona riuscita

---

[147] Si tratta di una citazione di Padre Arrupe sj, della sua lettera ai Centros de Investigation y Accion Social (CIAS), ripresa da Papa Francesco nella sua intervista a padre Spadaro sj de *La Civiltà Cattolica* (n. 3918, 19 settembre 2013, p. 474).
[148] Cfr. CELLI P. L., *Alma matrigna. L'università del disincanto*, Imprimatur Editore, Reggio Emilia, 2013, p. 144.
[149] Cfr. *Ibidem*, pp. 144-145.
[150] Cfr. CELLI P. L., *Elite in crisi e senza dirigenti*, in *Corrieconomia*, 8 ottobre 2007.
[151] Cfr. BENEDETTO XVI, Messaggio per la celebrazione della XLV Giornata mondiale della pace, 8 dicembre 2011, in *www.vatican.va*
[152] Cfr. CELLI P. L., *Alma matrigna. L'università del disincanto*, op. cit., p. 143.
[153] «(...) Anche perché "allevare" persone comporta l'entrare in dinamiche relazionali (...) oltre a richiedere competenze diverse da quelle dell'esercizio del ruolo». Cfr. CELLI P. L., *Le virtù deboli*, op. cit., p. 47.

dell'iniziativa: il valore delle competenze acquisite nell'ambito dei centri culturali, come corsista ma ancora prima come volontario, ossia il problema della certificazione di queste.[154] Avendo, sin qui, sostenuto l'efficacia dell'apprendimento esperienziale, accanto alla più tradizionale didattica, di cui sono portatori i centri culturali, riteniamo che le competenze, conoscenze e abilità, prettamente civiche, acquisibili in tali contesti di apprendimento non formale debbano essere evidenziate e valorizzate, da parte del sistema nazionale di certificazione e dai sistemi regionali ad esso afferenti, acquistando leggibilità e trasparenza per il sistema socio-economico e istituzionale, rispetto anche a percorsi di carriera e curricula formativi e scolastici.

Nell'abbozzare queste piste di riflessione, che chiedono di essere ulteriormente approfondite, abbiamo invertito la naturale logica del ragionamento, muovendo dalle conseguenze – operative, condivisibili dalle plurali concezioni politiche in campo – per giungere a quella che sarebbe dovuta essere, invece, la premessa – che non è neutrale rispetto alla concezione dell'uomo sottesa a qualsivoglia concezione politica: «la formazione politica ha, né può non avere, quale punto di riferimento costante, e cioè quale punto di partenza e quale punto di arrivo, la concezione dell'uomo al cui servizio la *polis*, la città dell'uomo, è pensata e gestita».[155] Di questa consapevolezza «la Chiesa ha saputo più volte e in molti modi farsi interprete autorevole, riconoscendo e affermando la centralità della persona umana in ogni ambito e manifestazione della socialità»[156] che è «fondamento e fine della convivenza politica».[157] Da parte nostra, la vicenda dei centri culturali non può esaurirsi solo in una dimensione intellettuale ma deve essere aperta, o quantomeno disponibile, ad

---

[154] Il riferimento normativo è il decreto legislativo n. 13/2013 che definisce le norme generali e i livelli essenziali delle prestazioni per l'individuazione e validazione degli apprendimenti non formali e informali e gli standard minimi di servizio del sistema nazionale di certificazione delle competenze.
[155] Cfr. LAZZATI G., *Formazione politica per una società a servizio dell'uomo*, op. cit., p. 137.
[156] Cfr. PONTIFICIO CONSIGLIO DELLA GIUSTIZIA E DELLA PACE, *Compendio della Dottrina Sociale della Chiesa*, 2004, n. 106.
[157] Cfr. *Ibidem*, n. 384.

un'introspezione spirituale, fatta di cammini individuali che trovino fondamento e prospettiva in esperienze comunitarie, che si traduca in «itinerari capaci di far crescere nella gratuità del servizio, nella semplicità della vita, nel saper stare in mezzo alla gente con particolare e preferenziale attenzione ai poveri e agli ultimi, nella solidarietà operante, nella scelta di attività professionali particolarmente connotate dal concreto servizio dell'uomo di oggi, nella riscoperta del giusto valore dell'impegno socio-politico».[158] Una siffatta formazione, intesa come capacità di costruire la "città dell'uomo, a misura d'uomo", non può non avere una salda fondazione e continua alimentazione nella Dottrina Sociale della Chiesa, alla cui conoscenza più esatta e alla diffusione più ampia i centri culturali possono contribuire divenendo anche "luoghi di traduzione" di questo Magistero sociale, come lo sono stati nell'esperienza del santo P. Alberto Hurtado sj – alla cui memoria è dedicato il centro al cui interno si svolge il Cenacolo Sinderesi – *Hogar de Cristo, Asich* e *Mensaje*.[159]

Se «il termine dell'educazione non è semplicemente lo sviluppo o il perfezionamento del singolo» ma «la maturità dell'intera collettività»,[160] bisognerebbe aver, maggiore, riguardo e atten-

---

[158] CONFERENZA EPISCOPALE LOMBARDA, Documento *Educare alla partecipazione socio-politica*, 1989, n. 36.
[159] Insieme al lavoro educativo e specificamente spirituale, P. Hurtado si dedicò alla fondazione di tre opere che vanno riconosciute come tre dimensioni complementari e necessarie dell'impegno sociale: «L'*Hogar de Cristo* (la Casa di Cristo) comprende case per minori, case per anziani, ospedali, foresterie, laboratori di formazione professionale. Consapevole, però, che la "carità inizia dove termina la giustizia", incoraggiato da Papa Pio XII, dopo il ritorno da un viaggio in Europa, inizia ad occuparsi del mondo operaio con l'obiettivo di difendere la dignità del lavoro, dando vita all'Azione Sindacale Cilena (*Asich*) nell'idea che nel povero c'è Cristo. La sua costante preoccupazione per la giustizia sociale lo portò a fondare, quando già in lui la malattia era in uno stato avanzato, la rivista *Mensaje*, messaggio cristiano per il mondo contemporaneo, una pubblicazione di alto livello, destinata a professionisti ed intellettuali, che coniuga ricerca religiosa, riflessione filosofica e visione della società centrata sulla Dottrina Sociale della Chiesa». Cfr. Brochure Centro Fede e Cultura "Alberto Hurtado" in *www.unigre.it*
[160] Cfr. MARTINI C. M., Lettera *Dio educa il suo popolo: programma pastorale per il biennio 1987-1989*, in ID., *Educare nella postmodernità*, a cura di F. MONACO, Editrice La Scuola, Brescia, 2010, p. 41.

zione per quelle "comunità solidali", tra cui i nostri centri culturali, che, mettendosi in gioco nella pluralità di situazioni in cui si trovano ad agire, si "prendono cura" del mondo moltiplicando gli spazi di mutuo soccorso, ricostruendo spazio pubblico, «senza cadere nella duplice trappola della logica identitaria: quella dell'assolutizzazione delle differenti comunità locali e quella dell'indifferenziazione globale».[161]

Ri-costruendo spazio pubblico

Le nostre città – «punti di scambio e di confronto, non solo economico ma anche culturale e politico, poli di sviluppo, nodi vitali in una rete di relazioni che abbraccia ormai l'intero pianeta»[162] – sono, ancora, metafora di quello spazio pubblico – «in cui vengono segnalati e interpellati i problemi, dove si sperimentano le tensioni e il conflitto si trasforma in dibattito, dove viene messa in scena la problematizzazione della vita sociale»[163] – il cui rinnovamento si è, in questa sede, avvertito e di cui i centri culturali possono essere, per quanto solo parzialmente, un "terreno di sperimentazione" – di recupero e rilancio, in una logica sussidiaria, della "soggettività della società" e di superamento dell'attuale incapacità di "pensare politicamente". La parzialità è da ricercarsi, anche, nell'affermazione della rete, e delle relative piattaforme e dei *social network*, che si propone, essa stessa, come "spazio di coltura" di ideazione, discussione e condivisione di idee e progetti. Questo intreccio «è diventato sempre più spesso la miscela capace di innescare forti processi di cambiamento dal basso».[164]

Ai centri culturali, che verranno e che già esistono, non resta che agire, nel rispetto dei valori di trasparenza, partecipa-

---

[161] Cfr. *Ibidem*, p. 278.
[162] Cfr. TORTORELLA W. (a cura di), *Città d'Italia. Le aree urbane tra crescita, innovazione ed emergenze*, Il Mulino, Bologna, 2010, p. 70.
[163] Cfr. INNERARITY D., *Il nuovo spazio pubblico*, Meltemi, Roma 2008, p. 12.
[164] Cfr. LUNA R., *Cambiamo tutto! La rivoluzione degli innovatori. Perché quelli che vogliono cambiare il mondo non aspettano. Lo fanno*, Editori Laterza, Roma-Bari, 2013, p. 73.

zione e collaborazione a cui è informata la rete, aggregando sensibilità, intelligenze, saperi ed esperienze attraverso il *web*. In campo educativo, entro il cui solco abbiamo collocato il nuovo corso dei centri culturali, abbondano gli esempi di tecnologie, tra cui le ICT4D – «comuni tecnologie come cellulari o *laptop* riviste e adattate a contesti difficili come quelli dei paesi in via di sviluppo» –, che «sfidano il divario digitale per poter garantire un migliore accesso a informazioni, istruzione e idee, supportate da iniziative e *software open source* creati ad *hoc*». Basti pensare a *Youth Action for Change*, un'organizzazione «lanciata con 150 euro nel 2005 (...) che è diventata in poco tempo un modello innovativo di cambiamento, ripreso poi da altre organizzazioni e persino dall'ONU (...) che offre corsi *online* di formazione gratuiti, in metodologia *peer-to-peer*, che permettono a ragazzi di tutto il mondo di diventare protagonisti attivi del cambiamento nelle proprie comunità».[165] Il vantaggio più importante per i centri culturali che internet può offrire, come infrastruttura sociale, è la facilità di «formazione di reti di persone per la soluzione di problemi (...) non (...) al centro, in base alla decisione di qualche autorità (...) autonomamente, alla periferia del sistema; anzi, consente di creare infinite periferie, intese come legami tra persone che condividono interessi, progetti e obiettivi, anche temporanei. Mettendoli spesso in condizione di trovare i mezzi per attuare le soluzioni immaginate».[166] Come non pensare, in proposito, al successo, ormai planetario, di TEDx, lanciato dalla già citata organizzazione TED, che è un programma di eventi locali di "diffusione di idee", organizzati in modo indipendente.[167]

---

[165] Cfr. BIFFI S., *Password: YAC, l'Italia del volontariato 2.0*, in *www.wired.it*, 8 novembre 2010.
[166] Cfr. LUNA R., *Presidi di democrazia: internet come moderna sezione di partito*, in *Italianieuropei*, n. 9, 2012, p. 77.
[167] Gli eventi TEDx seguono il modello dei TED ufficiali, e combinano in modo dinamico e stimolante brevi presentazioni dal vivo, proposte da un gruppo eterogeneo di oratori, con performance (musicali, teatrali ecc.) e proiezioni di video tratti da TED-Talks. Gli interventi si susseguono senza interruzione, senza sessioni di domande o discussione. Lo scopo di ciascuna talk è ispirare il pubblico e diffondere idee, storie o progetti originali, con un approccio diretto e coinvolgente. Eventi TEDx sono pro-

Abbiamo utilizzato, sin qui, l'espressione "centri culturali" perché ci appare quella più adeguata a fotografare, tenendo insieme, la realtà estremamente diversificata di queste strutture, di animazione sociale e culturale, quale manifestazione del processo di riduzione ad unità della pluralità di soggetti fisici che si è risolto attraverso una lenta e graduale elaborazione del pensiero, dal diritto romano alla legislazione contemporanea, con il riconoscimento – anche costituzionale ai sensi degli articoli 2 e 28, secondo cui "la Repubblica riconosce e garantisce i diritti inviolabili dell'uomo sia come singolo sia nelle formazioni sociali ove si svolge la sua personalità", tra i quali si colloca il successivo riconoscimento costituzionale del fondamentale "diritto di associarsi liberamente" – quale soggetto di diritto delle entità sociali che rendono possibile la realizzazione di finalità che trascendono le possibilità dei singoli.

Tra questi "soggetti privati costituzionali"[168] si annoverano i centri culturali cattolici che, sorti all'interno del Progetto culturale della Conferenza episcopale italiana, offrono «singolari possibilità di presenza e di azione nel campo dei mutamenti culturali»;[169] si caratterizzano per essere una «realtà ricca e diversificata», per quanto riguarda: «le denominazioni (Centri o Circoli Culturali, Accademie, Centri Universitari, Case di formazione)», «gli orientamenti (teologico, ecumenico, scientifico, educativo, artistico, ecc....)», «le tematiche trattate (correnti culturali, valori, dialogo interculturale e interreligioso, scienza, arte, ecc....)», le «attività svolte (conferenze, dibattiti, corsi, seminari, pubblicazioni, biblioteche, manifestazioni artistiche e

---

mossi in tutto il mondo, e affrontano tematiche estremamente varie, proponendo prospettive diverse e punti di vista originali. I video di tutti gli interventi TED e TEDx sono messi a disposizione, gratuitamente, sul canale YouTube del sito ted.com, e sono scaricati e guardati quotidianamente da migliaia di persone in tutto il mondo.

[168] Cfr. DE GIORGI M. V., *Le persone giuridiche, associazioni e fondazioni*, in *Tratt. Dir. Priv.* Diretto da Rescigno P., vol. 2°, Utet, Torino, 1999, 285 ss.

[169] Cfr. GIOVANNI PAOLO II, Esortazione Apostolica post-Sinodale *Ecclesia in Africa*, 1995, n. 103.

Realtà concreta n. 2 - Centri (culturali) per un mondo che "soffre di pensiero"

culturali, mostre, ecc....)».[170] Di questi centri, "palestre di educazione e dialogo", preme sottolinearne: la natura di «forum pubblici, luoghi d'incontro e di riflessione, di studio e di informazione, di scambio di idee e di approfondimento»;[171] la funzione di cerniera, di ponte «tra realtà distanti, tra gruppi umani divisi, tra culture che si ritengono estranee o addirittura contrapposte» divenendo «coscienza critica non solo per la comunità cristiana ma per tutta la società civile»; il radicamento con il territorio di cui ne raccolgono e valorizzano il patrimonio culturale, «rendendolo vivo nel confronto e nella sfida con i mutamenti del presente».[172]

Riteniamo che l'educazione politica, di cui abbiamo denunciato l'urgenza e segnalato alcune priorità, possa svolgersi, con dei tratti distintivi, in esperienze come quelle promosse dalla comunità cristiana, tra cui appunto i centri culturali cattolici, che sono «animate dalla consapevolezza del valore irripetibile di ogni persona; tendono a coinvolgere in una esperienza globale di vita, che diviene un tirocinio di umanità, di socialità e di solidarietà; sono portate avanti da persone che hanno una forte motivazione a vivere l'educazione con spirito di servizio e che si propongono soprattutto per la forza del loro esempio».[173] È un impegno di cui, nella sua storia ormai centenaria, la Federazione Universitaria Cattolica Italiana (la FUCI) ha dato prova in particolare, come: formazione cristiana degli aderenti, in spirito di fedeltà alla Chiesa e al suo insegnamento; presenza attiva nelle università, all'insegna di quella sintesi vitale tra cultura e fede,

---

[170] Cfr. PONTIFICIO CONSIGLIO DELLA CULTURA, *Per una pastorale della cultura*, n. 32, Città del Vaticano, 1999.
[171] Cfr. GIOVANNI PAOLO II, Esortazione Apostolica post-Sinodale *Ecclesia in Africa*, 1995, n. 103. Sono «un luogo d'ascolto degli interrogativi concreti che si pongono gli uomini, un luogo di riflessione sulle grandi sfide culturali del nostro tempo e un luogo di ricerca creativa di risposte ispirate da uno spirito di fede. La nota dominante è quella del dialogo» (Cfr. POUPARD P., *I Centri Culturali Cattolici. Idea, esperienza, missione*, Città Nuova, Roma, 1996).
[172] Cfr. AA.VV., *Sussidio Perché? Cos'è? Cosa fare? Dove?*, in *www.progettoculturale.it*
[173] Cfr. COMITATO PER IL PROGETTO CULTURALE DELLA CONFERENZA EPISCOPALE ITALIANA, *La sfida educativa*, op. cit., p. 76.

ovvero, si potrebbe anche dire, tra impegno nello studio e maturazione nella Fede; impegno sociale e politico-istituzionale, diretto a far crescere nel nostro Paese una democrazia che fosse insieme "democrazia procedurale" (delle regole) e "competitiva" ed una "democrazia dei cittadini" con una dimensione rispettosa dei valori etici ed antropologici, dunque una democrazia che fosse nello stesso tempo "delle forme" e "dei valori".
È un compito che chiede continuo e costante aggiornamento, se non addirittura ripensamento, in particolare rispetto alle modalità di svolgimento e ai linguaggi e strumenti di comunicazione, perché questi centri, di formazione e di convivenza civica, non perdano mai l'aggancio con la realtà quotidiana in cui sono chiamati ad operare, non rinuncino a quella "generatività" di cui si è detto.
La sottolineata "elasticità e libertà di movimento" esprime, con efficacia, il ricorso indistinto che si fa tanto alla forma associativa[174] quanto a quella fondazionale,[175] che condividono alcuni

---

[174] In generale, può affermarsi che le associazioni, di origine romana, sono gruppi di persone riunite per il conseguimento di uno scopo comune. L'associazione è un contratto (come tale) necessariamente tra più persone (associati), che assumono una veste giuridica unitaria (forma associativa) per conseguire insieme uno scopo ideale da essi ritenuto "rilevante", sulla base di una comune contribuzione patrimoniale. Questo scopo può esaurirsi in un vantaggio a favore della pluralità degli associati (come ad esempio, nei sindacati) ovvero può svilupparsi nel perseguimento di finalità ulteriori rispetto all'interesse dei soli associati (come ad esempio, nelle associazioni culturali). In ogni caso, la volontà dell'associazione è determinata in comune dagli associati, riuniti in un organo assembleare, che delibera nel rispetto del principio di eguaglianza. Sicché, le principali decisioni concernenti l'indirizzo e la gestione dell'associazione derivano dalla volontà espressa attraverso il metodo collegiale dai singoli associati, i quali possono modificare persino lo specifico scopo dell'associazione medesima. Il nesso "pluralismo – associazione" è indissolubile, nel senso che ontologicamente non v'è associazione alcuna nel singolo individuo. Ciò comporta che estremo rilievo è rivestito dalle persone degli associati, in quanto concreta espressione dell'associazione stessa. L'associazione, dunque, si caratterizza per una struttura "dinamica", che necessariamente si fonda sul coinvolgimento di una pluralità di individui nei momenti fondamentali della sua "vita" di organismo giuridico collettivo.

[175] Le fondazioni, di origine medioevale, sono enti creati dalla volontà di un fondatore allo scopo di amministrare determinati beni e destinarli ad una determinata opera. Diversamente, la fondazione origina per natura da un atto unilaterale, "inter vivos" ovvero "mortis causa" (cd. *costituzione testamentaria di fondazione*). L'atto costitutivo della fondazione, infatti, contiene l'esclusiva volontà del fondatore, consacrata nello scopo ideale dell'ente erigendo. Sicché lo stesso determina interamente la fina-

tratti comuni pur nella distinzione,[176] facendo riferimento, nell'oggetto della missione, a funzioni di studio, di dibattito e di formazione[177] relativamente ad un "patrimonio culturale" da

---

lità dell'ente, al punto da essere causa di suo definitivo scioglimento ove quest'ultimo risulti impossibile o definitivamente acquisito. In coerenza con quanto detto, la legge prevede che, ove la fondazione cessi, il suo patrimonio sia devoluto necessariamente ad altro ente con scopo analogo, in tal modo confermando "oltre la vita dell'ente" l'indirizzo dettato da colui che l'ha istituito, così come fissa un controllo pubblico sulle vicende più importanti dello stesso. La fondazione, di regola, si compone di una pluralità di individui, ma nulla vieta che sia interamente gestita da una sola persona: la pluralità, infatti, non è un elemento essenziale. La fondazione, pertanto, non necessita di organo assembleare, che peraltro potrebbe assumere decisioni solo nell'assoluto rispetto della volontà del fondatore. Il vantaggio cui mira una fondazione non può evidentemente essere interno, salvo rare eccezioni. Così, qualsivoglia soggetto coinvolto nella direzione, organizzazione e gestione di una fondazione deve ispirare il suo operato alla concreta realizzazione dello scopo fissato dal fondatore in sede costitutiva, cui è devoluto il patrimonio in dotazione dell'ente. La fondazione, dunque, si caratterizza per una struttura "statica", che si basa sull'assoluto rilievo della volontà del fondatore, in guisa da perseguirla mediante un organismo giuridico collettivo, all'uopo dotato di un patrimonio. «Quella della fondazione si rivela all'osservatore una forma giuridica "aperta", interpretabile con larghezza di variazioni, disponibile ad accogliere e quindi rispecchiare ispirazioni, intuizioni, risorse di una società civile di sua natura variegata e plurale, e che inoltre registra in sé le sedimentazioni della storia» (Cfr. DEMARIE M., *Le fondazioni in Italia. Un profilo empirico*, in AA. VV., *Per conoscere le fondazioni. I mondi delle fondazioni in Italia e all'estero*, Edizioni Fondazione Giovanni Agnelli, Torino, 1997, p. 18). Per un approfondimento sulle fondazioni, si veda: BARBERIS G. P., *Le fondazioni*, Il Mulino, Bologna, 2013.
[176] Entrambe le figure sono pacificamente considerate parte dell'ampia categoria delle organizzazioni collettive, di cui contengono gli elementi caratterizzanti fondamentali. Entrambi gli istituti, infatti, si caratterizzano per la "normale" presenza di un patrimonio, nonché di una organizzazione di mezzi destinati alla realizzazione di finalità superindividuali. Associazione e fondazione hanno, poi, analoga fonte, da rinvenirsi in un atto di autonomia privata e necessitano del riconoscimento da parte della competente Pubblica Autorità per dirsi esistenti "agli occhi" dell'ordinamento giuridico. I tratti distintivi riguardano, invece, l'elemento personale e patrimoniale, lo scopo e la volontà: nelle associazioni prevale l'elemento soggettivo (persone), diversamente, nelle fondazioni massima rilevanza spetta a quello oggettivo (patrimonio); nelle associazioni lo scopo è interno e riguarda gli stessi associati, mentre lo scopo perseguito dalle fondazioni è esterno e mira alla realizzazione di un vantaggio per soggetti estranei; nelle associazioni la volontà è interna e derivante dal comune intento degli associati; nelle fondazioni essa è necessariamente esterna all'ente e proveniente dal fondatore.
[177] Prendiamo a riferimento le finalità istituzionali dichiarate dalle due principali fondazioni politiche italiane: Italianieuropei è «una Fondazione di cultura politica, nata nel 1998 su iniziativa di un gruppo di personalità del riformismo italiano (…) un luogo di analisi e riflessione pubblica sui principali nodi dell'innovazione politica ed economica e un luogo di incontro tra le diverse tradizioni culturali del riformismo

non intendersi esclusivamente come «entità amministrativa (...) categoria economica» ma come, «letteralmente, il retaggio dei padri, l'eredità delle generazioni che ci hanno preceduti»; rappresentando «uno dei più potenti serbatoi di futuro, ma anche uno dei più terribili banchi di prova, che l'umanità abbia mai saputo creare».[178]

All'interno della *species* fondazioni culturali si collocano le fondazioni "di origine politica", «istituite per sviluppare studi e ricerche su particolari tematiche, o periodi, o personaggi politici, a scala nazionale o regionale / locale».[179] Basti pensare alla Fondazione Luigi Einaudi per studi di politica ed economia di Roma – di Luigi Einaudi ha curato la digitalizzazione dell'*opera omnia* –, costituita nel 1962 come centro studi del Partito Liberale Italiano, fortemente voluta dall'allora segretario Giovanni

---

italiano (...) una istituzione di formazione con l'obiettivo della promozione competitiva di nuove classi dirigenti nella politica e nell'economia (...) una istituzione di ricerca, per promuovere studi e approfondimenti capaci di alimentare la produzione di idee all'altezza delle sfide di questo nuovo secolo» (Cfr. *www.italianieuropei.com*); la Fondazione Magna Carta è «una struttura dedicata alla ricerca scientifica, alla riflessione culturale e alla elaborazione di proposte di riforma sui grandi temi del dibattito politico. Sin dal gennaio 2003, data di nascita del Comitato Promotore, si ispira al modello dei *think-tank* anglosassoni con l'obiettivo di elaborare concreti progetti, finalizzati alla modernizzazione del Paese, da sottoporre alla politica (...)

Intorno a Magna Carta si sono raccolte energie intellettuali che hanno interpretato la collaborazione con la Fondazione come una scelta che non pregiudica né un approccio critico né, tanto meno, la libertà di pensiero» (Cfr. *www.magna-carta.it*). Ora, invece, guardiamo, ad un'altra, storica e prestigiosa realtà italiana, meno politica: «Il Centro di Iniziativa Mezzogiorno Europa nasce sotto forma di Associazione nel gennaio del 2000, per volontà di Giorgio Napolitano e di Andrea Geremicca. L'idea dei fondatori era quella di mettere in rete informazioni, idee, competenze, esperienze, programmi e problemi del nuovo Mezzogiorno, impegnato nella sfida europea (...) Il 3 luglio 2006, attraverso un insolito iter di trasformazione, il Centro, da Associazione, è divenuto Fondazione (...) La Fondazione Mezzogiorno Europa è più che mai attiva, soprattutto sul fronte della formazione» (Cfr. *www.mezzogiornoeuropa.it*).

[178] «(...) Nel patrimonio culturale è visibile la concatenazione di tutte le generazioni: non solo il legame con un passato glorioso e legittimante, ma anche con un futuro lontano, "finché non si spenga la luna"». Cfr. MONTANARI T., *Istruzioni per l'uso del futuro. Il patrimonio culturale e la democrazia che verrà*, Minimum fax, Roma, 2014, pp. 10-48.

[179] Cfr. AMOROSINO S., *Le fondazioni culturali "di origine" o "a vocazione" politica*, op. cit.

Malagodi, da cui ha poi conosciuto un progressivo affrancamento. Si può qui, ancora, ricordare: la Fondazione Gramsci e l'Istituto Sturzo. La prima fu costituita a Roma nel 1950 con il proposito di raccogliere la documentazione relativa all'opera e al pensiero di Antonio Gramsci e di dare impulso alle ricerche sulla storia del movimento operaio italiano e internazionale. Il nucleo originale del patrimonio fu costituito dai libri e dalle riviste appartenute a Gramsci, a cui si aggiunsero poi, tra gli altri, i manoscritti originali dei *Quaderni dal carcere*. Nel 1982 prese il nome di Fondazione Istituto Gramsci, che dal 1994 conserva l'intero archivio storico del Partito Comunista Italiano, dalla sua costituzione al suo scioglimento. Attualmente, come la Fondazione Einaudi, organizza convegni, mostre, conferenze, corsi e seminari. Il secondo, intitolato al fondatore del Partito Popolare Italiano, è forse quello che all'interno di questa tipologia presenta, rispetto agli altri, qualche particolarità maggiore. Esso, infatti, svolge attività di ricerca in senso proprio, specialmente in ambito storiografico, ma anche relativamente alle scienze politiche ed economiche. Di questa tipologia di fondazioni è utile sottolineare l'apertura e la dedicazione a studi e ricerche, essenzialmente storico-politici o storico-sociali non rivolti soltanto allo studio del passato – spesso propiziato dal conferimento alla fondazione di archivi documentali o biblioteche – ma anche verso l'attualità e/o l'elaborazione di scenari futuri; all'insegna di una dimensione di impegno tendenzialmente distante dalla stretta contingenza politica, estranea dall'attività di *lobbying*. E così, ad esempio, la Fondazione Einaudi, reciso ogni rapporto con il Partito liberale italiano sopravvivendone alla stessa fine, non ha mai cessato, nei suoi cinquant'anni di attività, di promuovere la conoscenza e la diffusione del pensiero liberale attraverso studi, ricerche e iniziative culturali.[180]

---

[180] Tra le varie attività promosse si segnala la Scuola di liberalismo, organizzata annualmente insieme con gli "Amici della Fondazione Einaudi" – il braccio operativo della fondazione –, presente in molte città italiane ed arrivata, oggi, all'88esima edizione, a cui partecipano i più importanti intellettuali liberali italiani, che continua ad offrire al termine di ogni ciclo delle borse di studio.

Da queste fondazioni occorre distinguere le fondazioni "a vocazione politica", che «pongono al centro della loro attività l'elaborazione di studi, proposte e progetti a più immediata valenza politica, su temi d'attualità o su prospettive di medio periodo, sui quali sollecitano la "presa in carico" da parte della classe politica».[181]

Entrambe le tipologie, come detto sussumibili nella categoria fondazioni culturali, chiedono l'avvio di una nuova iniziativa di definizione dei confini di modo da renderne apprezzabili valore e potenzialità, prima di tutto, in sede legislativa. Anche perché, nonostante la recente abolizione del finanziamento pubblico della politica, l'Amministrazione statale non potrà non farsi carico, pro *futuro*, di quella finalità[182] e di quegli ambiti di ricerca[183] che in Germania sono riconosciute alle, e approfonditi dalle, fondazioni culturali collegate ai partiti politici, da cui sono indipendenti e distinti in virtù: di una disciplina giuridica che si sviluppa «tra prassi e giurisprudenza della Corte Costituzionale tedesca»; di risorse finanziarie provenienti dal bilancio statale;[184] del divieto di «aprire linee di credito e fare donazioni ai partiti di riferimento, acquistare prodotti editoriali dei membri del partito, finanziare annunci o versare contributi ai

---

[181] Cfr. AMOROSINO S., *Le fondazioni culturali "di origine" o "a vocazione" politica*, in *Aedon*, n. 3, 2010.
Per un approfondimento puntuale, con *focus* anche sulle esperienze tedesca, spagnola e statunitense, delle "fondazioni politiche" si veda: PISICCHIO P., *Le fondazioni politiche in Italia*, Cacucci Editore, Bari, 2011.
[182] Diffusione di educazione politica nell'ottica di stimolare la democrazia e favorire l'impegno politico dei cittadini.
[183] Elaborare delle basi per l'azione politica; favorire il trasferimento della conoscenza; studiare l'evoluzione storica dei partiti e dei movimenti politici e sociali; promuovere la formazione e l'aggiornamento politico dei giovani; sostenere le tendenze unificatrici europee.
[184] «(...) derivano da due fonti di finanziamento pubblico erogate con legge di bilancio dal Bundestag: i finanziamenti istituzionali disposti dal ministero dell'Interno e i finanziamenti a progetto che fanno capo al ministero federale per lo sviluppo e la cooperazione economica e al ministero per gli Affari esteri. I finanziamenti istituzionali o globali sono disposti in favore di ogni fondazione politica collegata a partito che abbia una rappresentanza nel Bundestag, sulla base di un criterio proporzionale commisurato all'entità della rappresentanza parlamentare». Cfr. PISICCHIO P., *Le fondazioni politiche in Italia*, op. cit., pp. 124 – 138.

giornali (...) utilizzare personale delle fondazioni, che è sempre pagato e mai volontario»; della possibilità di «finanziare solo organizzazioni terze, rispetto al partito di riferimento, operanti per l'utilità generale». Sono fondazioni che, da un lato, svolgono attività di formazione e di ricerca in ambito nazionale e sono chiamate, dall'altro, a realizzare progetti di cooperazione allo sviluppo e di relazioni internazionali «volti a garantire un impegno nei paesi in via di sviluppo ma anche in Europa, negli Stati Uniti e nel Canada».[185]

Questa riflessione sull'"abito giuridico" dei *think tank* italiani chiama in causa quanto si sta realizzando nel Terzo Settore con la diffusione della filantropia istituzionale, intesa come esistenza di soggetti impegnati esclusivamente nella erogazione di fondi, in particolar modo con la costituzione delle "fondazioni di comunità" che, ispirandosi al modello delle *Community Foundations*, promuovono la filantropia e svolgono una funzione di intermediazione tra potenziali donatori / investitori e le organizzazioni *non profit* che realizzano progetti di utilità sociale nel territorio di riferimento.[186] Queste "fondazioni di comunità" potrebbero, così, divenire autonomi e trasparenti facilitatori / stimolatori, grazie alla loro capacità di raccolta di donazioni, private e pubbliche, delle attività di educazione politica, svolte da strutture (associative o fondazionali) del territorio di riferimento, trattandosi di un'indubbia finalità di interesse pubblico. Introducendo, peraltro, un approccio imprenditoriale, ancora poco sviluppato, che non è suggerito solo dai tempi di *spending review*, e quindi dalla progressiva riduzione di risorse statali a disposizione, ma anche dalle modalità di erogazione delle risorse, pubbliche e private, attraverso bandi sempre più legati a singoli progetti che «vanno elaborati rispettando le griglie concettuali dettate da chi eroga risorse e

---

[185] Cfr. *Ibidem*.
[186] Per un approfondimento tanto sulla "filantropia istituzionale" quanto sulle "fondazioni di comunità" si consultino il sito della Fondazione Cariplo (*www.fondazionecariplo.it*) e quello dell'Associazione italiana Fondazioni ed Enti di Erogazione, denominata Assifero (*www.assifero.org*).

non da chi propone il progetto culturale: griglie (...) dunque non necessariamente (...) tarate su tutte le realtà che si potrebbero intercettare».[187] Rendendosi necessario lo sviluppo di sinergie, nazionali, europee ed internazionali, tra attori in campo.[188] In questo senso, ci appare degna di nota l'iniziativa Wethink, promossa dall'associazione ItaliaCamp,[189] che si offre come luogo di sintesi e proposta, un coordinamento informale tra *think tank*, centri studi, fondazioni e, in generale, i "produttori di pensiero" del Paese. Si tratta di una formula, già, testata nel 2006 quando attorno all'esperienza dell'Intergruppo parlamentare per la sussidiarietà prese forma un *network* di fondazioni di cultura politica.[190]

Tornando, ora, a ragionare in termini progettuali ribadiamo, da parte nostra, l'adesione al modello associativo, che è poi quello a cui fanno riferimento gli uomini e le donne che si riconoscono nelle finalità e attività del Lions Club International, che è la più grande organizzazione di servizio al mondo – con più di 1,4 milioni di soci organizzati in oltre 43.300 club articolati in 714 distretti che coprono 182 nazioni o aree geografiche. Da questa realtà possiamo trarre alcune utili indicazioni:

---

[187] Cfr. NARDELLI F., *Ripensare la mission degli istituti e delle fondazioni culturali*, in *Paradoxa*, n. 1, gennaio / marzo 2009, p. 31.
[188] Segnaliamo, in proposito, la proposta del prof. Mcgann, articolata nel volume *Global think tank*, di dar vita ad «un'unione globale in grado di "aiutare governi locali e istituzioni internazionali" a risolvere "problemi politici, sociali e istituzionali" di determinati Stati e territori. Un "ponte tra il mondo del pensiero e quello del potere e della politica" per presentare soluzioni "alternative a quelle proposte dai governi ufficiali e sfidare il conformismo"». Cfr. CANNATÀ F. M., *Piacere, sono il prof. che lavora al think tank globale*. Intervista a MCGANN J., in *www.formiche.net*, 18 novembre 2012.
[189] Si rinvia al sito dell'associazione *www.italiacamp.it* da cui è possibile approfondire, anche, l'esperienza di Wethink che si sostanzia nella selezione periodica di tematiche di attualità e di rilevanza sociale sviluppate e approfondite, poi, grazie ai contributi dei *player* di questo coordinamento, leggero nella forma e informale nelle relazioni. Il lavoro della redazione di Wethink sta nel presentare una sintesi delle posizioni emerse, come risultato di una discussione tra opinioni e, spesso visioni del mondo, molto diverse che hanno, però, in comune la volontà di capire quale sia la strada migliore per invertire la tendenza nel Paese.
[190] Si veda FORLANI E., *La sussidiarietà nel pensiero e nell'azione politica*, in SANGALLI S., *La sussidiarietà. Mappe e rotte di esplorazione*, GBPress, Roma, 2014.

Realtà concreta n. 2 - Centri (culturali) per un mondo che "soffre di pensiero"

- i Lions Clubs non sono semplici club di socializzazione, bensì luoghi in cui i soci offrono il proprio tempo, impegno, le personali risorse, per progettare ed approntare strategie d'intervento nei più svariati campi del bisogno sociale sia della propria comunità che a livello internazionale;
- la volontaria e libera adesione, propria della forma associativa, che ha una straordinaria forza di contagio se fondata su un'identità forte, com'è quella dei Lions racchiudibile nel motto "Noi serviamo";
- la richiesta di fedeltà ad un codice etico, cioè ad una serie di regole comportamentali, cui ciascun socio deve attenersi nella propria vita di relazione sociale; la democrazia come orizzonte degli scopi dell'associazione;[191]
- una traduzione operativa della *mission* associativa attraverso anche una fondazione;[192]
- un'attenzione verso i più giovani che si compie con una sezione dedicata, e, un'affiliazione che offre l'opportunità di cementare amicizie;
- il porsi come organizzazione di solidarietà, nell'azione diretta verso i bisogni, e di sussidiarietà, nel supporto socio-culturale.

---

[191] *Organizzare*, concedere lo status ufficiale e controllare club di servizio ad essere riconosciuti come Lions Clubs. *Coordinare* le attività e standardizzare l'amministrazione dei Lions Clubs; *Creare* e promuovere uno spirito di comprensione tra i popoli del mondo; *Promuovere* i principi di buon governo e di buona cittadinanza; *Prendere* attivo interesse al bene civico, culturale, sociale e morale della comunità; *Unire* i clubs con i vincoli dell'amicizia, del cameratismo e della reciproca comprensione; *Stabilire* una sede per la libera ed aperta discussione di tutti gli argomenti di interesse pubblico, con la sola eccezione della politica di parte e del settarismo religioso; *Incoraggiare* le persone che si dedicano al servizio a migliorare la loro comunità senza scopo di lucro ed a promuovere un costante elevamento del livello di efficienza e di serietà morale nel commercio, nell'industria, nelle professioni, negli incarichi pubblici e nel comportamento privato.

[192] La Lions Clubs International Foundation (LCIF), la fondazione ufficiale di beneficenza dei Lions, nasce il 13 giugno 1968, con lo scopo di portare aiuto vero e concreto attraverso sussidi che vengono assegnati ai distretti in tutto il mondo, per progetti umanitari su larga scala e che rispondono alle necessità delle popolazioni. È un ente morale, una ONG, senza scopo di lucro che si prefigge di promuovere e finanziare la solidarietà sociale, attraverso interventi nel campo medico, beneficienza, istruzione e formazione, promozione dei beni culturali, tutela della natura e dell'ambiente.

Occorre, oltre quanto già detto in precedenza, che i centri, assunti da noi a riferimento:

- abbiano chiaro che il proprio operato si dispiega nel tempo richiedendo continuità di dedizione e passione, oltre le vite di coloro che hanno dato inizio alla (o segnato fasi decisive della) storia comune; dovendosi, pertanto, dotare di proprie risorse, competenze, metodologie e strumenti (anche di valutazione) di cui avvalersi nel perseguimento delle finalità e degli obiettivi prefissati, al fine di non ridefinire al ribasso gli obiettivi perseguiti;
- si ingegnino nella ricerca di fondi e fonti di finanziamento, anche perché di mecenati "disinteressati" all'orizzonte se ne vedono ben pochi e le erogazioni di denaro sono dettate, spesso, da ragioni di ritorno (di vantaggio), non solo economico, a breve termine;
- interpretino «non un rapporto di filiazione o di dipendenza, nessuna soggezione, ma una completa immersione nella politica senza bisogno di turarsi il naso»;[193]
- si propongano, sulla falsariga di quanto avviene nel diritto dei mercati finanziari come "stanze di compensazione" del sistema politico e della classe dirigente, ovvero come luogo di incontro, approfondimento e progettazione anche rispetto a parti e posizioni difficilmente dialoganti;
- strutturino «un'attività di ricerca continuata nel tempo»,[194] a cui possano contribuire giovani ricercatori, non più volontari ma contrattualizzati; si aprano allo scenario internazionale, non soffermandosi solo sul contesto nazionale seppur di preminente interesse.

---

[193] Post *L'uovo di gallina*, pubblicato il 7 aprile 2006 sul sito della Fondazione Magna Carta, ora riportato in MOVARELLI M., *Think tank all'italiana. Storia della Fondazione Magna Carta: dieci anni di attività tra ideali e politica*, op. cit., p. 96.
[194] Citazione di Gaetano Quagliariello contenuta in MOVARELLI M., *Think tank all'italiana. Storia della Fondazione Magna Charta: dieci anni di attività tra ideali e politica*, op. cit., p. 136.

Realtà concreta n. 2 - Centri (culturali) per un mondo che "soffre di pensiero"

Al di là, poi, del modello prescelto, tra quello fondazionale e quello associativo, c'è spazio, ancora abbondante, per nuove "sperimentazioni" ad esempio quali dirette conseguenze dell'esercizio di un'attività di impresa, ammesse tanto per le associazioni quanto per le fondazioni[195], e della possibilità, per questi soggetti, di partecipare a società lucrative.[196] Avanziamo, quindi, il modello, sempre più diffuso, della cosiddetta "associazione o fondazione in partecipazione", che consiste nella creazione di enti non lucrativi che, partecipando a più società lucrative, conseguono i propri utili finalizzati al perseguimento dello scopo ideale mediante l'attività commerciale di queste ultime e non solo da donazioni e lasciti. Gli enti *non profit* assumono, così, le dimensioni economiche di una vera e propria *holding*, realizzando un gruppo di imprese volto a produrre utili al solo fine di conseguire uno scopo altruistico. In tal senso, le attività commerciali svolte dalle società partecipate potranno essere le più varie. Ad esempio: l'utilità diretta di un'attività di tipo editoriale per un'associazione o fondazione politica non esclude il vantaggio indiretto che può ricavarsi dall'eterodestinazione ideale dei profitti di una diversa attività lucrativa, non collegata direttamente allo scopo dell'ente privo di finalità di lucro ("soggettivo"). Nei Paesi "anglosassoni", nonché in quelli dell'Europa "continentale" è ormai consolidato indirizzo, nel settore della cultura e della politica, quello di innovare lo schema associativo (o di fondazione) attraverso la partecipazione in altre attività di stampo lucrativo. In tal modo, le risorse economiche sono pro-

---

[195] L'associazione, al pari della fondazione, deve perseguire uno scopo ideale, a carattere non economico, in ragione del quale la legge accorda significative agevolazioni fiscali. L'associazione, pur avendo fini altruistici, può svolgere in via prevalente o esclusiva un'attività commerciale lucrativa, volta a realizzare i fini medesimi in via diretta o indiretta (mediante destinazione degli utili). In tal caso l'ente assume la qualifica di "imprenditore commerciale" ed è soggetto alla disciplina prevista in materia di concorrenza sleale e di fallimento. In mancanza di limiti statutari, le fondazioni possono esercitare qualsiasi attività idonea al conseguimento degli scopi prefissati.
[196] Poiché: il limite posto dallo scopo ideale vieta all'ente di destinare gli utili derivanti dalle sue partecipazioni societarie a mera ripartizione tra gli associati, ma non esclude la loro utilizzazione per il perseguimento dello scopo altruistico (culturale, politico o di beneficienza).

dotte e mirate al finanziamento dell'attività di studio, ricerca e diffusione di un determinato orientamento politico ovvero all'approfondimento di uno specifico ramo del sapere. Il modello si concreta in una vincente congiunzione tra "astratto" e "concreto", tra "idea" e "commercio", impedendo che un'associazione o fondazione si riduca necessariamente a dipendere dalle donazioni e/o lasciti testamentari dei suoi benefattori, come una vera e propria "manomorta" del mercato. È un modello che ci appare sufficientemente adeguato anche per dare risposta al tema, già segnalato, del finanziamento in un Paese come il nostro dove, a differenza di quanto avviene in altri,[197] non v'è ancora chiarezza sul modello che s'intende adottare, a fronte di un vuoto normativo sempre più allarmante e a una tendenza all'assunzione di legislazioni "ibride", che privano dei vantaggi i singoli modelli, senza eliminarne i difetti.[198] Riconosciamo, invece, al legislatore italiano il merito di aver (correttamente) esteso, nel richiamato provvedimento di abolizione del finanziamento pubblico, la normativa relativa alla trasparenza (in tema di bilanci e degli statuti), prevista per i partiti, alle "fondazioni e alle associazioni la cui composizione degli organi direttivi sia determinata in tutto o in parte da deliberazioni di partiti o movimenti politici".

Lavorando sull'innovazione sociale

Abbiamo, sin qui, tentato di argomentare quanto, in questa nostra stagione di vita nazionale, l'azione culturale, il lanciare

---

[197] Invero, due sono i principali modelli di fondazioni "politico – culturali" nell'ambito dell'Occidente e di estremo rilievo è il nesso causale che lega la struttura dell'ente al finanziamento del medesimo. Un primo modello è quello del *think tank* anglosassone, che si basa esclusivamente sul finanziamento dei privati, aziende *in primis*. Un secondo indirizzo, già segnalato, è dettato dalla normativa tedesca, che prevede il riconoscimento (*alias* finanziamento) pubblico a vantaggio di un solo "centro" culturale e politico per ciascun partito di rilievo parlamentare.

[198] Segnaliamo, sul fronte delle fondazioni politiche, la proposta di legge del deputato Pisicchio volta ad una regolamentazione del fenomeno attraverso l'individuazione della *species* fondazioni politiche e chiarendone la missione apprezzata dall'ordinamento giuridico come scopo di pubblica utilità ("la formazione della classe dirigente").

dibattiti, il confronto tra idee, il «ricreare luoghi del racconto» divenga «azione eminentemente "politica"», probabilmente «più urgente della costruzione o rifondazione stessa dei partiti politici», in ragione del loro essere «presupposti per la creazione di socialità e di beni relazionali che si contrappongono alle interconnessioni vincolanti dell'economia».[199] Pensiamo, ad esempio al nostro esecutivo che «dispone – direttamente o indirettamente, attraverso il finanziamento – di un imponente apparato di strumenti nel campo dell'azione culturale: dall'istruzione alla comunicazione, dall'editoria allo spettacolo».[200]

Riattivare una generazione, e conseguente concorrenza, di idee può costituire, in particolare, una nuova finalità dei centri culturali, accanto alle più tradizionali attività di conservazione, valorizzazione e produzione di cultura politica, assumendo a riferimento quanto sta accadendo sul fronte dell'innovazione, dove «l'investimento economico è in calo (...) il lato positivo di tutto ciò è che l'innovazione sta subendo un processo di democratizzazione; viene gradualmente sottratta a una manciata di esperti nei laboratori e diventa un'attività a cui tutti possono prendere parte».[201] È, in qualche modo, la stessa intuizione che è alla base della rivoluzione degli artigiani digitali, che grazie alle nuove possibilità offerte dalla tecnologia – come le stampanti 3D – producono beni, i *makers*: «l'idea di base è che la conoscenza che serve all'impresa non sia al suo interno,

---

[199] Cfr. BONOMI A., *Il trionfo della moltitudine. Forme e conflitti della società che viene*, Bollati Boringhieri, Torino, 2002, pp. 123-124.
Il riferimento all'economia è da leggersi in quella situazione di esercizio del "diritto di prelazione", da parte del mercato, su «qualsiasi spazio pubblico e la socializzazione deve "ritirarsi" nei club privati» con il conseguente rischio per la gente di «perdere la capacità di divertirsi e quella di autogovernarsi». Cfr. LASCH C., *La ribellione delle elite. Il tradimento della democrazia*, op. cit., p. 109.
[200] «(...) Strumenti che languono ingabbiati da leggi paralizzanti, oppressi da pratiche consociative e spartitorie ad uso di chi ci lavora o li usa per il proprio tornaconto, in mano spesso a cricche sindacali o a reti di veri e propri manutengoli. Gestiti il più delle volte da personale demotivato, affidati alla guida di esponenti politici o personalità intellettuali e professionali di serie B». Cfr. GALLI DELLA LOGGIA E., *Ciò che Renzi non ha*, in *Il Corriere della Sera*, 29 giugno 2014.
[201] Cfr. MULGAN G., *Social innovation*, a cura di MATTEI M. G., Egea, Milano, 2013, pp. 37-38.

ma fuori, in quella sorta di intelligenza distribuita che è la società odierna».[202] È un'idea espressa «dalla metafora basata sulle api: in ogni società, in ogni città esistono molte api, molte persone con idee creative di stampo sociale, che potrebbero tradursi in soluzioni efficaci, ma ciò che in generale non hanno è un legame con gli alberi, cioè con le grandi istituzioni che hanno potere e denaro». I centri culturali, per parte loro, possono contribuire ad aiutare la creazione, richiamando la metafora, di legami «tra la forza degli alberi e la creatività delle api».[203] Il problema, in questa prospettiva, sta nella capacità di "far passare" le idee attraverso le relazioni.

Portiamo, dunque, la nostra riflessione su un nuovo livello operativo – un passaggio che si può segnare, anche, linguisticamente da *think tank* a *think and do tank* – di supporto alla diffusione di progetti locali su scala nazionale, di realizzazione di idee, attraverso *team* e spazi / luoghi dedicati (i cosiddetti "centri per l'innovazione").[204]

Questa frontiera dell'innovazione, e più precisamente dell'innovazione sociale, si sta diffondendo in numerosi ed eterogenei contesti, divenendo oggetto di approfondimento di gruppi accademici,[205] di buone pratiche di comunità di cittadini, di dibattito nel terzo settore e nel mondo dell'impresa. "L'innovazione sociale" che non conosce ancora una definizione uni-

---

[202] Cfr. MAGATTI M., GHERARDI L., *Una nuova prosperità. Quattro vie per una crescita integrale*, La Feltrinelli editore, Milano, 2014, p. 135.
[203] Cfr. MULGAN G., *Social innovation*, op. cit., pp. 47-86.
[204] Si parla, in proposito, di "centri per l'innovazione" che sono «spazi e luoghi che riuniscono le persone per imparare, condividere e collaborare, (...) più che meri spazi di lavoro (...) luoghi dove imprenditori sociali, attivisti, organizzazioni *non profit* possono riunirsi per condividere idee, esperienze ed intuizioni». Cfr. MURRAY R., GRICE J. C., MULGAN G., *Il libro bianco sulla innovazione sociale*, edizione italiana a cura di GIORDANO A., ARVIDSSON A., in *www.societing.org*, p. 125.
[205] Si trovano, in letteratura, riflessioni sul tema dell'innovazione sociale a partire da studi di tipo economico (in particolare sul tema della finanza pubblica e del finanziamento dei servizi pubblici), studi di management e innovazione (diffusione della conoscenza e di nuovi modelli di innovazione) e studi di carattere sociologico e politologico (studi sui movimenti sociali e nuove forme di aggregazione).

voca[206] è, ormai, entrata nel lessico e nelle agende di istituzioni nazionali e sovranazionali a differenti latitudini. Si pensi alla

---

[206] Secondo una prima definizione, "*l'innovazione sociale*" si riferisce ad una serie di attività e servizi motivati dal bisogno di raggiungere obiettivi socialmente rilevanti. La rilevanza dell'obiettivo sociale è richiesta da parte di organizzazioni che si pongono uno scopo prevalentemente di carattere sociale. Il coinvolgimento degli individui, più che delle organizzazioni, è il vero tratto che caratterizza l'innovazione sociale. Da questa definizione si evince che l'innovazione sociale fonda le sue origini nel mondo del *non profit* e in tutta quella serie di soggetti operanti nel Terzo settore. Si tratta, infatti, di organizzazioni dedite allo sviluppo di un benessere sociale collettivo che devono comunque tenere in considerazione aspetti di sostenibilità economica e attenzione all'efficienza per poter sviluppare i propri progetti. La dimensione sociale del fenomeno non è, però, una dimensione sufficiente a favorire un cambio rispetto all'aumentare di contraddizioni ed interessi sociali da soddisfare. Da una parte, i problemi assumono dimensioni sempre più importanti, per esempio in termini di stati coinvolti e ampiezza geografica (come nel caso del tema dei cambiamenti climatici); dall'altra parte, i costi necessari per affrontare le sfide che si presentano richiedono sforzi finanziari che molti dei paesi hanno difficoltà a sostenere (come nel caso dell'assistenza sanitaria o il *Welfare*). Rispetto a queste posizioni il tema dell'innovazione sociale ha assunto un carattere multidisciplinare e, soprattutto, ha favorito il coinvolgimento di istituzioni ed organizzazioni private al fine di trovare una soluzione a questo tipo di problemi. Ecco, quindi, che lo sforzo di ricerca richiede la partecipazione di un più ampio numero di soggetti, con finalità diverse tra di loro che cercano di sforzarsi comunemente per innescare un processo di creazione tale da favorire la nascita di un nuovo paradigma innovativo (Hochgerner & Howaldt). Fra le diverse definizioni dell'innovazione sociale che vale la pena menzionare, è interessante fare riferimento a NESTA. La fondazione britannica definisce l'innovazione sociale come un'innovazione che risolve un bisogno sociale non risolto da interventi tradizionali né da parte di soggetti privati che da servizi organizzati da parte dell'attore pubblico. In questa definizione si sottolinea, inoltre, che l'innovazione sociale può scaturire da un qualsiasi soggetto, pubblico, privato o afferente al cosiddetto Terzo settore indistintamente. Secondo l'OCSE, invece, l'innovazione sociale è definita dall'*output*; una innovazione è definita sociale se riguarda il soddisfacimento di un bisogno finora non soddisfatto dal mercato, se riguarda il soddisfacimento di un bisogno nuovo o se permette l'inserimento di nuovi individui, o categorie di individui, all'interno della catena di produzione. In questa definizione emerge l'importanza di sviluppare nuove forme di relazione tra diverse categorie di individui per individuare nuovi bisogni sociali o nuove forme per soddisfare vecchi bisogni. Sempre secondo questa definizione il favorire nuove relazioni tra gruppi di individui è importante per sbloccare valore in modo da permettere a categorie prima emarginate di partecipare alle attività produttive o all'inserimento in mercati consolidati. L'ultima definizione, in termini temporali, è quella fornita dalla Commissione Europea – BEPA (Bureau of European Policiy Advisers) secondo cui l'innovazione sociale si caratterizza per la ricerca di bisogni sociali attraverso nuove forme di collaborazione e relazioni tra diversi gruppi di individui. Questa definizione, per quanto sintetica è particolarmente interessante perché racchiude i principali elementi che caratterizzano le sopracitate definizioni, senza però il limite di confini prestabiliti. La particolarità di questa definizione e la sua completezza stanno nel fatto che l'identifi-

volontà di Barack Obama – prima della sua seconda elezione – di istituire il *Social Innovation Department* presso la Casa Bianca. In Europa, invece, la *Lead Market Initiative* è stato il punto di partenza da cui è partita la Commissione Europea per avviare un dibattito sul tema dell'innovazione sociale. È un'innovazione che non avviene solo nei laboratori d'impresa o d'università, come per quella più tradizionale, che ha bisogno di un "tessuto pensante" e di un contesto geografico e/o culturale nel quale operare, su cui verificare collaborazioni, convergenze (soprattutto, multidisciplinari), entro cui far maturare le idee che spesso «nascono da altre, o si sviluppano da una riflessione creativa sull'esperienza (...) dal pensare (appunto) alle cose in un'ottica differente o completamente nuova».[207]

Se fino a pochi anni fa abbiamo assistito a studi ed analisi che rappresentavano proposte di progetti o *policies* da applicare in determinati contesti geografici o culturali, il sentiero dell'innovazione sociale capovolge questo schema di lavoro, tipico dei centri culturali, permettendo a progetti nati dal basso – dal Terzo settore o da istituzioni locali –, come risposta ad esigenze sociali, di essere successivamente approfonditi e rielaborati. Coerentemente con le definizioni di innovazione sociale qui accolte, gli spazi della politica partitica, delle istituzioni (nazionali e locali), delle organizzazioni civiche, dei singoli cittadini si contaminano, per questa via, positivamente nella produzione di *output* innovativi.

---

cazione di ambiti e bisogni è lasciata alle parti stesse, che non solo devono provvedere a risolvere il soddisfacimento dei bisogni, ma devono impegnarsi soprattutto a identificare e dare priorità ai bisogni stessi. In altre parole, con questa definizione si evidenzia la relatività del concetto di innovazione sociale che può cambiare in base al contesto in cui viene applicata. Questo passaggio è fondamentale per chi vuole cimentarsi in un percorso di ricerca volto a comprendere i criteri che definiscono un fenomeno di innovazione sociale in un determinato contesto geografico e culturale. Ognuna di queste definizioni contiene degli aspetti interessanti che forniscono spunti di riflessione ma soprattutto elementi per contestualizzare il fenomeno dell'innovazione sociale.

[207] Cfr. MURRAY R., GRICE. J. C., MULGAN G., *Il libro bianco sulla innovazione sociale*, op. cit., p. 36.

8. Invece di una conclusione

Nel ragionare sui centri culturali, organizzatori di una formazione intellettuale e morale indispensabile "per progettare e costruire il futuro dei singoli e della società"[208] e diffusori di un sapere teorico e pratico utile a sostenere l'azione dei governi e delle classi dirigenti, abbiamo compreso quanto la cultura, e quindi anche la cultura politica, sia "qualcosa che deve crescere", come un albero, che non si può "costruire" ma "soltanto piantarlo e curarlo, e attendere che germogli nel tempo dovuto". In questa metafora di T. S. Eliot ritroviamo il senso e significato del lavoro – graduale,[209] ribadiamo – di questi centri che, nella loro capacità di innervare la politica e generare nuova coesione, e nel loro essere cerniera tra mondi diversi, chiedono un preciso atteggiamento d'animo[210] da parte di coloro che li abitano e animano, efficacemente sintetizzato da don Tonino Bello in alcuni versi che si fanno preghiera, come quelli iniziali di padre David Maria Turoldo: «Chi spera cammina,/ non fugge!/ Si incarna nella storia!/ Costruisce il futuro,/ non lo attende soltanto!/ Ha la grinta del lottatore,/ non la rassegnazione/ di chi disarma!/ Ha la passione/ del veggente,/ non l'aria avvilita di chi/ si lascia andare./ Cambia la storia,/ non la subisce!»[211] Rifuggendo da queste, e altre, «tentazioni che diversamente ci sfigurano»,[212] come singoli e come comunità nazio-

---

[208] BENEDETTO XVI, Incontro con i giovani in piazza Yenne, Visita pastorale a Cagliari, 7 settembre 2008, in *www.vatican.va*
[209] «Un lavoro intellettuale che pretenda di tradursi immediatamente in prassi e organizzazione politica è pura presunzione (...) il passaggio dalla critica alla prassi e al progetto innovante è difficile e rischioso. Necessita virtuosi compromessi». Cfr. CACCIARI M., *Conversazioni serali* Luiss, 11 ottobre 2011, in *www.luiss.it*
[210] «La formazione di una cultura capace di arricchire l'uomo richiede (...) il coinvolgimento di tutta la persona, la quale vi esplica la sua creatività, la sua intelligenza, la sua conoscenza del mondo e degli uomini e vi investe, inoltre, la sua capacità di auto dominio, di sacrificio personale, di solidarietà, di disponibilità a promuovere il bene comune». Cfr. PONTIFICIO CONSIGLIO DELLA GIUSTIZIA E DELLA PACE, *Compendio della Dottrina Sociale della Chiesa*, 2004, n. 556.
[211] Cfr. BELLO T., *Ascoltate e rallegratevi. 100 pagine di Tonino Bello*, Città Nuova, Roma, 2005.
[212] «(...) la gestione personalistica del tempo, quasi potesse esserci un benessere a prescindere da quello delle nostre comunità; le chiacchiere, le mezze verità che diven-

nale, potremo così: «recuperare e rinvigorire un'autentica sapienza politica; essere esigenti in ciò che riguarda la propria competenza; servirsi criticamente delle indagini delle scienze umane; affrontare la realtà in tutti i suoi aspetti, andando oltre ogni riduzionismo ideologico o pretesa utopica; mostrarsi aperti ad ogni vero dialogo e collaborazione, tenendo presente che la politica è anche una complessa arte di equilibrio tra ideali e interessi, ma senza mai dimenticare che il contributo dei cristiani è decisivo solo se l'intelligenza della fede diventa intelligenza della realtà, chiave di giudizio e di trasformazione».[213]

---

tano bugie, la litania delle lamentele che tradisce intime delusioni; la durezza di chi giudica senza coinvolgersi e il lassismo di quanto accondiscendono senza farsi carico dell'altro. Ancora: il rodersi della gelosia, l'accecamento indotto dall'invidia, l'ambizione che genera correnti, consorterie, settarismo: quant'è vuoto il cielo di chi è ossessionato da se stesso (...) E, poi, il ripiegamento che va a cercare nelle forme del passato le sicurezze perdute; e la pretesa di quanti vorrebbero difendere l'unità negando le diversità». Cfr. FRANCESCO, Discorso all'apertura dei lavori alla 66esima Assemblea Generale della Conferenza Episcopale Italiana, 19 maggio 2014, in *www.vatican.va*

[213] BENEDETTO XVI, Discorso ai partecipanti alla XXIV Assemblea plenaria del Pontificio Consiglio per i Laici, 21 maggio 2010, in *www.vatican.va*

Realtà concreta n. 3

Democrazia economica e società del lavoro

Saracino Giovanni

con
Bozzanca Enrica
Buzzi Irene
Callegari Giulia
De Santis Lorenzo
Dinoi Davide
Marsico Pasqualino
Napoleone Livio
Picarelli Luigi
Russo Marco

sotto la supervisione esterna del Prof. Paolo Onelli

1. Il Capitalismo fra democrazia e lavoro: istruzioni per l'uso

«Il mondo occidentale identifica la povertà, anzitutto, con l'assenza di potere economico ed enfatizza negativamente questo status. Il suo governo, infatti, si fonda essenzialmente sull'enorme potere che il denaro ha acquisito oggi, un potere apparentemente superiore a ogni altro. Perciò un'assenza di potere economico significa irrilevanza a livello politico, sociale e persino umano. Chi non possiede denaro, viene considerato solo nella misura in cui può servire ad altri scopi (...) il denaro è uno strumento che in qualche modo – come la proprietà – prolunga e accresce la capacità della libertà umana, consentendole di operare nel mondo, di agire, di portare frutto (...) Tuttavia, questo mezzo può ritorcersi contro l'uomo. Il denaro e il potere economico, infatti, possono essere un mezzo che allontana l'uomo dall'uomo, confinandolo in un orizzonte egocentrico ed egoistico (...) quando il potere economico è uno strumento che produce tesori che si tengono solo per sé, nascondendoli agli altri, esso produce iniquità, perde la sua originaria valenza positiva».[1] D'altro canto l'attività economica è stata, da sempre, considerata una delle tre "funzioni sociali", insieme a quella politica e a quella culturale, su cui costruire le comunità umane. Questa concezione funzionale non è mai venuta meno in nessun periodo storico o modello economico attraverso cui si è realizzata. La storia recente, però, sta rivelando tutti gli effetti della crisi del modello culturale, connesso al funzionamento proprio del sistema economico capitalista, che negli ultimi decenni si è degradato perché è stato interpretato e vissuto da soggetti e

---

[1] Cfr. FRANCESCO, Prefazione a MULLER G., *Povera per i poveri. La missione della Chiesa*, LEV, Città del Vaticano, 2014.

gruppi che non hanno esitato a compiere notevoli azzardi morali e a prodursi in distorsioni interpretative: la finanziarizzazione dell'economia si configura, del resto, come la rottura di una di quelle tre fondamenta sulle quali si fondano le società civili e le democrazie moderne. L'attività economica si è spostata dall'economia reale a quella fittizia e creativa. Laddove la prima può produrre lavoro, stabilità sociale e ricchezza diffusa, la seconda è immateriale, mira a produrre soldi dai soldi tramite operazioni variamente trasparenti condotte secondo una logica che basa la ricchezza sulla rendita e che intende la finanza allo stesso tempo come mezzo e come fine. Questa avviene sotto l'egida di arbitri che riconoscono punteggi più alti (*il rating*) nella misura in cui determinati strumenti finanziari riescono a vincere le scommesse giocate sull'instabilità di sistemi economici pubblici e privati.

L'alterazione che avviene nel rapporto tra capitalismo e democrazia si spiega considerando che la democrazia economica e sociale non è un fenomeno automatico derivante dall'umana convivenza e dal modo di produzione capitalistico. La democrazia, in realtà, ha trovato radici nella società per l'azione organizzata di gruppi sociali che l'hanno affermata tramite il processo istituzionale, sicché nel corso dei secoli la democrazia si è potuta allargare grazie a rotture interne al ceto economico dominante che hanno comportato fenomeni di allargamento dei diritti. I ceti popolari hanno avuto l'opportunità di pesare sulle decisioni statali grazie alla possibilità di conseguire una rappresentanza, anche in ragione dell'acquisizione dei diritti politici universali, come ad esempio il suffragio universale.[2] Questo processo di riscatto e rivendicazione si è, inoltre, accompagnato ad una profonda e diffusa presa di coscienza culturale circa il tema della dignità umana e la minaccia che su questa grava ad opera di sistemi, culturali e politici, che negano la libertà ed i diritti degli esseri umani, relegandoli ad uno stato permanente di subalternità, impedendone l'affermazione e la piena realizzazione.

---

[2] Cfr. FUKUYAMA F., *La fine della storia e l'ultimo uomo*, Rizzoli, Milano, 1992.

Nel capitalismo dell'Occidente, però, gli stessi fattori che hanno permesso la riorganizzazione della produzione a livello globale e l'indebolimento del ruolo dello Stato, hanno anche portato ad un cambiamento dei ruoli di due fondamentali attori del processo di democratizzazione della seconda parte del secolo scorso, ovvero quello del proletariato industriale organizzato e quello delle forze politiche che lo rappresentavano. Il nuovo scenario, determinatosi con la globalizzazione, incide su questi due agenti in maniera significativa.[3] Infatti, l'allargamento della democrazia nei sistemi economici, che si è svolto lungo le linee dettate dal lavoro dipendente organizzato del settore industriale, ha da tempo iniziato progressivamente a recedere in virtù dei repentini mutamenti tecnologici, della frammentazione della società, dell'allargamento globale della scala di produzione. Ciò ha comportato che il lavoro sia diventato sempre più marginale e disomogeneo nella produzione e nello scambio.[4] In assenza di una regolazione politica dei processi, si aprono per le imprese nuovi spazi di pressione competitiva in capo alla forza lavoro, perciò il processo di produzione sta tornando a basarsi prettamente su criteri di autorità manageriale. Lo scotto che, in tal modo, paga la democrazia industriale non incide solo sul concetto di partecipazione dei lavoratori alla vita dell'impresa, bensì è quello derivante da quell'economia finanziaria che si caratterizza per essere slegata dall'economia reale in quanto priva di collegamenti con le comunità e di vincoli tangibili di responsabilità. Infatti il management, dovendo conseguire obiettivi su scala globale, rimane fortemente sganciato dal territorio e non percepisce il carattere concretamente esistenziale e collettivo degli interessi in gioco. La grande impresa, del resto, specie se impegnata anche in attività finanziarie o di brokeraggio, fatica immensamente a conservare i legami con il terri-

---

[3] Cfr. BIASCO S., *Ripensando il Capitalismo. La crisi economica e il futuro della sinistra*, Luiss University Press, Roma, 2013.
[4] Cfr. PONTIFICIO CONSIGLIO DELLA GIUSTIZIA E DELLA PACE, *Compendio della Dottrina Sociale della Chiesa* (d'ora innanzi *Compendio*), LEV, 2004, nn. 310, 311, 313, 314, 315, 317, 318, 322.

torio e le persone perché tendenzialmente vincolata solo ai dettami di competitività imposti dal mercato mondiale.[5] Ciò produce una tensione fortissima sugli Stati nazionali e sulla loro capacità di produrre politiche industriali e produttive adeguate. Si vedano, a mero titolo di esempio, i casi: Fiat, Indesit, Electrolux, Thyssen-Krupp. Il caso italiano è, tuttavia, peculiare. L'Italia «è tuttora il Paese dove aprire e tenere in piedi un'impresa richiede uno sforzo burocratico cervellotico e ai limiti del vessatorio, cosa che peraltro non ha impedito – anzi, ha favorito – lo svilupparsi di una patologica evasione fiscale. È il Paese dei politici nei consigli di amministrazione delle aziende locali e ai vertici delle strutture sanitarie, il Paese dell'imposta sul reddito che arriva fino al 43% e della pressione fiscale sulle aziende che supera il 65%. È il Paese dove i pensionati controllano il più grande sindacato dei lavoratori, dove esistono più di 30 ordini professionali (tra cui quegli degli agrotecnici, dei maestri di sci, degli spedizionieri doganali e dei giornalisti) e dove persino piccolissimi gruppi di interesse come farmacisti e tassisti riescono da anni a opporsi a qualsiasi forma di liberalizzazione».[6] Proprio per questi motivi, per prevenire le crisi finanziarie, scaturenti, come detto, da irresponsabilità diffusa, bisognerà che le agende politiche tornino a dare priorità a virtù quali la responsabilità. L'alternativa equivarrebbe ad accontentarsi, di fatto, del mondo della finanza che conosciamo, ovvero un mondo di esclusione e di marginalizzazione.

La spinta verso la de-mercificazione e l'affrancamento del lavoro, attraverso la conquista dei diritti e della rappresentanza sindacale, ha subìto pesanti arresti. I sindacati hanno interrotto la loro funzione di cinghia di trasmissione con i partiti politici progressisti; le ragioni del lavoro hanno perso la propria specifica identità politica e si risolvono sempre più sul piano individuale e molto meno su quello collettivo. Nel contempo altri valori sociali, di tipo individualistico, sembrano sostituirsi a quelli basati sul lavoro, alimentando nella società una perce-

---

[5] Cfr. CROUCH C., *Il potere dei giganti*, Edizioni Laterza, Roma-Bari, 2011.
[6] Cfr. COSTA F., *Il liberismo visto con il binocolo*, in *Il Sole 24 Ore*, 19 dicembre 2013.

zione della condizione individuale e personale, come orizzonte esclusivo, a scapito dell'agire collettivo (dell'economia) e del suo valore solidaristico ed economico. L'inutilità percepita come impossibilità di agire collettivamente per riequilibrare le forze contribuisce al venir meno di una dinamica volta all'allargamento dei confini della democrazia inclusiva. Così facendo si è determinato lo "sbiadimento" della nozione di "cittadinanza", che è stata sostituita da una prassi fatta sempre di più di agiti comunicativi individualistici, spesso rancorosi ed inconsapevoli, favoriti, anche se non causati, dai cosiddetti "social network".
Eppure veniamo da un lungo percorso di conquiste civili. La storia contemporanea, infatti, ha visto svilupparsi il nesso fra democrazia politica e democrazia economica, configurando uno scenario in base al quale la democrazia non avrebbe potuto dirsi esistente se non evolvendosi e validandosi anche nella sfera industriale ed economica; un progetto – quello dell'Economia sociale di mercato novecentesca – in cui la cittadinanza non può limitarsi al riconoscimento dei diritti civili e politici, ma varcando la soglia dei luoghi di lavoro, rimasti a lungo spazi vuoti di diritto, si sviluppa anche nella sfera sociale ed economica.
Non si può prescindere dal ritenere che democrazia politica senza democrazia industriale darebbe luogo ad un regime di democrazia incompleta, poiché «se la democrazia è legittimata a governare lo stato, deve esserlo anche a governare le imprese economiche. Affermare che non è legittimata a governare le imprese sottende che non è legittimata a governare lo stato»,[7] laddove per Stato si intenda la Nazione e quindi la società nella cui «responsabilità collettiva (democratica)» v'è il «preservare dall'instabilità e dalle crisi finanziarie il sistema, preservando al contempo dalle conseguenti fluttuazioni anche l'occupazione e le condizioni di vita delle persone».[8] Il concetto di democrazia industriale riguarda le decisioni relative alla produzione e all'organizzazione del lavoro, mentre per democrazia economica si

---

[7] DAHL R., *La democrazia economica*, Il Mulino, Bologna, 1989, p. 95.
[8] Cfr. BIASCO S., *Ripensando il Capitalismo. La crisi economica e il futuro della sinistra*, op. cit.

intende l'insieme di modalità e criteri di distribuzione dei beni sociali, in termini non solo reddituali ma anche di poteri e opportunità.[9] È in ragione delle caratteristiche finora esaminate che si può individuare «il nesso tra capitalismo e democrazia, in quanto il capitalismo è basato sulla libertà dell'iniziativa imprenditoriale, la quale, a sua volta, esprimendosi in una realizzazione piena della soggettività individuale, esige e crea quasi naturalmente spazi di libertà individuale e collettiva. Per questo il capitalismo necessita di società aperte, ove i comportamenti individuali e collettivi siano rispettati e non frequentemente turbati da poteri esterni. Come si può vedere, grazie alla convergenza di queste forze e di queste domande sugli obbiettivi di una società "aperta" e rispettosa dei comportamenti individuali e collettivi, i caratteri del sistema sociale utili allo sviluppo del capitalismo di mercato e quelli che possono sostenere la diffusione della democrazia di massa appaiono molto vicini, se non gli stessi».[10]

Nella tradizione del pensiero liberale, il legame fra il diritto della proprietà privata e il rischio d'impresa attribuisce all'imprenditore il potere direttivo e gerarchico di disporre strumentalmente e discrezionalmente della forza lavoro alle proprie dipendenze. Nelle relazioni sindacali ciò ha significato la costruzione di vincoli all'esercizio della proprietà privata. All'interno del contratto di lavoro, infatti, se la subordinazione del prestatore d'opera al datore di lavoro rappresenta un legittimo esercizio di proprietà, e il potere direttivo configura la situazione soggettiva attiva del creditore dell'obbligazione lavorativa, allora la democrazia industriale costituisce un condizionamento procedurale all'esercizio di tale autorità gerarchica, a presidio della dignità dell'essere personale del lavoratore nell'ambito di un'organizzazione dei sistemi economici e sociali rispettosa dei diritti dell'uomo. E, fra gli strumenti tipici attra-

---

[9] Cfr. CRAWFORD MACPHERSON B., *La vita e i tempi della democrazia liberale*, Il Saggiatore, Milano, 1980.
[10] Cfr. BENEDETTI L. (a cura di), *Democrazia economica e democrazia industriale. La prospettiva europea, il caso italiano*, Franco Angeli editore, Milano, 1994, p. 92 e ss.

verso i quali realizzare concretamente la democrazia industriale all'interno dell'impresa capitalistica vi sono, certamente, il conflitto industriale e la contrattazione collettiva. Basti considerare la cristallizzazione nella Carta di Nizza dei diritti di sciopero, della contrattazione collettiva, dell'informazione e consultazione dei lavoratori e delle loro rappresentanze, facendo diventare la democrazia industriale parte integrante del modello sociale europeo.[11]

L'organizzazione sindacale, infatti, sia essa rappresentativa dei datori di lavoro ovvero dei prestatori di lavoro, è finalizzata alla tutela di interessi professionali, ovvero di interessi connessi alla costituzione, allo svolgimento e all'estinzione del rapporto di lavoro. In ragione della mancata attuazione del sistema previsto dall'art. 39 della Costituzione, che sancisce il principio della libertà dell'organizzazione sindacale su cui si fonda l'intero diritto sindacale italiano, il sindacato associativo è considerato un'associazione non riconosciuta, perciò dotato di soggettività giuridica e autonomia patrimoniale, ma non già di personalità giuridica. Così, «per esercitare la sua azione determinante non richiede prerogative, né investiture formali, anzi le respinge (…) Ha dalla sua, e gli basta, la forza dell'organizzazione e dei comportamenti».[12]

La *ratio* della particolare considerazione che il nostro ordinamento giuridico riserva al fenomeno sindacale non risiede nella tutela di siffatti interessi individuali, al massimo comuni – per la protezione dei quali sarebbe già sufficiente il riconoscimento della libertà di associazione ex art. 18 della Costituzione[13] – ma piuttosto, rispetto a qualsivoglia altra struttura associativa costituita dagli stessi soggetti, per gli strumenti utilizzati e, in modo peculiare, per il tipo di attività giuridica svolta e per il fine che si intende perseguire. Infatti, ciò che caratterizza l'azione delle

---

[11] Cfr. LEONARDI S., *Modelli e forme della partecipazione dei lavoratori: le promesse non mantenute della democrazia industriale?*, Atti del seminario IRES /INFORMIA, Roma, 15 – 16 luglio 2010.
[12] Cfr. SANTORO PASSARELLI F., *Sindacato e funzione pubblica*, in Id., *Libertà e autorità nel diritto civile: altri saggi*, Cedam, Padova, 1977.
[13] Cfr. PERSIANI M., *Saggio sull'autonomia privata collettiva*, Cedam, Padova, 1972.

organizzazioni sindacali, datoriali e dei lavoratori, è l'esercizio del mandato loro conferito, per fonte volontaria dagli iscritti, mediante la stipulazione del contratto collettivo. Così, nella precipua funzione di assicurare al lavoratore «una retribuzione proporzionata alla qualità e alla quantità del suo lavoro» (art. 36 della Costituzione), trova giustificazione il trattamento accordato dal legislatore.[14]

L'organizzazione sindacale dei lavoratori si caratterizza, altresì, per un ulteriore elemento: la proclamazione dello sciopero o di altri mezzi di lotta sindacale, con lo scopo di realizzare, al tempo stesso, la tutela dei suoi interessi e, soprattutto, dell'interesse collettivo di cui è portatore. Interesse collettivo «quale sintesi, e non mera somma degli interessi individuali, da questi ultimi quantitativamente ma anche qualitativamente distinto, e riferibile ai singoli soltanto *uti universi* giacché è indivisibile, non diversamente dall'interesse generale».[15]

Oggi lo spostamento del potere effettivo dalla sede legislativa ad altri luoghi, favorito dalla crisi delle strutture intermedie e dell'intero assetto istituzionale, alimenta l'influenza degli interessi settoriali. I gruppi di interesse, pur non essendo dotati di potere politico formale, spesso sono in grado di esercitare un potere politico sostanziale, che si afferma nella realtà di fatto incidendo sull'azione dei pubblici poteri, condizionandola e producendo effetti suscettibili di riflettersi sull'intera collettività.[16] Il conseguimento dell'interesse generale è garantito dall'accesso egualitario e dalla interazione di molteplici gruppi di pressione che, quando riconosciuti e regolamentati dall'ordinamento, agiscono dall'interno delle istituzioni e contribuiscono ad una competizione che realizza un equilibrio tra spinte e pressioni contra-

---

[14] Cfr. PERSIANI M., *Diritto sindacale*, Cedam, Padova, 2005.
[15] Cfr. SANTORO PASSARELLI F., *Autonomia collettiva, giurisdizione, diritto di sciopero,* in *Rivista italiana per le scienze giuridiche,* ora in Id., *Saggi di diritto civile,* vol. I, Jovene, Napoli, 1961.
[16] Cfr. STERPETTI P., *La lobby dei sindacati, decisiva e politicamente irresponsabile,* in *www.libertiamo.it,* 3 giugno 2010.

stanti; proprio come avviene, secondo la visione anglosassone e statunitense, nell'azione cosiddetta di *lobbying*.[17]

Quando le *lobby* non sono riconosciute[18] come elementi costitutivi della democrazia, possono, al contrario, rappresentare un ostacolo all'interesse generale: il processo democratico è dominato da un numero esiguo di gruppi di pressione, raramente regolamentati e articolati, che tutelano interessi parziali, o lo Stato si pone come unico detentore dell'interesse generale, «che difende contro interessi particolari giudicati perturbatori, anche se tollerati».[19] È il caso del nostro Paese.

La legittimità costituzionale dell'attività di *lobbying* si evince, tra gli altri, principalmente dall'articolo 50 della Costituzione, «che fonda una sorta di right to petition, un diritto di influenzare il decisore pubblico, almeno quello parlamentare»;[20] la stessa Corte Costituzionale, con due sentenze del 1974, ha riconosciuto la legittima attività di influenza svolta nei confronti degli organi costituzionali.

Associazioni di categoria e sindacati sono, *sine dubio*, interlocutori privilegiati del legislatore.

In forza delle previsioni di cui all'art. 39 della Costituzione, l'associazione di rappresentanza è dotata di soggettività istituzionale formale e, per ciò, abilitata ad esercitare la contrattazione. E «il concetto di rappresentatività è caratterizzato da una sua multidimensionalità che non è misurabile *tout court* mediante l'utilizzo di un solo indicatore. Il peso di un'associazione di rappresentanza è legato a vari aspetti quali la sua forza, ovvero il suo potere di contrattazione, e la sua influenza, ovvero

---

[17] Cfr. DE LUCA G., voce *Lobby* in *Dizionario di Economia e Finanza*, Treccani, 2012.
[18] In assenza di una normativa a livello nazionale, in Italia alcune Regioni hanno approvato leggi per disciplinare l'attività delle lobby; con D. M. 9 febbraio 2012, n. 2284 (meglio noto come "decreto lobby"), il Ministero delle Politiche Agricole Alimentari Forestali ha istituito l'Unità per la Trasparenza al fine di assicurare la trasparenza dei processi decisionali di competenza dell'Amministrazione e di gestire l'attività di interazione tra il Ministero e i gruppi di pressione.
[19] Cfr. DE LUCA G., voce *Lobby*, op. cit.
[20] Cfr. PETRILLO P. L., *Democrazie sotto pressione. Parlamenti e lobby nel diritto pubblico comparato*, Giuffré, Milano, 2011.

la capacità di condizionare l'agenda di politica economica dei governi».[21] Inoltre, con la semplificazione del sistema di rappresentanza, mediante la pratica delle riunioni in confederazioni, si riduce la frammentazione degli interessi e si influenzano fortemente le scelte politiche.

I sindacati sono direttamente coinvolti nei processi decisionali, sia nella fase pre-legislativa che in quella di adozione delle misure che riguardano i propri iscritti. Nello sviluppo materiale dell'ordinamento costituzionale, presupposti strutturali e dinamiche politiche hanno trasformato il sindacato in un «vero e proprio *veto player* capace di condizionare la politica economica come le riforme legislative».[22] «Al sindacato, oltre alle funzioni difensive e rivendicative, competono sia una rappresentanza finalizzata ad "organizzare nel giusto ordine la vita economica",[23] sia l'educazione alla coscienza sociale dei lavoratori, affinché essi si sentano parte attiva, secondo le capacità e le attitudini di ciascuno, in tutta l'opera dello sviluppo economico e sociale e della costruzione del bene comune universale (...) Le organizzazioni sindacali hanno il dovere di influenzare il potere politico, così da sensibilizzarlo debitamente ai problemi del lavoro e da impegnarlo a favorire la realizzazione dei diritti dei lavoratori».[24]

Se, quindi, alla luce dell'attuale situazione economica e politica, il sistema capitalista sembra necessitare di profonde revisioni (alle quali il contributo degli attori sociali potrebbe e dovrebbe risultare dirimente) è parimenti palese come «con tali presupposti è evidente che le rappresentanze degli interessi collettivi del lavoro e dell'impresa abbiano dunque una nuova grande occasione, che non può essere né rimandata né tantomeno accantonata. La geografia degli interessi da presidiare sta cambiando rapidamente e l'intero sistema di rappresentanza dovrà

---

[21] Cfr. FELTRIN P., *La rappresentatività dei sindacati ieri e oggi*, in *Formazione & Lavoro*, n. 1, 2009, pp. 159-174.
[22] Cfr. MARTONE M., *Governo dell'economia e azione sindacale*, Cedam, Padova, 2006.
[23] Cfr. CONCILIO VATICANO II, *Gaudium et spes*, 1965, n. 68.
[24] Cfr. *Compendio*, n. 307.

lavorare per restituire coesione al Paese, partendo dall'essere rappresentanza responsabile, per dire ai mercati che una strada per il recupero delle risorse e per uno sviluppo credibile si può trovare». [25]

È giusto, dunque, osservare e riflettere sugli effetti di questa trasformazione tra democrazia politica e democrazia sindacale. La politica è incalzata e in affanno. Bisogna scegliere se far ripartire la crescita o limitarsi a fermare il decadimento, il quale è il risultato di una concezione di progresso che non tiene conto dei limiti naturali e temporali e che alla cooperazione sta sostituendo la competizione e il conflitto. Inoltre, le soluzioni riguardanti (i numeri) dei posti di lavoro persi non ripristineranno la situazione *ante* crisi e ciò non solo nella nostra economia nazionale. La crisi strutturale delle entrate, infine, determina un impoverimento delle capacità di intervento sul versante dei servizi contribuendo ad un indebolimento degli *standard* e all'aumento del divario tra ricchi e poveri. [26] In molte economie, in particolare nella zona euro, i

---

[25] Cfr. MARVARDI U., *Un'officina per le Relazioni Industriali*, in *Il diario del lavoro*, n. 4 / 5, 2013, pp. 20-22.

[26] Il mercato del lavoro è stato affetto da una ripresa economica più bassa del previsto: ci si aspetta un aumento di circa 5 milioni di disoccupati rispetto allo standard previsto di 215 milioni nel 2018. La crescita occupazionale è rallentata durante il 2013 in molte regioni, portando ad un'ulteriore revisione al rialzo dei tassi di disoccupazione. L'occupazione globale è cresciuta solo del 1,4% nel 2013, dato sostanzialmente invariato dal 2012, ma inferiore rispetto a qualsiasi anno del decennio pre-crisi.

Anche se l'attività economica sta cominciando ad aumentare nelle economie più sviluppate ed emergenti, tuttavia ai livelli attuali la crescita è troppo debole per migliorare sensibilmente la situazione dei lavoratori: i mercati del lavoro non si sono ancora ripresi da carenze precedenti, la disoccupazione globale rimane al 6% con circa 202 milioni di disoccupati e la maggior parte dell'ulteriore aumento di disoccupazione si verificherà nelle economie sviluppate e nell'Unione europea, con circa 3 milioni in più di disoccupati rispetto alle previsioni per il 2018.

La disoccupazione persiste: quando i periodi di disoccupazione si allungano, le competenze si deprezzano e le ricerche di lavoro diventano più dure. Questo cambiamento nella composizione della disoccupazione è un altro fattore che ostacola la ripresa del mercato del lavoro e comporta notevoli costi personali e sociali, come la soddisfazione di vita diminuita e stigmatizzazione.

Inoltre i disoccupati sono sempre più scoraggiati: l'aumento dello scoraggiamento nel mercato del lavoro e la disoccupazione strutturale dovrebbero essere affrontati con nuove competenze ed iniziative di formazione per aiutare i disoccupati a trovare occupazione e per promuovere, più in generale, la loro occupabilità. Consumi privati

livelli di PIL sono ancora molto al di sotto dei livelli osservati prima della crisi, il che si riflette in termini occupazionali. Alcune economie in via di sviluppo ed emergenti sono in ritardo per quanto riguarda i tassi di crescita economica, con una conseguente riduzione della povertà più lenta. La creazione di posti di lavoro dignitosi è rallentata un po' ovunque nel mondo, con una diminuzione significativa sia dei salari che della crescita dell'occupazione industriale.[27]

Ecco come gli attori sociali, direttamente coinvolti nei processi industriali, dovrebbero accettare il presupposto secondo cui senza risorse da re-distribuire mediante accordi, che equilibrino le ragioni e i bisogni delle parti trattanti, le relazioni industriali non possono essere più basate sul conflitto. Al momento sembra prevalere un effetto di spaesamento, pare vi sia una dimensione strutturale della crisi, tale per cui il sistema delle relazioni industriali si rivolge a meccanismi difensivi, anche grazie all'aiuto dello Stato per evitare che alcuni processi diventino catastrofici.

La debolezza del sistema economico comporta uguale debolezza del sistema delle relazioni industriali. Bisogna, infatti, considerare che, in questo scenario, vengono meno le ragioni del conflitto. Ciò perché alle imprese che falliscono non si sostituiscono altre imprese (e i relativi posti di lavoro), ma altre attività di produzione e lavoro di proprietà diverse di investitori stranieri, facendo, quindi, da un lato, venire meno il

---

e pubblici insufficienti, così come bassi investimenti impediscono una più rapida creazione di posti di lavoro e un calo più rapido del tasso di disoccupazione.

La creazione di posti di lavoro dignitosi è rallentata un po'ovunque nel mondo, con una diminuzione significativa sia dei salari sia della crescita dell'occupazione industriale (l'occupazione globale è cresciuta solo del 1,4% nel 2013, dato sostanzialmente invariato dal 2012, ma inferiore rispetto a qualsiasi anno del decennio pre-crisi): vista l'attuale situazione economica e politica, è probabile che la disoccupazione continuerà ad aumentare ulteriormente, con un'ondata costante di nuovi disoccupati – oltre 220?? milioni – che entrerà nel mercato del lavoro globale nei prossimi cinque anni senza sufficienti opportunità di lavoro dignitose per assorbirli.

Per un approfondimento si vedano i dati ILO, dal *Global employement trends 2014. Risk of a job less recovery?*, Ginevra 2013.

[27] *Ibidem.*

soggetto impresa, dall'altro rimanendo le ragioni del disagio sociale e le iniquità redistributive. Il modello delle economie di scala e le leggi del PIL e della finanza stanno impoverendo il tessuto sociale e i territori, spingendo a produrre al minor costo senza tenere in considerazione le conseguenze ambientali, sociali ed etiche che provocano.[28]
La soluzione dovrà passare attraverso l'innovazione sociale ed economica; sarà necessario ri-orientare i sistemi e le comunità verso logiche di sviluppo sostenibile, individuando nuovi processi di arricchimento. E, in questo tentativo di cambiamento, tutti i fenomeni nei quali si sostanzia la democrazia devono porsi «come stimolo a pensare alle ragioni dell'interdipendenza».[29]

2. Il lavoro nella democrazia

Il diritto del lavoro rappresenta più che un ramo di un ordinamento giuridico, la fotografia della salute di un popolo. Da

---

[28] È quanto emerge dall'indagine Coldiretti/SWG "I giovani e la crisi", secondo cui il 38% dei giovani preferirebbe gestire un agriturismo piuttosto che lavorare in una multinazionale (28%) o fare l'impiegato in banca (26%). «"Il contatto con la natura e i suoi prodotti è diventato premiante rispetto all'impegno negli strumenti finanziari di un istituto di credito o nei prodotti fortemente pubblicizzati di una grande multinazionale", ha affermato il presidente della Coldiretti Sergio Marini nel precisare che "venute meno le garanzie del posto fisso che caratterizzavano queste occupazioni, sono emerse tutte le criticità di lavori che in molti considerano ripetitivi e poco gratificanti rispetto al lavoro in campagna". La conferma viene dal fatto che al 42% dei giovani piacerebbe fare l'agricoltore se avesse il terreno contro il 39% che non sarebbe invece interessato. Una tendenza confermata dal fatto che, con un aumento record del 29% delle iscrizioni negli istituti professionali agricoli e del 13% negli istituti tecnici di agraria, agroalimentare ed agroindustria, la campagna torna prepotentemente a crescere nell'interesse delle giovani generazioni, secondo l'analisi della Coldiretti sui dati relativi alle iscrizioni al primo anno delle scuole secondarie di II grado statali e paritarie per l'anno scolastico 2012/2013 divulgati dal Ministero dell'Istruzione, dell'Università e della Ricerca dal quale si evidenzia il successo dell'agroalimentare nelle scelte formative». Resoconto dell'indagine tratto da: *www.coldiretti.it*
[29] Cfr. MARTINI C. M., *Dialogo sulla solidarietà*, in CACCIARI M., MARTINI C. M., Edizioni Lavoro, Roma 1999, p. 27.

sempre il lavoro è la base della società, costituendo «una dimensione fondamentale dell'esistenza dell'uomo».[30] Allo stesso modo, in ogni periodo storico – e quindi vigenti determinate forme di governo – i rapporti di lavoro sono stati utilizzati per valutare la loro sostenibilità alla luce di un costante fondamento di giustizia redistributiva, tale per cui «le ineguaglianze economiche e sociali, come quelle di ricchezza e potere, sono giuste soltanto se producono benefici compensativi per ciascuno, ed in particolare per i membri meno avvantaggiati della società».[31]
L'idea che l'operosità sia una dimensione importante per la realizzazione personale dell'essere umano e della sua socialità, si è imposta molto lentamente nella cultura occidentale.
In epoca pre-industriale il lavoro non era un valore: la divisione della società in classi sociali prevedeva che la nobiltà non dovesse lavorare mentre artigiani e contadini lavoravano per quanto gli bastava, il resto era vita. Non che artigiani e contadini non amassero il proprio mestiere (che è qualcosa di diverso dal "lavoro" tanto che c'è chi dubita che in epoca pre-industriale esistesse il concetto stesso di lavoro come noi modernamente lo intendiamo),[32] ma non erano disposti a sacrificargli più di quanto fosse necessario al fabbisogno essenziale, perché il vero valore, per quel mondo, era il tempo. Questa disposizione psicologica verso il lavoro comportava la non esistenza del concetto di disoccupazione per la semplice ragione che ognuno, artigiano o contadino che fosse, viveva sul suo e del suo.
Da un punto di vista di psicologia sociale, l'evoluzione del pensiero sviluppatosi dopo la fine del Medio Evo è stato caratterizzato dalla contrapposizione di due principi: da un lato, quello di tradizione cristiana, dall'altro un pensiero dominante che assunse diverse forme nella caratterizzazione di quella che

---

[30] Cfr. GIOVANNI PAOLO II, *Laborem Exercens*, 1981, n. 4.
[31] Cfr. RALWS J., *Theory of Justice*.
[32] Cfr. KURTZ R., *La fine della politica e l'apoteosi del denaro*, Manifesto libri, Roma, 1997, p. 5 e ss.

potrebbe essere provocatoriamente definita come una sorta di "religione dell'industrialismo e dell'era cibernetica", fondata sul perno della dissoluzione dei legami di solidarietà umana ad opera della supremazia dell'interesse individuale e del reciproco antagonismo. A diventare "sacri" sono stati, quindi, la proprietà, il profitto, il potere.[33] Il dato fondamentale per comprendere l'attuale società umana è costituito dal mutamento verificatosi tra la fase iniziale del capitalismo e il Novecento. Continuando a fare riferimento a concetti tipici delle scienze psicologiche, il "carattere" autoritario-tesaurizzante, che fu la struttura dominante tra le classi medie dal XVI alla fine del XIX secolo, si è commistionato progressivamente con un "carattere mercantile". Questo si basa sull'esperienza di se stessi come di una merce e del proprio valore, non come un "valore d'uso" ma come un "valore di scambio"; quindi l'essere umano diventa una merce da posizionare su un "mercato delle personalità". Qui il criterio di valutazione è uguale a quello usato nel mercato delle merci. Pur differendo circa l'oggetto della vendita, in entrambi i casi il loro valore è il valore di scambio, del quale il "valore d'uso" è una condizione necessaria ma non sufficiente, e quindi luogo in cui ciascuno è svuotato del "sé" in quanto è necessario modulare le proprie caratteristiche personali in funzione della posizione da ricoprire.[34]

Il diritto del lavoro moderno nasce, dunque, nel contesto della legislazione sociale, da un'esigenza di protezione della persona del lavoratore (legge 300/1970) in ragione della sua qualità di soggetto debole sul piano socio-economico e, conseguentemente, sul piano contrattuale.[35]

---

[33] «(...) Dio ha voluto che al centro del mondo non sia un idolo, sia l'uomo, l'uomo e la donna, che portino avanti, col proprio lavoro, il mondo. Ma adesso, in questo sistema senza etica, al centro c'è un idolo e il mondo è diventato idolatra di questo "dio-denaro". Comandano i soldi! Comanda il denaro! Comandano tutte queste cose che servono a lui, a questo idolo». Cfr. FRANCESCO, Incontro con il mondo del lavoro, Cagliari, 22 settembre 2013, in *www.vatican.va*
[34] Cfr. FROMM E., *Avere o essere?*, Mondadori, Milano, 1977.
[35] Cfr. PESSI R., *Lezioni di Diritto Del Lavoro*, Giappichelli, Torino, 2008.

La definizione di diritto del lavoro rimane, oggi, piuttosto problematica. Tale disciplina, infatti, a dispetto della sua apparente genericità, si occupa solo di alcune forme di attività lavorativa, peraltro di difficile interpretazione e identificazione in ragione dell'eterogeneità delle fonti a cui si riferisce. Il riferimento normativo primario del concetto di lavoro è contenuto nel codice civile italiano: ai sensi dell'art. 2094 c.c. è prestatore del lavoro subordinato chi si obbliga dietro retribuzione a prestare nell'impresa il proprio lavoro che può essere intellettuale o manuale. In altre parole, nel lavoro subordinato è presente una soggezione del lavoratore alle decisioni e agli ordini del datore di lavoro. La nozione codicistica non basta, tuttavia, da sola a qualificare e circoscrivere il rapporto subordinato nel suo concreto atteggiarsi, seppure l'architettura normativa in materia ha considerato tale definizione come condizione necessaria per collocare la prestazione così descritta nella zona protettiva delle tutele e dei diritti di libertà approntata dallo Statuto dei lavoratori del 1970. Dottrina e giurisprudenza di Cassazione fanno rilevare l'allargamento dell'area riconosciuta come subordinata da parte della giurisprudenza considerandola quale fenomeno socio-economico,[36] ritenendo quindi che numerose attività professionali potrebbero essere qualificate come subordinate a seconda dei modi di atteggiarsi in concreto la prestazione lavorativa. Esistono nell'attuale sistema al contempo, molte, troppe, altre norme che individuano, regolano e coordinano specifici rapporti di lavoro.[37]

---

[36] Cfr. GIUGNI G., *Prospettive del Diritto del lavoro per gli anni '80*, Giuffré, Milano, 1983.
[37] Per esempio, la legge 14 febbraio 2003 n. 30. Con l'entrata in vigore della cosiddetta legge Biagi sono stati disciplinati i lavori atipici e la flessibilità nel lavoro. In realtà la legge è impropriamente così definita in quanto si tratta solo di una legge delega al Governo, il D. Lgs. n. 276 del 2003.
Nelle forme di flessibilità introdotte dalla nuova normativa, trovano applicazione:
• il part time (artt. 46 e 85 comma 2 del decreto n. 276/2003);
• il contratto di somministrazione (artt. 20-28);
• il lavoro intermittente (artt. 33-40);
• il lavoro ripartito (artt. 41-45);
• il contratto di inserimento;

L'epoca post-industriale ha posto all'attenzione il tema della *jobless economy* e ha valorizzato il tempo libero come spazio personale e sociale di sviluppo della personalità al di fuori dal lavoro.
Se da un lato la crisi economica ci spinge a valorizzare ogni "spazio" esterno al lavoro, dedicato allo sviluppo e alla crescita della persona nelle altre attività, dall'altro ci ricorda come questa netta suddivisione non sia possibile, in quanto quasi tutte le nostre attività di esseri umani dipendono dall'attività lavorativa. Questo aspetto totalizzante della vita delle persone dovrebbe, semmai, consistere in una "scelta" e non in un "ricatto" al quale soggiacere per soddisfare elementari bisogni di sussistenza, in quanto il lavoro – che è una sfera indivisibile dalle altre sfere dell'agire umano – non può che rappresentare il punto più alto d'espressione di una società. Infatti, all'origine della crisi economica e del modello capitalista «c'è un tradimento del bene comune, sia da parte dei singoli che di gruppi di potere. È necessario quindi togliere centralità alla legge del profitto e della rendita ricollocando al centro la persona e il bene comune. E un fattore molto importante per la dignità della persona è proprio il lavoro; perché ci sia un'autentica promozione della persona va garantito il lavoro. Questo è un compito che appartiene all'intera società».[38] Compito che si potrebbe realizzare solo ricercando insieme il bene comune, concetto non più scontato né condiviso.
Un primo correttivo volto alla sostenibilità del governo dell'economia, nel quale i mezzi tecnici – frutto del lavoro umano – giocano un ruolo primario, comporterebbe orientare le scelte strategiche, economiche e politiche, in quanto verità evidente che risulta da tutta l'esperienza storica dell'uomo.[39] Esso

---

• il lavoro a progetto (art. 69) in parziale sostituzione della collaborazione coordinata e continuativa;
• prestazioni occasionali e accessorie.

[38] Cfr. FRANCESCO, *Incontro con il mondo del lavoro*, Cagliari, 22 settembre 2013, in *www.vatican.va*
[39] Cfr. Giovanni Paolo II, *Laborem Exercens,* op. cit., III – *Il conflitto tra lavoro e capitale nella presente fase storica*, 1981.

riguarda direttamente il processo stesso di produzione, in rapporto al quale il lavoro è sempre una causa efficiente primaria, mentre il «capitale», essendo l'insieme dei mezzi di produzione, rimane uno strumento o la causa strumentale.

2.1. La democrazia per il lavoro

Il diritto del lavoro ha subito diverse interpretazioni dettate dalle contingenze storiche. È uno di quei rami del diritto che risente in maniera più diretta dell'influenza della situazione economica e politica generale.

Esso è in stretta correlazione con il diritto. Ma qual è il nesso che unisce i due termini concettualmente? L'operazione preliminare da compiere è quella di chiarire cosa si intende per lavoro e cosa per diritto. Solo compiuta quest'operazione si può chiarire la differenza tra diritto del lavoro e diritto al lavoro. Ci possono essere due modi di intendere il lavoro: il lavoro come *locatio operis*; oppure, il lavoro come contributo individuale per il benessere, lo sviluppo e la crescita propria e della comunità di riferimento.

Ci sono, poi, due modi di intendere il lavoro in quanto diritto: concessione datoriale o, comunque, logica conseguenza della prestazione adempiuta con diligenza; oppure, riconoscimento in sé del lavoratore in quanto uomo, persona intrinsecamente portatrice di diritti da riconoscere a priori, anche nella sfera lavorativa.

Quanto al concetto di lavoro la visione classico / mercatistica individua in esso nient'altro che uno "scambio" tra prestazione e retribuzione secondo una visione utilitaristica che tenderebbe a ridurre il rapporto di lavoro a un mero contratto di locazione. Questa visione civilistico / utilitarista / materialista del lavoro tende a considerare i diritti del lavoro come qualcosa di distinto e distante dalla persona del lavoratore, visto, in chiave fordista, come esecutore di una volontà altrui, meccanismo di un ingranaggio dato e altro rispetto alla sua individualità.

In questo paradigma apparentemente organicistico e olistico, la persona viene relegata, paradossalmente, al ruolo di "monade" fagocitata dal "Tutto" del meccanismo produttivo, che la rende talmente indistinta dagli altri fattori da farle percepire una sensazione di solitudine, frutto di un modo alienante e spersonalizzante di intendere il lavoro. Ciò svuota di senso l'impegno, lo sforzo e la tensione ideale alla perfezione, tutti rivolti, secondo tale ottica, al riconoscimento di diritti che, invece, sono da considerare come intrinseci alla persona del lavoratore, pertanto non negoziabili e non ascrivibili alla concessione paternalistica del datore.

In altri termini, il diritto a vedere ricompensati i propri sforzi lavorativi, così come tutti gli altri diritti inerenti la prestazione lavorativa e il rapporto di lavoro, non possono essere oggetto di scambio tra le parti in quanto diritti indisponibili, diritti umani inscritti nella stessa natura della persona, che individua nel lavoratore non una "monade" obbediente a schemi meccanicistici, ma un membro attivo di una comunità, il quale, nella stessa e nel rapporto con l'"altro" – dunque anche nel rapporto di lavoro – sviluppa la propria personalità. Il lavoratore non può, infatti, essere immaginato come uomo e cittadino soltanto al di fuori del contesto e della sfera lavorativa, ma anche e soprattutto al suo interno.

È compito del diritto garantire la dimensione comunitaria dell'essere umano, in quanto l'uomo è *Zoon Politikòn*; esso garantisce il delicato equilibrio tra l'io e il noi, tra l'io e il tu, cioè di quella congerie di interessi particolari e collettivi in cui si esprime la vita delle persone.

Il diritto del lavoro e il diritto al lavoro derivano parte della loro forma dai diritti inviolabili dell'uomo: l'attenzione al tema della riduzione in schiavitù, la relativa convenzione dell'Organizzazione Internazionale del Lavoro (ILO),[40] sono la riflessione condotta a livello mondiale sul fatto che l'esperienza lavorativa in quanto tale, regolata o meno da uno strumento giuridico, può avere una natura contraria alla dignità della persona, che è concetto che nasce dal considerare l'uomo come fine

---

[40] Cfr. ILO (Organizzazione Internazionale del Lavoro), *Convenzione 105 sull'abolizione del lavoro forzato,* Ginevra, 1957.

e mai come mezzo. Il contenuto regolatorio del diritto del / al lavoro non deve prescindere dal rispetto della dignità della persona umana.
L'obiettivo di riportare il lavoratore in un'ottica, più che di produzione, di tutela della persona e del suo essere cittadino è stato considerato punto irrinunciabile dai nostri padri costituenti. Ponendo il lavoro a fondamento della Repubblica, la Costituzione dà un connotato spiccatamente sociale e solidaristico al sistema democratico italiano. Il principio lavorista, per il quale la Repubblica Italiana, fondata sul lavoro, ne riconosce il diritto a tutti i cittadini, permea di sé l'intera Carta costituzionale, differenziandola da quelle di altri paesi democratici.[41] Ad esempio, molti diritti, come quello alla proprietà e all'impresa economica privata, sono sanciti in altre costituzioni liberali come assolutamente inviolabili.[42] La nostra Costituzione li introduce, invece, in una funzione sociale in quanto finalizzati, non solo all'arricchimento dell'individuo, alla crescita del benessere comune. Allo stesso tempo, essa pone il "lavoro in tutte le sue forme e manifestazioni" (art. 35, comma primo, della Costituzione) non come prerogativa della sola "classe lavoratrice", bensì come titolo di cittadinanza, conferendone perciò concretezza e attribuendo alla Repubblica il compito di "promuovere le condizioni che rendano effettivo questo diritto" con l'adozione di politiche di sviluppo dell'occupazione e delle sue tutele; interpretando, così, il principio democratico.[43]
È evidente come in questo modo la società si orienta al perseguimento del bene comune, in una prospettiva politica di responsabilità verso la vita della *pòlis*. Invero il valore inclusivo del fondare la Repubblica sul lavoro trova sviluppo nel dovere dei singoli cittadini di orientarsi nell'ampio campo del lavoro,

---

[41] Cfr. RUFFALDI E., NICOLA U., *Pensare la Costituzione. Le radici filosofiche della carta Costituzionale*, Loescher, Torino, 2009.
[42] Secondo il principio liberale, le funzioni dello Stato devono limitarsi a compiti di difesa e ordine pubblico: l'intervento in economia è volto e limitato a garantire che i soggetti economici si muovano ed operino secondo la legge di mercato, secondo la dottrina economica del *laissez faire*.
[43] Cfr. BOBBIO N., *Il futuro della democrazia*, Einaudi, Torino, 1984.

"secondo le proprie possibilità e la propria scelta", per concorrere "al progresso materiale o spirituale della società" (art. 4, comma secondo, della Costituzione). Tale dovere di solidarietà sociale – così come ulteriormente delineato dall'art. 2 della Costituzione – essendo giuridicamente privo di conseguenze sanzionatorie, viene prima della stessa Costituzione e di qualsiasi previsione normativa, le precede, essendo virtù civica che ha valore morale.

Il significato del collegamento fra democrazia e lavoro sussiste solo considerando la questione democratica come questione del lavoro. Non potendo considerare la democrazia esclusivamente come questione di regole formali, ma anche di condizioni materiali dell'esistenza, il lavoro, libero e dignitoso, si presenta come la prima di tali condizioni materiali.

L'inclusività del bene-lavoro approntata dalla cosiddetta "Costituzione materiale" non si realizza nel momento in cui l'insieme dei datori di lavoro decidono di comune accordo di concedere larghe possibilità lavorative, ma è, piuttosto, un comportamento della società tutta che si organizza per creare le condizioni perché ci sia inclusività nel mercato del lavoro. Condizione imprescindibile è, però, che tale inclusività si doti di fondamenta rispettose della dignità umana, considerando l'uomo mai come un mezzo ma sempre come un fine, con regole che non prescindano dall'individuare il fine sempre nell'uomo, anche in contesti economici congiunturali globalizzati. Quindi, se il diritto è una forma di relazione interumana, che ha a sua volta un fondamento nella garanzia della comunità umana e della sua socialità, ecco individuato il fondamento etico consistente nei diritti umani fondamentali.

Occorre tener presente, nel presente ragionamento, come il diritto al lavoro non sia un diritto perfetto, quindi esigibile e tutelato in una sede giudiziaria se non nel rapporto bilaterale che si crea nella gestione del singolo rapporto di lavoro. L'accesso al lavoro dipende da numerose variabili, la più evidente delle quali è l'incontro fra domanda e offerta sul mercato del lavoro, di certo non da sentenze o da una superfetazione giuridica che, di

fatto, non consentirebbe alla società di realizzare tutte le potenzialità inclusive e occupazionali che pure avrebbe, ponendosi invece come una dinamica che impedisce alle persone di entrare nel mondo del lavoro. Tutt'al più si potrebbe parlare di una pretesa che ha come referente non un tribunale ma la politica, quindi di un diritto estremamente aleatorio in quanto condizionato dalle libere scelte politiche. Ma, in questo modo si tradirebbe l'algoritmo costituzionale che prevede un percorso che va dal lavoro, alla politica, all'economia, per il quale non dev'essere il lavoro "condizionato" alla politica, semmai la politica è condizionata al lavoro.[44]
Nel ragionare sulla sussistenza del diritto al lavoro, non bisogna considerare l'assunzione di un obbligo da parte dello Stato di garantire un posto di lavoro. Lo Stato – attraverso l'individuazione e l'implementazione di nuovi modelli di *governance* (non potere vincolante ma coordinamento aperto)[45] – ha semmai il compito di garantire le condizioni affinché gli attori economici possano mettere in atto un comportamento dinamico orientato alla creazione di occasioni lavorative all'interno della società in cui agiscono.[46] Il riconoscimento a ciascun individuo del diritto di essere protagonista della propria vita, eliminando i possibili ostacoli e garantendo condizioni di partenza uguali per tutti. Nel cercare di trovare soluzioni giuste a tale questione bisognerà fare i conti con i diritti umani: non si può ridurre in schiavitù sulla base del presupposto di aver dato lavoro, si rischierebbe altrimenti una grave asimmetria nell'equilibrio posto al centro del contratto di lavoro (una sorta di sinallagma morale). Equilibrio che implica una specifica moralità del rapporto di lavoro, giacché incombe su di esso il rischio di attrarre all'interno del contratto lo scambio di due beni evidentemente

---

[44] Cfr. ZAGREBELSKY G., *Fondata sul lavoro. La solitudine dell'articolo 1*, Einaudi, Torino, 2013.
[45] Cfr. SARACINO G. et al., *Prendersi cura: Welfare e sussidiarietà* in SANGALLI S. (a cura di) *La Sussidiarietà. Mappe e rotte di esplorazione*, GBPress, Roma, 2014, pp. 218 e ss.
[46] Cfr. *Compendio*, n. 291.

non equivalenti, con la perdita secca del bene non negoziabile: quello della libertà e della dignità della persona.
Pare evidente come sarebbe necessario partire da questi punti per rifondare una società aperta che, quindi, «non si chiude in se stessa nella difesa degli interessi di pochi, ma guarda avanti nella prospettiva del bene comune. E ciò richiede da parte di tutti un forte senso di responsabilità. Non c'è speranza sociale senza un lavoro dignitoso per tutti».[47]

3. La democrazia industriale e le relazioni di lavoro

Come già analizzato in premessa, i processi di globalizzazione avviatisi negli ultimi decenni hanno comportato profondi cambiamenti in tutti i settori economici e sociali dei Paesi occidentali.
L'Italia, come noto, sta pagando un prezzo molto alto per la lunga e perdurante crisi economica che dal 2010 ha assunto dimensioni recessive. L'impatto più devastante è senza dubbio sull'apparato industriale e, di conseguenza, sul mercato del lavoro. La produzione interna non smette di scendere, le imprese chiudono e si perdono migliaia di posti di lavoro. A tutto questo, si aggiunge un costante aumento delle pressione fiscale da parte dello Stato, proprio per reperire risorse contro la crisi, cui si va ad aggiungere un indebolimento del valore reale delle retribuzioni.[48]
In passato, le parti sociali hanno operato in un contesto economico e politico ben diverso da quello di questi ultimi anni. In un contesto economico sano, la politica, intesa come attore nazionale ed europeo, agiva da garante rispetto all'assetto economico e sociale che il Paese andava costruendo. Pertanto, il rapporto più efficiente dal punto di vista relazionale era di tipo

---

[47] FRANCESCO, Incontro con il mondo del lavoro, Cagliari, 22 settembre 2013, in *www.vatican.va*
[48] Cfr. CONFINDUSTRIA CENTRO STUDI SCENARI ECONOMICI, *L'alto prezzo della crisi per l'Italia. Crescono e Paese che costruiscono le condizioni per lo sviluppo manifatturiero*, Giugno 2013.

conflittuale, riguardando tutto ciò che interessava la parte normativa ed obbligatoria del rapporto di lavoro.
Tale modello, che ha connotato il "sistema italiano" di relazioni industriali, e che, in una fase espansiva del ciclo economico, si presentava fortemente connotato da caratteristiche consociative e da rivendicazioni di natura corporativo/clientelare, mirava essenzialmente a far entrare nel processo di decisione aziendale il punto di vista del sindacato a tutela degli interessi dei lavoratori. D'altro canto per l'azienda significava ottenere una sorta di nulla osta per l'attuazione di decisioni non necessariamente condivise, ma per le quali, fatti salvi rari momenti di verifica, non era richiesto al sindacato alcun impegno attivo di collaborazione nella soluzione dei problemi. In tale modello, la partecipazione diretta dei lavoratori era considerata di competenza della direzione aziendale. Il sindacato si riservava di criticare le eventuali iniziative aziendali in quanto tentativo di sottrarre terreno alla regolazione contrattuale. Il coinvolgimento dei lavoratori e dello stesso sindacato alla vita aziendale era, dunque, «di natura meramente residuale e passiva»,[49] trovando il loro punto di risoluzione in sede istituzionale attraverso la cosiddetta "concertazione".
Essendosi fortemente ridimensionato il ruolo "storico" dello stato nazionale in gran parte delle politiche economiche, industriali e persino fiscali, a seguito del processo di integrazione europea e della globalizzazione dei mercati, le parti sociali sono state investite di un ruolo più ampio e di maggiore "responsabilità".[50] Ecco perché urge un'inversione di rotta nella dinamica

---

[49] Cfr. DE LUCA M., voce *Lobby*, op. cit., p. 282.
[50] La dimostrazione più evidente di questo processo è riscontrabile, probabilmente, nell'evoluzione frenetica dell'impianto previdenziale, previsto normativamente nel nostro Paese, per vincoli derivanti dall'adesione alla Comunità europea e all'Unione monetaria, per ragioni di natura demografica, e, da ultimo, per motivi congiunturali. Tale processo, testimonianza concreta del cambiamento irreversibile dei tradizionali sistemi di *welfare*, è analogo a quello che investe le relazioni industriali e l'intero assetto delle relazioni di lavoro, profondamente mutato per via di tali sconvolgimenti, che hanno gradualmente eroso la capacità dello Stato, delle sue istituzioni e del livello di contrattazione nazionale e categoriale di regolarle compiutamente secondo il rituale della "concertazione".

relazionale tra i diversi attori coinvolti nella *governance* di un modello economico-industriale spesso «anomico».[51]

È indubbio che oggi la capacità di ripresa del sistema industriale ed economico del Paese passi attraverso il ruolo e la responsabilità di azione che le parti sociali, intese come rappresentanze datoriali e sindacali, saranno capaci di darsi.

Le vertenze sindacali in merito a ristrutturazioni organizzative recanti importanti risvolti in termini di costi sociali, continuano ad essere presenti, e, nel breve periodo, non sembra cesseranno. Tuttavia, tale stato dell'arte, non è da imputarsi esclusivamente ad una cultura antagonista e conservatrice ancora presente tra le parti sociali, o alla logica mercatistica della globalizzazione, ma trae fondamento dal mancato perfezionamento (per via legislativa o per via di accordi interconfederali) dell'«alto compromesso»[52] tra ragioni del conflitto e ragioni della partecipazione,

---

Si vedano: PROIA G. *Manuale del nuovo corso del diritto del lavoro*, Cedam, Padova, 2013, pp. 72-78; ALAIMO A., *La previdenza complementare nella crisi del welfare state: autonomia individuale e nuove frontiere dell'azione sindacale*, in *Arg. Dir. Lav.*, 2001, p. 201 ss.

«La crisi fiscale dello Stato e l'allargamento della forbice tra le risorse disponibili e l'ampliamento della gamma dei bisogni hanno reso palese a tutti la crisi entropica, e non congiunturale, del *welfare state*. A questo punto, non solo l'ente pubblico, ma tutta la società deve farsi carico del *welfare*. E il nuovo *welfare* non può non tenere conto del fatto che l'Italia è stata la culla dell'economia civile, una tradizione di pensiero che va riscoperta e reinterpretata». Cfr. GALDO A., *L'egoismo è finito, la nuova civiltà dello stare insieme*, Einaudi, Torino, 2012, p. 92.

[51] Di "anomia" nelle relazioni industriali italiane ed europee hanno parlato diversi autori, anche mettendo in luce (più o meno positivamente) la scarna normativa comunitaria in materia, improntata al modello del cosiddetto "dialogo sociale", cui si va sempre più conformando il nostro Paese, non già per motivi storico-ideologici (si pensi all'annosa diatriba dottrinaria sulla mancata attuazione dell'art. 39 Cost.) sempre esistiti sin dal 1948, ma anche, negli ultimi decenni, per esigenze di competitività su scala globale. L'esempio più classico del rafforzamento di tale tendenza anomica e potenzialmente anarchica, che taluni (vedi U. Romagnoli) hanno definito «balcanizzazione delle relazioni industriali», ci è dato dall'art. 8 della L. 148/2011. Cfr. ROMAGNOLI U., *La balcanizzazione delle relazioni industriali*, in «Il Mulino», 30 Agosto 2011; Cfr. CARINCI F., *Al capezzale del sistema contrattuale: il giudice, il sindacato, il legislatore*; MARAZZA M., *La contrattazione di prossimità nell'articolo 8 della manovra 2011: i primi passi della dottrina giuslavoristica*, in *Diritto delle relazioni industriali*, n. 1, 2012; ICHINO P., *Relazioni industriali: come l'Italia può e deve rispondere alla sfida della Globalizzazione*, in www.pietroichino.it

[52] Di tale compromesso ha parlato Giampiero Proia, mettendo in luce le controverse interpretazioni delle riserve di legge (rimaste tuttora inattuate) poste a chiusura dei

disegnato dalla nostra Costituzione rispettivamente agli artt. 40 e 46. Questi ultimi, se interpretati e attuati congiuntamente, dovrebbero assicurare il rispetto dei principi di pluralismo e di democrazia economica, presupposti per la realizzazione piena della dignità della persona, intesa sia *"uti singula"* che «nelle formazioni sociali ove si svolge la sua personalità», ivi compresi il sindacato e l'impresa.[53] Sicché, organizzazioni imprenditoriali e dei lavoratori sono necessariamente chiamate a trovare delle soluzioni concrete, in grado di tenere unito l'intero sistema socio-economico, che la crisi industriale mette inevitabilmente in discussione.

E qui che si gioca la partita. Come si ristruttura un'impresa al fine di mantenerla viva evitando al contempo riduzioni del personale? In altri termini, come si può passare da un modello di relazioni industriali in cui la partecipazione viene letta in chiave difensiva se non addirittura conflittuale, a uno nuovo in cui prevalga un'interpretazione "espansiva"?

Per rispondere a queste domande le relazioni industriali dovranno compiere un salto di qualità. Farlo significa mettere in gioco una posta elevata sia in termini di diritti che di investimenti ed occupazione. Significa far evolvere il modello di «partecipazione conflittuale»[54] che ha caratterizzato finora le relazioni industriali del nostro Paese, facendole approdare verso forme più coraggiose di corresponsabilizzazione fra le parti, di collaborazione attiva nella gestione dei rischi e dell'attività d'impresa, incarnando al meglio il modello della cosiddetta «società europea»,[55] che attribuisce al sindacato un ruolo pri-

---

due articoli su cui si fonda il nostro sistema "teoricamente pluralista" di relazioni industriali. Si veda: PROIA G., *Manuale del nuovo corso del diritto del lavoro*, op. cit., p. 75.

[53] Cfr. *Ibidem*, p. 75, e BIN R., *Formazioni sociali*, in http://www.robertobin.it/articoli/, p. 2.

[54] Cfr. DE LUCA M., voce *Lobby*, op. cit.

[55] Per "società europea" si intende un modello societario di natura duale funzionale al raggiungimento del massimo grado di partecipazione dei lavoratori nell'impresa, in piena coerenza con i princìpi di democrazia economica e dialogo sociale cui si ispira l'Europa. Cfr. BORDOGNA L., GUARIELLO F., *Aver voce in capitolo. Società europea e partecipazione dei lavoratori nell'impresa*, Edizioni lavoro, Roma, 2003. Anche, cfr.

mario nella promozione di impresa, sviluppo, democrazia, diritti e solidarietà. Quest'ultimo non potrà più chiudersi nella mera difesa dell'esistente, giungendo ad accordi compromissori, che limitano il suo ruolo e quello dei lavoratori a una «partecipazione debole».[56] Infatti, in questa fase storica, il sindacato (d'impresa o dei lavoratori), rappresenta, al contrario, un baluardo a tutela del pluralismo. Entrando nel merito della questione, il sindacato, se vorrà sopravvivere,[57] dovrà abbandonare l'atteggiamento difensivo e rendersi protagonista di un sistema virtuoso e propositivo, dimostrandosi responsabile nella

---

MARCHETTI P., *Più equilibrio di poteri nelle aziende quotate*, in *Il Sole 24 Ore*, 4 Dicembre 2002.

[56] Di "partecipazione debole" parla, tra gli altri, Proia, usando tale eufemismo per rimarcare il carattere difensivo del modello italiano di relazioni industriali incentrato, fondamentalmente, sul controllo dei poteri datoriali e su forme di informazione e consultazione, come naturale bilanciamento del rispetto delle "clausole di tregua" sindacale a garanzia dell'esigibilità degli accordi. Cfr. PROIA G., *Manuale del nuovo corso del diritto del lavoro*, op. cit., p. 78. A ben vedere trattasi di una falsa partecipazione in quanto incentrata sulla minaccia dello sciopero e sul ricatto datoriale: in una sola parola del conflitto. Pare, dunque, più verosimile, la definizione secondo cui quello italiano sarebbe un modello di "partecipazione conflittuale", piuttosto che di partecipazione debole, in quanto imperniato sul conflitto, e sbilanciato sull'art. 40 Cost. (per parte sindacale), e sull'art. 41, comma 1, Cost. (per parte datoriale), a svantaggio dei precetti solidaristici, partecipativi e collaborativi presenti nelle disposizioni di cui all'art. 46 Cost. (per parte sindacale) e all'art. 41, comma 2, Cost. (per parte datoriale).
Cfr. DE LUCA M., voce *Lobby*, op. cit.

[57] La crisi e il declino dei sindacati in termini di iscritti, che si ripercuote fortemente sulle relazioni industriali, potranno anche portare alla scomparsa di questo soggetto così importante per la democrazia, determinando a cascata, secondo alcuni, la fine delle relazioni industriali come disciplina a sé. Cfr. NILAND J., *Change and International Exchange of Ideas*, in NILAND J., LANSBURY R., VEREVIS C. (eds), *The Future Of Industrial Relations: Change and Challenge*, Sage, London, 1994, pp. 451-472; Cfr. KOCHAN T., *What is Distinctive about Industrial Relations Research*, in Whitfield k., STRAUSS G. (eds), *Researching the World of Work*, Cornell University Press, Ithaca, 1998, pp. 31-50. Cfr. KELLER B., *The German Approach to Industrial Relations: A Literature Review*, in *European Journal of Industrial Relations*, 1996, vol. 2, n. 2, pp. 199-210. Secondo altri il destino delle relazioni industriali non è legato indissolubilmente a quello del sindacato, anzi, per via della sua natura contigua ad altre discipline, e, per l'appunto multidisciplinare, potrà svilupparsi e crescere autonomamente. Cfr. KAUFMAN B., *Il principio essenziale e il teorema fondamentale delle relazioni industriali*, in SENATORI J. (a cura di), *Teoria e prassi delle relazioni industriali. Letture di diritto delle relazioni industriali*, Giuffrè Editore, Milano, 2008, pp. 4-6.

gestione dei momenti critici e al tempo stesso intraprendente durante le fasi espansive del ciclo economico. La semplice presenza nei consigli di sorveglianza multilaterale è indicativa della suddetta "partecipazione debole o conflittuale", in quanto limitata a forme di corresponsabilizzazione contrattualmente definite nell'ottica di attenuare il conflitto e salvaguardare la produttività e la capacità produttiva delle imprese. Il vero salto di qualità consiste nel lottare per avere "voce in capitolo",[58] scambiando una maggiore flessibilità organizzativa e una maggiore produttività con una forte partecipazione agli "utili" d'impresa e alle decisioni strategiche del management. Ciò richiede la presenza di rappresentanze sindacali dei lavoratori nei consigli di amministrazione delle società, come d'altronde avviene in Francia, Danimarca, Paesi Scandinavi, e, in numerosi altri contesti europei.[59]

In buona sostanza ciò di cui hanno oggi più bisogno le parti sociali è di trovare i principi base che attengono allo loro stessa "co-esistenza". Quello che tiene insieme interessi spesso molto distanti, come quelli tra datori di lavoro e lavoratori, è la consapevolezza di essere tutti indispensabili per raggiungere un inte-

---

[58] Cfr. BORDOGNA L., GUARIELLO F., *Aver voce in capitolo. Società europea e partecipazione dei lavoratori nell'impresa*, Edizioni lavoro, Roma, 2003, p. 5.

[59] In questo senso un esempio importante ci è fornito proprio dal caso Fiat-Chrysler, dove nel complesso salvataggio del gruppo, il sindacato riceve una quota azionaria del 55% della nuova Chrysler, quale corrispettivo dei suoi fondi previdenziali e sanitari non più finanziati dall'azienda. È evidente che detenere il 55% delle azioni di un'importante società multinazionale significa poter determinarne gli indirizzi strategici. Non è ciò che è accaduto in questo caso, dove, tuttavia, il sindacato ha ottenuto la presenza di un proprio membro nel Consiglio di amministrazione, cosa impossibile in Italia. Qui, malgrado la riforma del diritto societario (riforma Vietti del 2003), che spinge timidamente verso un sistema duale compiuto, tale modello, improntato alle esperienze di partecipazione societaria del Nord-Europa e dell'Europa continentale (Paesi Scandinavi, Francia e Germania) e trasposto dal legislatore comunitario nel modello della "Società Europea" non è ancora stato recepito del tutto anche per via di forti resistenze del mondo imprenditoriale e di parte del mondo sindacale a forme di partecipazione che implicano comprensibilmente la presenza di una cultura di corresponsabilizzazione e di riconoscimento reciproco tra le Parti sociali. Tale cultura della partecipazione stenta a diffondersi in un Paese tradizionalmente caratterizzato da relazioni industriali altamente conflittuali. Cfr. BAGLIONI G., *Ragioni e forme della partecipazione*, in DI FILIPPO E., *Democrazia economica. Proposte e strategie per la partecipazione dei lavoratori all'impresa*, Edizioni lavoro, Roma, 2010, p. 27.

resse maggiore, superiore a quello di ciascuna, ammettendo che non si può prescindere dalla presenza dell'altro. Nel campo sindacale è questo che dà titolo alla contrattazione mirata a mitigare gli interessi dei singoli attori (portatori di interessi collettivi) per raggiungere un risultato finale che soddisfi, anche se parzialmente, entrambe le parti.[60]
Alla base di questi comportamenti vi è il convincimento che il risultato finale, che tiene in sé gli interessi individuali, poggia sul riconoscimento reciproco dell'assunzione di responsabilità e dell'impegno tra le parti sociali. Tanto più vero se si individuano i presupposti della negoziazione nella interdipendenza stabile fra gli attori sociali, per la quale ciascuno ha bisogno del contributo dell'altro per raggiungere i propri scopi, seppure nella divergenza (in parte) degli obiettivi da raggiungere e nei gradi di libertà che le parti conservano nelle azioni negoziali. Se non esistessero tali presupposti (divergenza di obiettivi e gradi di libertà diversi), cesserebbero di esistere, rispettivamente, i motivi per negoziare e la stessa negoziazione, finendo per dar luogo solo ad un processo di *decision making* collettivo per tro-

---

[60] A fondamento della reciprocità tra soggetti portatori di interessi collettivi, almeno apparentemente contrapposti adduciamo il filone antropologico razionalista di ascendenza aristotelico-tomistica, che individua nella natura umana un forte elemento di socialità, e al di là dell'insegnamento dell'Aquinate e del suo credo filosofico, convoglia le riflessioni di autori laici come Levinas, che, analizzano fin nei dettagli la complessità delle relazioni umane e sociali e i risvolti etici ad esse connaturati. Secondo Levinas, la responsabilità che induce due soggetti a rinunciare a qualcosa di "esclusivamente" proprio per "metterla a sistema" con quella propria dell'Altro (Bene Comune) deriva dall'essere per l'Altro. Prima delle norme morali e delle norme sociali è il legame con chi ci è vicino la ragione ultima della nostra responsabilità, la quale è, prima di tutto, risposta all'Altro e, come tale, è espressione del principio di fraternità. Ciò significa che il soggetto morale non è meramente il prodotto di un'autodecisione razionale che si lega a certe regole di condotta (come pretende il neocontrattualismo), né il prodotto di una società ordinata centrata sulla comunità (come vuole il comunitarismo), né la conseguenza della libertà di scegliersi la felicità che si vuole (come, illudendosi, suggerisce il pensiero libertario), ma in primo luogo, un soggetto capace di "com-patire" coloro con cui si trova ad interagire, cioè un soggetto capace di reciprocità. Ciò vale per i singoli come per le collettività, a vario titolo identificate come Parti sociali, formazioni sociali ecc. Cfr. LEVINAS E., *Vita, opere e pensiero*, a cura di A. Magnanimo, in *www.filosofico.net/levinas* Si veda anche RICŒUR P., *Il concetto di responsabilità. Saggio di analisi semantica*, in Id., *Il Giusto*, Effatà editrice, Torino 1998, pp. 31-56.

vare soluzioni ritenute ottimali, in pratica una mera esecuzione di compiti. In altri termini, è la fiducia sul comportamento promesso di dare seguito agli impegni presi che spinge il singolo attore a rinunciare a qualcosa di sé, per avere dall'altro lo stesso comportamento.

Su questo punto sembrano essersi interrotte le relazioni industriali conosciute fino ad oggi. Il mondo imprenditoriale ha sempre più sostenuto e rivendicato l'esigenza dell'esigibilità degli accordi sottoscritti, non solo per dare seguito agli impegni presi, ma anche per avere certezza rispetto agli investimenti. La non esigibilità dei contratti è, infatti, un freno all'attrattività del sistema Paese nei confronti di possibili investimenti esteri.

Da questo punto di vista la vicenda Fiat ha mostrato quanto fosse ormai maturo il momento per un cambiamento capace di rompere, almeno in principio, la situazione di anomia che ha caratterizzato le nostre relazioni industriali e che ne ha fatto, finora, un caso unico in Europa.[61]

L'accordo interconfederale del 28 giugno 2011 fra Confindustria e Cgil – Cisl – Uil in merito alle regole della rappresentatività sindacale e sulla contrattazione collettiva rappresenta la chiusura di una stagione segnata da forti contrasti fra le organizzazioni sindacali, avendo contribuito ad aprire una nuova fase contraddistinta dalla ritrovata unità sindacale.

Il merito principale dell'accordo interconfederale è stato quello di voler realizzare un sistema di relazioni industriali regolato, in grado di dare certezza circa gli impegni sottoscritti perciò creando le condizioni di produttività e competitività che oggi servono per rafforzare il sistema produttivo, salvaguardare le retribuzioni e rilanciare l'occupazione. Queste nuove relazioni industriali rappresentano un valore per imprese e sindacati, se

---

[61] «È indubbio che siamo davanti ad una discontinuità nelle relazioni industriali. La Fiat ha fatto decisamente prevalere il principio che la rappresentanza sindacale diventa responsabile delle norme contrattuali su cui ha apposto la propria firma. In questo senso si può dire che la globalizzazione sia entrata di forza nel mondo del lavoro e delle sue regole». Cfr. BERTA G., *Chi accetta la sfida e chi si autoesclude*, in *Il Sole 24Ore*, 24 dicembre 2010.

saranno capaci di conciliare crescita e buona occupazione nel rispetto dei diritti e delle esigenze delle persone.
Successivamente, con l'accordo del 31 maggio 2013 e infine con il Testo unico sulla rappresentanza del 10 gennaio 2014, le parti sociali hanno concluso un ciclo di auto-regolazione dei loro rapporti. Il citato Testo unico mette a sistema i due accordi interconfederali precedenti ed introduce: criteri di misurazione della rappresentanza; il principio della maggioranza; condizioni e procedure delle agibilità sindacali; vincoli e garanzie per l'osservanza e l'esigibilità di quel sistema. L'esigibilità non riguarda l'efficacia soggettiva del contratto, né può essere accostata alla sua esecuzione – che vincola solo le parti stipulanti – bensì si è collocata in un'area in cui le parti hanno voluto rappresentare che lo scambio contrattuale ha soddisfatto i rispettivi interessi, quindi non possono esservi azioni che vanificano o colpiscono il risultato contrattuale. Perciò il CCNL è stato reso opponibile ad azioni di sciopero che, pur essendo ipoteticamente indirizzato ad altri obbiettivi, colpirebbero il frutto del risultato contrattuale. In altri termini, sembra che con tale Testo unico le parti sociali abbiano inteso anticipare il legislatore negli interventi riguardanti la rappresentanza e le relazioni sindacali, ritenendo l'autonomia privata collettiva l'unico luogo nel cui ambito potevano trovare disciplina gli strumenti e le procedure tipiche che servono a regolare il rapporto relazionale fra di loro. L'ordinamento sindacale acquisisce, in questo modo, quel grado di dignità che gli consente di ottenere maggiore autonomia nei confronti del legislatore, proprio perché si è impegnato a darsi un sistema di regole e a farle rispettare. La tendenza è quella di abbandonare il modello di relazioni industriali basato sui rapporti di forza, a fronte di un modello più efficiente e meno conflittuale volto a creare ricchezza.
Senza dubbio, l'aspetto più caratterizzante, e forse tanto più atteso dal mondo industriale e politico, riguarda le esigibilità dei contratti aziendali e le clausole di tregua sindacale. Si stabilisce, in altri termini, il rispetto e l'effetto vincolante per le organizzazioni sindacali e le associazioni datoriali degli accordi sottoscritti. Il rispetto degli impegni assunti – con la garanzia

dell'affidabilità dei soggetti che se li assumono – rappresenta un presupposto di credibilità per chiedere, ed ottenere, il mantenimento dei livelli occupazionali insieme alla previsione di piani di sviluppo ed investimenti.
L'obiettivo da perseguire è quello di un sistema di relazioni industriali regolate in grado di dare certezza non soltanto in relazioni ai soggetti, ai livelli, ai tempi e ai contenuti contrattuali, ma anche sulla affidabilità ed il rispetto delle regole che conferiscono stabilità e certezza al "prodotto negoziale".
Al di là delle previsioni normative e degli impegni assunti nei vari accordi sottoscritti, la vera garanzia del loro rispetto non poggia esclusivamente nei possibili effetti negativi e punitivi della loro mancata osservanza, ma quello che dà valore ultimo agli impegni presi è proprio la fiducia tra le parti, intesa qui come affidabilità dei singoli attori, e la responsabilità, intesa come capacità di fornire delle risposte alle aspettative dell'interlocutore. Quindi la fiducia come rassicurazione che entrambe le parti sociali adempiranno gli impegni presi, e, comunque, troveranno la forza per imporre al loro interno il rispetto degli accordi sottoscritti.[62]
La fiducia, dunque, è il presupposto necessario per raggiungere un punto di incontro tra posizioni distanti. Le parti sociali preferiscono disciplinare in esclusiva i loro rapporti senza lasciarsi dirigere e governare da fonti esterne – come il legislatore – ma questo passaggio presuppone la responsabilità e il rispetto degli impegni, che conferiscono agli accordi il carattere dell'esigibilità. Risultato, quest'ultimo, che difficilmente può essere ottenuto se non attribuendo a entrambe le parti, in specie al sindacato, degli spazi più ampi di operatività e maggiori responsabilità nella gestione delle aziende. Il riferimento ai valori correlati della fiducia e della responsabilità, infatti, risulta essere un puro esercizio intellettuale se essi non vengono praticati nella quotidianità dei comportamenti e delle relazioni che si instaurano tra i diversi soggetti economici e sociali: aziendali,

---

[62] Cfr. RICOUER P., *Il concetto di responsabilità. Saggio di analisi semantica*, op. cit., pp. 31-56.

istituzionali, rappresentativi. Ecco, allora, che un effettivo e maggiore coinvolgimento delle parti sociali e dei lavoratori nella vita e nella gestione dell'impresa sembra essere l'unica strada concretamente capace di far evolvere il modello cosiddetto partecipativo – conflittuale, cui abbiamo fatto riferimento in precedenza, in un modello di relazioni industriali nel quale la "partecipazione" non sia soltanto una parola vuota, espressione retorica e astratta di un concetto largamente inattuato nel modello organizzativo e produttivo del sistema industriale del nostro Paese.[63]

Nel momento in cui i rapporti tra le parti sociali non sono più legati tra di loro, né proiettati verso un obiettivo comune, ognuno corre per la sua strada, compiendo quelle fughe in avanti che danno vita a scelte destinate ad esser messe nuovamente in discussione. Allora, come si può pensare di tenere insieme l'esigenza aziendale di trovare in fretta risposte concrete, insieme a quella sindacale, di difendere i cosiddetti "diritti acquisiti", in un'ottica di medio-lungo periodo?[64]

Risulta fondamentale che le parti sociali ricostruiscano tra loro un rapporto basato, oltre che sul rispetto dei reciproci ruoli e responsabilità, su una fiducia circa l'affidamento vicendevole dei propri impegni. Probabilmente ciò risulterà confermato se tale affidamento potrà essere stimolato da una più compiuta cittadinanza aziendale, che grazie al coinvolgimento diretto e indiretto dei lavoratori e del sindacato nel *management* dell'impresa e nella divisione degli utili, possa accorciare le distanze rendendo più accettabili i sacrifici e le rinunce reciproche in nome di obiettivi strategicamente condivisi, in quanto portatori di prospettive e benefici per tutti.[65]

---

[63] Cfr. PROIA G., *Manuale del nuovo corso del diritto del lavoro*, op. cit., pp. 72-78.
[64] Cfr. BERTA G., *Fiat la strada impervia delle Relazioni Sindacali*, in *Il Messaggero*, 29 dicembre 2010.
[65] Cfr. CERUTI M., TREU T., *Organizzare l'altruismo. Globalizzazione e Welfare*, Laterza, Roma-Bari, 2010, pp. 74-82; Cfr. TREU T. (a cura di), *Welfare aziendale. Migliorare la produttività e il benessere dei propri dipendenti*, Ipsoa, 2013, p. 26 e ss.; Cfr. ACOCELLA G., *Etica, economia, lavoro. Riflessioni sulla democrazia economica*, Edizioni Lavoro, Roma, pp. 9-24; Cfr. BONANNI R., Prefazione a DI FILIPPO E. (a cura di), *Democrazia economica. Proposte e strategie per la partecipazione dei lavora-*

Peraltro, a sostegno di questa visione collaborativa fondata sulla responsabilità, che deriva dal rispetto e riconoscimento dell'"altro", vi è quella definizione delle relazioni industriali, propria delle scienze sociali secondo cui esse, lungi dal concretarsi in "rapporti di forza e di potere", si configurano più propriamente come "forme di negoziato e di scambio". Più che come "rapporti attinenti la sfera politico-istituzionale" si configurano, di fatto, come appartenenti al più ampio ambito "pre-statuale" o "meta-statuale" della "società civile" e delle "aggregazioni sociali".[66]

I tempi sembrano maturi per superare l'impostazione delle relazioni industriali italiane, che non risulta più sostenibile soprattutto per le mutate condizioni economiche che lo hanno reso un sistema costoso e poco efficace.

L'esigenza di tale cambiamento deriva dall'impostazione dei rapporti di forza che associazioni datoriali e sindacali hanno impostato per decenni nella "pratica viva" della contrattazione. Innanzi alla molteplicità delle esigenze e delle richieste di ambo le parti, le trattative erano intavolate solo cercando di eliminare i rischi e massimizzare il risultato.

In altri termini, gli accordi, che, in qualche misura, possono essere considerati il "prodotto" delle relazioni industriali non possono continuare a essere visti come un risultato fine a sé stesso, o come massimizzazione delle utilità delle parti in gioco, bensì come strumento per realizzare sempre più compiutamente la democrazia economica. Quest'ultima non può esaurirsi nella forma e nei rituali rivendicativi di corto respiro, ma, per esistere concretamente nell'ambito della vita industriale e produttiva, di relazioni industriali che hanno a cuore i comportamenti, l'effettività, la soluzione dei problemi e la creazione di prospettive di crescita nel lungo periodo. Occorrerebbe, perciò, passare da un modello relazionale di tipo "tattico" ad un modello "strate-

---

tori all'impresa, Edizioni Lavoro, Roma, 2010, pp. 7-12, Cfr. PROIA G., *Manuale del nuovo corso del diritto del lavoro*, op. cit., pp. 72-78.
[66] Cfr. BAGLIONI G., *Relazioni industriali*, in *Enciclopedia delle scienze sociali*, ad vocem, Treccani, Roma 1991, p. 332.

gico", dal momento che l'esigibilità degli accordi non può essere garantita dalle regole. La contrattazione collettiva non può basarsi su leve di forza che servono a gestire gli ammortizzatori sociali, ma deve consistere in leve di sviluppo del valore del lavoro, tramite strumenti condivisi di politiche attive. Quindi, i soggetti rappresentativi delle parti «devono orientarsi verso l'assunzione di maggiori responsabilità, non soltanto in relazione ai tradizionali meccanismi della ridistribuzione, ma anche nei confronti della produzione della ricchezza e della creazione di condizioni sociali, politiche e culturali che consentano a tutti coloro che possono e desiderano lavorare di esercitare il proprio diritto al lavoro, nel pieno rispetto della dignità di lavoratori. Il superamento graduale del modello organizzativo basato sul lavoro salariato nella grande impresa rende opportuno, inoltre, un aggiornamento delle norme e dei sistemi di sicurezza sociale, mediante i quali i lavoratori sono stati finora tutelati, fatti salvi i loro fondamentali diritti».[67] L'obiettivo fondamentale sarà necessariamente lo sviluppo economico dei singoli contesti produttivi e dell'intero Paese, non per generare un profitto fine a sé stesso, bensì orientato al raggiungimento del bene comune. Esso presuppone democrazia e solidarietà nei rapporti di lavoro e identifica nello sviluppo economico «una vocazione di origine trascendente incapace di darsi da sé il proprio significato ultimo».[68]

4. Il capitale umano: un nuovo modello culturale

Nei prossimi decenni la competizione globale sarà incentrata sulla capacità di attrarre capitale umano e imprese innovative. I luoghi in cui si fabbricano fisicamente i beni seguiteranno a perdere importanza, mentre le città popolate da lavoratori interconnessi e creativi diventeranno le nuove fabbriche del futuro.[69]

---

[67] Cfr. *Compendio*, n. 308.
[68] Cfr. BENEDETTO XVI, *Caritas in veritate*, 2009, n. 16.
[69] Cfr. CURRIE J., MORETTI E., *Mother's Education and Intergenerational Trasmission of Human Capital: evidence from College openings*, in *Quarterly Journal of Economics*, MIT Press, Boston 2003.

Sebbene i termini "economia della conoscenza" e "capitale sociale" sono termini relativamente innovativi per il lessico economico, si tratta di un bene che si accresce tramite i processi di apprendimento individuali ed organizzativi ed è un bene che favorisce la cooperazione tra gli individui, le organizzazioni. La conoscenza è anche un processo relazionale, che unisce chi lo possiede e lo condivide con altri. Il capitale sociale si fonda essenzialmente sulla fiducia tra gli individui, sulla capacità di cooperare e di comunicare, in modi e forme diverse tra i vari soggetti e ciò rappresenta un importante aspetto della conoscenza. Se vi è fiducia, sintonia e solidarietà tra i membri di una organizzazione, i processi di apprendimento e di diffusione della conoscenza si ampliano con ripercussioni positive sull'innovazione e sulla competitività.

«Alla radice della crisi dell'educazione c'è una crisi di fiducia nella vita»,[70] il profondo legame che unisce educazione e fiducia spinge a considerare quest'ultima come un «comportamento primario dell'anima in rapporto all'altro» che «si manifesta in un contesto d'interazione influenzato sia da variabili attinenti al sistema sociale, sia da variabili che riguardano la struttura della personalità»,[71] spingendo, quindi, l'individuo a farsi dono per gli altri. Questa fiducia si esplica nell'attivazione di una relazione necessariamente biunivoca, che nasce da un impulso all'apertura verso l'altro, richiede l'esporsi in prima persona (*self-disclosure*) mettendo in gioco la consapevolezza di sé[72] che orienta i processi decisionali, e culmina nel «coinvolgimento non solo di colui che dà fiducia, ma anche di colui che la riceve»,[73] questa unione nasce dalla relazione, dall'incontro autentico con il prossimo che presuppone il farsi dono per gli altri. La fiducia, quindi, è l'indice di una reciprocità che ali-

---

[70] Cfr. BENEDETTO XVI, Lettera del Santo Padre Benedetto XVI alla diocesi e alla città di Roma sul compito urgente dell'educazione, 21 gennaio 2008.
[71] Cfr. voce *Fiducia*, in *www.treccani.it*
[72] Cfr. GOLEMAN D., *Lavorare con intelligenza emotiva*, Rizzoli, Milano, 2000.
[73] Attraverso la *trust responsiveness* «entrambe le parti entrano in relazione sia nel momento dell'azione che nel momento dell'aspettativa». Cfr. voce *Fiducia*, in *www.treccani.it*

menta una spirale virtuosa basata sugli incentivi alla cooperazione e alla solidarietà, ed indirizza verso la costruzione della *civiltà dell'empatia*.[74]
Dalla tensione propria dello sviluppo, che si esplica all'interno di un nucleo familiare,[75] possono emergere i valori di fede, speranza e carità.[76]
La fiducia, atto di chiamata e di risposta, origine dei legami familiari e sociali, non potrebbe esistere senza la speranza.[77] Quest'ultima – fiducia in potenza – la completa e ne costituisce, infatti, l'aspetto ideale, l'aspirazione, la tensione che consente di gettare uno sguardo verso il futuro. La speranza, tuttavia, non è una proiezione egoistica verso l'avvenire, non riguarda mai solo il singolo, ma coinvolge il prossimo, azionando un potente raggio di solidarietà che «ci stimola ad educarci reciprocamente»:[78] da ciò emerge come la speranza, virtù dell'anima, rappresenti il nesso che collega la fiducia all'educazione. L'uomo, infatti, data la sua intrinseca vocazione alla socialità,[79] non può vivere da solo e per se stesso, ha bisogno dell'altro, perché senza l'altro non riesce neppure a sopravvivere: la solidarietà, «esi-

---

[74] Cfr. RIFKIN J., *La civiltà dell'empatia*, Mondadori, Milano, 2010.
[75] Cfr. MELTZER, D., HARRIS, M. *Child, family and community: A psycho-analytical model of learning process*, Organization for economic cooperation and development, Parigi, 1983.
[76] «Quando certi valori scontati e tradizionali esprimono le più alte aspirazioni spirituali dell'uomo, vuol dire che fin dai loro più oscuri esordi essi sono serviti da protettivo ricettacolo ai primi e rudimentali processi evolutivi della forza umana; e sarebbe oltremodo istruttivo e illuminante se, nelle diverse lingue e nelle diverse tradizioni, tenessimo conto di questi collegamenti». Cfr. ERIKSON E. H., *I cicli della vita. Continuità e mutamenti*, Armando Editore, Roma, 1984, p. 54.
[77] «La virtù della speranza risponde all'aspirazione alla felicità, che Dio ha riposto nel cuore di ogni uomo; essa assume le attese che ispirano le attività degli uomini; le purifica per ordinarle al regno dei cieli; salvaguarda dallo scoraggiamento; sostiene in tutti i momenti di abbandono; dilata il cuore nell'attesa della beatitudine eterna. Lo slancio della speranza preserva dall'egoismo e conduce alla gioia della carità». Cfr. CATECHISMO DELLA CHIESA CATTOLICA (d'ora innanzi CCC), LEV, Città del Vaticano, 1992, n. 1818.
[78] Cfr. BENEDETTO XVI, Lettera del Santo Padre Benedetto XVI alla diocesi e alla città di Roma sul compito urgente dell'educazione, op. cit.
[79] «La solidarietà conferisce particolare risalto all'intrinseca socialità della persona umana, all'uguaglianza di tutti in dignità e diritti, al comune cammino degli uomini e dei popoli verso una sempre più convinta unità». Cfr. *Compendio,* n. 192.

genza diretta della fraternità umana»,[80] consiste nel riconoscere l'altro come persona e quindi nel legittimare la sua esistenza. Senza fiducia non c'è educazione efficace. Considerando l'educazione[81] come «l'arte di apprezzare ed incoraggiare»,[82] questa consente di condurre l'individuo verso l'apprendimento ed una maturazione integrale; questo sviluppo fa sì che la persona prenda coscienza di sé, del potenziale che è in grado di generare e sia incoraggiata ad agire al fine di contribuire, attraverso la sua unicità, al miglioramento dell'ambiente in cui è chiamata a vivere. L'educazione è «condurre la persona oltre se stessa per introdurla alla realtà intera, per affrontare la vita, e così accompagnarla verso il suo pieno sviluppo».[83] Ecco, quindi, che in quest'ottica si spiega la centralità dell'educazione alla fiducia, intesa come «sia quella che si deve avere verso gli altri, sia quella che si deve avere verso se stessi».[84]

Educare alla fiducia, oggi, è panacea in grado di curare «un'atmosfera diffusa, una mentalità e una forma di cultura che portano a dubitare del valore della persona umana, del significato stesso della verità e del bene, in ultima analisi della bontà della vita».[85]

Il luogo ideale in cui prende avvio l'educazione alla fiducia è quello in cui prende avvio la vita: la famiglia, prima società naturale, cellula vitale della società.[86] Il bambino è accompagnato durante la crescita e, una volta adulto, egli stesso contri-

---

[80] Cfr. *CCC*, n. 1939.
[81] Dal latino *ex-ducere*, condurre fuori. Indica l'azione di guidare alla meta, sviluppando le facoltà intellettuali, le buone inclinazioni dell'animo e le potenze della mente.
[82] Cfr. FRANTA H., COLASANTI A. R., *L'arte dell'incoraggiamento*, Carocci, Roma, 1991.
[83] Cfr. BAGNASCO A., *Il dono della fiducia. Educazione in famiglia*, Lettera Pastorale 2011-2012.
[84] *Ibidem*.
[85] Cfr. BENEDETTO XVI, *Lettera del Santo Padre Benedetto XVI alla diocesi e alla città di Roma sul compito urgente dell'educazione*, op. cit.
[86] «Con l'opera educativa, la famiglia forma l'uomo alla pienezza della sua dignità secondo tutte le sue dimensioni, compresa quella sociale (…) Le persone sono aiutate in famiglia a crescere nella libertà e nella responsabilità, premesse indispensabili per l'assunzione di qualsiasi compito nella società». Cfr. *Compendio*, n. 238.

buisce nuovamente allo sviluppo attraverso il suo intervento diretto nella società e in modo più esteso nell'economia, «a questo riguardo, è necessario che le imprese, le organizzazioni professionali e lo Stato si rendano promotori di politiche del lavoro che non penalizzino, ma favoriscano il nucleo familiare dal punto di vista occupazionale. La vita di famiglia e il lavoro, infatti, si condizionano in vario modo».[87]

Gli investimenti in risorse educative uniti allo sviluppo delle competenze cognitive e socio-emotive ed al sostegno con un'effettiva educazione lungo l'età adulta portano ad un guadagno di lungo termine per la società, realizzando un aumento di capacità, sia produttività che valore economico.[88]

L'importanza della fiducia non si limita al contesto familiare, da cui comunque essa nasce, ma si estende al contesto economico con effetti pregnanti. La fiducia è una risorsa di *business* irremovibile in grado di fornire valore economico quantificabile.[89]

Le cinque leve dei meccanismi basati sul reciproco riconoscimento di un credito fiduciario incondizionato, sono: la fiducia in se stessi; la fiducia nelle relazioni; la fiducia aziendale; la fiducia del mercato; la fiducia sociale. I rispettivi principi fondamentali sono: *credibilità*, *comportamento coerente*, *allineamento* (all'interno dell'azienda), *reputazione* (*brand* dell'azienda), *contributo* (creazione di valore per la società in generale).

Quindi, quando la fiducia è alta, aumentano la velocità di esecuzione, le energie, l'impegno, la felicità, la soddisfazione e i costi scendono: ciò comporta che gli individui e le aziende che investono nella fiducia, la promuovono e la diffondono, siano in grado di compiere significativi passi avanti, generando un valore che si autoalimenta ed auto-potenzia.

---

[87] Cfr. *Ibidem*, n. 294.
[88] Si veda *www.heckmanequation.org*
[89] Si veda Covey, che nella sua analisi individua le famose *five waves of trust* (cinque onde della fiducia): «questo modello deriva dalla metafora dell'effetto di propagazione delle onde, che evidenzia la natura interdipendente della fiducia e il suo propagarsi dall'interno verso l'esterno». Cfr. COVEY, S.M.R., *La sfida della fiducia. Velocità ed efficacia nelle relazioni di business e nella vita privata*, Franco Angeli Editore, Milano, 2008.

A questo punto è opportuno evidenziare come la fiducia, incidendo sull'economia, costituisce un elemento decisivo nella determinazione della produttività del lavoro.[90]
Tra i fattori determinanti la crescita della produttività rientrano: la divisione del lavoro, il progresso tecnologico, l'organizzazione dell'attività produttiva, la valorizzazione del personale.[91] L'attenzione è posta proprio su questo ultimo elemento: la produttività del lavoro non si manifesta solo nelle capacità tecniche dei lavoratori, ma soprattutto nella loro motivazione.

Ciò rientra nella cosiddetta "cultura organizzativa" dell'impresa, cioè l'insieme degli elementi intangibili che hanno un rilievo qualitativo piuttosto che quantitativo e si traducono in benessere e soddisfazione per gli agenti interni. In conclusione, quindi, un lavoratore motivato è un lavoratore affidabile, e un lavoratore affidabile è un lavoratore produttivo; al contrario, sfiducia e diffidenza creano opportunismo, maggiori costi ed inefficienze.[92]

---

[90] Si consideri una generica funzione di produzione $y = f(K, L)$ (che esprime la relazione tra quantità di input che l'impresa usa e quantità di output che produce) in cui sono presenti i fattori produttivi capitale (K) e lavoro (L): essa misura il massimo livello di output che può ottenersi impiegando un dato livello di input.
La produttività di un fattore produttivo è data dal rapporto tra output e input, più precisamente dalla variazione dell'output in corrispondenza di una variazione unitaria di un input senza variare l'impiego degli altri fattori (per questo è definita *marginale*, perché espressa in termini di variazione). Essa costituisce una misura dell'efficienza del processo produttivo. Cfr. VARIAN H. R., *Microeconomia*, Libreria Editrice Cafoscarina, Venezia, 2007.

[91] Cfr. voce *Produttività*, in *www.treccani.it*

[92] All'interno dell'impresa si attuano due tipi di scambi: tra lavoratori allo stesso livello e tra datore di lavoro e dipendenti, a cui corrispondono rispettivamente due livelli di fiducia: orizzontale e verticale.
Le ipotesi di base sono le seguenti: gli scambi verticali sono *tendenzialmente* efficienti; la fiducia verticale e orizzontale, espresse in termini di quantità aggregata, T_v e T_h, sono introdotte nella funzione di produzione
$Q = f(K, L, T_v, T_h,)$;
la fiducia verticale accresce la produttività e presenta una produttività marginale decrescente, mentre quella orizzontale la riduce e presenta costi marginali crescenti. Al crescere della fiducia verticale aumentano gli effetti positivi sul rendimento del dipendente, e quindi, dell'impresa. Da ciò emerge che la variabile cruciale che lega la fiducia alla produttività, non è il suo ammontare assoluto, ma la sua *distribuzione*. Inoltre, il tasso di crescita della produttività dipende dalla struttura organizzativa: è correlato positivamente con il tasso di crescita di T_v e negativamente con il tasso di

La motivazione verso il proprio lavoro si traduce in un atteggiamento positivo nei confronti del lavoro stesso, che si manifesta nell'identificazione del lavoratore con l'impresa e con la sua *vision*, nel coinvolgimento personale nel perseguire la *mission* aziendale. Affinché ciò avvenga, è indispensabile motivare l'affidabilità. Ciò presuppone che i soggetti siano uguali tra loro, che la scelta di fidarsi sia libera, che vi sia l'ipotesi che il comportamento altrui non sia sempre ciecamente opportunistico: proprio quest'ultima presupposizione, in cui si ravvisa l'elemento della fraternità, è ciò che differenzia una relazione fiduciaria da un mero contratto di scambio.[93]

Il legame fiducia-produttività mette in luce contemporaneamente la valorizzazione del capitale umano e la convenienza di virtuose relazioni di lavoro, che si costruiscono attraverso la condivisione della *vision* e del sistema dei lavori, la comunicazione, il buon esempio e l'apertura delle figure di leadership. L'analisi di questo legame mostra come la fiducia occupi un ruolo prioritario nella determinazione del capitale relazio-

---

crescita di T_h, ed anche con i livelli assoluti di queste variabili. Infatti, un alto livello di T_v ed un basso livello di T_h consentono un'accumulazione relativamente rapida di input convenzionali, capitale fisico e umano.

Un lavoratore motivato, e quindi produttivo, ha un migliore rendimento e coinvolgimento nel perseguimento degli obiettivi aziendali, che grazie all'aumento della fiducia verticale vengono raggiunti sopportando costi minori.

I differenti livelli di T_v e T_h si spiegano in riferimento ad alcuni aspetti della struttura organizzativa: intensità del turnover, quantità di emolumenti extracontrattuali, probabilità di promozioni.

L'aumento del turnover dei dipendenti, cioè la probabilità soggettiva che ha un dipendente di lasciare l'impresa a causa di dimissioni o licenziamento, riduce il numero di scambi futuri attesi all'interno dell'impresa e, quindi, l'incentivo per il dipendente di accumulare T_v e T_h. Quindi se da un lato la diminuzione di T_h fa crescere la produttività, dall'altro questo incremento non è sufficiente a compensare la diminuzione di quest'ultima ad opera di T_v.

Gli emolumenti accessori, cioè i pagamenti extra-salariali, come gratifiche, premi di merito, acconti di spesa, vantaggi derivanti dal sottrarre tempo al lavoro, lasciano invariato T_h, ma poiché hanno natura discrezionale e flessibile, incidono su T_v. L'aumento di fiducia verticale derivante da un loro aumento fa crescere la produttività.

Le promozioni, infine, riducono T_h e aumentano T_v, perché se un dipendente si aspetta di essere promosso, allora prevede di interagire in futuro meno con i suoi attuali pari e più con i suoi attuali superiori.

[93] Cfr. PETTIT, P., *The Cunning of Trust*, in *Philosophy and Public Affairs*, n. 24, 1995.

nale e sociale: l'impresa che investe in questo genere di *asset* intangibili gode di reti relazionali e delle risorse che da queste affluiscono. Solo la fiducia, infatti, assicura che le relazioni siano solide e ben radicate nel tessuto aziendale così da orientare il sistema impresa al perseguimento di obiettivi organici, e non di parte, in un'ottica di complementarietà e reciprocità.
Tuttavia, tornando a guardare al caso italiano, si può ben notare come su dieci nuovi posti di lavoro solo uno viene occupato da un giovane. Un giovane su quattro sotto i trent'anni è disoccupato e la percentuale supera il 40% se consideriamo i giovani sotto i 25 anni.[94] Ci sono 1,6 milioni di giovani inattivi, ossia persone che ufficialmente non compaiono più nelle statistiche di chi cerca un impiego perché ormai hanno smesso di cercarlo, seppure la metà di loro sarebbe immediatamente disponibile a lavorare.[95]
Convivono due facce della stessa medaglia: da un lato la disoccupazione giovanile, dall'altro la difficoltà delle imprese a trovare competenze e conoscenze adeguate.
Tuttavia, a discapito di quanto sia più facile ed immediato credere, la crescita economica è una condizione necessaria ma non sufficiente per migliorare l'occupazione giovanile. Il problema ha infatti "radici strutturali", esiste un modello culturale che ha creato un profondo disallineamento tra "capitale umano" formato da sistema educativo e opportunità generate dal sistema produttivo.

---

[94] Cfr. MCKINSEY & COMPANY (a cura di), *Studio ergo Lavoro, Come facilitare la transizione scuola-lavoro per ridurre in modo strutturale la disoccupazione giovanile in Italia*, 2013, in *www.mckinsey.it*

[95] La definizione di "neet" è l'acronimo inglese di "Not (engaged) in Education, Employment or Training", utilizzato, in economia e in sociologia del lavoro, per indicare individui che non sono impegnati nel ricevere un'istruzione o una formazione, non hanno un impiego, né sono impegnati in altre attività assimilabili, quali, ad esempio, tirocini o lavori domestici. È stato usato per la prima volta nel luglio 1999 in un report della *Social Exclusion Unit* del governo del Regno Unito come termine di classificazione per una fascia di popolazione. In seguito, l'utilizzo del termine si è diffuso in altri contesti nazionali, a volte con lievi modifiche della fascia di riferimento. In Italia, l'utilizzo di "neet" come indicatore statistico, si riferisce, in particolare, alla fascia d'età compresa tra i 15 e i 29 anni.

Tra le principali cause si trovano: la carenza di preparazione nelle competenze richieste dalle imprese, la tendenza ad entrare tardi nel mercato del lavoro, la scelta di percorsi formativi non allineati alla domanda di lavoro, la rigidità nell'accettare impieghi non completamente allineati al proprio profilo, la scarsa mobilità geografica, l'inefficienza dei meccanismi di collocamento dei giovani sul mercato del lavoro e la scarsa considerazione sociale nei confronti delle professioni ad alto tasso di manualità.[96]

Inoltre, appare evidente come la società moderna viva ancora il retaggio di una società industriale nella quale la persona veniva subordinata al lavoro. Manca un modello culturale in grado di accompagnare la trasformazione che hanno portato la globalizzazione dei mercati e delle economie. Pertanto si ravvisa l'esigenza di intraprendere un nuovo percorso nel quale la persona, in quanto lavoratore, sia un soggetto libero e responsabile nella relazione con se stesso, con gli altri, con il mondo.[97]

Orbene, alla base del problema della disoccupazione, esiste un'importante variabile, ovvero il *mismatch* tra domanda ed offerta, ovvero sia il disallineamento tra le opportunità di lavoro generate dal sistema economico e il capitale umano reso disponibile dal sistema scolastico e formativo.[98]

Infatti, se ad un primo approccio può sembrare un'affermazione qualunquista, i dati dimostrano che, anche quando i posti di lavoro per giovani ci sono, non sempre è facile trovare giovani in grado di ricoprirli. Uno studio elaborato da Unioncamere[99] dimostra che nel 2013, annus *horribilis* della crisi, le imprese hanno avuto difficoltà a reperire risorse, sia in termini di quantità che in termini di qualità ed adeguatezza dei profili, corrispondenti a 47mila posti di lavoro mancanti.

---

[96] Cfr. COMITATO PER IL PROGETTO CULTURALE DELLA CONFERENZA EPISCOPALE ITALIANA (a cura di), *Per il lavoro. Rapporto-proposta sulla situazione italiana*, Laterza, Roma-Bari, 2013.
[97] *Ibidem*.
[98] Cfr. TESTA A., *Il lavoro intellettuale va pagato*, in www.internazionale.it, 27 febbraio 2014.
[99] Cfr. UNIONCAMERE, *Rapporto 2013*, in *www.unioncamere.gov.it*

Se si considerano i laureati, i dati non cambiano, anzi semmai la situazione peggiora. Nonostante la percentuale di laureati in Italia sia nettamente inferiore alla media europea (si riscontra una percentuale tra i 30 e i 34 anni del 21, 7%, contro il 35,8% in Europa), in forza di una struttura economica del nostro Paese costituita da un tessuto industriale di piccole e medie imprese ancora concentrate sull'attività manifatturiera tradizionale e nei servizi a basso contenuto di innovazione, le opportunità generate dal sistema produttivo per i diplomati ad alta specializzazione rimangano molto limitate.

Diversamente, i posti di lavoro per i giovani legati all'innovazione continuano a crescere negli altri paesi che stanno investendo in questo importante settore, tra tutti: America, Cina ed India.[100] L'ascesa nel settore dell'innovazione è associata ad una crescita di valore del talento. Nel Novecento la competizione gravitava intorno all'accumulo di capitale fisico, oggi si gioca invece sulle capacità di attrarre il migliore capitale umano.[101]

I motivi dell'incremento di valore economico delle nuove idee sono sostanzialmente due: la globalizzazione e il progresso tecnologico. Infatti, le stesse due forze che hanno causato il crollo del lavoro nei settori tradizionali dell'industria stanno oggi alimentando l'ascesa degli impieghi nel settore dell'innovazione. La globalizzazione, infatti, costituisce un dato particolarmente significativo per le imprese innovative per la semplice ragione che queste differiscono completamente dalle altre per il modo di produrre i profitti. Se si prende, ad esempio, il settore del software, si noterà che lo sviluppo e il test di un nuovo é costoso ma una volta che è stato scritto è possibile riprodurlo a costo, praticamente, zero.

---

[100] Cfr. MORETTI E., *La nuova geografia del lavoro*, Mondadori, Milano, 2013, pp. 69-76.
[101] Nel 2007 un imprenditore di ventisette anni, Sam Lessin, fondò la *startup* internet drop.io, pensata per favorire la condivisione di file in tempo reale. Tre anni dopo, Lessin cedette la sua azienda a Facebook. Il giorno successivo all'acquisto costato milioni di dollari, Facebook fece qualcosa di inaspettato: la chiuse. A dimostrare che ciò che Zuckerberg voleva non era l'impresa fondata da Sam Lessin, ma era Sam Lessin. L'episodio rientra in un trend più generale che sta emergendo: grandi aziende acquisiscono intere *startup* per assumere le persone che le hanno ideate.

Nei settori innovativi, i principali costi di produzione sono quelli fissi del processo di ricerca e sviluppo, i costi variabili di produzione sono invece modesti. Nel mercato globale, pertanto, gli utili derivanti dalla creazione di nuove idee lievitano di molto, grazie all'aumento delle vendite, ma i costi rimangono immutati. Questa rappresenta un'evoluzione importante, non solo per i bilanci delle imprese innovative, ma anche e soprattutto per la creazione di posti di lavoro. «Con la rete abbiamo fatto un altro grande balzo in avanti, perché la possibilità di comunicazione a basso costo abilita le imprese a creare nuove filiere, questa volta esterne al perimetro aziendale. Chi è capace di far lavorare gli altri sulle proprie piattaforme, attraverso servizi Internet, vedrà moltiplicarsi il successo. È il caso di Google, Apple e Amazon, che permettono ai creatori di contenuti (video, apps, testo, etc.) di lavorare "for free". Prima il lavoro si suddivideva all'interno, ora si moltiplica all'esterno. Il miracolo della moltiplicazione non avviene per merito dei prodotti (pane e pesce) ma per la connessione tra i soggetti che creano e consumano informazioni sulla piattaforma messa a disposizione. L'abbondanza di dati si giustifica con il fatto che nel passato eravamo consumatori passivi: si ascoltava la radio, si vedeva la televisione e si leggevano i giornali».[102]

In forza del fatto che nelle economie emergenti i giovani in possesso di istruzione universitaria e postuniversitaria sono sempre di più, l'offerta mondiale di lavoratori preparati, ingegnosi e capaci di innovare sta crescendo. Tuttavia, la domanda cresce a livelli ancor più serrati e, sebbene con l'ultima recessione abbia accusato un temporaneo rallentamento, nel lungo termine, attraverso la globalizzazione e al progresso tecnologico, per i lavoratori creativi che sapranno dare vita a nuove idee e nuovi prodotti ci sarà più lavoro e gratificazione.

Oltre ad un arretramento nella valorizzazione del nuovo settore di espansione costituito dall'innovazione, in Italia, gli studi denunciano anche una carenza di "competenze" adeguate ai

---

[102] Cfr. CHIRIATTI M., *Il miracolo della moltiplicazione del lavoro*, in *Il Sole 24 Ore*, 17 novembre 2013.

bisogni del sistema economico. Infatti, il 42% delle imprese italiane ritiene che i giovani che entrano per la prima volta nel mercato del lavoro non abbiano una preparazione adeguata alle esigenze del sistema produttivo.[103] Tra i fattori che incidono maggiormente, si collocano sicuramente un *deficit* nelle competenze generali, in particolare nella padronanza delle lingue straniere, la matematica di base e le capacità analitiche e di *problem solving*, ma anche deficit nelle cosiddette *soft skills*, come ad esempio la capacità di *leadership*, l'etica, la deontologia professionale, oltre ad una limitata esperienza pratica.

Da ultimo, ma non per importanza, esiste un'inadeguatezza culturale nei canali di supporto alla ricerca di lavoro, infatti risulta che ad oggi, il "canale delle conoscenze", sostituisce gli altri canali ufficiali di collocamenti pubblico e privato, confermandosi in Italia il canale di collocamento più efficace, a discapito anche di scuole ed università.[104]

Alla luce di quanto finora manifestato, emerge sempre più l'esigenza di realizzare una riforma strutturale che coinvolga la transizione scuola-lavoro e punti a risolvere, per quanto possibile, il problema della disoccupazione giovanile, in un'ottica di "qualità".

Una nuova cultura del lavoro deve passare, infatti, per il presupposto che il lavoro è un'attività economica, ma non solo; è un'attività nella quale si gioca il destino delle persone e delle comunità. Per questo motivo persone e comunità devono investire con realismo su una formazione al lavoro che sia all'altezza dei tempi che si vivono. Si tratta di una questione culturale ed educativa. Per affrontarla occorrerebbe "educare al lavoro":[105] nelle società moderne vengono a mancare non solo le opportunità di lavoro, ma l'idea stessa del lavoro. «Occorre rivedere

---

[103] Cfr. SCHLEICHER A., *What students know and can do, Indagine Pisa-Oecd 2010*, in *www.prezi.com/xwozypev2nbr/skills-and-innovation/*

[104] Per un approfondimento sulla necessità di una didattica per competenze e per una mappa di modelli di partnership tra sistema educativo e imprese si veda GENTILI C., *Scuola e impresa. Teoria e casi di partnership strategica*, Franco Angeli, Milano, 2012.

[105] Cfr. COMITATO PER IL PROGETTO CULTURALE DELLA CONFERENZA EPISCOPALE ITALIANA, *La sfida educativa*, Laterza, Roma-Bari, 2010.

completamente il modo di intendere il lavoro oggi, e di conseguenza, il senso dell'educare al lavoro. L'educazione al lavoro rappresenta una nuova istanza antropologica che, nell'era della globalizzazione, può essere soddisfatta soltanto ricorrendo ad un nuovo paradigma pedagogico e capace di socializzare (…) Abbiamo bisogno di impostare il problema dell'educazione al lavoro in modo da vedere qualcosa di più del quadro economico. In gioco, c'è una relazione umana e sociale, quella fra il soggetto (giovane potenziale lavoratore) e l'attività di lavoro, che decide di tutta l'esistenza del giovane e non serve solo a reperire i mezzi materiali con cui vivere (…) Bisogna uscire da un modo di pensare che traduce il problema del lavoro in una questione di mero accoppiamento tra domanda e offerta puramente quantitativa, quando invece potrebbe e dovrebbe essere non tanto una questione di adattamento a delle condizioni date, bensì una questione di progettualità, di innovazione, di vocazione professionale e di capacità imprenditoriale».[106]

Secondo questa impostazione, il nuovo paradigma antropologico dell'educazione dovrebbe essere basato su tre pilastri: la cultura del lavoro, la formazione personale (dell'agire) e le strutture organizzative. La cultura del lavoro intesa come propensione umana alla socialità.[107]

«Il mantenimento dell'occupazione dipende sempre di più dalle capacità professionali. Il sistema di istruzione e di educazione non deve trascurare la formazione umana e tecnica (…) La sempre più diffusa necessità di cambiare varie volte impiego, nell'arco della vita, impone al sistema educativo di favorire la disponibilità delle persone ad un aggiornamento e riqualificazione permanenti. I giovani devono apprendere ed agire autonomamente, diventare capaci di assumersi responsabilmente il compito di affrontare con competenze adeguate i rischi legati ad

---

[106] *Ibidem*.
[107] E apertura verso quei significati ultimi della vita che fanno sentire all'uomo la felicità di compartecipare all'opera della creazione.
Per approfondire si veda Cfr. BANFIELD E., *Le basi morali di una società arretrata*, Il Mulino, Bologna, 1958.

un contesto economico mobile e spesso imprevedibile nei suoi scenari evolutivi»:[108] la formazione personale del giovane come proiezione nel mondo professionale secondo una prospettiva di "umanizzazione". Lo scopo formativo è quello di acquisire una competenza rispetto a un'attività, e acquisirla con la maggiore perfezione possibile, come espressione di un progetto di vita personale. È importante infatti che il giovane si finalizzi con un progetto fin da quando sta per terminare il ciclo scolastico scelto e gli strumenti dovranno essere adeguati a tale scopo. Seppure sia importante la preparazione tecnica, alla base di tutto ci deve essere una pedagogia della riflessività[109] capace di esplicitare il significato del lavoro, i motivi ultimi, le premure fondamentali che accompagnano le scelte: «l'educazione al lavoro sarà tanto più umana quanto più seguirà questo itinerario di formazione, per il quale la perfezione tecnica non è un fine, ma un mezzo, e la professionalità non è solo questione di scienza, ma anche di coscienza morale».

In merito alle strutture organizzative, un'ultima riflessione coinvolge il ruolo che gli attori istituzionali e le parti sociali devono avere per educare ad una certa cultura del lavoro, come si è da ultimo delineata.

I primi soggetti coinvolti in questa riforma strutturale sono le imprese, chiamate ad assumere un ruolo attivo per favorire l'ingresso dei giovani nel mercato del lavoro, creando le condizioni affinché gli studenti accrescano le proprie competenze pratiche, mediante l'inserimento di queste nei programmi e nei piani didattici.[110]

---

[108] Cfr. *Compendio*, n. 290.
[109] Cfr. COMITATO PER IL PROGETTO CULTURALE DELLA CONFERENZA EPISCOPALE ITALIANA, *La sfida educativa*, op. cit.
[110] In questa direzione, dovranno farsi "soggetti attivi" al fine di beneficiare dei programmi di politiche attive messe in atto dall'Europa, come, nel prossimo biennio, quello di "Garanzia Giovani".
La Garanzia Giovani (Youth Guarantee) è, infatti, il Piano Europeo per la lotta alla disoccupazione giovanile. Con questo obiettivo sono stati previsti dei finanziamenti per i Paesi membri con tassi di disoccupazione superiori al 25%, che saranno investiti

In secondo luogo, le scuole e le università dovranno porre come priorità nella loro agenda il tema delle "competenze per il lavoro", facendosi parte attiva di tutte le iniziative, specie sul territorio, tese ad avvicinare i giovani al mondo del lavoro.

Infine, ma non per importanza, il ruolo dei sindacati e delle organizzazioni di rappresentanza datoriali che dovrebbero sforzarsi di uscire dalla cultura del lavoro incentrata prevalentemente sulla prestazione e da posizioni esclusivamente rivendicative di maggiori compensi monetari, per educare ad una visione meno economicista del lavoro.[III]

Si dovrebbe puntare, pertanto, a dare ai giovani una nuova capacità contrattuale, che non segua i modelli di una contrattazione massificata, ma "personalizzata". Si tratta di pensare a clausole che abbiano per oggetto non il classico sinallagma prestazione-remunerazione, in termini monetari, ma il lavoro come relazione sociale tra il lavoratore e l'impresa, prestando atten-

---

in politiche attive di orientamento, istruzione e formazione e inserimento al lavoro, a sostegno dei giovani che non sono impegnati in un'attività lavorativa, né inseriti in un percorso scolastico o formativo ("neet" – *Not in Education, Employment or Training*).

L'Italia in questa logica – e a seguito della Raccomandazione europea del 22 aprile 2013 – dovrà garantire ai giovani al di sotto dei 30 anni, un'offerta qualitativamente valida di lavoro, di proseguimento degli studi, di apprendistato o tirocinio entro 4 mesi dall'inizio della disoccupazione o dall'uscita dal sistema d'istruzione formale.

Il piano prevede bonus occupazionali per le nuove assunzioni e incentivi specifici per l'attivazione di tirocini e contratti di apprendistato o la trasformazione di un tirocinio in contratto di lavoro; oltre a strumenti di accesso al credito che sono messi a disposizione dei giovani per favorire l'autoimprenditorialità e l'autoimpiego.

Per stabilire in modo opportuno il livello e le caratteristiche dei servizi erogati e aumentarne l'efficacia, si è scelto di introdurre un sistema di *profiling* che tenga conto della distanza dal mercato del lavoro, in un'ottica di personalizzazione delle azioni erogate: una serie di variabili: territoriali, demografiche, familiari e individuali profilano il giovane permettendo così di regolare la misura dell'azione in suo favore.

[III] «I giovani residenti in Italia tra i 18 e i 30 anni (nati tra il 1980 – anno della storica rivendicazione dei quadri Fiat – e il 1992) sono 8milioni 605mila 654 (fonte Istat). E solo poco più di 728mila (secondo i dati forniti dalla Cgil, Cisl, Uil e Ugl), per una percentuale inferiore al 10%, sono iscritti a una di queste quattro sigle sindacali». Cfr. SAVELLI F., Giovani, la grande fuga dal sindacato, in *www.corriere.it*, 14 novembre 2010.

Per un approfondimento circa la sindacalizzazione e la rappresentatività del sindacato rispetto ai lavoratori under 30, si veda LANI I., *Organizziamoci! I giovani e il sindacato dei mille lavori*, Editori Internazionali Riuniti, Roma, 2013.

zione alla vita complessiva, in particolare familiare del lavoratore.[112]
Inoltre, da un'analisi comparata in ambito europeo, emerge come buone *performances* occupazionali dei giovani sono presenti nei paesi dove le relazioni industriali sono maggiormente cooperative e partecipative, dove la contrattazione collettiva è decentrata e dove la determinazione della retribuzione avviene in maniera flessibile.[113] Al contrario, là dove le parti sociali non operano in maniera cooperativa e sussidiaria, e dove il sistema contrattuale è altamente centralizzato, la voce degli *insider* nel mercato del lavoro prevale su quella degli *outsider* e di chi, fuori dal mercato del lavoro, è disoccupato o inattivo.

La situazione di crisi che ha compresso il ruolo, nei decenni, ritagliato alla concertazione sociale e al ruolo delle parti sociali non ha saputo interpretare il profondo cambiamento indotto dalla tecnologia e dalla globalizzazione nei metodi di organizzazione e di produzione del lavoro.

Considerato che «nei prossimi decenni la competizione globale sarà incentrata sulla capacità di attrarre capitale umano e imprese innovative. I luoghi in cui si fabbricano fisicamente le cose seguiteranno a perdere importanza, mentre le città popolate da lavoratori interconnessi e creativi diventeranno le nuove fabbriche del futuro»,[114] la strada dovrebbe essere quella basata su un sistema di "convenienze reciproche", competenze e produttività del lavoro, in una fitta trama di relazioni, formali ed informali, e di rapporti fiduciari basati sulla reciprocità, che viene garantita da ogni sistema efficiente di relazioni industriali, che, in questo modo, permetterebbero il compimento di una vera democrazia nel mondo del lavoro.

---

[112] Cfr. COMITATO PER IL PROGETTO CULTURALE DELLA CONFERENZA EPISCOPALE ITALIANA, *La sfida educativa*, op. cit.
[113] Cfr. *Ibidem*.
[114] Cfr. MORETTI E., *La nuova geografia del lavoro*, op. cit.

Realtà concreta n. 4

Coopowerment: Fare impresa, cooperando

Lancellotta Mariangela, Pessano Elisabetta

con
Baccara Francesca
Cavalera Alessandro
Gramondi Gian Maria
Licitra Giovanni Luca
Malatesta Antonietta
Masucci Valentina
Perinu Paola
Silvetti Fabio Massimo
Vicini Elena

sotto la supervisione esterna
del prof. Carlo Borgomeo

1. La cooperazione ha una specificità etica rispetto all'impresa tradizionale? L'evoluzione della Dottrina Sociale della Chiesa in merito

«Interrogarsi profondamente se lo strumento istituzionale che possa meglio favorire l'esercizio della solidarietà tra gli uomini sia il regime democratico»,[1] parlando di economia e di imprenditorialità, significa addentrarsi nella riflessione sulla cooperazione, con la difficoltà che comporta padroneggiare un fenomeno più ampio, complesso e variegato di quanto la scarsa attenzione che ad essa dedicano la maggior parte degli studi universitari giuridici ed economici lasci presupporre.

Secondo la dichiarazione di Manchester del 1995 dell'*International Cooperative Alliance* «una cooperativa è un'associazione autonoma di persone unite volontariamente per soddisfare le loro aspirazioni e bisogni economici, sociali e culturali comuni attraverso la creazione di una impresa di proprietà comune e democraticamente controllata».[2]

Potremmo quasi riformulare: un'organizzazione economica solidale e democratica.

Rimandando oltre disamine più specifiche, abbiamo iniziato il nostro lavoro col chiederci, singolarmente e dialogicamente,[3] se

---

[1] Cfr. SANGALLI S., *Solidarietà e democrazia nell'orizzonte della Dottrina Sociale della Chiesa: riflessioni per un percorso*, in questo volume.
[2] Nella medesima dichiarazione ne vengono enunciati i principi: 1) adesione libera e volontaria; 2) controllo democratico da parte dei soci; 3) partecipazione economica dei soci; 4) autonomia e indipendenza; 5) educazione, formazione e informazione; 6) cooperazione tra cooperative; 7) interesse verso la comunità.
[3] Procedendo per domande e tentativi di risposte, cogliamo così l'invito / necessità ad una ermeneutica più "narrativa" che "concettuale", che dia conto della mediazione e del dialogo tra gli ideali i "fatti" e le "realtà". Cfr. SANGALLI S., *Solidarietà e democrazia nell'orizzonte della Dottrina Sociale della Chiesa: riflessioni per un percorso*, in questo volume.

ci sia una specificità *sotto il profilo etico* della cooperazione nei confronti dell'impresa commerciale tradizionalmente intesa e se la Dottrina Sociale della Chiesa (DSC) supporti una tale concezione, memori del fatto che «l'etica nasce dal riconoscimento dell'altro» e «della sua dignità che in un sistema democratico è riconosciuta a tutti in maniera egualitaria».[4]

Guardando alla DSC non si può non concordare con la statuizione che «il lavoro, per il suo carattere soggettivo o personale, è superiore ad ogni altro fattore di produzione: questo principio vale, in particolare, rispetto al capitale» riguardo cui «ha una priorità intrinseca» e certamente «si deve ritenere che la «principale risorsa» e il «fattore decisivo» in mano all'uomo è l'uomo stesso, che «l'integrale sviluppo della persona umana nel lavoro non contraddice, ma piuttosto favorisce la maggiore produttività ed efficacia del lavoro stesso», che «il rapporto tra lavoro e capitale trova espressione anche attraverso la partecipazione dei lavoratori alla proprietà, alla sua gestione, ai suoi frutti» e che «la proprietà, che si acquista anzitutto mediante il lavoro, deve servire al lavoro».[5]

In questo senso la struttura organizzativa di cui si dota l'impresa cooperativa per perseguire un fine comune sembra, infatti, riconoscere il valore dell'*altro* nella sua interezza, tutelando e enfatizzando la persona come lavoratore, *decision maker*, portatore di interessi e bisogni oltre che di talento inteso come capacità di fare – o meglio di agire,[6] e quindi configurarsi come *eticamente* più significativa.

---

[4] Cfr. SANGALLI S., *Solidarietà e democrazia nell'orizzonte della Dottrina Sociale della Chiesa: riflessioni per un percorso, in questo volume*.

[5] Cfr. CATECHISMO DELLA CHIESA CATTOLICA, LEV, Città del Vaticano, 1992, nn. 276-282.

[6] «Il discrimine ultimo tra i due tipi di impresa è nella differenza tra agire e fare. La persona agisce quando compie un'azione in vista di uno scopo che lei stessa ha scelto. La persona che fa, che opera, invece, compie un'azione prescritta da altri di cui non è detto che conosca gli scopi e anche quando ciò fosse, non ne sarebbe comunque responsabile. Ebbene, mentre il lavoratore dipendente opera ed è responsabile solo della modalità del suo lavoro, il socio cooperatore agisce e perciò è responsabile anche della finalità del suo lavoro». Cfr. ZAMAGNI V., ZAMAGNI S., *La cooperazione*, Il Mulino, Bologna, 2008, p. 57.

Procedendo nel paragone tra l'impresa tradizionale ed impresa cooperativa, è doveroso sottolineare che a volte si guarda al giuridico come se si trattasse di mera tecnicalità, dimenticando che esso rappresenta la cristallizzazione di un *modus* dominante e accettato rispetto ad un tema.[7] Ed è così che bisogna guardare ai "modelli" di impresa e di cooperativa, quali frutti, comunque, di mentalità con le quali si guardava al mondo, di due preferenze, da un lato quella per il capitale-proprietà, dall'altra quella per il lavoro-proprietà. Ed invero, le costruzioni giuridiche, di qualunque branca e livello, sono sistemi di garanzia minima che l'ordinamento – e quindi il sentir comune – riconosce meritevoli di tutela ed *enforcement*. Questi sistemi possono incentivare taluni comportamenti e disincentivarne tal'altri. Questa consapevolezza deve guidarci nell'analisi di cosa sia preferibile e cosa non lo sia, tenendo ben presente che la competitività – sempre nel rispetto dei due poli della dignità e del bene comune – è di per sé essenziale ed *etica*. Difatti, un'organizzazione competitiva può avere prospettive di lungo termine e, stante la sua solidità, può impegnarsi in politiche interne ed esterne più "etiche" rispetto ad un'organizzazione "eticamente costruita" ma la cui poca competitività ne minaccia la sopravvivenza e il concreto agire.

Guardando ai "modelli" essenziali di impresa e di cooperativa la distinzione fondamentale che emerge è – a livello di *governance* – quella tra gerarchia e democrazia. Parlando invece di proprietà e remunerazione del capitale: possibile rendita da un lato (o comunque – marxianamente parlando – accumulazione di plusvalore) e partecipazione dall'altro. Ridotta a questi minimi termini la questione, la "superiorità" etica della cooperativa, alla luce dei valori che assumiamo guidarci, è palese e pur ammettendo le distorsioni di mercato che permettono ad alcune imprese cooperative di perseguire fini meramente utilitaristici e ad imprese tradizionali di produrre del valore "per la colletti-

---

[7] Così come «non va dimenticato che il mercato non esiste allo stato puro. Esso trae forma dalle configurazioni culturali che lo specificano e lo orientano», BENEDETTO XVI, *Caritas in veritate* (da ora in poi CnV), LEV, 2009, n. 36.

vità" oltre al profitto personale, ci sembra che la cooperativa nasca con l'intento di indirizzare verso una più giusta identificazione dell'altro con cui fare impresa e di promuovere un diverso assetto delle relazioni di collaborazione interne che spinge ad abbandonare «la situazione in cui tutti condividono che ognuno persegua il proprio fine» per una «situazione in cui si ha un fine comune da condividere».[8]

Di contro, l'impresa, per come oggi appare per lo più delinearsi e dispiegarsi, è orientata verso il profitto a breve termine: ciò può recare con sé taluni scompensi per l'intero mercato e dunque per la stessa realtà imprenditoriale. Difatti ragionare solo in un'ottica di breve termine[9] significa distogliere l'attenzione dalla sostenibilità dell'impresa. Pertanto se si ha un'impresa di questo tipo, arroccata sugli interessi dei soli soci / investitori di capitale in una prospettiva di breve termine, allora appare senz'altro necessario collocare in una posizione prioritaria la cooperativa che già reca nel suo schema tipo lo scopo mutualistico e di ripartizione dei benefici tratti dal lavoro comune tra gli stessi cooperatori ed è dunque *naturalmente* in grado di sviluppare ed ancor prima di farsi portatrice di principi sociali e solidali.

Diversamente ragionando, però, non si può porre una gerarchia *etica* se non vedendo da vicino la realtà in cui la cooperativa ovvero l'impresa si calano, la scala di valori propria delle persone responsabili sul piano decisionale, esecutivo, operativo o che comunque prendono parte e si interessano delle organizzazioni stesse.

Perciò, a nostro giudizio, sul piano dei *principi* la cooperazione indica e persegue un modello di collaborazione più completo alla luce della dimensione antropologica che assumiamo guidarci. Per quanto riguarda la forma giuridica la cooperazione potrebbe essere teoricamente più auspicabile, ma non necessariamente lo è sul piano pratico. Difatti bisogna essere attenti a

---

[8] Cfr. ZAMAGNI V, ZAMAGNI S., *La cooperazione*, op. cit., p. 55.
[9] Senza sottacere, comunque, la difficoltà di mantenere costante una veduta lunga a fronte della sempre maggiore fatica a prevedere anche solo il breve termine.

non dare per scontati quei "dati di contesto" che se in un dato momento e luogo potevano *far funzionare* imprese con una determinata forma giuridico-organizzativa, ora potrebbero non essere più presenti.

Sicuramente il Magistero sociale della Chiesa ha sempre sostenuto il modello delle cooperative, «convinta che la loro attività non si limita alla sola dimensione economica, ma concorre alla crescita umana, sociale, culturale e morale di quanti ne sono parte e della comunità in cui esse sono inserite»,[10] e questa preferenza pare segnata dal Compendio ai numeri 293,[11] 339[12] e 420.[13]

Ad una lettura attenta della *Caritas in veritate*, però, l'*opzione cooperativa* può dirsi menzionata solo con il numero 38,[14] dove

---

[10] Cfr. BENEDETTO XVI, Messaggio del Santo Padre per la Giornata Mondiale dell'Alimentazione 2012, 16 ottobre 2012.

[11] «Per la promozione del diritto al lavoro è importante, oggi come ai tempi della «Rerum novarum», che vi sia un «libero processo di auto-organizzazione della società». Significative testimonianze ed esempi di auto-organizzazione si possono rintracciare nelle numerose iniziative, imprenditoriali e sociali, caratterizzate da forme di partecipazione, di cooperazione e di autogestione, che rivelano la fusione di energie solidali. Esse si offrono al mercato come un variegato settore di attività lavorative che si distinguono per un'attenzione particolare nei confronti della componente relazionale dei beni prodotti e dei servizi erogati in molteplici ambiti». Cfr. PONTIFICIO CONSIGLIO DELLA GIUSTIZIA E DELLA PACE, Compendio della Dottrina Sociale della Chiesa (d'ora innanzi Compendio) LEV, 2004, n. 293.

[12] «I componenti dell'impresa devono essere consapevoli che la comunità nella quale operano rappresenta un bene per tutti e non una struttura che permette di soddisfare esclusivamente gli interessi personali di qualcuno. Solo tale consapevolezza permette di giungere alla costruzione di un'economia veramente al servizio dell'uomo e di elaborare un progetto di reale cooperazione tra le parti sociali. Un esempio molto importante e significativo nella direzione indicata proviene dall'attività che può riferirsi alle imprese cooperative, alle piccole e medie imprese, alle aziende artigianali e a quelle agricole a dimensione familiare. La dottrina sociale ha sottolineato il contributo che esse offrono alla valorizzazione del lavoro, alla crescita del senso di responsabilità personale e sociale, alla vita democratica, ai valori umani utili al progresso del mercato e della società». Cfr. *Ibidem*, n. 339.

[13] «La cooperazione, anche nelle sue forme meno strutturate, si delinea come una delle risposte più forti alla logica del conflitto e della concorrenza senza limiti, che oggi appare prevalente. I rapporti che si instaurano in un clima cooperativo e solidale superano le divisioni ideologiche, spingendo alla ricerca di ciò che unisce al di là di quanto divide» (Cfr. *Ibidem*, n. 420). Si noti che però questo passaggio ricorre nella parte dedicata al principio di sussidiarietà.

[14] «Accanto all'impresa privata orientata al profitto, e ai vari tipi di impresa pubblica, devono potersi radicare ed esprimere quelle organizzazioni produttive che perse-

peraltro la parola cooperazione[15] non c'è. Ed anzi al numero 46 piuttosto leggiamo:

> «C'è una nuova ampia realtà composita, che coinvolge il privato e il pubblico e che non esclude il profitto, ma lo considera strumento per realizzare finalità umane e sociali. Il fatto che queste imprese distribuiscano o meno gli utili oppure che assumano l'una o l'altra delle configurazioni previste dalle norme giuridiche diventa secondario rispetto alla loro disponibilità a concepire il profitto come uno strumento per raggiungere finalità di umanizzazione del mercato e della società».

Appare da questo passaggio chiaro come qui il Magistero con il suo pensiero sociale sia fortemente vicino alla visione della cosiddetta "Economia civile",[16] che dalla concezione antropologica della Chiesa Cattolica trae peraltro fondamento. Lo ha fatto senza riferirsi esplicitamente alla cooperazione, ma sicuramente pensando molto ad essa nello scrivere alcuni passaggi della *Caritas in veritate*.

Questa evoluzione, da una preferenza quasi esplicita ad una

---

guono fini mutualistici e sociali. È dal loro reciproco confronto sul mercato che ci si può attendere una sorta di ibridazione dei comportamenti d'impresa e dunque un'attenzione sensibile alla civilizzazione dell'economia. Carità nella verità, in questo caso, significa che bisogna dare forma e organizzazione a quelle iniziative economiche che, pur senza negare il profitto, intendono andare oltre la logica dello scambio degli equivalenti e del profitto fine a se stesso». Cfr. *Ibidem*, n. 38.

[15] Il termine "cooperazione" (nel senso che stiamo indagando) ricorre nel Compendio 6 volte (con 22 ricorrenze totali), mentre nella *Caritas in veritate* ricorre solo 3 volte in tal senso (su un totale di 10 ricorrenze, per lo più dedicate alla cooperazione internazionale).

[16] Gli studiosi che si annoverano all'Economia civile, pur non necessariamente condividendo le medesime tecniche di analisi e pur non avanzando una proposta unitaria circa il modo di trattare la relazionalità quale categoria di discorso economico, sono tutti accomunati dall'intento di «dare conto del perché le relazioni interpersonali non possono continuare a restare fuori del nucleo duro della ricerca economica e quindi portare argomenti forti a favore dell'accoglimento in economia di un paradigma ermeneutico diverso da quelli oggi in uso, quello relazionale». Scuola e tradizione di pensiero sia economico che filosofico, che individua la sua radice prossima nell'Umanesimo civile, quella remota nel pensiero di Aristotele, Cicerone, Tommaso d'Aquino e della scuola francescana; e che conosce la sua stagione aurea con l'Illuminismo italiano. Cfr. BRUNI L., ZAMAGNI S., Introduzione a BRUNI L.-ZAMAGNI S. (a cura di), *Dizionario di Economia Civile*, Città nuova, Roma, 2009.

simpatia più sommessa e certamente non esclusiva, sembra cogliere e incitare quel superamento della rigida dicotomia lavoro / capitale, scartandola e rilanciando sul tema della *gratuità*,[17] giacché:

> «La grande sfida che abbiamo davanti a noi, fatta emergere dalle problematiche dello sviluppo in questo tempo di globalizzazione e resa ancor più esigente dalla crisi economico-finanziaria, è di mostrare, a livello sia di pensiero sia di comportamenti, che non solo i tradizionali principi dell'etica sociale, quali la trasparenza, l'onestà e la responsabilità non possono venire trascurati o attenuati, ma anche che nei *rapporti mercantili* il *principio di gratuità* e la logica del dono come espressione della fraternità possono e devono *trovare posto entro la normale attività economica*. Ciò è un'esigenza dell'uomo nel momento attuale, ma anche un'esigenza della stessa ragione economica».[18]

In conclusione, mentre nel Compendio di Dottrina Sociale della Chiesa l'opzione cooperativa è più marcatamente indicata, riguardo la *Caritas in veritate* non possiamo esprimerci con

---

[17] La gratuità costituisce la dimensione fondante e identitaria dell'economia civile, in opposizione alla "classica" concezione del mercato. Essendo la gratuità dimensione fondativa dell'umano, eccedente rispetto all'economia o alle scienze sociali, risulta un concetto difficile da definire nelle sue declinazioni economico-sociali, come anche dimostrato dal fatto che nella letteratura relativa non si trovi una riflessione sistematica sulla gratuità bensì su concetti ad essa attigui (dono, altruismo, reciprocità). Volendo trovare dei tratti definitori, si ha a che fare con la gratuità ogniqualvolta un comportamento ha valore in sé e non è solo un mezzo per qualcos'altro. La motivazione intrinseca è condizione necessaria, ma non sufficiente, e serve a distinguere la gratuità dall'altruismo o dalla filantropia, che possono anche esserne prive. La condizione sufficiente è l'orientamento intenzionale dell'azione verso il bene, non esclusivamente come "verso il bene dell'altro" o come altruismo: un'azione denotata da gratuità può essere rivolta anche verso la natura o verso se stessi. La dimensione della gratuità non è quindi associata a "che cosa si fa", ma piuttosto a "come si fa", è modalità o dimensione dell'azione che può accompagnare vari contenuti. Se ne potrebbe parlare come di una dimensione dell'essere, come il bello e il buono. Non va quindi associata al "gratis" e spesso ne costituisce l'opposto: l'atto gratuito non corrisponde ad un prezzo nullo, piuttosto ad un'assenza di prezzo o, meglio, ad un prezzo infinito. Può dirsi che il gratis sia ciò che non costa niente, il gratuito ciò che è impagabile. Cfr. BRUNI L., *Gratuità*, in BRUNI L.-ZAMAGNI S. (a cura di), *Dizionario di Economia Civile*, op. cit., pp. 484-485.
[18] Cfr. *CnV*, n. 36.

altrettanta certezza, non ci pare vi sia una opzione esplicita, ma anzi si indica predilezione per sistemi ibridi contenenti principi (che sino ad oggi abbiamo identificato come) cooperativi senza essere cooperative *stricto sensu*. Del resto, la complessità entro la quale viviamo sconsiglia l'utilizzo di schemi rigidi.

2. Convergenze in atto. Il superamento di una antitesi?

Per aiutarci a comprendere quello che sembra essere un mutamento di paradigma in atto è bene ripercorrere brevemente l'approccio economico entro il quale sono maturate le concezioni dominanti, la sua crisi ed i percorsi intellettuali e pratici che queste concezioni stanno mutando. In questi troveremo come la rigida dicotomia lavoro / capitale vada sfumando, non per risolversi in un altro modello rigido, ma in numerose forme organizzative di collaborazione e cooperazione economica più flessibili e mutevoli.

2.1. Un sistema che mostra l'assenza di fondamenta

> Why did nobody notice it? It's awful.
> Elizabeth II

La crisi di sistema[19] delle economie occidentali ha colto i più alla sprovvista. Le sue cause tecniche[20] sono state ampiamente dibattute. Pochi sono andati a fondo riguardo alle cause sistemiche, al perché si è giunti a una tale situazione. Tra questi la riflessione di Zamagni è tesa «a far emergere dai fatti che nar-

---

[19] Cfr. PADOA-SCHIOPPA T., *La veduta corta. Conversazione con Beda Romano sul Grande Crollo della finanza*, il Mulino, Bologna, 2009.
[20] «Le analisi tecniche spiegano le disfunzioni verificatesi nell'uso e abuso dei vari strumenti e contratti bancari che hanno innescato la spirale delle insolvenze e, quasi sempre, sono analisi lucide, competenti e preziose per comprendere la meccanica della crisi. Tanto che dopo averle lette, viene spontaneo porsi una domanda ingenua: ma perché, se era tutto così chiaro, non si è intervenuti prima per bloccare l'abuso di strumenti contrattuali, di per sé legittimi, che solo a causa di tali visibilissimi abusi diventano tossici?». Queste «sono poco utili perché vengono sempre dopo» e «non possono venire prima (...) perché nessuno le vuole sentire». VITALE M., *Passaggio al futuro. Oltre la crisi attraverso la crisi*, Egea, Miano, 2010, pp. 5-7.

rano del disastro finanziario quell'ideologia fallace – travestita da presunta scientificità – di cui si sono imbevuti operatori di mercato, autorità politiche di governo, agenzie di controllo, quella specifica scuola di pensiero economico, oggi dominante, nota come *mainstream* economico. Si tratta dell'ideologia che a partire dall'assunto antropologico dell'*homo oeconomicus* – che è un assunto, si badi, e non una proposizione dimostrata – ovvero dell'egoismo razionale, giunge, dopo un lungo itinerario cosparso di teoremi raffinati e di indagini econometriche, alla conclusione che i mercati, anche quelli finanziari, sono assetti istituzionali in grado di autoregolarsi».[21]

In un simile contesto si sono sviluppate, quali conseguenze dirette di questo approccio culturale, quelle che Marco Vitale chiama le "degenerazioni del capitalismo", che la crisi ha messo in luce e che «ci portano all'interno dei meccanismi e dei comportamenti dell'impresa e dei suoi protagonisti»:[22] il supercapitalismo, il gigantismo bancario e i Ceo come nuova aristocrazia. Brevemente, per supercapitalismo intendiamo il sistema che mette al centro il *capital gain*,[23] e quindi una massimizzazione del profitto non necessariamente legata alla produzione nel quale hanno maturato via via un incontrollato potere i giganti bancari, dando vita a concentrazioni abnormi e oligopolitistiche, ben al di là di quelle rese necessarie dalla globalizzazione. Una corsa al potere finanziario fine a se stesso guidata da una classe di presidenti e consiglieri delegati senza alcun tipo di contrappeso, che si sono collocati in una posizione di supremazia delle rispettive società, con poteri addirittura più ampi rispetto a quelli di un ipotetico proprietario, completamente

---

[21] ZAMAGNI S., *La lezione e il monito di una crisi annunciata* in *Sistemi intelligenti*, n. 2, agosto 2009.

[22] Giacché «è incomprensibile la tendenza della maggior parte degli economisti a ignorare il ruolo dell'impresa e dei soggetti che nell'impresa operano, come se ciò fosse neutro o irrilevante, mentre invece l'impresa è il motore dello sviluppo o della crisi, è il luogo dove si prendono le decisioni determinanti per il concreto agire economico». VITALE M., *Passaggio al futuro. Oltre la crisi attraverso la crisi*, op. cit., pp. 54-55.

[23] Si passa così dal «fiat productio et pereat homo» del quale ci avvertiva Sombart a «fiat capital gain et pereat homo». Cfr. *Ibidem*, pp. 55-64.

liberi ed incontrollati, senza il gravame di una responsabilità né di tipo manageriale, né tanto meno derivante dalla proprietà, che non detengono. Titolari di enormi poteri senza alcun tipo di responsabilità e di mega retribuzioni[24] prive di alcuna relazione con le prestazioni fornite, i risultati raggiunti, il tipo di attività o l'andamento reale delle aziende, ma mera conseguenza della posizione potestativa dei beneficiari. L'assenza di responsabilità trova la sua massima espressione nel principio del "too big to fail", per il quale i fallimenti manageriali sono stati assorbiti da salvataggi statali delle entità bancario-finanziarie condotte in modalità irresponsabile e fallimentare.

È importante ricordare sempre come l'assunto di fondo di un sistema che ha portato a tali degenerazioni sia quello dell'egoismo razionale e «guardare a noi stessi come compartecipi di approcci culturali, morali e comportamentali erronei e che dobbiamo correggere».[25]

La violenta accelerazione ha fatto emergere in maniera incontestabile i limiti di un sistema e ha contemporaneamente accelerato la riflessione su e la realizzazione di fenomeni opposti e speculari, che – partendo da tradizioni di pensiero differenti – si stanno incontrando, e segnando un positivo mutamento di paradigma.

2.2. *Dalla dicotomia profitto/filantropia allo* shared value, *passando per la* Corporate social responsibility

La tradizione anglosassone interpreta la relazione economica come un rapporto anonimo e impersonale tra individui che agiscono in maniera atomista e in sola funzione del perseguimento del proprio interesse e dà alla luce una concezione liberista dei mercati quali sistemi autoregolamentati tendenti naturalmente alla migliore situazione possibile. Tale concezione trova la sua massima espressione con la Scuola di Chicago di Milton

---

[24] Cfr. *Ibidem*, pp. 77-96.
[25] Cfr. *Ibidem*, p. 54.

Friedman, il quale sostenne[26] che l'impresa come istituzione ha come unico scopo la massimizzazione del profitto, mentre è il filantropo quale individuo autonomo che con i propri soldi può finanziare attività caritatevoli. E ciò è storicamente avvenuto anche tramite fondazioni e organizzazioni dedicate.

Friedman si opponeva così alla nascenti riflessioni sulla *Corporate social responsibility*,[27] con le quali si afferma che l'impresa ha delle responsabilità che esulano la sua sfera di competenza economica, pena la perdita di potere sociale.[28] La responsabilità sociale viene così intesa come attività strumentale all'attività economica dell'impresa atta a creare diversificazione e quindi vantaggio competitivo e come risposta reattiva a stimoli esterni. Grazie alle riflessioni sulla teoria degli *stakeholders*,[29] si giunge all'«opinione oggi sostanzialmente prevalente» secondo cui «la *Corporate social responsability* consiste in una forma di governo strategico dell'impresa che prevede una serie di standard di condotta a un livello più stringente rispetto a quello fissato dalla

---

[26] Cfr. FRIEDMAN M., *The Social Responsibility of Business is to make profits*, in *The New York Times Magazine*, 13 settembre 1970.

[27] La prima definizione di CSR è tradizionalmente riconosciuta in BOWEN H., *Social Responsibilities of the Businessman*, Harper & Brothers, New York, 1953. Secondo l'autore la responsabilità sociale degli uomini d'affari si riferisce «agli obblighi dei businessman di perseguire quelle politiche, di prendere quelle decisioni e di seguire quelle linee di azione che siano desiderabili in rapporto agli obiettivi e valori della nostra società». Da questa prima definizione di responsabilità sociale deriva che i businessmen «in quanto servitori della società, non devono trascurare i valori socialmente accettati o anteporre i propri valori a quelli della società».

[28] Cfr. DAVIS K., *Can business afford to ignore social responsibilities?*, in *California Management Review*, 1960. Davis sviluppa un interessante concetto che lega in maniera indissolubile la responsabilità sociale al potere di un'impresa. Con la sua «iron law of responsibility» afferma che non può esistere responsabilità senza potere e che pertanto una erosione della prima rappresenta una erosione del secondo «social responsibility of businessmen need to be commensurate with their social power», responsabilità e potere sarebbero indissolubilmente legati fra loro in ogni ambito della vita umana, quindi anche nella relazione fra mondo degli affari e società. Secondo l'autore, una mancata assunzione di responsabilità da parte del mondo imprenditoriale rappresenterebbe una forma di arretramento che lascerebbe campo libero a sindacati e governi per porre limiti e vincoli al potere delle imprese per legge.

[29] Cfr. FREEMAN R.E., *Strategic Management: A Stakeholder Approach*, Pitman, Boston, 1984; DONALDSON T. – PRESTON L., *The Stakeholder Theory of the Corporation: Concepts, Evidence, and Implications*, in *Academy of Management Review*, vol. 20, n. 1, pp. 65-91.

legislazione e che si manifesta come un sistema di *governance* delle transizioni fra l'impresa e i suoi *stakeholders*».[30]

Con gli anni Duemila la letteratura inizia ad individuare l'inscindibilità dell'impresa dall'ambiente in cui opera,[31] l'ambiente sociale e fisico è nella politica industriale socialmente responsabile un elemento integrante con cui sviluppare sinergie.[32] Nel 2011 Porter e Kramer pubblicano *Creating Shared Value*,[33] con cui si supera la «mentalità da "responsabilità sociale" per la quale i problemi stanno alla periferia» per propugnare il valore condiviso, che «non è responsabilità sociale, filantropia o sostenibilità, ma un nuovo approccio al perseguimento del successo economico» che «non sta alla periferia, ma al centro, di ciò che fanno le imprese»,[34] giacché «i programmi di CSR si focalizzano principalmente sulla reputazione e hanno solo un collegamento limitato con il business» mentre «la CSV è funzionale alla profittabilità e alla posizione competitiva dell'azienda».

---

[30] Cfr. DEGLI ANTONI G., SACCONI L., *Responsabilità sociale d'impresa*, in BRUNI L.-ZAMAGNI S. (a cura di), *Dizionario di Economia Civile*, op. cit. Con il termine stakeholder «si fa riferimento ai soggetti o alle categorie che, avendo investimenti specifici o per effetto di esternalità, hanno un interesse rilevante collegato alla conduzione dell'impresa o che possono su di essa incidere».

[31] In questo senso i principali riferimenti teorici sono rappresentati dall'evoluzione del pensiero di Porter (2006), Zadek (2001, 2007) e Freeman (2005).

[32] Cfr. PORTER M. E., KRAMER M. R., *Strategy and society. The link between competitive advantage and corporate social responsibility*, in *Harvard Business Review*, dicembre 2006. Porter sostiene che l'attività d'impresa e la società sono realtà interdipendenti e introduce «un modello che le imprese possono utilizzare per identificare tutti gli effetti, positivi e negativi, che hanno sulla società, determinare quelli che meritano un loro intervento e individuare un modo efficace per intervenire».

[33] Cfr. PORTER M. E., KRAMER M. R., *Creating Shared Value*, in *Harvard Business Review*, gennaio 2011.

[34] «Il concetto di valore condiviso si può definire come l'insieme delle politiche e delle pratiche operative che rafforzano la competitività di un'azienda migliorando nello stesso tempo le condizioni sociali ed economiche delle comunità in cui opera. La creazione di valore condiviso si focalizza sull'identificazione e sull'espansione delle connessioni tra progresso economico e progresso sociale. Il concetto si fonda sulla premessa che sia il progresso economico sia il progresso sociale vanno affrontati con dei principi basati sul valore. Il valore si definisce in termini di benefici in relazione ai costi, e non in termini esclusivamente di benefici». Cfr. *Ibidem*.

2.3. L'emancipazione della cooperazione

Parallelamente e altrove, quella che era stata trattata dalla letteratura giuridica ed economica come un'impresa di "serie b", e che tale era considerata talvolta dai suoi stessi operatori, conduce un percorso di emancipazione, che la porta a rafforzarsi, affermarsi e a prendere consapevolezza delle proprie potenzialità.

Le cooperative[35] sono società che si caratterizzano per il perseguimento del fine mutualistico. Ciò si traduce nella loro vocazione a svolgere attività individuabili nel mercato attraverso una logica di condivisione e ripartizione dei benefici produttivi tra gli stessi appartenenti alla cooperativa. Tali forme societarie assumono diverse forme organizzative a seconda del loro oggetto sociale: vi sono infatti cooperative di consumo, di produzione e lavoro, sociali o ancora consorzi cooperativi e banche di credito cooperativo. Il panorama è variegato ma riconducibile ad unità in quanto la mutualità è il carattere indefettibile e prescindente il settore di attività.

L'idea stessa di mutualità è andata evolvendosi dalla semplice «fornitura di beni o servizi od occasioni di lavoro direttamente ai membri dell'organizzazione a condizioni più vantaggiose di quelle che otterrebbero sul mercato»[36] ad un concetto sempre più ampio, rilevando come l'esercizio della funzione mutualistica possa portare benefici «non solo direttamente ai soci ma anche mediatamente alla categoria sociale di un determinato settore economico o di una comunità territoriale».[37]

---

[35] Inizialmente, la cooperativa nasce e si sviluppa al fine di contrastare situazioni di abuso perpetrate nei confronti delle classi operaie quando, a cavallo tra il XIX ed il XX secolo, si assiste a forti cambiamenti nell'industria e, conseguentemente, dell'economia che richiedono una maggiore forza lavoro in funzione dell'aumento della produzione. Questo si accompagna alla necessità, diffusamente avvertita, di unirsi per produrre di più, per produrre meglio. Da una prospettiva meramente strumentale la cooperativa assurge poi ad essere una forma che consente di produrre con strumenti propri e con le stesse logiche che spinsero, anni prima, gli operai o i braccianti a confederarsi "cooperando": mutualità, democrazia, solidarietà.
[36] Così la Relazione di accompagnamento al Codice civile (1942).
[37] Cfr. GAMBINO A. – SANTOSUOSSO D.U., *Società di capitali,* Giappichelli, Torino, 2007, p. 375. Similmente PAOLUCCI L., relazione al Seminario annuale di Orvieto, in

Forse per questo motivo, quando si riflette sul come fare impresa, si tende a relegare la cooperativa ad una dimensione marginale: quasi fosse un universo separato, del tutto inconciliabile e differente, da quell'idea di impresa, avvertita nella collettività, che permette di svolgere attività economiche traendone un guadagno. Invero così non è. Uno sguardo alla recente storia del nostro Paese fa emergere, chiaramente, il contrario, nel senso di un rilancio della cooperativa nello svolgimento di attività economiche. Infatti la cooperativa è uno "strumento" per fare impresa che si presenta per una flessibilità conquistata nel corso degli anni, specie nel momento di crisi che il nostro Paese ha attraversato e che, ancora oggi, vive. Dalle statistiche emerge come questa forma societaria non solo non è stata smantellata dallo sterminio dei centri produttivi, causato dalla difficoltà di reperire un adeguato finanziamento, ma anzi ha avuto un incremento in misura percentuale pari circa al doppio rispetto alla tradizionale impresa, dimostrando maggiore capacità, rispetto alla comune impresa, di innestarsi nel tessuto sociale.[38]

Atti del Seminario Annuale di Orvieto organizzato dalla Fondazione Bruno Visentini, del 28 marzo 2012, secondo cui «in sostanza la mutualità, che caratterizza le cooperative, non deve essere vista soltanto in funzione del beneficio mutualistico dei soci che ne fanno parte, ma dello sviluppo del programma di diffusione del movimento cooperativo e quindi di finalità di carattere più generale, e ciò implica per la cooperativa una connotazione particolare che ben può giustificare una sua definizione come "altra impresa" e che indubbiamente la distingue dalle società lucrative, in quanto caratterizzata da una funzione sociale che nelle società private rappresenta esclusivamente un limite». Resta, comunque, valida la considerazione per cui «l'esatta verifica dell'esistenza dello scopo mutualistico delle cooperative ha rappresentato, da sempre, uno dei problemi pratici più difficili da risolvere per chi ha affrontato il tema», così SAIJA A., *Prime riflessioni sull'evoluzione delle cooperative dal codice civile alla riforma delle società: mutualità e controlli*, in *Rivista di diritto dell'economia dei trasporti e dell'ambiente*, 2004, pp. 26 e ss.

[38] Nel decennio 2001-2011, le cooperative effettivamente operanti sono passate da 53.393 a 61.398 (con un incremento pari al 15 per cento), mentre gli occupati sono passati da 978.218 ad 1.200.585 (con un incremento pari al 22,7 per cento). È interessante notare come tali incrementi vadano riferiti in misura preponderante al settore delle cooperative sociali operanti in ambito socio-sanitario ed educativo. Le statistiche di cui sopra sono tratte dai dati del censimento ISTAT 2011 e consultabili in CENTRO STUDI LEGACOOP, Note brevi n. 11/2013.

Volendo indagare, nei limiti di questa trattazione, le ragioni che possono essere alla base di questa affermazione del mondo cooperativo, emerge sicuramente il carattere democratico di questo modello organizzativo che tende a parificare il peso di ciascun socio nell'esercizio del potere gestionale mediante il principio del voto capitario:[39] questo aspetto di democraticità consente di assicurare un'effettiva partecipazione del lavoratore alla conduzione dell'attività che nasce e si svolge a partire dalla persona del socio, prescindendo dallo stock di capitale che questi abbia conferito e che, nelle società di capitali in genere, lo rappresenta.[40]

La vocazione ad operare con la massima efficienza sul piano sociale è, poi, da riconoscersi guardando alla cosiddetta "solidarietà intergenerazionale":[41] gli utili generati vengono reinvestiti all'interno del cerchio cooperativo, di modo che questi, intesi anche in termini di competitività ed efficienza economica, vadano a beneficio non solo della collettività attuale ma anche di quella futura; correttamente si parla della solidarietà quale "principio cooperativo" volto a perpetuare e mantenere, nei passaggi intergenerazionali, i risultati raggiunti.

Altro aspetto fondamentale del fenomeno cooperativo, sul quale occorrerà soffermarsi, è quello legato alla gestione del profitto. Il fatto che l'incameramento degli utili da parte dei soci sia sottoposto a specifici vincoli non deve far supporre che il profitto non possa essere generato. Al contrario, è quanto mai auspicabile che la cooperativa sviluppi le capacità e le professio-

---

[39] Si veda, in questo senso, la relazione d'accompagnamento al D.lgs. 6/2003, relativo alla «Riforma organica della disciplina delle società di capitali e società cooperative».
[40] «La funzione sociale della cooperativa è necessariamente formata da due componenti: una strutturale, corrispondente alla democrazia cooperativa; l'altra causale corrispondente allo scopo prevalentemente mutualistico e all'eventuale scopo limitatamente lucrativo», così CUSA E., *Il procedimento assembleare nella società cooperativa ed il principio democratico*, relazione presentata in Roma il 15 novembre 2003 nell'ambito del ciclo di seminari "*La nuova disciplina delle società cooperative*". Per un'analisi della funzione sociale della cooperativa e dei relativi principi democratici si veda inoltre Corte Costituzionale, sentenza 18 luglio 1989, n. 408.
[41] Cfr. POLICARI A., *Cooperative di lavoro e socio lavoratore*, Maggioli, Santarcangelo di Romagna, 2011, p. 12.

nalità occorrenti a produrre un risultato positivo, attraverso l'utilizzo di meccanismi che, non riducendosi all'impiego e all'investimento del capitale, assegnano una prevalenza al fattore lavoro.

Il capitale non deve infatti essere né il fine né il (solo) mezzo: la generazione di un risultato economico positivo passa attraverso forme di gestione ed organizzazione che pongono al centro l'uomo, fattore umano come fattore primario nello svolgimento di questa attività d'impresa.[42] Non appare casuale, da questo punto di vista, che nell'ultimo decennio si sia registrata una grandissima crescita nel settore delle cooperative sociali, con particolare riferimento a quelle attive in ambito sanitario che, ad oggi, esercitano funzioni assai rilevanti anche su commesse pubbliche fornendo molto spesso servizi essenziali.[43]

Questo percorso di emancipazione della cooperazione che riscontriamo, da impresa di "serie b" a imprenditorialità competitiva e vincente, non può tuttavia far sottacere alcuni limiti fisiologici che devono essere necessariamente individuati, non solo in vista del posizionamento della cooperativa nel mercato globale, ma anche affinché sia proprio il mercato a riconoscere la validità di forme e moduli che, per ora, solo la cooperativa possiede.[44]

---

[42] È chiara la necessità di generare un utile altrimenti ciò andrebbe a detrimento della cooperativa stessa, che non sarebbe efficiente e dunque non potrebbe essere optata come forma per esercitare attività d'impresa, e dei suoi soci i quali non avrebbero nessuna remunerazione per la forza lavoro prestata. Cfr. *Che cos'è una cooperativa?* in *www.confcooperative.it*

[43] In proposito sono di grande interesse i dati diffusi dall'ISTAT in merito alle cooperative sociali in Italia. Si tratta di soggetti distribuiti in modo piuttosto omogeneo sul territorio nazionale (pur con una certa concentrazione nelle grandi realtà urbane), operanti prevalentemente nel settore dei servizi e in particolare in ambito-socio sanitario, con compagini sociali relativamente ampie ed un'importante incidenza del lavoro femminile, in grado di sviluppare complessivamente un volume d'affari pari ad oltre 7 miliardi di Euro nel 2005 e a quasi 9 miliardi di Euro nel 2011. Per una più ampia informazione e documentazione sul punto si vedano anche CENTRO STUDI LEGACOOP, *Aspetti quantitativi e quantitativi della cooperazione italiana*, Roma, 2009 e, altresì, EURICSE, *La cooperazione in Italia – primo rapporto Euricse*, 2011, consultabile in *www.euricse.eu*

[44] Non può essere taciuta la necessità che questa forma giuridica, idealmente eletta per l'esercizio di attività economiche, debba assumere connotati che le consentano di

Non si deve infatti incorrere nell'equivoco per cui, stante l'assenza dello scopo di lucro nelle cooperative, queste non debbano dotarsi di risorse adeguate. Il carattere della mutualità non deve far ritenere che non sia necessaria un'adeguata dotazione finanziaria:[45] proprio quest'ultima consente alla cooperativa di potersi collocare sul mercato, fornendo servizi adeguati e quindi esercitando una pressione concorrenziale nei confronti di altre forme imprenditoriali.

Nel mercato, che deve essere improntato alla trasparenza, sia per gli *insiders* che per gli *outsiders*, si richiede peraltro che le entità in esso operanti consentano di essere monitorate secondo parametri che il mercato riconosce come effettivi: valutazioni congrue e reali, il che, a ben vedere, non è pienamente realizzato nell'universo delle cooperative[46] e questo è un aspetto che

---

assumere una certa attrattività per gli operatori economici, così da creare forme di cooperazione interne al mercato e farlo divenire esso stesso un "quid cooperativo", oltre che per i fruitori dei servizi resi. Ciò anche al fine di sopperire alla circostanza per cui nella cooperativa manca, fin dall'atto di costituzione della medesima, una valutazione circa l'adeguatezza dei mezzi apprestati al raggiungimento dell'obiettivo sociale. Il rischio che si paventa è quello della sottocapitalizzazione, ovvero il fatto che la cooperativa, non adeguando il capitale all'attività che ne costituisce l'oggetto, finisca per porsi in una posizione d'ombra sul mercato o, in extremis, essere costretta ad uscirne. Per un differente approccio sul punto: «(...) Il conferimento del socio di società cooperativa, sino a quando lo scopo suo e della società è mutualistico, sia di importo limitato, limitato cioè a quanto può essere necessario a mettere la società nelle condizioni di procurargli i beni ed i servizi di cui può avere bisogno. Ecco, dunque, che il problema della sottocapitalizzazione si pone quando lo scopo mutualistico, con la crescita della dimensione della cooperativa e la necessità di operare anche con i terzi per rendere equilibrati i conti aziendali, prende ad accompagnarsi allo scopo lucrativo, e lo scopo lucrativo diviene sempre più invadente», così BELVISO U., *Scopo mutualistico e capitale variabile nelle società cooperative*, Giuffrè, Milano, 2012, p. 24.

[45] Si parla di "nanismo finanziario". Sul punto si vedano: ALLEVA F., *L'impresa sociale italiana*, Giuffrè, Milano, 2007, p. 98; TATARANO M.C., *La nuova impresa cooperativa*, Giuffrè, Milano, 2011; p. 268; PAOLUCCI L., *Le società cooperative*, Utet Giuridica, Torino, 2012, p. 197.

[46] Nella prospettazione dei dati contabili delle cooperative si assiste ad un deficit di trasparenza dovuto al fatto che i conferimenti dei soci vengono sopravvalutati: essendo questi rilevati quali voci di conto economico afferenti i costi, si assiste ad una sopravvalutazione del costo del lavoro che comporta una compressione dell'utile di gestione. Ciò può essere conforme alla prassi legale, ma non a quella di mercato: questo aspetto è di elevata importanza stante il fatto che, allorquando si tratta di concedere credito alla cooperativa e di valutarne dunque il merito creditizio, si conside-

dovrebbe essere guardato con grande attenzione per consentire che davvero la cooperativa possa essere eletta come forma ideale, data l'alta componente solidale, per lo svolgimento di attività d'impresa.

Un'altra questione importante concerne il fatto che, quando si parla dei vantaggi che reca costituire una cooperativa piuttosto che altra forma societaria, ci si rivolge quasi ed unicamente a quelli d'ordine fiscale, che certamente in taluni casi rappresentano opportunisticamente il motivo della scelta della forma cooperativa. È necessario però fare un chiarimento. Il concetto stesso di agevolazione potrebbe apparire fuorviante, lasciando supporre che si tratti di assicurare a determinati soggetti un trattamento differenziato (e più favorevole) rispetto ad altri attori che operano in condizioni analoghe. Occorre, probabilmente, superare questo equivoco e provare a non considerare la tassazione delle cooperative come un fenomeno derogatorio rispetto al regime impositivo modulato sugli enti commerciali *tout court*.[47] I cosiddetti vantaggi fiscali delle cooperative si ricol-

---

rano bilanci dai quali però non traspare con evidenza il dato reale afferente l'efficienza gestionale in rapporto allo scopo (magari sociale) perseguito. Cfr. BISCARO Q. (a cura di) *Performance economico finanziarie e capacità di credito delle cooperative di Veneto, Emilia Romagna e Friuli Venezia Giulia*, Pubblicazione realizzata da Veneto Agricoltura – Settore Studi Economici – Osservatorio Socio-Economico della Pesca dell'Alto Adriatico, con il contributo della Regione del Veneto, Legnaro, 2008, pp. 14 ss., secondo cui «è infatti evidente che il funzionario che di volta in volta deve decidere il merito di credito di una cooperativa, da un lato non può che accettare il bilancio presentato, che di per sé rispetta i parametri di legge, ma dall'altro lato è ben consapevole del fenomeno della "sopravvalutazione" (che, all'opposto, non rispetta i parametri di mercato); quindi decide in base a riscontri sul passato creditizio dell'azienda e ad eventuali garanzie personali e non in base alla razionalità della gestione, all'efficacia sul mercato, alle prospettive future della cooperativa, ecc. A questo punto, però, non si può non notare che si tratta di un sistema di valutazione in netta contrapposizione a quello suggerito dagli Accordi di Basilea 2».
[47] A queste conclusioni pare giungere la Corte di Giustizia delle Comunità Europea nella sentenza 8 settembre 2011, cause c-78/08, c-79/08 e c-80/08, ove è stato rilevato che le misure fiscali riguardanti le cooperative di produzione e lavoro non costituiscono di per sé aiuto di Stato. La Corte di Giustizia sostiene, in particolare, che «le cooperative (…) sono rette da principi di funzionamento peculiari, che le differenziano nettamente dagli altri operatori economici» (cfr. par. 55) e che «tenuto conto delle specifiche caratteristiche proprie delle cooperative (…) non si può, in via di principio, considerare che società cooperative di produzione e lavoro come quelle in discussione nelle cause principali si trovino in una situazione di fatto e di diritto ana-

legano infatti in modo molto puntuale al concetto di mutualità prevalente e al continuo reinvestimento degli utili nella cooperazione.[48] Si potrebbe immaginare, in altre parole, che si tratti un regime impositivo "proprio" della cooperazione, strettamente collegato alle caratteristiche strutturali di questo modo di fare impresa, piuttosto che una deroga al "normale" sistema di tassazione societaria, che presuppone di riferirsi a soggetti che operano allo scopo precipuo di produrre e ripartirsi un utile societario.[49] In questo senso, non sarebbe sbagliato accordare una tassazione più favorevole a qualsiasi tipo di impresa[50] che

---

loga a quella delle società commerciali, purché, tuttavia, esse operino nell'interesse economico dei loro soci e intrattengano con questi ultimi una relazione non puramente commerciale, bensì personale particolare, in cui essi siano attivamente partecipi e abbiano diritto ad un'equa ripartizione dei risultati economici» (cfr. par. 61).

[48] La parziale esenzione degli utili dall'IRES, peraltro variabile a seconda della tipologia di cooperativa, è controbilanciata dal versamento di una quota di detti utili ai fondi mutualistici, dallo specifico obbligo di destinare parte a riserva legale e da forti limitazioni ad ogni distribuzione di utili ai soci durante la vita dell'ente ed all'atto dell'eventuale scioglimento. Da questo punto di vista, per giunta, occorre considerare che le retribuzioni percepite dai soci sono tassate per intero quali redditi di lavoro, con le aliquote IRPEF ordinarie. Qualora le medesime somme fossero distribuite da società di capitali ai propri soci, sarebbero questi ultimi a scontare un'imposizione attenuata, poiché in tal caso gli utili sono già stati tassati ai fini dell'IRES.

[49] Un simile ragionamento potrebbe, con il tempo, mediare l'evidente frammentazione che, ad oggi, contraddistingue la disciplina (non solo fiscale) del settore e, magari, aiutarci a superare l'aura di sospetto che, oggi, circonda la fruizione di un (presunto) beneficio fiscale. Sul punto, vista la rilevanza della questione, sembra importante superare un ulteriore equivoco: la cooperativa, pur non essendo connotata dallo scopo di lucro, è a tutti gli effetti un'impresa sul piano operativo e, in quanto tale, deve necessariamente dotarsi di una struttura professionale ed organizzativa adeguata alla propria attività ed alle connesse responsabilità. Non sembra, dunque, corretto immaginare che una cooperativa possa perdere la propria caratterizzazione mutualistica e sociale solo per questo motivo (anzi, sarebbe vero il contrario). Del resto non è infondato supporre che questo sentore costituisca un fattore alla base dell'attuale prassi accertativa nei confronti delle cooperative, caratterizzata da una sostanziale duplicazione dei controlli da parte del Ministero dello Sviluppo Economico e dell'Amministrazione finanziaria, con risultati spesso contraddittori e gravi ricadute in termini di costi amministrativi e di contenzioso giudiziario.

[50] Istituti giuridici nei quali è prevista una forma di reinvestimento dell'utile prodotto, limitato, più precisamente, al solo avanzo di gestione verso l'attività sociale *stricto sensu* od in attività sociali esterne, sono le cd. imprese sociali. Per un'analisi sul punto si rimanda a Consiglio Nazionale del Notariato, *L'impresa sociale – Prime riflessioni sul d.lgs. 224 marzo 2006, n. 155*, studio n. 429-C, in *www.notariato.it/it/primo-piano/studi-materiali/studi-materiali/enti-non-commer-ciali-non-profit-l-impresa-sociale/429.pdf*

reinvesta gli utili in azienda[51] e promuovere con maggiore vigore forme di detassazione dei redditi da lavoro dipendente, associati ad incrementi di produttività dell'impresa,[52] estendendo così una *ratio* che nasce in ambito cooperativo a tutti quei soggetti economici che agiscono *de facto* in ottica cooperativa.

2.4. *Nuova mutualità e* sharing economy

Infatti, negli ultimi anni la mutualità ha trovato nuova vita in altri e variegati settori, al di fuori del tradizionale mondo cooperativo e grazie anche alle opportunità date dalla rivoluzione digitale. Ci riferiamo al fenomeno della *"sharing economy"*, entro il quale vengono ricomprese diverse pratiche e forme di consumo che privilegiano l'uso e l'accesso rispetto all'acquisto e alla proprietà.

Il termine *"sharing economy"* comincia a diffondersi a metà degli anni Duemila. Il fattore scatenante del fenomeno potrebbe essere ricondotto al rapporto poco equilibrato intercorrente tra

---

[51] È lecito chiedersi se a questo obiettivo avrebbero potuto rispondere le misure in materia di *dual income tax* previste dal D.lgs. 466/1997, che tendevano a ridurre stabilmente la tassazione degli utili associabili alla remunerazione del capitale investito, andando così ad incentivare una maggiore capitalizzazione delle imprese. Tali norme sono state abrogate con la riforma del sistema di tassazione societaria del 2003 (D.lgs. 344/2003), alla quale invero ha fatto seguito una generale riduzione delle aliquote IRES, ma non anche l'auspicata abolizione dell'IRAP (introdotta in sostituzione di varie imposte minori, contestualmente alla citata *dual income tax*). In merito alla cosiddetta DIT si è scritto che essa affidava la riduzione del prelievo a «meccanismi sofisticati, favoristici o dirigistici non accessibili a tutte le imprese, ma solo alle imprese particolarmente attrezzate e fortunate, sul piano finanziario e tecnologico» e che la stessa, rivolgendosi alla «dimensione d'impresa prevalentemente finanziaria o tecnologica», penalizzava in sostanza «la piccola e media impresa (…) e comunque l'impresa con (più) alta intensità di lavoro» (così la relazione di accompagnamento alla legge delega 80/2003, sulla cui base è stata poi attuata la riforma fiscale del 2003). Non sembra, tuttavia, che da allora siano state introdotte misure altrettanto ambiziose a favore del reinvestimento degli utili o della maggiore capitalizzazione delle imprese che, magari, avrebbero potuto limitare almeno in parte gli effetti dell'attuale crisi sulla tenuta "finanziaria" e "tecnologica" del nostro tessuto imprenditoriale, con particolare riguardo agli operatori di dimensione medio-piccola.
[52] Misure previste in forma tuttora "sperimentale" dall'art. 2 del D.L. 93/2008, prorogato di anno in anno, con varie limitazioni quantitative (in termini di beneficio fruibile dal singolo contribuente e, comunque, di oneri massimi a carico dello Stato).

la crescita della popolazione globale[53] e l'esaurimento delle risorse rispetto al quale gli approcci lineari di produzione e di distribuzione risultano evidentemente inadeguati. Come sottolineato nel numero che *The Economist* ha dedicato al fenomeno «non è certamente una coincidenza se molti servizi di peer-to-peer sono stati fondati tra il 2008 e il 2010, nell'immediato della crisi globale finanziaria. Alcuni vedono la condivisione, e il suo mantra "l'accesso vince sul possesso", come un antidoto post-crisi al materialismo e al consumismo».

Alle forme della condivisione oltre allo *sharing* in senso stretto (condividere l'auto, la casa, il luogo di lavoro, l'abbigliamento, i prodotti digitali) si possono ricondurre anche altri modelli come il *crowding*, quando più persone contribuiscono alla creazione di un bene o un servizio, attraverso risorse creative (*crowdsourcing*) o finanziarie (*crowdfunding*), o il *bartering*, inteso come baratto tra privati (*swapping*) o tra aziende, in un'ottica di reciprocità diretta o indiretta ed infine il *making* (il movimento dei *makers* e la riscoperta del fai-da-te).[54]

Infatti, «come spesso accade ai fenomeni che godono di improvviso successo, sotto lo stesso cappello ricadono pratiche molto diverse tra loro» e per avere un quadro completo del fenomeno è necessario individuarne i differenti elementi che lo costituiscono. «La proprietà è il criterio più controverso: il bene oggetto di condivisione può restare al proprietario (es. offro ospitalità a uno sconosciuto), cambiare proprietà (baratto la mia borsa con un paio di orecchini) o essere di proprietà di una parte terza rispetto alla rete tra pari (es. case automobilistiche e amministrazioni pubbliche che offrono servizi di *car sharing*). A questo si lega strettamente l'oggetto della condivisione: beni fisici (mezzi di trasporto, dalla bicicletta alla macchina, fino alle barche e i tir ma anche vestiti, accessori, telefoni ecc.) o prodotti digitali (libri, film, canzoni, spettacoli), spazi (case e luoghi di lavoro/*coworking*), tempo/competenze, idee e

---

[53] Cfr. *Open-air Computers*, in *The Economist*, 27 ottobre 2012.
[54] Cfr. Di Luccio M., *Cos'è la sharing economy e perché è il ponte tra aziende e start –up*, in *www.economyup.it*

denaro. Segue il tempo: l'utilizzo condiviso può essere sincrono (es. divido la mia casa con un'altra persona) o differito (lascio la mia casa temporaneamente a un'altra persona). Infine, il valore dei beni e servizi condivisi può essere determinato in denaro oppure attraverso crediti / monete complementari o, ancora, rientrare nell'ambito di una relazione di dono (come nel *couchsurfing*). Il prezzo può tenere in considerazione elementi spesso esclusi dalle logiche di scambio, come l'impato inquinante di un oggetto non utilizzato».[55]
Certamente l'analisi di questo giovane fenomeno gode di un certo entusiasmo, sovrastimandolo nel numero[56] ed enfatizzandone alcuni aspetti fiduciari forse più apparenti che sostanziali, dimentica l'altissima percentuale di *start-up* che falliscono e il fatto che si operi in un campo poco o per nulla normato (il che abbassa i costi).[57] Ciò nonostante ci sembra essere molto significativo a livello culturale, giacché nell'economia della condivisione «i confini tra "pubblico" e "privato" sono sempre più porosi», essendo «pratica diffusa l'offerta di spazi privati (camere da letto di ricambio, spazio nella propria auto) per il consumo pubblico. I nuovi modelli proposti sono connotati da un'esplicita assunzione di responsabilità soggettiva nei confronti del significato e delle conseguenze del proprio agire di mercato e promuovono nuove forme di consumi, di organizzazione del lavoro e di partecipazione civile».[58]

---

[55] Cfr. PAIS I., *Cos'è la sharing economy*, in *www.laretechelavora.com*
[56] La creazione di determinati tipi di *start-up web-based* ha costi relativamente bassi rispetto a quelli di una "tradizionale" impresa con costi di produzione o personale rilevanti. Questo, unito ad una certa *epica* delle *start-up* tecnologiche, fa sì che le idee sviluppate e avviate siano molte di più di quelle che si rivelano essere modelli di business davvero imprenditoriali, ovvero capaci di trovare un posto remunerativo sul mercato. In questo senso anche la "moda" del *venture capitalism* tecnologico agevola il reperimento di finanziamento.
[57] Cfr. MAGGIONI M. A., *L'economia collaborativa: innovazione o rivoluzione?*, in *www.sharitaly.com*
[58] Cfr. MAZZUCOTELLI SALICE S., *Pratiche Italiane di collaborazione: una mappatura*, in *www.sharitaly.com*

2.5. Verso modelli ibridi

Del resto il tema dei confini porosi e dei settori una volta distinti e che ora sempre più si contaminano emerge in generale guardando a livello macro, con la fine della «netta "separazione" tra Stato, privato *for profit* e privato *non profit*»[59] e la necessità che funzioni di pubblica utilità, in precedenza tipicamente ed esclusivamente statali, vengano oggi assunte ed espletate da nuovi e vari soggetti, in una «nuova prospettiva di interpretazione e di azione, quella della co-produzione dei beni di pubblica utilità, ovvero di quei beni in grado di rimuovere o ridurre il disagio sociale nelle sue diverse espressioni e, di conseguenza, di aumentare il livello di benessere collettivo».[60] I diversi soggetti (Stato, privato, *for profit* e *non profit*) potenziando le loro interconnessioni devono impegnarsi nella produzione di valore.

«Ciò significa dare vita ad un'era della complementarietà, dell'integrazione, della collaborazione, ma soprattutto della cooperazione e dell'ibridazione, dove in particolare quest'ultimo termine indica l'attuazione di un processo in cui logiche diverse – anche apparentemente in contrasto tra loro – vengono portate avanti insieme per il raggiungimento di obiettivi comuni».[61]

Questo significa che le istituzioni insieme in dialogo costruttivo con i vari *player* dovranno elaborare delle *policies* «verso un modello di sviluppo fondato sul concetto del co-operare, ovvero un modello in cui si condividono non solo i mezzi (come invece accade in un modello collaborativo) ma anche i fini del proprio agire».

---

[59] Cfr. TOGNETTI M. – VENTURI P., *La produzione di valore nell'era dell'ibridazione*, Co-edizione LAMA Development and Cooperation Agency e AICCON, Short paper, Ottobre 2013.
[60] Cfr. *Ibidem*.
[61] Cfr. *Ibidem*.

Come anche abbiamo provato a dare conto sopra, a livello micro stiamo assistendo ad una convergenza da due poli opposti: da un lato l'impresa tradizionalmente intesa che pian piano incorpora e interpreta sempre più elementi "sociali" e relazionali nel suo agire, dall'altro imprese *not for profit* che fanno propri modelli organizzativi e di *governance* più efficienti e migliorano l'*accountability* in termini prettamente economici e accedono a forme variegate di finanziamento.

I soggetti che si muovono entro questa convergenza vengono chiamati modelli ibridi, uniti dal minimo comune denominatore del «perseguimento della sostenibilità, intesa non come riduzione dell'impatto negativo in termini sociali (o ambientali) delle attività intraprese, bensì come tentativo di creare miglioramenti sistemici a livello sociale (ed ambientale) attraverso la loro azione (erogazione di servizi o commercializzazione di prodotti). In tal modo, le organizzazioni ibride sperimentano nuove combinazioni di attività imprenditoriali caratterizzate da elementi di innovazione volti ad ottenere un forte impatto in termini di cambiamento sociale».

Vero è che si sta ora chiamando "ibridi" entità che in realtà esistono da molto tempo, specie in Italia. Quel che è importante però è la riflessione scientifica che rinuncia a catalogare in maniera dicotomica ma assume come paradigma la contaminazione.

Questo processo, queste combinazioni possono trovarsi nei modelli di business, nelle strutture di *governance* e di *leadership*, nell'assetto economico-finanziario, nelle forme giuridiche che queste diverse combinazioni interpretano. Il "giusto mix" di elementi è funzione del business, dei soggetti che lo animano, della rete relazionale imprenditoriale e umana, del contesto socio-economico-culturale. Quel che è certo è che in una fase di turbolenze e velocissimi cambiamenti, la flessibilità e la reattività (la resilienza) dei corpi organizzativi è cruciale. Ci sembra che le realtà imprenditoriali che nascono e crescono a partire dalle reti relazionali abbiano maggiori *chances* di adattamento e capacità di interpretare gli scenari, alla luce della continua contaminazione come fattore determinante ed esplicito.

3. Per "fare impresa" ci vuole ... credito

Oggi, uno dei principali problemi che si affronta nel processo di creazione d'impresa è la difficoltà di accedere alle risorse finanziarie necessarie in assenza di garanzie, specialmente nel nostro Paese. Il paragrafo, partendo dall'assunto del diritto all'accesso al credito come diritto umano, analizza le principali criticità del sistema finanziario anche in riferimento ai sistemi di valutazione del merito di credito oggi più diffusi rilevandone l'insufficienza in un contesto economico e imprenditoriale in profondo mutamento. Pone, quindi, l'attenzione sulla ricerca di un nuovo modello di valutazione più in linea con le nuove esigenze economiche e sociali prendendo le mosse dall'esperienza di investimento etico.

3.1. Diritto al credito?

Dare credito significa dare fiducia. Fiducia che le persone e il progetto finanziato ne siano meritevoli e che con responsabilità conseguano quel successo che permetta di ripagare quella fiducia. L'alternativa "dare credito a fronte di garanzie" significa – brutalmente – vendere denaro ad un tasso di interesse più o meno elevato con la certezza che in caso di insuccesso imprenditoriale comunque la perdita dell'ente erogatore è ripagata dalla garanzia; il che non è certo sbagliato, ma non può essere l'unico modello praticato e praticabile. È evidente come in questo meccanismo chiunque non possieda già qualcosa da porre in garanzia non possa accedere ad un finanziamento.

Certamente il lavoro è superiore ad ogni altro fattore e rispetto al capitale ha una superiorità intrinseca (*supra* § 1), ma è pur vero che il capitale è un *pavimento* sopra il quale è necessario muoversi[62] per poter esprimere l'atto creativo del lavoro. Ed allora ha senso affermare che esiste un diritto all'accesso al credito? Il primo ad affermarlo è stato Muhammad Yunus,[63] soste-

---

[62] Cfr. HIRSCHMAN A.O., *La strategia dello sviluppo economico*, La nuova Italia, Firenze, 1968.
[63] Fondatore della Grameen Bank – istituto di credito indipendente che pratica il

nendo che se non era necessario in una società agricola deve essere ora un diritto fondamentale in una società globalizzata, costituendo la condizione necessaria ma non sufficiente per l'autoimpiego – che è altro non è che l'imprenditorialità. Yunus ha operato una vera e propria rivoluzione concedendo prestiti a persone povere senza alcuna garanzia preventiva e all'interno di un meccanismo di *peer monitoring* basato su regole specifiche, solidarietà, responsabilità collettiva e motivazioni.[64] Il microcredito ha dimostrato come strumenti economici soggiacenti a logiche di mercato (prestare denaro) funzionino sulla base dell'«attivazione di meccanismi comportamentali (investimento di fiducia, desiderio di reciprocare soddisfacendo le aspettative altrui) che hanno sempre avuto nel dono il loro modello di riferimento. Il microcredito è una forma di intervento sul tessuto socio-economico che mescola in modo nuovo elementi di dono (l'assenza di un pegno su cui rifarsi in caso di inadempienza si può leggere come un dono di fiducia *ex ante* e, in caso di default, come dono di denaro *ex post*) ed elementi di mercato (la relazione contrattuale di credito con interessi)».[65]

Non crediamo che tali considerazioni debbano valere esclusivamente per il microcredito e per la fasce alle quali tradizionalmente si rivolge. Siamo convinti invece che abbia messo in luce i meccanismi morali e comportamentali che l'ottenimento e la concessione della fiducia innescano e che queste valutazioni debbano guidare l'intero sistema di accesso al credito.

E così una società democratica (che riconosce ad ognuno il diritto alla partecipazione) e solidale (che si fa carico di mettere ognuno in grado di partecipare) non può non mettere in grado (capacitare) i suoi partecipanti di esercitare – dimostrata la probabile titolarità dei fattori minimi di successo (*infra* § 4.1) –

---

microcredito senza garanzie – con la quale è stato insignito del Nobel per la pace nel 2006. A lui si deve, anche, la diffusione internazionale del concetto di *social business*.
[64] Cfr. Fondazione Mezzogiorno Europa, *Il (micro)credito: capitale e lavoro per i meritevoli. Sperimentazioni e speranze di "business sociale"*, Napoli, 2010, p. 38, in *www.microcredito.eu/files/2010/10/Il-microcredito-UNI-NA.pdf*
[65] Cfr. Orsini R., *Etica economica del microcredito*, Working paper AICOON n. 87, Aprile 2011, in *www.aiccon.it/file/convdoc/working_paper_87.pdf*

quella particolare specie del diritto al lavoro che è il diritto all'imprenditorialità.

3.2. Sistemi di valutazione economica per l'accesso al credito

La crescente difficoltà nell'accedere al credito rappresenta, invero, oggigiorno uno tra i principali elementi di criticità per le aziende, ancor più se di piccole dimensioni; il tessuto economico italiano, già segnato profondamente dalla crisi globale e da una serie di altre problematiche sistemiche ampiamente note e discusse, accusa per sua stessa connotazione tali complessità amplificandone gli effetti patologici.[66]

Nonostante l'intento dichiarato dal sistema bancario di affiancare le realtà più virtuose ed agevolare le relazioni tra gli operatori economici,[67] negli ultimi anni le piccole-medio imprese (PMI) italiane subiscono, rispetto alla media UE, un crescente "disinteresse" da parte delle banche a concedere prestiti, con un progressivo e cronico irrigidimento nei processi istruttori, una consistente crescita di domande di finanziamento respinte ovvero di offerte dalle condizioni inaccettabili ed un'attenzione sempre meno diffusa, in particolare, al sostegno delle *start-up*.[68] Una prima decelerazione dell'offerta di credito si verificò a metà del 2007, all'indomani di un quinquennio di espansione,

---

[66] La scheda informativa sull'Italia redatta dallo Small Business Act for Europe (SBA) della Commissione Europea rileva che, nel 2013, le micro-imprese (fino a 9 dipendenti) rappresentano il 94,4% del totale delle aziende italiane, e la gran parte di queste è una ditta individuale (media UE 92,1%). Dal 2008 ad oggi "le microimprese (italiane, ndr) hanno subito una stagnazione sia in termini numerici che di valore aggiunto rispetto alla media europea del settore delle PMI, mentre le imprese di piccole e medie dimensioni si sono rivelate più resilienti alla crisi negli ultimi anni e queste ultime sono state maggiormente in grado di sfruttare la crescita dei mercati emergenti. In tali circostanze, la predominanza delle microimprese rischia di avere un effetto significativo sulle prospettive di crescita del settore delle PMI in Italia. Ciò è particolarmente vero per i servizi ad alta intensità di conoscenza e per i settori manifatturieri ad alta tecnologia, in cui le PMI italiane di tutte le dimensioni sono al di sotto della media UE, particolarmente in termini di valore aggiunto."
[67] Cfr. PATTICHIARI, *Criteri Generali di valutazione della capacità di credito*, Bancaria Editrice, dicembre 2010.
[68] Cfr. EUROPEAN COMMISSION, *Scheda Informativa SBA Italia 2013 – VI. Accesso ai finanziamenti*, p. 10.

per poi assumere un andamento negativo a partire dal 2009, determinato in larga parte – oltre che delle turbolenze dei mercati dei capitali – dalla debolezza del comparto immobiliare, dalla netta flessione della spesa per consumi e investimenti e dal peggioramento del merito di credito della clientela bancaria; tale fenomeno, peculiare nei momenti di recessione dell'economia reale, è in seguito apparso accentuato da un incremento dell'avversione al rischio delle banche.[69] La percezione di peggioramento nell'accesso al credito[70] e, di riflesso, la contrazione della domanda, si manifestò all'inizio della crisi – in un momento caratterizzato da forti tensioni dal lato della liquidità bancaria – attraverso la crescita dei tassi di interesse applicati; successivamente una quota rilevante di aziende, compresa tra il 15% ed il 21%, evidenziò problemi nel raggiungere il livello di indebitamento necessario a causa delle richieste di rimborso anticipato da parte delle banche ovvero delle accresciute difficoltà ad ottenere nuova finanza.[71]

Si rileva, quindi, nel periodo successivo al fallimento di Lehman Brothers, l'adozione da parte delle banche di politiche di offerta più stringenti e selettive, con un notevole aumento delle diffi-

---

[69] Cfr. PANETTA F., SIGNORETTI F.M., *Domanda e offerta di credito in Italia durante la crisi finanziaria* in *Questioni di Economia e Finanza della Banca d'Italia*, n. 63, aprile 2010, in *www.bancaditalia.it/pubblicazioni/econo/quest_ecofin_2/QF_63/QEF_63.pdf*

[70] Sulla base di dati Invind e di Sondaggi congiunturali, condotti da Bankitalia a partire dal 2010, la percentuale di aziende che riscontrano un peggioramento nell'accesso al credito tocca un valore massimo in corrispondenza dell'inizio della crisi (43%), per poi ridursi fino a raggiungere il 20% all'inizio del 2010 e mostrando un nuovo forte incremento a partire dal 2011.

[71] Cfr. ALBARETO G., FINALDI RUSSO P., *Fragilità finanziaria e prospettive di crescita: il razionamento del credito alle imprese durante la crisi*, in *Questioni di Economia e Finanza della Banca d'Italia*, n. 127, luglio 2012, in *www.bancaditalia.it/pubblicazioni/econo/quest_ecofin_2/QF_127/QEF_127.pdf* Nel testo si evidenzia come sia cresciuta bruscamente tra il 2007 ed il 2008 «la quota di aziende che hanno chiesto nuovi finanziamenti bancari senza riuscire ad ottenerli, raggiungendo l'8,1%, un valore inferiore solo a quelli registrati in occasione della recessione dei primi anni novanta», e che negli anni successivi tale dato sia ulteriormente cresciuto, raggiungendo il 12% nel 2011.

coltà di accesso al credito da parte delle imprese le quali, sempre più spesso, preferiscono rinunciare ad investire.[72]
In un simile contesto è interessante, dapprima, comprendere se – ed in quale misura – la diminuzione dei prestiti rifletta un restrizione dell'offerta piuttosto che un calo della domanda.[73] Ancor più necessario è, poi, comprendere se l'evoluzione del mercato del credito prefiguri una situazione di *credit crunch*, ossia un calo dell'offerta di prestiti che non riflette una riduzione della domanda o il peggioramento del rischio di insolvenza, ma semplicemente scelte e vincoli interni alle stesse banche, con la conseguente impossibilità da parte di un'azienda di ottenere disponibilità finanziarie al tasso di interesse prevalente.[74] Tale condizione di squilibrio economico-finanziario trova piena manifestazione in Italia sin dal 2011 e per tutto l'ultimo triennio[75] andando a penalizzare in particolare le imprese meno patrimonializzate.

Come anticipato, la valutazione intrinseca del soggetto economico è divenuta progressivamente più stringente. Le direttrici

---

[72] Cfr. Banca d'Italia, Relazione annuale sul 2012, maggio 2013, p. 183, in *www.bancaditalia.it/pubblicazioni/relann/rel12/rel12it/rel-2012.pdf*

[73] Non può, difatti, essere trascurata la forte contrazione negli investimenti e, a stretto giro, delle richieste di finanziamento, che dall'apice della crisi del 2009 a oggi, connotano il complessivo andamento del sistema produttivo nazionale. In tal senso è significativa la minor richiesta di credito in almeno undici dei successivi venti trimestri, con forti flessioni registrate nel 2009 e una continua depressione della domanda negli ultimi due anni. Sul punto si vedano i risultati di Banca d'Italia, "*Indagine sul credito bancario (BLS)*" gennaio 2014, consultabili su *www.bancaditalia.it/statistiche/indcamp/bls*

[74] DAVRI F, *Macroeconomia della Crisi*, in GREGORY MANKIV N., TAYLOR M. P., *Macroeconomia*, Zanichelli Editore, Bologna, 2013.

[75] Lo scorso febbraio (2014) la Corte dei Conti ha ipotizzato un proseguimento della stretta creditizia anche nell'anno in corso, mettendo a rischio una ripresa che in Italia è «assai meno pronunciata che negli altri Paesi». Per la stessa Corte, infatti, tra le maggiori incognite che minacciano il quadro economico «non sembra esservi tanto il rischio di un aumento dei tassi, quanto la mancata trasmissione al settore reale delle condizioni di abbondante liquidità che si riscontrano sul mercato finanziario». Gli impieghi bancari «continuano a diminuire» ed è «difficile che le molte ragioni sottostanti all'inaridimento dei flussi creditizi (necessità di ricapitalizzazione degli istituti bancari, elevata incidenza delle sofferenze, stringenza dei vincoli prudenziali imposti da Basilea 3) possano venire meno nel volgere di pochi mesi». Per tale motivo «è più probabile che la restrizione creditizia continui, in media, anche nel 2014, per poi esaurirsi gradualmente a partire dal 2015».

dell'analisi, concentrata sul calcolo del merito di credito[76] e della capacità di credito[77] di un soggetto, prendono in esame requisiti andamentali, quantitativi e qualitativi; i primi attengono alle segnalazioni della Centrale dei rischi, alla movimentazione bancaria pregressa ed ai saldi di tesoreria, i secondi rilevano le serie storiche e prospettiche dei bilanci, gli ultimi approfondiscono il contesto di settore, le scelte strategiche e gestionali, la qualità del portafoglio clienti, l'esperienza e la competenza della compagine azionaria e manageriale.[78]

Gli elementi in questione trovano approdo in modelli di *rating* più o meno sofisticati, che si propongono come elemento univoco di sintesi del percorso istruttorio. Tralasciando in questa sede le critiche ad un sistema di valutazione fortemente standardizzato, carattere dovuto principalmente al contenimento dei costi nella fase istruttoria delle domande di credito, è evidente come tali indicatori finiscano per penalizzare le realtà più piccole e trascurare quasi completamente le componenti meno tangibili e replicabili, ma spesso essenziali e strategiche, quali ad esempio il capitale umano, le opere d'ingegno, l'orientamento all'innovazione come alla sostenibilità ambientale, la capacità di instaurare valide relazioni con le controparti aziendali, reti di fiducia con gli *stakeholders*, il *know-how*,[79] con evidenti rica-

---

[76] Ci si riferisce all'esposizione massima che il sistema finanziario ritiene di poter assumere nel tempo rispetto ad una controparte in funzione del rischio specifico di *default* della stessa e della probabile perdita associata alla specifica forma tecnica di utilizzo del fido ed all'eventuale corredo delle garanzie associate

[77] Si intende la possibilità di creare valore attraverso la produzione di *cash flows* operativi in funzione del rischio operativo e della massima perdita di capitale di rischio, ovvero la capacità di rimborso quando l'azienda in esame è in grado di adempiere puntualmente e regolarmente al servizio del debito, elemento strettamente connesso alla struttura finanziaria ed all'equilibrio di tesoreria della stessa.

[78] Cfr. TALONE M., *La teoria del valore e la valutazione del merito creditizio nell'istruttoria bancaria dei progetti di investimento*, in *Banche e Banchieri*, vol. 23, ICEB, Milano, 1996, pp. 564-574.

[79] Ampia e tuttora in divenire, in tal senso, è la disciplina che approfondisce il tema degli Intangibles Assets e la loro valutazione. Si vedano, tra gli altri, COCCO A., *Economia delle risorse intangibili*, Aracne editrice, Roma, 2008; GARDELS N., *La ricchezza non monetaria. Intervista ad Alvin Toffler*, in *Aspenia*, n. 33, 2006, pp. 138-139.

dute nell'efficiente ed adeguata allocazione di una risorsa preziosa e oggi ancor più scarsa quale può essere il credito.[80]

3.3. Un altro modello – brevi cenni

La creazione e l'utilizzo di nuovi metodi di valutazione per l'accesso al credito sembrano rappresentare un passaggio fondamentale e necessario per superare i problemi di liquidità emersi negli ultimi anni.

Rileva, in tale considerazione, l'esperienza piuttosto giovane di soggetti finanziari appartenenti ad un mondo che corre di fianco al *mainstream* finanziario e che non segue logiche tradizionali, la cosiddetta finanza etica.[81] La finanza etica utilizza la propria raccolta destinandola al finanziamento di imprese *non profit* (terzo settore), al microcredito[82] e all'investimento socialmente responsabile gestito principalmente da fondi di investimento etico.[83] Questi ultimi, in particolare, rispondono alle nuove esigenze di quella sempre più ampia fetta di risparmiatori

---

[80] Cfr. ABI, Relazione del Presidente all'Assemblea dell'Associazione Bancaria Italiana, *in http://www.abi.it/DOC-ABI/Organi/Assemblea/relazionePresidente ABI2013.pdf*, 10 luglio 2013.
[81] Una definizione allargata di finanza etica potrebbe essere: «l'allocazione di capitali finalizzata al miglioramento delle condizioni di vita delle popolazioni». Cfr. PERRINI, F. e TENCATI, A., *Corporate Social Responsibility – Un nuovo approccio strategico alla gestione d'impresa*, Egea, Milano, 2008.
[82] Per "microfinanza" intendiamo l'insieme di prodotti e servizi finanziari offerti a soggetti considerati "non solvibili" e quindi privi delle condizioni minime di accesso al sistema finanziario tradizionale. All'interno di questo sistema, si parla di microcredito con riferimento ai soli servizi di credito. Il microcredito in Italia ha registrato, nel 2012 rispetto al 2011, un incremento dell'8,6% in termini di entità dei finanziamenti e del 32,8% del numero di soggetti che hanno beneficiato dei prestiti (famiglie, imprese, lavoratori) con 12.418 "microprestiti" sociali per un ammontare pari a 115,9 milioni di euro. Cfr. BORGOMEO C. & CO, *Microcredito e inclusione – i prestiti alle famiglie non bancabili*, CamCom Universitas Mercatorum, 2013.
[83] Tra gli strumenti di finanza tradizionale a cui possono essere applicati anche criteri etici si ricordano i fondi d'investimento e le SICAV, le gestioni patrimoniali mobiliari e in fondi, i fondi di fondi, i fondi pensione, le assicurazioni, gli ETF (Exchange Traded Funs). Cfr. PERRINI, F., *Responsabilità sociale dell'impresa e Finanza Etica*, Egea, Milano, 2002.

dotati di sensibilità sociale e ambientale e che conseguentemente ambiscono ad investimenti in grado di produrre rendimenti finanziari e impatti sociali positivi al contempo.
Le scelte di investimento evolvono in parallelo con le norme e i valori della società e sebbene si possa pensare che la diffusione di strumenti finanziari con risvolti etici sia un fenomeno recente, le origini sono invece piuttosto antiche.[84].

---

[84] «(...) Con particolare riguardo ai fondi comuni etici lo spirito che ha spinto alla costituzione dei fondi etici era già vivo nel diciassettesimo secolo, quando i Quaccheri si rifiutarono di trarre profitto dalla guerra e dalla vendita degli schiavi. Il perseverare di questa tendenza si ritrova più compiutamente all'inizio del diciannovesimo secolo negli USA, allorché alcune istituzioni religiose iniziarono ad evitare di investire nei "sin stocks" legati ai settori dell'alcol, del tabacco e del gioco d'azzardo: questi "titoli del peccato" furono pertanto esclusi dal Pioneer Fund, il primo fondo di investimento orientato in senso etico, verso il quale la maggior parte dei protestanti statunitensi indirizzò i propri risparmi.
Decisivi per la nascita dei fondi responsabili furono, poi, gli anni della contestazione. Tra il 1960 ed il 1970 numerose comunità religiose ed università americane si rifiutarono infatti di investire in titoli di aziende coinvolte nella guerra del Vietnam: per la prima volta anche il mondo laico (legato in questo caso ai movimenti pacifisti) mostrò apertamente interesse per la destinazione del proprio denaro. Nasce nel 1971 il Pax World Fund, il primo fondo comune di investimento socialmente responsabile moderno, poiché i titoli inseriti in portafoglio appartenevano ad aziende non coinvolte nel commercio delle armi, nella produzione del tabacco, dell'alcol, del gioco d'azzardo, ma che anzi dimostravano buone relazioni coi dipendenti e rispetto per l'ambiente. Nel 1966, dopo la pubblicazione di Unsafe at any Speed di Ralph Nader, si diffuse in USA la consapevolezza che il mercato finanziario ignorasse gli interessi dei consumatori al fine di massimizzare i profitti e comincia ad emergere un nuovo approccio al Socially Responsible Investing, che in seguito i fondi etici faranno proprio: lo shareholder activism, strategia che mira a coinvolgere gli investitori riguardo i criteri di responsabilità sociale adottati dalle aziende. Alcuni anni più tardi le comunità religiose statunitensi, alla luce dell'esempio di Nader, costituirono l'Interfaith Center on Corporate Responsibility (ICCR), uno dei primi gruppi attivisti sul tema degli investimenti etici.
Alla fine degli anni settanta il tema dei diritti umani si impose all'attenzione degli americani: alcune istituzioni religiose e numerosi gruppi laici si rifiutarono di investire in titoli di società operanti o in qualche modo al legate Sud Africa, Paese nel quale vigeva l'apartheid. Per questo motivo i fund managers dei due maggiori fondi pensione americani si trovarono costretti a fare una selezione etica dei titoli da inserire in portafoglio. Da allora si è verificato un costante aumento, a livello mondiale, del numero di società di consulenza specializzate nel campo dell'etica, dato indicativo del crescente interesse degli investitori per i prodotti socialmente responsabili». Cfr. REGALLI M., SOANA M.G., TAGLIAVINI G., *I fondi etici: caratteristiche, spazi di mercato, ritorni finanziari*, Etica e Finanza, Franco Angeli, Milano, 2005, pp. 177-200.

Si parla di investimento socialmente responsabile, (o anche *Sustainable and Responsible Investing* – SRI)[85] intendendo una qualsiasi strategia di investimento che genera rendimenti finanziari competitivi (di lungo termine – *patient capital*) senza rinunciare ad un positivo impatto sulla comunità. Lo SRI basa il proprio *asset management* su criteri di valutazione più ampi rispetto a quelli tradizionali integrando i classici indicatori di natura economica, patrimoniale e finanziaria con analisi di impatto ambientale, sociale e di *governance* (*Environmental, Social and Governance* – ESG).[86]

Questa disciplina di investimento è largamente praticata negli USA con più di 3 miliardi di dollari di patrimonio in gestione (corrispondente circa al 20% del totale del risparmio gestito) mentre a livello mondiale il mercato dello SRI si manifesta in progressiva e costante crescita.[87]

In Italia le cifre sono ancora esigue – 2,3 miliardi di *asset* gestiti complessivamente da 12 fondi SRI *retail* – ma comunque in crescita. Gli *asset manager* italiani sembrano ancora riluttanti ad adottare lo SRI come strategia centrale e le pratiche di investimento socialmente responsabile, le quali meriterebbero più sostanziali forme di incentivazione, rappresentano ancora casi isolati nel panorama industriale italiano.[88] Ciononostante, nel 2012 le associazioni italiane del settore finanziario hanno congiuntamente siglato la *Carta dell'investimento sostenibile e*

---

[85] Il medesimo concetto è racchiuso anche nelle espressioni "Socially Responsible Investing (SRI)" negli Stati Uniti, "Ethical Investment" nel Regno Unito o "Triple Bottom Line Investing" nei Paesi Bassi. Cfr. TOMASI F., *La Finanza e il rating etico. Il caso AEI Standard Ethics*, Tesi di laurea specialistica Università Luigi Bocconi, 2011.
[86] Cfr. *The Forum for Sustainable and Responsible Investment* – SRI Basis.
[87] A fine giugno 2013 l'ammontare complessivo dei fondi SRI retail in Europa cresceva annualmente del 14% raggiungendo il suo picco storico di 108 mld/€ insieme al numero dei fondi (da 884 del 2012 a 922 del 2013). A livello comunitario la Francia si riconferma il Paese più rilevante in Europa per masse gestite, seguito da Regno Unito e Scandinavia. Per ciò che concerne invece il numero di fondi, capolista degli stati europei risulta essere sempre la Francia seguita da Belgio e UK. US SIF. Cfr. *The impact of sustainable and responsible investment*, in *The Forum for Sustainable and Responsible Investment*, settembre 2013.
[88] *Ibidem*.

responsabile della finanzia italiana,[89] documento coerente con la rinnovata strategia europea 2011/2014 sulla *Corporate social responsibility*.[90]

3.4. Nuovi spazi di convergenza

Lo SRI non individua un preciso investimento ma lo spettro di possibilità che si crea all'interno dello spazio di convergenza tra l'investimento tradizionale e il *non profit* analizzate tramite

---

[89] La Carta dell'Investimento sostenibile e responsabile, sottoscritta nel giugno 2012, da ABI, ANIA, Assogestioni e FeBAF, è un documento che riconosce l'importanza per il mondo finanziario di integrare le strategie delle istituzioni finanziarie con logiche di sviluppo sostenibile e di responsabilità sociale, intese quali la ricerca di un giusto equilibrio tra dimensioni sociali, economiche ed ambientali nelle scelte di investimento.
L'accordo si basa sui tre principi cardine, sintetizzati nel comunicato stampa del 6 giugno 2012 emesso congiuntamente dai firmatari:
"1. Investimenti sostenibili e responsabili. La Carta confida che gli investitori istituzionali guardino con crescente attenzione alle variabili extrafinanziarie ambientali, sociali e di governance (Environmental, Social, Governance – ESG) così da assumerle come parte qualificante dell'analisi e dei processi di investimento per conto proprio e di terzi. Ciò è in linea con la nuova strategia della Commissione europea, secondo cui gli investitori possono contribuire ad una più efficiente allocazione del capitale e ad un migliore raggiungimento degli obiettivi di investimento di lungo periodo prendendo adeguatamente in considerazione le informazioni extrafinanziarie e integrandole nelle loro decisioni di investimento.
2. Trasparenza. Le informazioni extrafinanziarie costituiscono un elemento di accountability importante che può contribuire ad incrementare la fiducia negli operatori nell'attuale contesto di riferimento. Nella Carta si confida pertanto che la disclosure di queste informazioni sia sempre più efficace e diffusa.
3. Ottica di medio-lungo periodo. L'obiettivo strategico della sostenibilità dello sviluppo impone un cambiamento culturale, che guardi anche agli effetti di medio-lungo termine delle scelte di investimento. Nella Carta si confida pertanto in un'adeguata valorizzazione di questa prospettiva da parte degli intermediari, sia nella fase di allocazione dei propri patrimoni e dell'offerta di investimenti, sia in quella di definizione dei sistemi di incentivazione dei manager."
[90] La strategia di Corporate Social Responsibility (CSR) per il periodo 2011-2014 – promossa dalla Commissione Europea considerando, in particolare, le conseguenze portate dalla crisi economica ai livelli di fiducia di imprese e consumatori – prevede, tra le linee di azione, la diffusione delle *best practices*, l'incremento dell'auto-regolamentazione e della co-regolamentazione, la divulgazione di informazioni sociali e ambientali, la trasparenza dei criteri di investimento responsabile adottati, l'armonizzazione delle *policy* in ambito europeo e internazionale, l'introduzione della CSR nella formazione didattica e nella ricerca. Sull'argomento cfr. COM 681, A renewed EU strategy 2011-2014 for Corporate Social Responsibility, 2011.

variabili finanziarie ed extrafinanziarie. Tra i due estremi, il nuovo paradigma raccoglie molteplici realtà che assumono una forma diversa a seconda che la strategia di investimento applicata dia più peso al profitto o alla componente "sociale".
Nell'orizzonte analizzato possiamo così muoverci dalle posizioni dicotomiche di partenza (profitto *vs* impatto sociale) passando attraverso:[91]

- l'approccio "responsabile" che si preoccupa di investire non arrecando danni all'ambiente e alla comunità con finalità di conservazione del valore;
- la finanza sostenibile concentrata su come le aziende si comportano in un contesto sociale e ambientale in cambiamento e come queste creino valore sulle direttrici ESG (una strategia d'investimento comune in tale ambito è la "*best-in-class*" che consiste nella selezione di quell'azienda della quale si stima una sovra-*performance* rispetto ad un mercato di riferimento in quanto opera (o ha potenziale per operare) in modo più sostenibile dei suoi *competitors* risultando, quindi, capace di creare valore nel lungo periodo);
- l'investimento "tematico" focalizzato sulle imprese che possono agire attivamente sul contesto di riferimento plasmandolo tramite l'offerta di soluzioni a problemi reali pressanti: gli investitori di tale area identificano situazioni in cui un bisogno sociale o ambientale crea un'opportunità commerciale con il potenziale di fornire un impatto positivo e contemporaneamente un consistente ritorno finanziario;
- l'"*impact-first*" in cui pesa maggiormente la componente sociale a scapito della componente economica.

Questo tipo di investimenti è anche l'attivo di un sistema bancario in crescita rappresentato dalle banche etiche. Dal confronto tra queste ultime e le cosiddette GSIFIs (*Global Systemically Important Financial Institutions,* ad esempio: i

---

[91] «European SRI Study 2012», *Eurosif,* 2012, consultabile su *www.eurosif.org*; «Sustainable & Impact Investment», How we define the market» *Bridge Venture*, Agosto 2012, consultabile su *www.bridgesventures.com*.

principali istituti finanziari a livello mondiale) si evince che le banche etiche erogano circa il doppio del credito rispetto alle banche di sistema (il 75,9% contro il 40,1% nel periodo 2003-2012), che si reggono grazie al risparmio dei clienti (i depositi rappresentano il 73,1% degli *asset* totali per le banche "sostenibili" rispetto al 42,9% della banche di sistema), che possiedono maggior requisiti di solidità in tema di capitalizzazione (il rapporto tra capitale e attivi totali è al 7,2% contro 5,5%) e registrano rendimenti più alti.[92]

Lo sviluppo internazionale, la crisi di sistema, i sorprendenti risultati del mercato etico e la diffusione di "lenti di lettura" diverse che stanno contagiando il mercato finanziario[93] a livello mondiale, inducono a pensare che ci siano le basi per poter attuare un profondo mutamento delle regole e provare a dar luce ad un "nuovo ordine mondiale".[94] La complessità economica e sociale del nostro secolo ci chiama ad analisi finanziarie e di merito di credito innovative tenendo conto di tutti gli elementi, esogeni ed endogeni, finanziari ed extra, che comparteci-

---

[92] Il return on equity nel periodo post crisi (tra il 2008 e il 2012) è stato superiore nelle banche sostenibili (7,5%) rispetto al 5,2% di quelle tradizionali; inoltre le "sustainable bank" risultano offrire una redditività sul capitale investito (return on assets) più elevata (0,53% contro 0,37%), con bassi livelli di volatilità. «Real banking for real economy: comparing sustainable bank performance with the largest banks in the world», *Global Alliance for Banking Values*, ottobre 2013, consultabile su www.gabv.org

[93] Per brevità di trattazione si è ritenuto utile non approfondire indici etici di borsa e diffusione dei *rating* etici atti a creare portafogli di aziende sostenibili nel lungo termine. Per approfondimenti si veda *www.borsaitaliana.it* sezione Finanza Etica.

[94] «Uomo moderno, adulto eppure talora debole nel pensiero e nella volontà, lasciati prender per mano dal Bambino di Betlemme; non temere, fidati di Lui! La forza vivificante della sua luce ti incoraggia ad impegnarti nell'edificazione di un nuovo ordine mondiale, fondato su giusti rapporti etici ed economici. Il suo amore guidi i popoli e ne rischiari la comune coscienza di essere "famiglia" chiamata a costruire rapporti di fiducia e di vicendevole sostegno. L'umanità unita potrà affrontare i tanti e preoccupanti problemi del momento presente: dalla minaccia terroristica alle condizioni di umiliante povertà in cui vivono milioni di esseri umani, dalla proliferazione delle armi alle pandemie e al degrado ambientale che pone a rischio il futuro del pianeta». Cfr. Papa Benedetto XVI, Benedizione Urbi et Orbi, Roma, 25 dicembre 2005.

pano alla creazione del valore dell'impresa e che nel contempo la identificano.

4. Basta solo il credito per "fare impresa"?

In una corretta logica di creazione d'impresa, tra le componenti che si prendono in considerazione nel processo di ideazione e progettazione della stessa, il credito rappresenta un tema che si affronta solo alla fine. La classica struttura di un *business plan*,[95] infatti, vede al primo posto l'individuazione del mercato potenziale, a seguire la definizione della capacità produttiva, le competenze e le caratteristiche della compagine sociale e/o del *management*, le caratteristiche e la dimensione degli investimenti, i conti economici presuntivi ed infine il piano finanziario ed il fabbisogno di credito. Capovolgere la struttura può essere pericoloso e dar luogo a sicure sconfitte. Ovviamente sono importanti i fattori esogeni: il credito, ma anche la dotazione di servizi e soprattutto un buon funzionamento della pubblica amministrazione.

4.1. *I Fattori minimi di successo per fare impresa*

Al di là del credito, la linfa vitale di una neoimpresa si compone di altri elementi, parimenti preziosi ed essenziali, e, per la loro peculiarità, forse anche più rari.
La matrice originaria è sempre la mente umana, fonte inesauribile del pensiero, con la sua capacità di creare complesse associazioni, di individuare innovativi punti di vista e di elaborare nuove idee sulla cui base pianificare lo sviluppo di un bene/servizio da proporre al mercato.
In secondo luogo, il passo più critico e determinante allo stesso tempo, è attuare la metamorfosi della creatività, ossia la capacità di implementare l'idea e di trasformarla da opportunità astratta

---

[95] Documento di sintesi di una *business* idea contenente i principali elementi descrittivi ed economico-finanziari; viene solitamente utilizzato per presentare il progetto a potenziali investitori in maniera chiara, organica e strutturata.

e potenziale in concreata possibilità di crescita. Per poter fare un salto di qualità di tal genere sono necessarie non solo le cosiddette *skills*, ma anche l'audacia e la determinazione di voler salpare verso il mare aperto, di lanciarsi in una nuova avventura, coscienti di avere in mano gli assi di una possibile vittoria[96] – in altri termini: la propensione al rischio.

Ovviamente, oltre ad uno spirito imprenditoriale innato che rappresenta spesso la chiave di volta della desiderata metamorfosi in atto, le competenze professionali e la capacità di trasmissione e apprendimento dell'esperienza acquisita da parte di veterani dell'ambiente – anche tramite forme di partenariato – sono fondamentali per la buona riuscita del progetto, ciò al fine di garantire sia l'indispensabile lettura del mercato nel quale ci si vuole inserire (o che si vuole creare) – e dunque il potenziale vantaggio competitivo rispetto ai competitor – sia per stimare una realistica previsione circa l'iniziale andamento economico della "neo impresa" in incubazione.

Un altro *item* importante per fare impresa è la comunicazione: coesa all'interno, chiara, accattivante e credibile all'esterno. Per far ascoltare un'invitante melodia, è necessario che ogni strumento dell'orchestra esegua la sua parte ma leggendo un unico spartito, suonando la stessa musica. Per creare un'opera armoniosa che sappia coinvolgere chi la ascolta (clienti) e gratificare chi ne è l'artefice (impresa), è infatti necessario che vi sia una specifica distinzione dei ruoli ma, allo stesso tempo, la disponibilità e la flessibilità all'adattamento degli stessi in una sorta di *"job rotation"*. Se da un lato i clienti, i fornitori, gli investitori e i partner devono percepire l'affidabilità, la serietà e la competenza della realtà imprenditoriale con la quale intrattengono rapporti che siano etici oltre che economici, d'altra parte il per-

---

[96] L'imprenditore dovrebbe essere in grado di «di guidare la navicella impresa e di tenere la rotta nei buoi e nei cattivi tempi, nella bonaccia e nella tempesta, di tenere unito l'equipaggio, di elaborare tempestivamente i mutamenti della formula imprenditoriale resi necessari dall'evolvere degli eventi interni ma soprattutto esterni all'impresa». Cfr. VITALE M., CORBETTA G., AMBROSOLI U., CALABRESE A., *Responsabilità nell'impresa in onore di Vittorio Coda*, Piccola biblioteca di impresa INAZ, 2010, p. 11.

sonale dovrebbe vedere riconosciuto, rispettato e valorizzato il suo contributo ai progressi dell'azienda al fine di motivarne l'impegno e incoraggiarne l'operato magari mediante l'assunzione di responsabilità e il coinvolgimento degli stessi nei processi di *decision making*, «nella consapevolezza che è proprio nei collaboratori e nel clima di collaborazione interna il patrimonio principale delle imprese, facile da raggiungere, difficile da ricostruire».[97]

Comunicazione, collaborazione, cooperazione: alla base vi è sempre la relazione, le relazioni. E l'educazione alla relazione è forse il vero elemento chiave. L'educazione alla relazionalità va sviluppata, incoraggiata e soprattutto *manutenuta*. La *manutenzione* della disponibilità ad una relazionalità sana e fruttifera è spesso – quasi sempre – trascurata, ma, come ammoniva Olivetti, senza una educazione alla relazionalità le imprese falliscono. Ciò vale ancor più oggi nell'era degli *habitus* variamente individualisti, che impediscono la cooperazione solida e franca. Ci sembra che le risorse diffusamente impiegate in una formazione del lavoratore più utile al formatore che all'impresa e alla società potrebbero essere validamente investite in forme vecchie e nuove di educazione alla relazionalità.

Questa consapevolezza e la relativa responsabilità dovrebbe essere focus decisivo del *manager*, proprio affinché sia quel soggetto capace di guidare il patrimonio di competenze dei propri collaboratori verso l'obiettivo prefissato di *performance* aziendale, svolgendo un ruolo decisivo nella gestione delle risorse umane a sua disposizione. Il *management*, infatti, non è e non deve essere un mero esecutore di compiti altrui, in quanto la deresponsabilizzazione di chi dirige l'orchestra cambiandone il ritmo e le tonalità all'occorrenza, nonché di colui che deve motivare la squadra come un buon capitano in grado di carpire nei suoi compagni pregi e difetti, sarebbe comprensibilmente deleteria. È fondamentale, infatti, che il *manager* operi ricordando sempre che è parte di un'armonia, di un insieme, e che

---

[97] *Ibidem.*

nel perseguire gli interessi aziendali (ed anche personali) tenga conto delle ripercussioni degli stessi sul bene comune: sul tessuto sociale affidatogli, di cui è in parte responsabile. Un *manager* che agisca sulla base di un mandato fondato sulla responsabilità, e non su una delega tesa esclusivamente alla rendicontazione alla proprietà.

A tal proposito pare opportuno ricordare un concetto tanto importante quanto sfruttato, soprattutto in ambito di CSR, ossia la cultura d'impresa. La cultura di impresa è l'insieme dei valori e dei traguardi dell'azienda, spesso non totalmente visibili dal di fuori, ma riconosciuti e perseguiti dal personale in cui i dipendenti possano identificarsi e che influenzano notevolmente la loro produttività. Nell'attuale scenario caratterizzato da un sempre maggior dinamismo, dalla globalizzazione, dal grande sviluppo tecnologico, dove le aziende sono costantemente in bilico tra il programmabile e l'imprevisto, fra caos e ordine, la cultura d'impresa svolge un ruolo determinante, in quanto mediante la corretta lettura dei fenomeni esterni, determina una formula imprenditoriale volta a scandire l'equilibrio tra paralisi e confusione, tra rigidità e flessibilità, con l'obiettivo di poter affrontare i continui cambiamenti dettati dal tempo e dal mercato.[98]

4.2. *Attività e politiche di supporto alla creazione e allo sviluppo di impresa*

Un'ulteriore questione determinante per l'avvio ed il consolidamento di una nuova attività di impresa è quella legata, in senso quanto mai ampio, alla validità del supporto che questa può richiedere e/o aspettarsi di ricevere dall'esterno. Il concetto di

---

[98] Vitale, riprendendo una metafora dall'Economico di Senofonte, scrive che come il nocchiero quando scoppia la bufera non ha tempo di andare a cercare gli attrezzi ma deve trovarli subito al loro posto e in buone condizioni; così l'imprenditore che ha mantenuto nel tempo i valori, la coerenza e la correttezza del pensiero e del comportamento con dipendenti e famiglia, al momento del bisogno, mediante questi strumenti, potrà esercitare con lucidità e determinazione la responsabilità imprenditoriale, rispondendo con successo alla crisi per «passare alla ristrutturazione e al nuovo sviluppo». Cfr. *Ibidem*, p. 12.

credito si dilata significativamente, in questa accezione, finendo per comprendere non solo i finanziamenti concessi dagli istituti di credito ma qualsiasi forma di introduzione, accompagnamento e sostegno ad un'impresa.
In Italia le politiche di *"enterprise creation"* sono state sostanzialmente inesistenti fino alla metà degli anni '80 del secolo scorso, mentre numerosi sono stati gli interventi di *"job creation"* con risultati non sempre apprezzabili. L'unica esperienza significativa di creazione d'impresa è stata, alla fine degli anni '70, quella della SPI (Società di Promozione Imprenditoriale) dell'Iri. Essa interveniva finanziando la nascita di nuove imprese nelle aree interessate da problemi di crisi industriali. Le dimensioni delle imprese erano medie e, salvo casi rarissimi, i promotori erano soggetti con precedenti esperienze imprenditoriali. Da segnalare anche l'esperienza della legge Marcora che consentiva e favoriva la nascita di cooperative tra lavoratori di aziende in crisi che così rilevano e gestiscono l'azienda stessa, con risultati modesti in termini quantitativi ma sostanzialmente positivi. In nessuno dei due casi era prevista attività di accompagnamento allo *start-up*. Questo tema viene introdotto con forza nella più rilevante iniziativa di creazione di impresa del nostro Paese, la legge 44 del 1986 sull'imprenditorialità giovanile nel Mezzogiorno, con oltre mille imprese avviate. Nella norma vengono previsti, come obbligatori, servizi di assistenza "nella fase di avvio delle iniziative". Viene coniato un neologismo poi entrato nell'uso comune: il tutoraggio. Un meccanismo di tutoraggio, ridotto, viene anche previsto per il "prestito d'onore": un intervento di promozione di *"self employment"*.
Queste misure legislative a sostegno di nuova imprenditorialità giovanile,[99] nella maggior parte dei casi attive nel meridione, si sostanziano in incentivi pubblici, cui si accede su presentazione di appositi progetti che vengono esaminati ed eventualmente approvati da un organo centrale di valutazione, chiamato ad individuare i tutor che accompagneranno il beneficiario nelle

---

[99] Si pensi, oltre alla citata legge 44/1986, anche ai successivi interventi in materia di autoimprenditorialità e di autoimpiego di cui al D.lgs. 185/2000.

fasi di avvio dell'azienda. Gli incentivi di ordine "finanziario" (come, ad esempio, contributi a fondo perduto e mutui a condizioni agevolate) sono quindi accompagnati a un supporto di tipo cosiddetto "reale", finalizzato ad assistere in concreto i giovani imprenditori, sul quale è opportuno svolgere una breve riflessione anche in chiave prospettica.[100]

È bene precisare, innanzitutto, che l'obiettivo di questa tipologia di intervento non è quella di contrastare *tout court* l'eterogeneo fenomeno della disoccupazione giovanile,[101] ma di promuovere forme di lavoro autonomo e associato da parte di giovani con caratteristiche imprenditoriali molto spiccate – in termini di coscienza dei problemi, capacità di individuarne le criticità, tempestività nelle decisioni – possibilmente già introdotti alla dimensione finanziaria e commerciale del settore di proprio interesse.[102]

L'attività di tutoraggio non vuole, infatti, deresponsabilizzare chi la riceve o la richiede, ma soltanto offrire un punto di riferimento, sapendo che «la possibilità (...) per i giovani imprenditori di poter sempre contare, per qualsiasi problema, su strutture altamente qualificate, diminuisce da una parte il rischio d'impresa, e facilita dall'altra la sprovincializzazione (tecnologica, di mercato, ecc.) di chi oggettivamente agisce in un contesto caratterizzato da pesanti "ritardi" in termini di sviluppo e innovazione».[103] Un'attività, dunque, fortemente personalizzata e

---

[100] Non sono mancate puntuali analisi sugli aspetti tecnici dell'attività di tutoraggio, soffermandosi tra l'altro sui criteri per l'individuazione del *tutor*, sulle tempistiche e la durata del suo intervento, sulle modalità di espletamento e di addebito dei costi dell'incarico e sulla verificabilità dei risultati ottenuti. Particolarmente interessante è l'esperienza maturata nell'ambito della legge 44/1986, che prevede come accennato attività di incentivazione e monitoraggio alla produzione di nuove imprese create da giovani nel Mezzogiorno, con un ruolo fondamentale assegnato proprio all'attività di tutoraggio. Sul punto si fa rimando, *ex multis*, alle esperienze concrete descritte in SOCIETÀ SARES, *Assistenza allo start-up di impresa, metodologie e strategie*, CUEN, Napoli, 1992 e, altresì, in COMITATO PER LO SVILUPPO DI NUOVA IMPRENDITORIALITÀ GIOVANILE LEGGE 44/86, *L'attività di tutoraggio nelle politiche di creazione d'impresa*, ISEDI, Torino, 1991.
[101] Cfr. *Ibidem*, BORGOMEO C., *Introduzione*, in, p. 7.
[102] Cfr. *Ibidem*, RUSSO A., p. 71.
[103] Cfr. *Ibidem*, CALIENTO G., p. 59.

tipicamente prestata da società di consulenza o da operatori già attivi nel settore di interesse della neo-impresa, cui è stato richiesto di trasmettere esperienza imprenditoriale e di erogare una serie assai eterogenea di servizi, che vanno dall'analisi dei mercati alle politiche di *marketing*, dalla definizione delle strategie alla programmazione delle attività e dell'organizzazione in generale, con una spiccata tendenza alla formazione imprenditoriale.[104]

Altra esperienza rilevante è quella dei Bic (*Business Innovation Center*).[105] In questo modello, fortemente sponsorizzato e sostenuto dalla Unione europea, l'assistenza allo *start-up* si fa soprattutto "ospitando" fisicamente le nuove imprese in spazi dedicati. Si diffonde l'esperienza degli incubatori,[106] con risultati non sempre brillanti.[107] Vince sostanzialmente la logica del

---

[104] Cfr. SOCIETÀ SARES, *Assistenza allo start-up di impresa, Metodologie e strategie*, op. cit., 1992, p. 8.

[105] Sono circa trenta i centri distribuiti sul territorio nazionale allo scopo di supportare la nascita di piccole e medie imprese innovative. Tra i servizi che i Bic offrono a enti, imprese e aspiranti imprenditori: assistenza nella scelta della localizzazione, supporto alla creazione e programmazione di impresa, formalizzazione, assistenza nella definizione della strategia di marketing.

[106] Vari sono gli esempi di organizzazioni che operano, secondo molteplici moduli e con diverse ispirazioni, nell'ambito della promozione e del supporto all'imprenditorialità. Un approccio piuttosto innovativo è quello di *Impact Hub*, una "rete di partners" su scala mondiale – con l'obiettivo di favorire un cambiamento positivo nel mondo – presente con i propri spazi in più di 54 grandi città (tra cui anche Roma e Milano), con l'intento di agevolare l'incontro tra persone, idee, progetti, imprese. In ambito accademico è interessante l'esperienza di *LUISSEnLaBs*, che fornisce ambienti di lavoro, finanziamenti e consulenza alle *start-up* avviate da studenti. Molteplici servizi ed iniziative sono poi patrocinate da enti di grande tradizione come, ad esempio, Legacoop ed il relativo Fondo Mutualistico Coopfond, che eroga prestiti e partecipa al capitale di nuove imprese cooperative e, altresì, a favore di cooperative già esistenti che intraprendano progetti di investimento o di espansione. In merito alle suddette iniziative di Coopfond. Cfr. LEGACOOP (a cura di), *Le cooperative di professionisti nella legge di stabilità 2012,* consultabile su *www.legacoop.coop/cooperative-tra-professionisti/normativa*

[107] «Secondo l'Osservatorio dei Bic nel 2012, gli incubatori italiani hanno analizzato 465 richieste di finanziamento per progetti innovativi di cui solo 45 sono diventate start-up (...) I più bravi a generare start-up in Europa sono stati i tedeschi, con una conversione idea-impresa pari al 47%. La nostra media (9,6%) del 2012 è anche inferiore rispetto a quella europea (10,6%). In contrasto abbiamo il primato per numero di incubatori: sono 4 volte di più rispetto a quelli presenti in Germania. A farci tirare un sospiro di sollievo sono i dati sulla sopravvivenza delle start-up italiane: a tre anni

"condominio". Più significativa è l'esperienza degli *spin-off* di ricerca, soprattutto collegati ai Politecnici, in cui l'accompagnamento alle nuove imprese risulta più sostanzioso ed efficace. Il limite di queste operazioni, come di tante iniziative anche pubbliche, di promozione di *start-up*, è che giocano solo su livelli tecnologicamente molto alti. Operazione interessante ma che rischia di declinare in modo restrittivo il concetto di innovazione e di non consentire una diffusione significativa della logica e della cultura imprenditoriale.

Anche i tanti programmi di microcredito per favorire la nascita di micro imprese e/o attività autonome, sottovalutano il tema dell'accompagnamento allo *start-up*. In termini teorici il problema vero del tutoraggio è quello di favorire una dimensione di condivisione, di partecipazione da parte della struttura o del professionista "esperto" e non di sola consulenza. In sostanza questo coinvolgimento avviene o tramite l'esperienza dei "*business angels*"[108] (nati proprio per "accompagnare" a 360 gradi i neo imprenditori), ma in Italia non vi sono esperienze particolarmente consistenti, o con i meccanismi di "*venture capital*"[109] ma con dimensioni più consistenti e con logiche più aggressive.

---

dalla loro inaugurazione il 92% sono attive, mentre in Europa sono l'88% (...) In sostanza, l'incubatore italiano tipo è di buon livello nell'analisi e nelle previsioni, capace di fare modelli e di grande supporto per creare un'idea di business, ma al lato pratico è decisamente meno efficace. I grandi assenti nei nostri Bic sono lo sviluppo delle risorse umane, la pianificazione finanziaria, l'accesso alle finanze e la formazione dei nuovi imprenditori: quello che serve a consolidare un'idea». Cfr. ANNOVI G., *Incubatori di start-up: cosa non funziona nel business dell'innovazione italiano*, in *Wired*, 7 marzo 2014.

[108] «I Business Angel sono individui, tipicamente imprenditori, manager e professionisti, che ritengono attraente l'attività di investimento occasionale nel capitale di rischio di nuove o giovani aziende che abbiano un progetto imprenditoriale promettente. Essi, singolarmente competenti in uno o più campi specifici, una volta identificati progetti promettenti investono nel capitale di rischio di giovani aziende che operano nel loro campo di competenza, mettendo le proprie competenze ed esperienza a servizio dell'impresa massimizzandone le possibilità di successo. I Business Angel, nel contribuire alla crescita delle aziende in cui investono, sono mossi sia da considerazioni economico/patrimoniali, sia da motivazioni di soddisfazione professionale e personale. Essi, disponibili a mantenere la loro partecipazione nel medio/lungo periodo, hanno il fine ultimo dichiarato di realizzare il proprio investimento tramite la cessione della loro interessenza con profitto». Cfr. *www.italianangels.net*

[109] «Il venture capital è una tecnica finanziaria per mezzo della quale una società

Nella disamina delle attività di supporto alla creazione e allo sviluppo di impresa merita di essere menzionato il Progetto Policoro, promosso a seguito del Convegno ecclesiale nazionale di Palermo del 1995, quando l'Ufficio Nazionale per i problemi sociali e il lavoro, il Servizio Nazionale di pastorale giovanile e la Caritas Italiana si incontrano a Policoro (in provincia di Matera) con i rappresentanti diocesani di Calabria, Basilicata e Puglia per riflettere sul problema della disoccupazione giovanile.[110]
Dall'essere occasione per risollevare la classe giovanile dalla disoccupazione, diviene il trampolino di lancio per la nuova imprenditorialità giovanile[111]. Il punto di forza del Progetto è il nuovo spettro di valori ai quali deve ispirarsi l'impresa: si tratta della sinergica compenetrazione tra valori propri di qualsiasi attività imprenditoriale e principi etici, quali solidarietà e cooperazione. La chiave di tutto il Progetto sta proprio nella collaborazione tra soggetti diversi per un unico impegno: l'evangelizzazione propedeutica alla crescita del Paese. La logica è quella di imparare a lavorare insieme (a livello nazionale, regionale, diocesano) seguendo un progetto comune, realizzato attraverso la promozione svolta dagli animatori[112] ed il supporto

---

finanziaria – o altro investitore istituzionale, di una società finanziaria – acquisisce, tramite un apporto di capitali, una partecipazione in imprese già costituite o costituende che, in relazione al loro contenuto innovativo, presentano buone prospettive di crescita nel medio termine ma anche un elevato rischio di investimento. Ci troviamo dunque di fronte ad una tecnica contrattuale finalizzata alla massimizzazione del profitto dell'investitore e che facilita il finanziamento di imprese». Cfr. LAMBERTINI L., *Venture capital*, in *I nuovi contratti nella prassi civile e commerciale*, Utet, Torino, 2008, pp. 223-224.

[110] Il proposito era quello di far crescere il Paese unendo le forze di tutti, in altre parole cooperando; in particolare, tale intuizione nasce al fine di porre argine al problema della disoccupazione nel meridione italiano. Alla base del "sogno" di Don Mario Operti c'è anzitutto la volontà di formare i giovani a una nuova cultura del lavoro costruendo rapporti di reciprocità e sostegno tra le Chiese del Nord e quelle del Sud, grazie anche alla fattiva collaborazione di aggregazioni laicali che si ispirano all'insegnamento sociale della Chiesa.

[111] Grazie al Progetto Policoro sono nati 40 "gesti concreti", in tredici regioni italiane, che hanno assunto diverse forme societarie, dovendosi comunque rilevare la maggioranza della forma cooperativa (70%).

[112] Il ruolo degli animatori, quale *"Giovinezza in un assetto di progettualità"* secondo S. E. Mons. Domenico Sigalini, è centrale e si compone di una molteplicità di com-

delle diocesi,[113] crescendo insieme nel rispetto reciproco delle specificità e delle competenze, nella solidarietà e nella comunione di valori, risorse ed idee.[114] Le sinergie produttive e l'idea di una nuova classe manageriale, quest'ultima eletta non più per sole competenze tecniche ma per i valori sociali di cui deve essere portatrice, sono i punti di forza del Progetto.

Dato il successo ed i "gesti concreti"[115] cui ha dato vita Policoro, si potrebbe pensare ad un'ulteriore crescita: l'intuizione è quella di mantenere l'idea del "fare rete" creando una struttura in cui soggetti esperti, in settori principali e collaterali delle realtà imprenditoriali, si mettano a disposizione delle imprese neonate partecipando al rischio, e contribuendo quindi alla loro *mission*. Per un simile obiettivo si potrebbe pensare anche all'espansione dell'attività di promozione,[116] svolta oggi dai soli

---

piti: promozione del progetto; formazione, a carattere informale e ricreativo, su come avviare un'impresa; costituire punto di raccordo tra giovani e soggetti pubblici / privati.

[113] Le diocesi costituiscono il sostrato attraverso il quale il Progetto si è potuto diffondere e sviluppare. Anche successivamente all'attività di promozione sono partecipi della vita delle imprese neonate. Il supporto dato dalle diocesi si estrinseca, in concreto, nella:

concessione in comodato d'uso gratuito dei propri beni per i nuovi imprenditori (il 35% delle aziende si è avvalsa di tale possibilità);

offerta di servizi "in corso d'opera": servizi di aggiornamento, formazione, approfondimento sui temi dell'impresa, delle nuove iniziative di Policoro, della dottrina sociale della Chiesa. Ciò avviene attraverso la gestione, a livello territoriale, dei Centri Servizio diocesani;

concessione di finanziamenti nella fase di avvio dell'impresa;

coesione tra le realtà imprenditoriali del Nord e del Sud Italia.

[114] La capacità di "fare rete" la si riscontra in ogni iniziativa imprenditoriale sorta grazie al Progetto Policoro; d'altronde il lavorare in rete è un concetto fortemente connesso alla natura pastorale del Progetto ed è ispirato alle prime comunità cristiane in cui: «Tutti i credenti stavano insieme e avevano ogni cosa in comune» (*At* 2,44). È peraltro da evidenziarsi come, a differenza delle "comuni", e secondo la nostra prospettiva vetuste, realtà imprenditoriali – che nella prima fase di sviluppo tendono ad isolarsi puntando ad una crescita endogena-le neo imprese di cui si disserta abbiano invece puntato nell'immediato a stabilire relazioni con altre realtà aziendali operanti nel medesimo settore, ma anche in settori contigui. Per un approfondimento sul punto si veda *Quindici anni di Progetto Policoro – Gli animatori ed i gesti concreti*, Ecra, Roma, 2011, pp. 295-298.

[115] Per un'analisi dettagliata sul punto si veda *Ibidem*, pp. 129-273.

[116] «Sicuramente un aspetto da migliorare è il maggiore coinvolgimento delle aziende nate dal Progetto Policoro nelle molteplici iniziative diocesane. Su questo aspetto

animatori, in cui siano le imprese sorte grazie al Progetto a promuoverlo mettendosi esse stesse a disposizione per un primordiale "*business* di rete partecipato".

4.3. Cooperare per fare imprese

Ci si può chiedere se forme di "tutoraggio" possano trovare applicazione (magari in modo più flessibile) anche in altri contesti entro i quali le nuove iniziative imprenditoriali o professionali possono trovarsi a transitare – come, ad esempio, associazioni di categoria e non, ordini professionali, università – o, ancora, in "reti" di imprese e di professionisti generatesi in modo spontaneo.

Occorre chiedersi, inoltre, se l'idea del tutoraggio possa avere validità anche in assenza di finanziamenti o contributi in senso tradizionale e, in caso di risposta affermativa, se la stessa possa sfociare in forme di parziale cogestione e/o partecipazione al rischio di impresa da parte del consulente.[117] Posto che la disponibilità all'erogazione di finanziamenti (pubblici o privati) è presumibilmente ridotta rispetto al passato, una neo-impresa potrebbe infatti non disporre della liquidità necessaria per far fronte alle spese per consulenze che, in una fase di avvio, sono spesso strategiche.

Ci rendiamo conto che si tratta di prospettive forse poco allineate con la tradizionale concezione dei rapporti tra impresa e consulente, ma non possiamo fare a meno di rilevare come simili pratiche siano diffuse in contesti caratterizzati da particolare vitalità ed innovazione nel tessuto economico.[118] Peraltro

---

occorrerebbe investire maggiormente creando relazioni tra i "gesti concreti" per promuovere azioni sinergiche e tenere vivi i rapporti in diocesi anche con gli animatori che hanno compiuto il percorso formativo ma rimangono una risorsa a disposizione della comunità diocesana». Cfr. *Ibidem*, p. 335.

[117] In questa direzione sembra indirizzarsi l'art. 25 del D.L. 18 ottobre 2012, n. 179 in materia di "start-up innovativa" e di "incubatore certificato", prevedendo la non imponibilità dei compensi corrisposti sotto forma di strumenti finanziari propri (*in primis*, azioni) ad amministratori, dipendenti e collaboratori, nonché a prestatori terzi di opera e servizi. Un'ampia disamina della disciplina è stata compiuta dall'Agenzia delle Entrate nella Circolare 11 giugno 2014, n. 16/E.

[118] «Un giovane imprenditore della Silicon Valley mi ha raccontato che desiderava far

una simile configurazione dei rapporti e dei servizi all'impresa – ancora tutta da studiare, soprattutto in realtà come quella italiana – potrebbe essere vantaggiosamente sperimentata proprio da quei consulenti e professionisti più giovani che, oggi, lamentano una particolare difficoltà a conquistare un proprio (e nuovo) mercato.[119]

Semplificando molto possiamo dire che: i sistemi di tutoraggio presi in esame (tra cui l'esperienza Policoro) risultano caratterizzati da una prima fase di valutazione (talvolta non severa), una fase di *empowerment* e nessun profilo di copartecipazione; la fenomenologia *start-up* (sistema *venture capitalist*, *business angel* e incubatori) presenta tutte e tre le fasi, ma, fondandosi su assunti teorici (massimizzazione del profitto) non coerenti con una più larga e matura concezione di imprenditorialità, tende a privilegiare gli investimenti in settori che garantiscono elevati ritorni finanziari nel breve (a volte brevissimo) termine.

Co-operare per fare impresa a partire da e costruendo reti relazionali è auspicabile e coerente con le nostre assunzioni sotto il profilo teorico e può essere vantaggioso anche sotto il profilo competitivo giacché modelli organizzativi che assumono la contaminazione come fattore esplicito valorizzano maggiormente gli *intangibles* e producono la flessibilità e la reattività (la resilienza) necessarie per adattarsi costantemente al cambiamento perenne e creare valore condiviso. Ciò vale, a maggior ragione – in un economia dove i servizi – o comunque la componente ser-

---

incorporare la propria startup senza spendere migliaia di dollari in emolumenti legali; in qualsiasi altro posto avrebbe probabilmente gettato la spugna ancor prima di iniziare, ma essendo nella Silicon Valley non ha avuto difficoltà a trovare uno studio legale disposto ad accettare quote partecipative anziché moneta sonante». Così MORETTI E., *La nuova geografia del lavoro*, op. cit., p. 135 ove, tuttavia, si soggiunge che «il modello imprenditoriale di quello studio, basato sull'assunto che una delle centinaia di startup incorporate diventerà la Google di domani, è possibile solo in un cluster hi-tech a elevatissima concentrazione».

[119] Una novità potenzialmente rilevante, da questo punto di vista, è quella delle società tra professionisti prevista dall'art. 10 della L. 183/2011 e dal D.M. di attuazione 34/2013, con particolare riferimento alla possibilità di costituire STP multidisciplinari, avvalendosi eventualmente anche della forma cooperativa (per utili riferimenti operativi in questo senso Cfr. LEGACOOP (a cura di), *Le cooperative di professionisti nella legge di stabilità 2012*, op. cit.

vizio legata inscindibilmente ai prodotti – hanno ormai ruolo centrale.

L'imprenditorialità è espressione della creatività umana e pertanto va sostenuta e favorita e dare credito, seppure secondo criteri differenti e più completi rispetto a quelli bancari tradizionali, non è sufficiente, specie in un mondo di complessità e turbolenze, ad avviare all'imprenditorialità con prospettive di medio lungo termine. E se dare credito non significa solo fornire del capitale, ma appunto dare fiducia e se un più grande significato del concetto di credito-fiducia non può limitarsi al finanziamento, ma può abbracciare qualsiasi forma di introduzione, accompagnamento e sostegno ad un'impresa, è allora necessario immaginare e dare vita a forme di co-operazione tra diverse professionalità e imprenditorialità che siano strutture ("sussidiarie") flessibili di valutazione, *empowerment* e copartecipazione al rischio delle nuove attività imprenditoriali, consapevoli e sensibili riguardo la decisività che ha nel fare impresa l'educazione e la manutenzione della relazionalità. Queste forme di collaborazione probabilmente potrebbero trovare nel contratto di rete un involucro giuridico adeguato presentando i vantaggi competitivi della flessibilità e dell'arricchimento continuo per mezzo della condivisione di *know how*. Ultimo ma non ultimo, copartecipando in maniera parziale al rischio delle attività che affiancano, sono guidate da incentivi di responsabilità a medio termine, di fiducia e costruzione di reti relazionali.

Coopowerment: l'impresa da *nexus of contracts* a *network of relations*.

Realtà concreta n. 5

Solidarietà ed Europa

Gimmelli Rosaria, Tilotta Sofia

con
Anastasi Antonella
Cordopatri Antonino
Marzullo Nino
José Manuel Fonseca de Melo
Mitola Arnaldo
Sanchez Enciso Andrea
Trabalza Luca

sotto la supervisione esterna dell'Ambasciatore Guido Lenzi e della dott.ssa Silke Schmitt

Solidarietà ed Europa: un binomio inscindibile per crescere insieme. È questo il nostro punto di partenza, questa l'idea che anima le pagine che seguono. Questo è il tempo "giusto" per comprendere che la solidarietà non può essere percepita come una "camicia di forza", bensì come una compartecipazione a velocità ed intensità opportunamente differenziate, purché convergenti. La solidarietà costituisce un principio fondamentale dell'intera costruzione dell'Unione europea ed è un concetto ricorrente nei trattati istitutivi, che si declina in tutti gli ambiti della *governance* comunitaria, sotto i profili politico, giuridico, economico e sociale.

Una *governance* europea solidale è possibile? È ipotizzabile un ripensamento dell'Europa in chiave solidale? Nei capitoli precedenti abbiamo visto come questo principio sia e debba essere declinato nella dimensione comunitaria, nelle forme di partecipazione politica, nella realtà delle fondazioni culturali e allo stesso tempo e con la stessa intensità nelle relazioni industriali e nelle modalità del fare impresa; ma come va esteso alla complessa realtà europea? Come riuscire a leggere pluralismo, cooperazione, diversità, sviluppo in un'ottica di solidarietà?

A queste domande abbiamo cercato di fornire una risposta partendo da un piccolo sondaggio somministrato ai partecipanti del Cenacolo Sinderesi, con l'intento non di produrre dati significativi, ma di condividere insieme un'idea di Europa.

Da una lettura complessiva dei dati, emerge una consapevolezza di quanto oggi l'Europa sia allo stesso tempo punto di partenza e orizzonte verso cui tendere. Punto di partenza perché più che europeisti ci si sente "europei di fatto"; orizzonte perché si comprende l'impatto che l'Unione europea esercita ogni giorno sulle e nelle nostre vite. Emerge una buona conoscenza delle libertà di circolazione, dei principi e dei diritti che l'Europa riconosce. Viene altresì ritenuto importante che alcuni temi siano discussi non solo a livello nazionale, ma anche a livello europeo. Tale conoscenza e tale livello di informazione rendono possibile un'idea d'Europa meno critica e più costruttiva, che tiene conto del tempo in cui si vive, della crisi delle istituzioni e dei rapporti interstatuali; che mira a costruire un senso di appartenenza e di condivisione. Per quanto, infatti, viviamo un momento storico in cui «per la prima volta nella storia del dopoguerra il naufragio dell'Unione europea appare realistico»[1] e la crisi economica e di valori mina alle basi il nostro senso di appartenenza all'Europa unita, dal sondaggio traspare fiducia, seppur critica, nei confronti del *sistema Europa*. La crisi viene percepita e vissuta nel suo reale significato: *crisi*, il cui etimo deriva dal greco, vuol dire 'scelta'. Noi tutti siamo sempre portati a scegliere. Diventa, quindi, di fondamentale importanza riuscire a comprendere quali scelte compiere, se essere solidali e costruire un futuro insieme o decidere di disfare quanto finora arduamente realizzato.

La crisi finanziaria del 2008 e, ancor più, quella dell'area Euro, sviluppatasi a partire dal 2011, hanno messo a dura prova la solidarietà tra Stati, Istituzioni e cittadini europei, rivelando non solo i limiti, ma anche le potenzialità della solidarietà europea. I recenti sviluppi e le sfide odierne mettono in evidenza la necessità di trovare metodi alternativi e soluzioni comuni per rafforzare lo spirito solidale, alla base di qualsivoglia forma di cooperazione sul continente.

Bisogna passare dall'essere europei di fatto all'essere europei: questo è il risultato del sondaggio più interessante. Gli intervistati, infatti, assegnano al principio di solidarietà un'importanza decisiva per garantire all'intera Comunità il necessario cambio di passo. Il nostro tentativo sarà, ora, quello di esplorare le possibili attuazioni del principio nell'ambito europeo e proporne di nuove.

---

[1] Cfr. SCHULZ M., *Il gigante incatenato*, Fazi Editore, Roma, 2013.

La solidarietà è un concetto etico-sociale tra i più dibattuti e frequenti all'interno del nostro contesto culturale. La letteratura sull'argomento è vasta e le interpretazioni al riguardo ancora più ampie. Il principio di solidarietà, come emerge in tutti i capitoli che precedono, è tra i principi che caratterizzano e animano la società; non si potrebbe dunque pensare ad un'Europa che alla solidarietà non si ispiri. Papa Giovanni Paolo II scrisse che «l'Europa non potrà non ignorare la sua eredità cristiana».[2] Tale eredità consiste in tutti quei valori e principi che oggi riconosciamo come tratti distintivi del nostro essere europei, ossia la salvaguardia della dignità della persona umana, declinata nei diritti e nelle libertà fondamentali, il principio di sussidiarietà inteso in modo verticale ed orizzontale ed appunto il principio di solidarietà. La ricerca di un'idea europea del concetto di solidarietà diventa, quindi, sempre più importante. La solidarietà viene, infatti, spesso considerata come un generico senso di appartenenza ad una comunità, che sta alla base di scelte di condivisione nei confronti degli svantaggiati ed emarginati, oppure ci si appella alla solidarietà come sentimento di una fraternità a livello universale basata sull'esser figli di uno stesso Creatore. Infine, al livello delle relazioni economiche, si ricollega la solidarietà all'esistenza o meno del *Welfare State* e si decide di supportarla o di combatterla in quanto fautrice di deresponsabilizzazione e causa primaria di ingombranti apparati contrassegnati da inefficienza e improduttività.

1. Europa e Solidarietà

La solidarietà non può che essere interpretata nel più ampio contesto della giustizia sociale di cui, insieme alla sussidiarietà, è una delle componenti fondanti. Il pensiero liberal-cristiano

---

[2] Cfr. GIOVANNI PAOLO II, Messaggio ai partecipanti al convegno *Verso una Costituzione Europea?*, 20 giugno 2002, in *www.vatican.va*

scinde la solidarietà come dovere etico-giuridico (compito dello Stato), dalla solidarietà come carità (dovere individual-sociale).[3] La prima si riferisce alla giustizia aristotelica verso l'altro, generalizzata e caratterizzata, una volta riconosciuto il valore della dignità umana, dal principio *suum cuique tribuere* (dare a ciascuno il suo). La seconda, teorizzata da Tommaso d'Aquino, prevede un amore secondo misericordia, che oltrepassa e supera la giustizia e si riferisce ad un volto concreto e non può essere né pretesa né richiesta, ma è caratterizzata sempre da gratuità. L'ordinamento pubblico non può che obbligare la giustizia aristotelica, che può essere pretesa universalmente, e non può che promuovere la seconda attraverso le istituzioni fondamentali della società – istituzioni del dare e del perdonare (in particolare, la famiglia e la Chiesa). Non deve esserci disequilibrio fra i due valori, integrandosi l'uno con l'altro, come sostenuto da Tommaso – secondo cui la giustizia senza la misericordia diventa crudeltà, così come la carità senza la giustizia diventa dissoluzione. È promuovendo questi valori che la componente cristiana in Europa può rimuovere il "gelo sociale" formulato da Eugen Biser, senza che l'Unione europea diventi una sorta di assistente sociale paternalistico. Qui la sottile differenza fra una società che aspira alla giustizia sociale ed un ordinamento buonista, che si affida al *welfare state* in assenza di criteri sostenibili. Al fine di evolvere saldamente sulla base del principio di solidarietà, l'Unione europea deve enfatizzare il suo carattere di società solidale, ossia di società capace di «produrre un bene comune tra soggetti posti in relazioni strutturali e interpersonali che richiedono lo sviluppo di orientamenti di familiarità e fratellanza fra le persone».[4] È proprio il sentimento solidale che differenzia una collettività orientata, con un fine e sentire comune, da un aggregato di individui. Questo significa che la solidarietà che sta alla base di questo tipo di società necessita di

---

[3] Cfr. KRIENKE M., *Il Cristianesimo come motore della modernità*, vol. 1, Fondazione Konrad Adenauer, Roma, 2010.
[4] Cfr. DONATI P., *Pensiero sociale cristiano e società post-moderna*, A.V.E., Roma, 1997.

un forte coinvolgimento personale e una trasformazione profonda delle relazioni personali. Questi tipi di mutamenti per realizzarsi hanno bisogno di una sinergia tra le istituzioni e la società e le comunità a cui queste si rivolgono. Fondamentale è la formazione di un capitale sociale europeo che dimostri con i suoi orientamenti, atteggiamenti e comportamenti di voler agire in maniera solidale. Alla base del concetto di solidarietà, nella sua lettura cattolica, vi sono infatti le relazioni sociali, al cui interno la solidarietà si esplica come un'occasione della libertà umana di ricambiare il dono della vita. L'agire sociale solidale consiste, quindi, nella realizzazione del bene dell'altro e di chiunque. Per tale ragione l'agire sociale solidale travalica, o deve potenzialmente travalicare, i confini della prossimità intesa in senso materiale e superare le differenze nazionali, religiose e culturali, per rivolgersi e sortire i suoi effetti anche verso chi è "lontano" o "diverso" da noi per lingua, religione, nazionalità e che attraverso il principio di solidarietà viene riconosciuto come fratello. Ciò risulta particolarmente evidente nella parabola neotestamentaria del buon samaritano: «ogni uomo ha diritto a essere aiutato, e al tempo stesso ogni uomo è chiamato all'azione solidale». Papa Benedetto XVI parla di questa chiamata nella sua enciclica *Caritas in Veritate* quando fa riferimento ai concetti di "dono", "reciprocità", "gratuità" e "fraternità".

Si è cercato di argomentare l'idea per cui l'effettività dei quadri normativi e istituzionali è data in larga parte dalla qualità del capitale sociale di riferimento. Il ruolo dei cittadini, il loro coinvolgimento personale, è dinamica necessaria e fondamentale affinché l'Europa sia capace di includere e integrare ed essere quindi solidale.

L'Unione europea deve quindi continuare il processo, intrapreso nel 1957 a Roma, di apertura delle frontiere per consentire sempre di più il libero scambio di merci, persone, servizi e capitali, limitando al contempo la sua deriva burocratica. Il grande valore aggiunto dell'Unione europea deve essere quello di lasciare l'uomo libero di esprimere nella pienezza tutti i suoi valori, come la responsabilità e la solidarietà nei confronti del prossimo, permettendo così che questa scelta venga dal basso e non sia solo imposta da regolamenti e direttive. La ricetta pensata dai padri fondatori dell'Unione europea è quella giusta. Non bisogna allontanarsi dai principi che hanno ispirato questo grande progetto. Sin dai tempi più antichi sono stati proprio la libera circolazione e il commercio che hanno avvicinato i popoli e creato ponti tra le persone, accorciando le distanze e aumentando la fiducia e la solidarietà.

2. Una politica sociale in Europa

Il Trattato di Lisbona, entrato in vigore nel dicembre 2009, ha tracciato le linee guida dell'Unione europea per i prossimi anni. Fra le tematiche prese in considerazione vi è quella della solidarietà, con l'obiettivo di ottenere nel tempo un'Europa di diritti e valori, di libertà, solidarietà e sicurezza, che promuova i valori dell'Unione, integri la Carta dei diritti fondamentali nel diritto primario europeo, preveda nuovi meccanismi di solidarietà e garantisca una migliore protezione dei cittadini europei. A recepire la sfida della solidarietà, infatti, sono i cittadini europei, ai quali si chiede di dar vita ad un'unica grande comunità non solo da un punto di vista monetario o geografico, ma soprattutto in termini di condivisione di un sentimento europeo ed europeista e di riconoscimento di valori comuni.
Tale sfida non riguarderà, tuttavia, la sola Europa politica. La nostra comunità è, ormai sempre più, il punto di approdo per centinaia di migliaia di persone provenienti da ogni angolo del globo, in particolare dai cosiddetti Paesi in via di sviluppo. Solidarietà, dunque, fra i cittadini europei e solidarietà dei cittadini europei.
La politica sociale europea, e con essa quella dei Paesi membri, deve allora necessariamente svilupparsi lungo due direttrici: quella della tutela dei propri cittadini, che da qualche anno si tenta di attuare riducendo le barriere tra le classi più abbienti e quella parte della popolazione che più fa fatica ad

emergere o uscire da uno stato di povertà;[5] e, quella che riguarda più specificatamente la tutela degli immigrati, il cui ingresso nella società europea (più o meno cospicuo a seconda del Paese di destinazione) porta all'emersione della necessità di tutelare tutte quelle persone che, abbandonato il proprio Paese d'origine alla ricerca di una vita migliore nel nostro continente, non hanno la possibilità di poter godere degli stessi diritti dei residenti e fanno inizialmente difficoltà ad inserirsi nelle società di destinazione.[6]

Per rispondere alle esigenze dei cittadini europei e rendere, dunque, effettivamente possibile un'integrazione europea, all'interno del Trattato sono state introdotte disposizioni che ineriscono da un lato all'aumento dei poteri del Parlamento europeo, dall'altro ai rapporti tra cittadini e istituzioni, che approfondiremo nel corso della trattazione.

La seconda direttrice ci porta ad indagare, invece, la sfida di solidarietà dei cittadini europei, dell'Europa tutta nei confronti dei *non-europei*. Le risposte a tale sfida di solidarietà non potevano essere più differenti. I singoli Paesi dell'Unione europea hanno affrontato l'integrazione degli immigrati con la popolazione autoctona in maniera propria, caratterizzando le proprie politiche pubbliche da diverse concezioni della persona straniera.[7] Ad esemplificazione riportiamo l'approccio della Gran Bretagna, volto all'integrazione degli immigrati e non alla loro esclusione e marginalizzazione;[8] quello della Germania, che affronta la tematica in modo diverso, considerando l'immigrato

---

[5] Cfr. CANCILLA F. A., *Servizi del Welfare e diritti sociali nella prospettiva europea*, Giuffrè editore, Milano, 2009, p. 116.
[6] Cfr. DINELLI F., *Recenti tendenze in materia di cittadinanza europea: oltre il limite delle «situazioni puramente interne» All'ordinamento degli Stati membri*, in Foro amministrativo. TAR, 5/ 2011, p. 1786.
[7] Cfr. GALLINO L., JOERGES C., *Il modello sociale europeo davanti alle sfide globali*, Armando Editore, Roma, 2012.
[8] Cfr. BÜCHEL F., FRICK J.R., *Immigrants in the UK and in West Germany–Relative income position, income portfolio, and redistribution effects*, in Journal of population Economics, 2004, n. 17, pp. 553-581.
Questa tendenza ha creato inoltre delle frizioni tra le comunità straniere e quella autoctona, determinando negli ultimi anni un cambiamento nella società tedesca, ora più favorevole alla concessione graduale di sempre maggiori libertà agli stranieri.

come un "lavoratore / ospite", valutando dunque la permanenza temporanea;[9] il modello vigente in Francia considerato come "assimilazionista", tendente quindi al rafforzamento dell'identità nazionale con la conseguente eliminazione e discriminazione, ad esempio, delle pratiche religiose e culturali proprie degli immigrati.[10] L'approccio italiano diverge da quelli esposti, mostrandosi più "accomodante" e tendente all'eliminazione delle discriminazioni, in particolare nei confronti dei richiedenti asilo politico. Esso viene definito come un modello in via di definizione, considerando che la normativa vigente da un lato si allinea ai dettami e agli orientamenti definiti dal Trattato di Amsterdam del 1997 in materia di immigrazione, riconoscendo l'importanza di un'integrazione costante e proficua degli immigrati nel Paese di destinazione al fine di eliminare ogni forma di discriminazione, e dall'altro è carente in termini di restrizioni relative all'ingresso e alla permanenza in Italia per motivi di lavoro dei soggetti immigrati.

Le notevoli differenze fra gli approcci sopraesposti evidenziano come, ancora oggi, vi siano degli ambiti in cui l'integrazione europea mal funziona. La solidarietà europea e il sentimento comunitario e di mutuo riconoscimento, che da questa derivano, potrebbero fornire validi strumenti e soluzioni per affrontare fenomeni come quello migratorio.

Oggi, in sostanza, serve parlare oltre che di unione politica, monetaria ed economica, anche di un'"Europa sociale".[11] Un primo tentativo si è prodotto con la Costituzione europea del 2004, con la quale sembrava poter realizzarsi il progetto di creare un'identità europea. Un documento che, nella teoria, è capace di riunire le varie tendenze, le correnti e le differenze (anche religiose) dei vari paesi europei. La mancata ratifica nel 2005 da parte di Francia e Olanda ha interrotto questo processo

---

[9] Cfr. Rapporto del *Group of specialists on the demographic implications of social exclusion*, terzo meeting, Strasburgo, 2001.
[10] Cfr. GIUBBONI S., *Diritti e solidarietà in Europa. I modelli sociali nazionali nello spazio giuridico europeo*, Il Mulino, Bologna, 2012.
[11] Cfr. MONTANI G., VELO D., *Il governo dell'economia in Europa e in Italia*, Giuffrè, Milano, 2001.

evolutivo, frenando quell'impeto di europeismo che aleggiava nei primi anni del nuovo millennio, dovuto all'introduzione della moneta unica e ai lavori che avevano portato alla stesura della Costituzione. La mancata ratifica, sebbene si sia poi giunti al Trattato di Lisbona nel 2009, ha minato le fondamenta della costruzione di una costituzione europea e ha colpito, in modo particolare, quella parte della popolazione che si riconosceva, o stava iniziando a riconoscersi, come un'unica entità: il popolo europeo.[12] Di fronte a queste problematiche, legate all'integrazione comunitaria, è lecito chiedersi se il sistema sociale europeo sia destinato ad essere un'utopia oppure vi sia una reale possibilità di creare un nuovo sistema sociale comunitario. L'Unione europea ha intrapreso un percorso di crescita graduale, che ha permesso di stabilire alcuni importanti obiettivi per il futuro prossimo dei 28 Paesi membri, ribadendo in più occasioni la necessità di creare una struttura sociale quanto più unita e coesa possibile. Partendo da alcuni capisaldi, come la Convenzione europea per la salvaguardia dei diritti dell'uomo e delle libertà fondamentali del 1950 oppure la Carta Sociale Europea risalente al 1961,[13] si è giunti al Trattato di Lisbona, mediante il quale mossi i primi passi effettivi verso il rafforzamento della dimensione sociale dell'Unione europea.

Gli obiettivi prefissati dal Trattato sono plurimi e senz'altro ambiziosi: dalla realizzazione di un'economia sociale di mercato altamente competitiva alla lotta contro l'esclusione sociale e la discriminazione; dall'eguaglianza di genere alla solidarietà tra generazioni, alla solidarietà tra coloro che hanno visto nascere la Comunità europea e quelli che un domani potrebbero

---

[12] Cfr. SALAZAR C., *A Lisbon Story: la Carta dei diritti fondamentali dell'Unione europea da un tormentato passato, a un incerto presente?*, 2011, p. 20, disponibile all'indirizzo: *www.gruppodipisa.it/wp-content/uploads/2011/12/SALAZAR-diritti-sociali-2011.pdf*

[13] Cfr. MOLA L., *Carta sociale europea e riforme strutturali del mercato del lavoro in tempi di crisi economica*, in *Diritti umani e diritto internazionale*, 2013, vol. 1, pp. 206-210.

vivere l'Europa non più soltanto da cittadini di un Paese membro, ma da cittadini europei, consapevoli e fieri della propria identità.

Il raggiungimento di tali obiettivi, sarà possibile nei prossimi anni solo attraverso l'attuazione di procedure di coesione tra le istituzioni comunitarie e quelle dei Paesi membri, sostenendo dinamiche di integrazione dei popoli che formano l'Europa e la vivono tutti i giorni. Il cammino dell'Unione va in questa direzione, senza essersi arrestato: basti pensare alla strategia (decennale per la crescita) "Europa" 2020, presentata (nel 2010) dalla Commissione europea, che non punta «a uscire dalla crisi che continua ad affliggere l'economia di molti Paesi, ma vuole anche colmare le lacune del (…) modello di crescita e creare le condizioni per un diverso tipo di sviluppo economico, più intelligente, sostenibile e solidale».[14] Si pone, in questa strategia, una solidarietà da ricercarsi e attuarsi in ognuno dei cinque obiettivi e delle sette "iniziative faro" da mettere in atto a livello europeo e nei Paesi dell'Unione europea entro la fine del presente decennio.

In ottica sussidiaria la realizzazione di tali obiettivi potrà seguire, secondo quanto proposto dalla Commissione, un percorso nazionale, volto anche in questo caso a realizzare in potenza una solidarietà interstatale e infra-statale. I suddetti obiettivi sono rappresentati da tre priorità che si articolano attraverso una crescita "intelligente", "sostenibile" e "inclusiva" dei Paesi membri, i quali vi arrivano grazie alla realizzazione di tutta una serie di attività che dovrebbero avere risonanza non solo nazionale, ma europea ed infine mondiale. L'idea sottesa è che l'azione nazionale dovrebbe essere ispirata a principi europei di solidarietà, crescita, sviluppo. Agire localmente, pensare in ottica europea.

La Commissione ha invitato i Paesi membri ad osservare sette iniziative faro, da tenere in considerazione per la realizzazione

---

[14] Cfr. COMMISSIONE EUROPEA, *Europa 2020: Una strategia per una crescita intelligente, sostenibile e inclusiva*, 2010.

degli obiettivi della strategia Europa 2020.[15] Si passa dalla cosiddetta "Unione dell'innovazione", che ha l'obiettivo di migliorare le condizioni generali e l'accesso ai finanziamenti per la ricerca e l'innovazione, a *"Youth on the move/ Gioventù in movimento"*, per regolare ed agevolare l'ingresso dei giovani nel mercato del lavoro; *"Un'agenda europea del digitale"*, per promuovere la diffusione capillare di una connessione ad internet ad alta velocità e con costi sempre più competitivi e per migliorare il settore delle telecomunicazioni; *"Un'Europa efficiente sotto il profilo delle risorse"*, andando ad incrementare lo sviluppo delle energie rinnovabili, ottimizzando allo stesso tempo l'utilizzo delle risorse naturali in esaurimento; *"Una politica industriale per l'era della globalizzazione"*, che ha l'obiettivo di non far soffocare le piccole e medie imprese dei Paesi membri, ma anzi le promuova a livello mondiale; *"Un agenda per nuove competenze e nuovi posti di lavoro"*, per consentire il miglioramento delle personali competenze nel corso della vita favorendo la mobilità all'interno del mercato del lavoro europeo e internazionale; infine una *"Piattaforma europea contro la povertà"*, per garantire coesione sociale e territoriale ed evitare eccessive disuguaglianze tra le classi sociali di ogni singolo Paese membro, soprattutto in una fase di crisi economica come quella attuale. Ognuno di questi ambiti è, in potenza, un ambito d'azione della solidarietà.

La costruzione europea sta vivendo in questi tempi una fase molto complessa, dovuta in parte anche alla complessità dell'Europa stessa che continua, infatti, a viaggiare a velocità differenti, alimentando fratture e distanze tra coloro che riescono a rispettare le tabelle di marcia e quanti restano dietro. Tale *gap* si riscontra anche nell'attuazione delle iniziative faro. Pochi sono i Paesi che stanno riuscendo a dare attuazione alle politiche suggerite dalla Commissione inerenti alla diffusione delle energie rinnovabili;[16] altre iniziative, per sortire effetti, sono state spon-

---

[15] Cfr. LA SPADA A. G., BROTTO F., *2020: i sentieri dell'Europa dell'istruzione; la scuola nella cooperazione europea*, Armando Editore, Roma, 2011.
[16] Basti pensare alla difficoltà della diffusione delle energie rinnovabili sia per difficili

sorizzate in maniera indiretta dalle istituzioni, riuscendo in tal modo a produrre un impatto positivo nell'intera comunità. Considerando l'iniziativa faro *"Un'agenda europea del digitale"*, il Parlamento europeo ha recentemente impresso una "radicale" svolta al problema del traffico *roaming* attraverso l'abolizione delle tariffe di roaming internazionale,[17] eliminando così un'ulteriore barriera fra i cittadini europei, facilitandone la comunicazione, la mobilità e indirettamente l'integrazione. La riforma necessita ora del via libera degli Stati membri, ma si sono poste le basi per un cambiamento importante. Un cambio di rotta è atteso anche in ambito occupazionale, con particolare riferimento alle giovani generazioni. L'iniziativa faro *"Youth on the move"*[18] dovrà superare le perplessità lasciate dalla precedente strategia LLP,[19] che aveva assemblato programmi che presi singolarmente avevano dato ottimi risultati (Erasmus, Socrate e Leonardo), ma che rimescolati insieme non avevano sortito lo stesso effetto sui giovani europei. Bisogna, invece, dar luogo ad una politica di occupazione e mobilità giovanile quanto più coesa e concreta possibile, che lasci poco spazio ad interpretazioni e leghi insieme le generazioni del domani dei 28 Paesi membri. Si dovrà tentare, quindi, di promuovere una coesione sociale e territoriale, ponendo al centro di questo disegno il futuro: i giovani.

È proprio questa direttrice che abbiamo scelto di indagare, nella consapevolezza che legittimità e legittimazione passano necessariamente attraverso dinamiche di partecipazione e inclusione.

---

condizioni climatiche (Paesi del nord Europa) che per mancanza di grandi aziende capaci di investirvi come risorsa per il futuro o ancora per il taglio dei fondi riservati al loro sviluppo.

[17] Con il termine *"roaming internazionale"* si fa riferimento a quei costi extra che vengono addebitati all'interno dell'Unione europea, quando si compone un numero, anche quello di casa.

[18] Cfr. MARENCO, M., *"EUROPA 2020": politiche dell'istruzione e della cultura nell'ambito dell'integrazione europea*, in GANDULLIA L., PREDA D., VARNIER G.B., *Italia, Europa, Mondo. Liber amicorum di Franco Praussello*, Franco Angeli, Milano, 2013.

[19] Cfr. ARENARE, R. et al., *Il programma settoriale Leonardo Da Vinci e Sector Skills Alliances (Erasmus for All)*, 2012.

Il Trattato introduce, infatti, un nuovo meccanismo partecipativo, *l'iniziativa dei cittadini europei* (ICE), che conferisce ai cittadini e alle organizzazioni della società civile il diritto di invitare la Commissione a presentare proposte adeguate su materie per le quali i cittadini considerano che un atto legale da parte dell'Unione debba essere adottato (quali ad esempio, l'ambiente, l'agricoltura, i trasporti, la sanità). L'iniziativa, che deve essere presentata e quindi firmata da almeno un milione di cittadini con nazionalità diverse (viene richiesto che siano rappresentati almeno un quarto degli Stati membri), permette ai cittadini di esprimere la propria opinione e volontà dinanzi alla Commissione europea. Sarà proprio la Commissione ad esercitare discrezionalità nel decidere se tenere o meno conto dell'iniziativa, soprattutto con riferimento ai limiti dell'attribuzione di competenze; discrezionalità che, d'altronde, esercita anche nei confronti delle proposte del Consiglio e del Parlamento. Il numero esiguo di firme necessarie alla proposizione dell'iniziativa (1 milione di cittadini su 500 milioni – di cui il 66.9% è in età attiva – è una soglia non molto difficile da ottenere) fa sì che essa possa essere certamente fruibile ed avere una valenza politica e mediatica tale da rendere necessario e opportuno, se non dovuto, un intervento da parte della Commissione.[20]

Il basso numero di iniziative presentate è frutto di una commistione di variabili, fra le quali il basso grado di fiducia nei con-

---

[20] Dall'entrata in vigore del Trattato di Lisbona, solo un solo un'iniziativa – l'iniziativa "*Right2Water*" (L'acqua è un Diritto Umano) – ha soddisfatto i requisiti previsti dal regolamento dell'iniziativa. I firmatari di questa iniziativa esortano la Commissione a "proporre una normativa che sancisca il diritto umano universale all'acqua potabile e ai servizi igienico-sanitari" e, continua il testo dell'iniziativa, "promuova l'erogazione di servizi idrici e igienico-sanitari in quanto servizi pubblici fondamentali per tutti". La Commissione ha risposto positivamente a questa iniziativa e ha dichiarato di impegnarsi a identificare possibili lacune persistenti e aree di sviluppo dove più sforzi da parte dell'Unione europea sono necessari in modo da sciogliere le preoccupazioni espresse dai cittadini mediate l'iniziativa. In particolare, nel testo di risposta all'iniziativa, la Commissione riconosce che la fornitura di servizi idrici è di competenza delle autorità nazionali e locali e incoraggia gli Stati membri a rispettare i loro obblighi per realizzare il diritto umano all'acqua e ai servizi igienico-sanitari per tutti i cittadini.

fronti delle istituzioni – diminuito dal 57% al 31% fra il 2007 ed il 2012 – la mancanza di reale integrazione a livello comunitario, la mancata percezione della comunità di obiettivi e scopi da raggiungere, ma soprattutto il *digital divide*, che ancora oggi risulta essere un problema tutto europeo. È necessario che iniziative di questo genere, come l'ICE, siano supportate da investimenti in capitale umano, in termini di formazione, istruzione, accesso alle tecnologie informatiche e di informazione, ma ancor più che si investa in campagne di comunicazione e informazione atte a segnalare (evidenziare) gli aspetti reali e le opportunità connesse all'Unione europea[21].

Gli Stati membri dell'Unione europea e le Istituzioni comunitarie dovrebbero combinare i propri sforzi per riuscire a costruire un'agenda comune digitale, capace di stimolare un circolo virtuoso di investimenti in infrastrutture ICT e creare le condizioni per un uso efficace ed inclusivo delle ICT, per aumentare non solo la competitività e l'innovazione dell'economia europea, ma anche l'inclusione sociale e la partecipazione democratica di cittadini e cittadine. Un'Europa solidale è un'Europa istruita, collaborativa, cooperativa, integrata, capace di innovare e innovarsi; oggi purtroppo siamo ancora lontani dal realizzare questa idea di Europa.

Quella finora presentata è una piccola fotografia del panorama europeo, che poco considera le potenziali dinamiche di solidarietà inerenti al rapporto con gli extra-europei. Consapevoli che l'integrazione, l'inclusione e la solidarietà si costruiscono anche lungo questa direzione, si è scelto di utilizzare come *focus* d'indagine le iniziative rivolte ai giovani europei e non europei in termini di *brain circulation* e occupazione.

Il concetto di fuga dei cervelli – *brain drain* – si riferisce generalmente alle migrazioni internazionali permanenti o a lungo

---

[21] I dati dell'ultimo *Global Information Technology Report* 2014 del *World Economic Forum*, che analizza il divario digitale fra i paesi, mostra che il *digital divide* in Europa ancora persiste e mentre molti paesi europei sono leader nella classifica (con numerosi paesi nordici e occidentali all'interno della *top 10*), altri continuano a restare indietro.

termine di persone qualificate che sono state oggetto di notevole investimento educativo da parte delle società d'origine. Il trasferimento implicito di competenze e conoscenze dal paese di origine a quello ospitante costituisce una grave perdita per il primo, dato il ruolo cruciale delle risorse umane nella crescita.[22] Nel corso degli ultimi anni si è sempre più fatto riferimento alle migrazioni o mobilità di "persone altamente qualificate/*highly skilled workers*"[23] che l'OCSE ha raggruppato in un'area chiamata HRST – *Human Resources in Science and Technology*,[24] la quale racchiude una vasta gamma di competenze in discipline che comprendono le scienze fisiche e biologiche, l'ingegneria, le scienze sociali, la sanità, l'istruzione e le imprese.[25] Questo fenomeno interessa tutti i Paesi più industrializzati al mondo e in Europa riguarda particolarmente Germania, Francia, Regno Unito e i Paesi del Benelux. L'Italia, a differenza delle nazioni appena citate, è un Paese che esporta un elevato numero di personale altamente qualificato – sono infatti più di 14mila gli italiani che hanno deciso di emigrare nel solo 2012[26] – non riuscendo a compensare questo *trend*, perché le condizioni sociali e soprattutto economiche del momento allontanano coloro i quali decidono di abbandonare il proprio Paese per motivi di lavoro.
Per favorire e regolare il flusso di migranti altamente qualificati, il Parlamento europeo nel 2009 ha introdotto la cosiddetta *Blue*

---

[22] Cfr. CORNELIUS W. A., THOMAS J., *The International Migration of the Highly Skilled: Demand, Supply, and Development Consequences in Sending and Receiving Countries*, CCIS Anthology Series, No. 1, University of California-San Diego, San Diego, 2001.
[23] Cfr. LOWELL L. B., FINDLAY A. M., *Migration of Highly Skilled Persons from Developing Countries: Impact and Policy Responses- Synthesis Report*, International Migration Papers, n. 44, International Labour Office, Ginevra, 2002.
[24] Cfr. OECD, *Student mobility between and towards OECD countries: a comparative analysis. Trends in International Migration: SOPEMI 2001*, Parigi, 2002, pp. 93-117.
[25] Cfr. AURIOL L., SEXTON, J.. *Human resources in science and technology: Measurement issues and international mobility. International Mobility of the Highly Skilled*, Organisation for Economic Co-operation and Development, 2002, pp. 13-38.
[26] Cfr. CARITAS / MIGRANTES, *Immigrazione Dossier Statistico 2012*, XXII Rapporto sull'immigrazione, 2012.

card. È un permesso di lavoro destinato a cittadini extraeuropei laureati o con un diploma di specializzazione riconosciuto e con almeno tre anni di esperienza professionale. Requisito determinante per ottenerla è il possesso di un contratto di lavoro di almeno un anno con un'impresa europea. Nel tentativo di arginare flussi di immigrazione clandestina, la direttiva prevede il reclutamento e l'assunzione dei lavoratori qualificati direttamente nel paese di origine. L'obiettivo della direttiva, che ha sancito la nascita di questo nuovo permesso di lavoro, è quello di innescare il meccanismo della cosiddetta immigrazione circolare, altresì conosciuta come *brain circulation*: un principio che consente ai migranti qualificati di lasciare l'Europa dopo un periodo di formazione professionale per tornare nei rispettivi paesi di origine e mettere lì a disposizione le conoscenze acquisite.[27] Il *brain drain* e l'introduzione della *Blue card* mal si accordano, in quanto il primo concetto denuncia quella che è la perdita di capitale umano altamente qualificato da parte di diversi Stati, mentre il secondo invita alla mobilità delle persone, andando a richiamare uno dei capisaldi della politica sociale europea degli ultimi venti anni. Il giusto compromesso sta nel dar vita ad una politica che alimenti in modo continuo e costante un processo di *brain circulation,* un processo di immigrazione circolare. I paesi, che siano o meno in via di sviluppo, dovrebbero allo stesso tempo puntare sull'uscita dal proprio territorio dei propri migranti altamente qualificati, dando loro la possibilità di poter poi rientrare e dare un contributo reale ed effettivo al paese; allo stesso tempo ognuno dei 28 Stati membri dovrebbe essere un polo di attrazione per ricerca, innovazione, possibilità di investimento, tenendo presente che soltanto in questo modo si potrà realmente creare un tessuto europeo di competitività che sia alla pari e non viaggi a diverse velocità. In Europa non vi è soltanto un flusso costante di talenti in cerca di lavoro. Vi è la presenza di un movimento che riguarda una particolare fascia di età che non ha l'obiettivo primario di tro-

---

[27] Cfr. CERNA L., *The EU Blue Card: preferences, policies, and negotiations between Member States*, in *Migration Studies.*, vol. XXX, 2013.

vare un'occupazione: si tratta degli studenti universitari che partecipano ogni anno ai progetti promossi dall'Unione europea chiamati Erasmus e Leonardo. Questi due progetti hanno avuto notevole impatto sulle generazioni di giovani che finora ne hanno potuto usufruire, diventando una *best practice* non solo della mobilità dei cittadini europei e dell'abbattimento delle barriere geografiche fra i Paesi membri, ma anche della condivisione delle culture e religioni compresenti nell'Unione europea. Il progetto Erasmus, acronimo di *European Region Action Scheme for the Mobility of University Students*, ha avuto inizio nel 1987, su impulso dell'allora Comunità europea, per favorire l'integrazione sociale fra i giovani europei, offrendo loro la possibilità di trascorrere un periodo di tempo, legalmente riconosciuto dall'università di origine, presso un ateneo straniero. Finora questo progetto ha visto la partecipazione di più di due milioni di studenti provenienti da oltre 4000 università europee.[28] Il progetto Leonardo da Vinci, molto simile, mira invece a favorire la mobilità di giovani che abbiano l'obiettivo di svolgere un progetto di formazione in un'istituzione presente in uno dei 28 Paesi membri dell'Unione.[29] Questi due programmi rappresentano due ottimi risultati per l'intera Unione, considerando che sono riusciti a legare diverse generazioni grazie allo scambio reciproco di esperienze, lingue e culture, creando quella che è probabilmente una forma primordiale di un popolo (riconosciuto come) europeo. I progetti portati avanti in Europa in tema di mobilità studentesca da un lato hanno legato i Paesi membri, ma dall'altro hanno visto partecipare un numero più basso rispetto alle iniziali aspettative. Bisogna puntare, quindi, su un maggior snellimento delle procedure di accesso e un aumento degli investimenti sulle giovani generazioni, partendo da questi progetti esistenti per poi con-

---

[28] Cfr. JIMENEZ CAMPOS D. Y., *Progetto Erasmus. Un'analisi della Students Satisfaction*, 2013, disponibile all'indirizzo: *http://etd.adm.unipi.it/t/etd-09022013-185857/*
[29] Cfr. ARENARE R. et al., *Il contributo del Programma Leonardo da Vinci al Lifelong Learning e le prospettive per la nuova fase di programmazione*, 2013, disponibile all'indirizzo: *http://isfoloa.isfol.it/bitstream/123456789/587/1/Arenare-Contributo%20di%20LdV%20al%20LL.pdf*

cludere con la piena attuazione di un piano di *brain circulation* che sia in grado di legare i cittadini ai propri paesi di origine e di arricchire, grazie ad una società della conoscenza più competitiva e dinamica, i paesi di destinazione. Questi progetti promossi dalle istituzioni dell'Unione europea sono arrivati dove spesso le grandi trattative diplomatiche e politiche poco hanno potuto nel corso degli anni.

3. Verso una solidarietà interstatale

«Questo insieme (di popoli) non potrà e non dovrà restare un'impresa economica e tecnica. Bisogna darle un'anima. L'Europa non vivrà e non si salverà che nella misura in cui essa avrà coscienza di se stessa e delle sue responsabilità, dove essa farà ritorno ai principi cristiani di solidarietà e di fraternità».[30] La dichiarazione del ministro degli Affari esteri francese Robert Schuman il 9 maggio 1950 consacrava l'avvio del processo di unificazione europeo, già in passato delineato da grandi pensatori, quali Victor Hugo, Giuseppe Mazzini, Benedetto Croce. Schuman stesso era convinto che il termine nazionale non fosse antinomico al termine sovranazionale e che costruire il bene comune dell'Europa non significasse trascurare i beni particolari, ma era altresì conscio che nello stesso perseguimento del bene comune si mescolassero tutti i beni particolari. Egli basava la sua concezione su due punti focali, sovranazionalità e solidarietà, nonostante fosse consapevole che «l'Europa non si farà di colpo, né si costruirà tutta assieme: si farà grazie a concreti atti, capaci di creare una solidarietà di fatto».[31] Nella sua visione, la *facienda* costruzione sovranazionale doveva essere animata da uno spirito di solidarietà, dialogo, cooperazione e conciliazione: non si voleva pervenire ad un'omologazione, ad un livellamento, ma ad una coesione, che non eliminasse le differenze tra gli Stati, ma solo le rivalità, costruendo un'unione fondata su una mutua fiducia.

---

[30] Cfr. Zin E. (a cura di), *Robert Schuman. Un padre dell'Europa unita*, Editrice AVE, Roma, 2013, p. 54.
[31] Cfr. *Ibidem*, p. 14.

Il binomio solidarietà ed Europa si colloca innanzitutto a livello interstatale. In questo contesto la solidarietà può essere declinata sotto numerosi profili. In primo luogo, la connessione fra Stati e solidarietà può trovare il suo fondamento nella relazione tra Stato e la sua base sociale, tramite la promozione di una democrazia europea transnazionale. In secondo luogo, l'adozione di progetti di integrazione a più velocità può rafforzare la volontà di una maggiore solidarietà tra Stati membri omogenei e con interessi simili. In terzo luogo, come sottolineato in precedenza, le crisi possono rappresentare un meccanismo propulsore che induca gli Stati membri ad una maggiore cooperazione e solidarietà.

Tramite la costituzione di CECA, CEE ed EURATOM, Schuman e gli altri padri fondatori individuarono i primi passi di un processo d'integrazione dei popoli e degli Stati europei partendo dalla materia economica: nacque il mercato interno. Gli Stati vollero ridurre il divario esistente fra le diverse regioni europee alla luce di un principio di solidarietà evocato negli stessi Trattati comunitari. Sin dall'origine il principio della solidarietà è stato considerato il motore della costruzione europea: quel principio doveva essere lo strumento per superare le situazioni di crisi. La crisi economico-finanziaria, che dal 2008 ha coinvolto il continente europeo, ha messo a dura prova la coesione dell'Unione europea e la sua architettura, incentrata sull'aspetto economico e la sua capacità di procedere sul percorso tracciato dai padri fondatori.

Sebbene la componente prevalente che caratterizza l'Unione sia quella economica, raccoglie sempre più sostenitori la tesi secondo cui l'Unione europea può sopravvivere alla crisi attuale e prosperare solo muovendosi rapidamente verso un'unione politica. La questione dell'unione politica europea costituiva l'obiettivo nutrito dai padri fondatori, che contemplavano anche l'opzione federalista degli Stati Uniti d'Europa. Tale speranza che animò i federalisti riecheggia nelle parole di Altiero Spinelli del 1953 concernenti lo statuto della comunità politica europea: «lo Statuto non crea una Federazione. Fonda una Comunità nella quale si svolgerà una lotta aspra e lunga fra le istituzioni federali e quelle confederali (...) Un arduo compito si presenta ai federalisti, che dovranno elaborare le linee fondamentali dell'azione politica (...) che progressivamente trasformerà la Comunità in Federazione».[32]

A tal riguardo, è opportuno chiedersi se lo sviluppo e il potenziamento dell'Unione europea si debbano tradurre necessariamente nella svolta federalistica da più parti auspicata. Non è una domanda peregrina, da ridurre ad un punto del classico confronto fra euroscettici e federalisti. Se è vero che la storia ha confermato l'idea di Carl Schmitt[33] per cui lo sbocco naturale delle confederazioni sia lo stato federale, non ultimo il caso degli Stati Uniti, è anche vero che tali fenomeni sono molto precedenti all'Unione europea e non si scontravano con la molteplicità delle tradizioni culturali, linguistiche, economiche, sociali (*Welfare*) e costituzionali dei paesi europei. Nel caso europeo risuona ancora più forte il monito del padre fondatore americano James Madison a prestare attenzione a non sacrificare le prerogative nazionali sull'altare dell'autorità federale.[34] È proprio la valorizzazione della solidarietà civica, tra i cittadini dell'Unione, che può dare nuova linfa al processo di integrazione europea, senza far venire meno un'autentica legittimazione democratica. Per utilizzare i termini di Jürgen Habermas, sembra auspicabile opporre la realizzazione di una "democrazia transnazionale" a un "federalismo esecutivo postdemocratico".[35] L'avanzamento del processo di integrazione deve, infatti, ricevere una sufficiente legittimazione democratica perché possa raggiungere il successo e la stabilità, vincendo le critiche sempre più attraenti delle forze euroscettiche e populiste contro il *deficit* democratico ed una gestione burocratico-gabinettistica. Nel concetto della democrazia transnazionale,

---

[32] Cfr. SPINELLI A., *Una strategia per gli stati uniti d'Europa*, Il Mulino, Bologna, 1989, p. 141.
[33] Cfr. SCHMITT C., *Dottrina della costituzione*, Giuffrè, Milano, 1984.
[34] Cfr. BAYLIN B., *The Debate on the Constitution: Federalist and Antifederalist Speeches, Articles, and Letters During the Struggle over Ratification*, Library of America, New York, 1993.
[35] Cfr. HABERMAS J., *Questa Europa è in crisi*, Laterza, Bari, 2012.

tale legittimazione passa per la salvaguardia delle componenti democratiche nazionali. La conservazione delle prerogative fondamentali degli organi costituzionali nazionali, infatti, non è funzionale alla sola, seppur importante, conservazione delle tradizioni culturali dei paesi membri. Questa, infatti, rende possibile un doppio livello di tutela dei diritti e delle libertà dei cittadini dell'Unione, costituendo compito primario dello Stato garantire diritti e libertà e amministrare la giustizia.

4. La sovranità condivisa: Europa tra popoli e Stati

Per fare dell'Europa una vera comunità democratica, prima di pensare ad un'ulteriore cessione di prerogative sovrane, è necessario rafforzare una solidarietà statale e sovrastatale che permetta il costituirsi di una volontà politica comune e la legittimazione democratica del potere. Un coerente progetto costituzionale dell'Europa, perché abbia successo, deve coinvolgere i cittadini, naturali detentori della sovranità. Molti sostengono che il processo di integrazione europea sia avvenuto ad opera di *élites* politiche (dall'alto verso il basso), a differenza delle costituzioni nazionali del XVIII e del XIX secolo, frutto di rivoluzioni popolari: ora necessita della realizzazione effettiva di una cittadinanza europea (dal basso verso l'alto), come peraltro sostenuto dagli Stati membri e previsto dal Trattato di Lisbona.[36]

Il concetto di cittadinanza europea è multidimensionale e multilivello: presenta, infatti. un legame di tipo orizzontale, che vincola l'individuo al gruppo e richiama l'appartenenza ad una comunità politica ed un legame verticale – che riguarda il rapporto tra i cittadini e le autorità politiche della comunità di cui il cittadino stesso è parte.[37] Il tema della cittadinanza europea si

---

[36] Conformemente all'art 9 TUE, la cittadinanza europea non è più complemento della nazionale, ma si aggiunge ad essa.
[37] Cfr. COTTA M., ISERNIA P., *L'Unione europea e le sfide della cittadinanza sovranazionale* in BELLUCCI P., CONTI N. (a cura di), *Gli italiani e l'Europa. Opinione pubblica, elite politiche e media*, Carocci, Roma, 2012.

arricchisce, poi, di un ulteriore fattore di complessità, per via dell'esistenza del rapporto con le rispettive cittadinanze nazionali. La prospettiva teorico-concettuale qui adottata richiama quella elaborata nell'ambito del progetto *IntUne*: la cittadinanza europea è articolata in tre elementi, definiti come l'identità europea, la funzione di rappresentanza politica svolta dalle istituzioni europee (*representation*) e la competenza comunitaria nel settore delle politiche (*scope of governance*).

Non può esistere Europa senza che vi sia una cittadinanza europea caratterizzata dall'identificazione e dall'attaccamento al gruppo, alla comunità politica, da un legame verticale che intercorre tra individuo e comunità ed è distinta dal sostegno, che implica invece una valutazione sull'opportunità di costruire una nuova *polity*; così come è distinta dal senso di comunità – che è invece il legame orizzontale che unisce i membri del gruppo – e distinta infine dal sostegno per il trasferimento al livello sopranazionale del processo decisionale, che definisce le preferenze sull'ampiezza della *governance*.[38]

I cittadini sono investiti dal Trattato sull'Unione europea di una "sovranità condivisa" con gli Stati,[39] ma essa deve leggersi piuttosto come "sovranità divisa", in quanto gli Stati partecipano al processo di integrazione europea nella duplice veste di cittadini europei e di cittadini degli Stati membri.[40] È necessario, dunque, che essi formino il proprio giudizio politico non solo in riferimento ai temi di politica nazionale, ma anche di politica europea, assumendo nei due casi una prospettiva diversa. Per permettere ciò, è opportuno creare le condizioni affinché si affermi una volontà transnazionale dei cittadini dell'Unione che corrisponda alla «solidarietà di cittadini che siano disposti a

---

[38] Cfr. SANDERS D., BELLUCCI P., TOKA G., TORCAL M., *Conceptualizing and measuring European citizenhip and engagement*, in SANDERS *et al.* (a cura di), *The Europeanization of National Politics? Citizenship and Support in a Post-Enlargement Union*, Oxford University Press, Oxford, 2012.

[39] Cfr. CHALMERS D., *European Restatements of Sovereignty*, LSE Legal Studies Working Paper, n. 10, 2013, disponibile all'indirizzo: *http://www.lse.ac.uk/collections/law/wps/WPS2013-10-Chalmers.pdf*

[40] Cfr. VON BOGDANDY A., *I principi fondamentali dell'Unione europea. Un contributo allo sviluppo del costituzionalismo europeo*, Editoriale Scientifica, Napoli, 2011.

garantire l'uno per l'altro». «La totalità dei cittadini dell'Unione può effettivamente condividere la sovranità con i popoli degli Stati membri, che continuano a monopolizzare il potere, soltanto se anche la solidarietà civica nazionale subisce una trasformazione».[41] Così, ad esempio, il cittadino tedesco e quello italiano dovrebbero interessarsi alla politica europea tenendo in considerazione i rispettivi punti di vista altrui, in modo da poter contribuire alla formazione di una volontà politica democratica che valichi le frontiere nazionali.

È opportuno, allora, che le istituzioni europee, al fine di garantire la stabilità in un momento in cui la loro credibilità vacilla, facilitino il processo di formazione di una cultura politica e sociale europea, potenziando i progetti culturali esistenti[42] e sostenendo la formazione di grandi partiti europei in cui possano riconoscersi i partiti nazionali. In tale ottica assume un rilievo significativo il sostegno alle iniziative nate presso la società civile,[43] funzionali alla responsabilizzazione dei cittadini

---

[41] Cfr. HABERMAS J, *Questa Europa è in crisi*, op. cit.

[42] Si pensi all'Erasmus per gli studenti universitari o alle visite al Parlamento europeo e alle simulazioni per gli studenti delle scuole secondarie o ancora all'apertura della Casa della storia europea, istituzione culturale e museale nata dall'iniziativa del Parlamento Europeo, prevista per l'autunno 2015. Tale ultimo progetto è una risorsa preziosa per narrare alle nuove generazioni e a tutti i cittadini i sacrifici e i successi, le difficoltà e le gioie vissuti nel processo di unificazione, invitandoli a una riflessione critica sul significato di tale processo per il presente, attraverso una mostra permanente e mostre temporanee e itineranti, una collezione di oggetti e documenti rappresentativi della storia europea, programmi educativi, eventi culturali e pubblicazioni nonché un'ampia gamma di contenuti online. L'idea di creare una Casa della Storia europea venne lanciata il 13 febbraio 2007 dal Presidente Hans-Gert Pöttering nel suo discorso inaugurale con l'obiettivo chiave di "approfondire la conoscenza della propria storia tra gli europei di tutte le generazioni, in modo da contribuire a una migliore comprensione dello sviluppo dell'Europa di oggi e di domani". Disponibile all'indirizzo *http://www.europarl.europa.eu/meetdocs/2004-2009/documents/dv/745/745721/745721-en.pdf*

[43] Si considerino le esposizioni organizzate dalla Fondazione Konrad Adenauer nel 2012, rispettivamente a Napoli (con la collaborazione delle Università Federico II e Orientale) e a Roma (con la collaborazione dell'Università LUMSA), dal titolo *"Do you know the European Founding Fathers? – Create your Future by Knowing your Past"*. Per far conoscere i padri fondatori del processo di unificazione europea ed i loro meriti, le ragioni della loro convinzione e della loro motivazione. In particolare, oltre alle mostre, gli studenti sono usciti per strada per spiegare ai passanti, con l'ausilio di sagome a grandezza naturale, chi erano Konrad Adenauer, Alcide De Gasperi,

e alla formazione di una cittadinanza attiva che maturi uno spirito solidale.

Una forma di coesione transnazionale, scaturita a partire dagli organi amministrativi locali, si può oggi riscontrare nelle formazione delle macroregioni: attraverso la cooperazione transfrontaliera, le realtà locali che non conoscono più frontiere; realtà in cui le culture e le identità locali si confondono con i paesaggi privi di confini.

Per favorire l'affermarsi di una democrazia transnazionale, la collaborazione degli Stati è fondamentale: è auspicabile un'apertura solidale fra di essi, i quali d'altronde non possono più considerarsi entità culturalmente omogenee (per via del rilevante fenomeno delle immigrazioni in Europa e del pluralismo etnico tipico delle odierne società multiculturali) ed i loro popoli sono sempre più interconnessi dai moderni mezzi di comunicazione (internet *in primis*). I governi, invece, hanno a volte tentato di ostacolare tale processo, per il timore di perdite di potere: hanno escluso dall'agenda politica nazionale i temi europei, spesso preferendo ricorrere ad intese di tipo "burocratico-postdemocratico" a Bruxelles,[44] così da disaffezionare i propri cittadini dall'abbraccio di un comune futuro europeo. In tale contesto, si avverte anche una complicità dei media, che invece dovrebbero informare adeguatamente i cittadini non solo sul dibattito politico nel Parlamento europeo, ma anche sul confronto che gli stessi temi provocano all'interno degli altri paesi membri.

Onde evitare che la demagogia mediatica prenda d'assalto il dibattito politico, le iniziative intraprese dalle Istituzioni europee e dagli Stati vanno in questa direzione e mirano a rafforzare la legittimità democratica. Tra queste, si annovera la possibilità sperimentata durante le ultime elezioni (del 2014) di rinnovo del Parlamento europeo di scelta del candidato alla pre-

---

Robert Schuman e Jean Monnet. Tali iniziative sono l'antidoto più efficace all'antieuropeismo di marca demagogica e populistica, perché permettono di narrare alle nuove generazioni quella che era la visione strategica di politici di quel calibro, stimolandoli a recuperarla, anche in ragione dei successi innegabili del progetto europeo, che tendono ad essere dimenticati o svalutati.

[44] Cfr. HABERMAS J., *Questa Europa è in crisi*, op. cit.

sidenza della Commissione europea, tramite un voto a sostegno del partito di riferimento. Molte sono le proposte, avanzate dai partiti europei, di concedere ai cittadini europei la possibilità di votare anche candidati stranieri in un altro paese membro dell'Unione, dando vita ad una prima forma di democrazia transnazionale.

Parafrasando la nota frase di Massimo d'Azeglio, adesso «*occorre fare gli europei*». La necessità di "fare" gli europei e di tramandare la *raison d'être* dell'Europa unita si dimostra sempre più inderogabile, allorquando stanno scomparendo le generazioni sopravvissute alle tragiche guerre mondiali e si avverte l'esigenza di educare le nuove generazioni al valore e alla non ovvietà del progetto europeo. Oggigiorno, per valorizzare l'Europa sinora costituita e il processo integrativo svoltosi, bisogna tornare a raccontare e "narrare" le ragioni di fondo, delle quali le nuove generazioni non sono più consapevoli. Si deve, allora, valutare positivamente, valorizzando e potenziando, la diffusione di canali d'informazione europei come ad esempio l'emittente televisiva Euronews,[45] che trasmette le notizie in tredici lingue, assumendo una prospettiva europea, oppure dei tanti forum e blog telematici che discutono temi di interesse europeo, di cui *Euractiv*, *viEUws*, *Italianieuropei*, sono solo alcuni esempi. È favorendo questa reciproca conoscenza che potranno formarsi cittadini europei effettivamente responsabili ed autenticamente solidali.

5. Perseguire la solidarietà a più velocità

La recente crisi economica e l'emergere di nuove potenze nella comunità internazionale hanno stimolato l'esigenza di rilanciare il processo di integrazione europea, affinché i paesi dell'Unione

---

[45] Euronews è stata scelta dall'Unione europea per supportarla nella missione di pubblico servizio. Lanciata nel 1993 come prima TV paneuropea d'informazione multilingue, trasmette via satellite e cavo in quasi tutta Europa e complessivamente in 155 paesi in tutto il mondo, entrando in 344 milioni di case.
http://www.euronews.net/media/download/mediapack/euronews-mediapack-en-2011.pdf

siano più coesi ed uniti e possano svolgere un ruolo da protagonisti non solo nel commercio e nella finanza internazionale, ma anche nella soluzione delle crisi politiche nelle varie aree del globo.

L'introduzione di forme alternative all'integrazione omogenea costituisce uno dei lati più innovativi dei trattati europei più recenti. Di fronte a un'Europa che si sviluppa, nonostante i divergenti interessi, le discordanti scelte politiche e dissimili situazioni economiche, appare sempre più opportuno differenziare le modalità d'integrazione. Si contemplano altresì meccanismi a velocità variabile, come la "cooperazione rafforzata" (introdotta dal Trattato di Amsterdam e meglio definita con quello di Nizza), che consente a un numero circoscritto di Stati membri, almeno nove, di progredire sulla via dell'approfondimento della costruzione europea, nel rispetto del contesto istituzionale e degli interessi degli altri Stati membri. Tale meccanismo ha permesso ad esempio la conclusione dell'accordo di Schengen che, inizialmente firmato da cinque Stati nel 1985, ha finito per includerne ben 26, affermando in tal modo le libertà di circolazione senza pregiudicare le scelte e gli interessi degli altri Paesi. In realtà, la differenziazione non deve condurre all'abbandono della cosiddetta "Europa di serie B",[46] segnando non solo il fallimento del progetto europeo, ma addirittura relegando a vuota retorica il contenuto dell'articolo 3 del Trattato sull'Unione europea, secondo cui «essa promuove la coesione economica, sociale e territoriale, e la solidarietà tra gli Stati membri».[47]

Le cooperazioni rafforzate, una forma moderata d'integrazione differenziata, coinvolgono le materie che non sono di competenza esclusiva dell'Unione europea.[48] Questo strumento ha il

---

[46] Cfr. PAOLETTI D., *Europa a due velocità sì o no?*, 2012, disponibile all'indirizzo: http://www.libertaegiustizia.it/2012/10/23/europa-a-due-velocita-si-o-no/
[47] Cfr. FRAGOLA M., *Il trattato di Lisbona: che modifica il Trattato sull'Unione Europea e il Trattato sulla Comunità Europea*, Giuffrè, Milano, 2010, p. 54.
[48] Cfr. FANTOZZI A. (a cura di), *Diritto tributario*, Utet giuridica, Torino, 2012. L'autore analizza, in particolare, due casi, in merito al divorzio di coppie internazionali e al brevetto europeo.

merito di conferire maggiore stimolo al processo di integrazione europea, senza coinvolgere tutti gli Stati membri: alcuni, infatti, potrebbero essere riluttanti a incrementare l'integrazione in determinati settori (si pensi di recente alla reticenza della Gran Bretagna nei confronti dell'introduzione di una tassa sulle transazioni finanziarie). La previsione di una maggiore flessibilità si rende opportuna, giacché alcuni Stati membri mal sopportano un sistema in cui chi vuole procedere più velocemente deve attendere chi si attarda. Un altro approccio a tale flessibilità è la cosiddetta Europa *"à la carte"*, altra forma d'integrazione differenziata, secondo cui gli Stati membri hanno la possibilità di scegliere, come se si trattasse di un *menù*, l'ambito politico cui aderire maggiormente, conservando al contempo obiettivi comuni di base. In particolare, l'integrazione differenziata «permette agli Stati membri più ambiziosi di stabilire dei vincoli di cooperazione più approfonditi»,[49] così che gli Stati membri non debbono necessariamente muoversi tutti verso gli stessi obiettivi con la stessa velocità. In definitiva, la flessibilità può riguardare i partecipanti, gli obiettivi o l'intensità d'integrazione.

Il tema dell'Europa "a due velocità" si è riproposto in coincidenza della crisi: se alcuni lo sostengono come un antidoto, altri viceversa ritengono che possa essere fatale per il processo d'integrazione. Il concetto di Europa a due velocità presenta due possibili sviluppi, dovendosi chiarire sulla portata e sulla natura della differenziazione. Da un lato, il progetto risulterebbe eccessivamente selettivo, se si basasse sulla maggiore o minore ricchezza, e determinerebbe tendenzialmente uno sviluppo negativo per il futuro stesso dell'Unione. Dall'altro lato, potrebbe produrre effetti positivi, cosiddetti *spillovers,* fungendo da vera e propria forza propulsiva, mettendo in comune la gestione politica e la *governance* economica dell'Unione. Gli avanguardisti, in questa prospettiva, potrebbero rappresentare

---

[49] Cfr. CONVERTI A., *Istituzioni di diritto dell'Unione Europea*, Halley Editrice, Macerata, 2005, p. 381.

un traino, ergendosi a pionieri di importanti innovazioni politico-istituzionali, svolgendo il ruolo di "minoranze creative". La differenziazione del regime si giustifica in virtù dell'allargamento del numero degli Stati dell'Unione: l'ammissione di Stati con sistemi politici e socio-economici molto diversi (si pensi ai Paesi facenti parte dell'ex-blocco sovietico) ha determinato una più accentuata differenziazione del regime comune. La crescente eterogeneità influenza negativamente la volontà e la capacità degli Stati membri ad impegnarsi ulteriormente sulla via dell'integrazione: si rende necessaria l'introduzione di diversi livelli d'integrazione e di flessibilità. Un sistema a velocità differenziata non lede, tuttavia, necessariamente la solidarietà fra i membri: Eurozona, Spazio Schengen, Carta dei diritti fondamentali, Patto di bilancio europeo, eventuali accordi in materia di PESC e PESD, non devono necessariamente comprendere tutti i 28 Stati fin dall'inizio di tali progetti; anzi per garantire una migliore flessibilità dell'insieme, una demoltiplicazione può anche rivelarsi opportuna. Lo stesso Trattato di Lisbona, dal canto suo, prevede la possibilità di istituire cooperazioni strutturate rafforzate: lungi dall'essere antitetiche, solidarietà e differente grado di partecipazione possono garantire una risposta più adeguata alle diverse circostanze da fronteggiare. La solidarietà, dunque, deve essere avvertita come il perseguimento di obiettivi convergenti, sebbene perseguiti a velocità e intensità differenziate. I successi potranno, poi, attrarre l'adesione di nuovi stati.

In una realtà globalizzata, davanti all'affacciarsi di nuove potenze globali sempre più competitive, Unione e Stati membri si necessitano l'un l'altro per garantire credibilità politica, coesione e coerenza. D'altro canto, ogni ulteriore sviluppo dovrà costruirsi sulla base di questa costruzione eterogenea, sfruttando anche gli istituti delle cooperazioni differenziate in modo da rendere inestricabile la reciproca dipendenza e perseguire il comune destino. L'integrazione rafforzata deve procedere in modo coordinato, senza sfociare in una flessibilità in cui le politiche si sviluppano sul territorio in modo irregolare, né in un *escamotage* che porti ad aggirare la regola dell'unanimità o che sia volto a creare "nuclei duri di matrice intergovernativa".[50] La più auspicabile prospettiva, soprattutto per l'Italia, sarebbe quella di evitare di aggregarsi a gruppi ristretti, viste le mutate circostanze internazionali, e di identificare le cooperazioni strutturate rafforzate più funzionali per la propria crescita anche attraverso lo sviluppo di una rete diversificata di rapporti interni ed esterni. L'Italia è, infatti, tra i paesi meridionali dell'Unione quello che può maggiormente far sentire la propria voce, interpretando le esigenze delle aree periferiche, mediterranea e balcanica.

6. La crisi come opportunità

Il momento che attraversiamo fa tornare d'attualità le parole di Jean Monnet, uno dei padri fondatori dell'Europa insieme al già citato Schuman, secondo cui «l'Europa si costruirà sulle crisi e sarà la somma delle soluzioni apportate a tali crisi».[51] Da tale affermazione si possono far discendere due ordini di conseguenze: in primo luogo, che l'attuale crisi – economica, sociale, politica e culturale dell'Europa – può e deve rappresentare un'opportunità, oltre che una sfida ai popoli europei;[52] in secondo luogo, che la soluzione alla crisi non può che provenire, almeno in prima battuta, dagli Stati nazionali, che sono tuttora i membri propulsori della "famiglia" europea.

Concentrando l'attenzione sul profilo strettamente economico-finanziario della crisi, che è anche l'aspetto che più sta scuotendo le basi della convivenza all'interno dell'Unione europea, si possono osservare due tratti caratterizzanti della stessa: essa – o meglio la sua estensione – origina dalla compenetrazione fra le economie e le società degli Stati membri dell'Unione, avendo dapprima interessato in maniera più evidente alcuni di essi per

---

[50] Cfr. FERRARA P., *Non di solo euro: la filosofia politica dell'Unione europea*, Città nuova, Roma, 2002, p. 166.
[51] Cfr. MONNET J., *Mémoires*, Editions Fayard, Parigi, 1976.
[52] Cfr. ULRICH B., *Europe's crisis is an opportunity for democracy*, in *The Guardian*, 28 novembre 2011. Disponibile all'indirizzo: *http://www.theguardian.com/commentisfree/2011/nov/28/europe-crisis-opportunity-democracy*

poi coinvolgere, in momenti diversi, tutti gli altri; ha dato luogo ad una dicotomia fra le pulsioni rigoriste delle popolazioni di diversi Stati membri, spesso avverse a prestare assistenza ai Paesi in difficoltà finanziarie, e l'effettiva solidarietà di cui hanno dato dimostrazione gli stessi Stati nell'erogare gli aiuti economici necessari, per quanto ciò sia stato il frutto di scelte sofferte e condizionate da numerosi *caveat* a tutela degli interessi nazionali.

Sono stati, quindi, approntati numerosi strumenti per consentire alle economie dei Paesi in difficoltà di sopravvivere e di operare nell'immediato delle riforme dolorose, ma necessarie per evitarne l'insolvenza ed il precipizio in una spirale in cui contrazione repentina dei redditi e caos sociale si sarebbero alimentati a vicenda. Tra questi è utile annoverare la creazione del Fondo europeo di stabilità finanziaria (FESF), in seguito sostituito dal Meccanismo europeo di stabilità (MES), allo scopo di evitare il riprodursi di un'altra crisi del debito sovrano, mettendo in difficoltà la possibilità dei Paesi fortemente indebitati a rifinanziarsi nei mercati. Al contempo, si sono registrati diversi interventi della Banca Centrale Europea per agevolare la ripresa, attraverso l'adozione di misure espansive di politica monetaria. In quest'ultimo caso si è assistito al coinvolgimento di un'Istituzione europea indipendente, ma pur sempre riconducibile alla volontà degli Stati dell'Eurozona, al fine di contenere gli effetti della crisi e, in ultima analisi, superarla.

Se si rivolge, tuttavia, lo sguardo oltre tali misure contingenti, occorre chiedersi: come potrà la crisi divenire un'opportunità per passare dalla solidarietà "estemporanea" fra Stati, cui abbiamo sin qui assistito, ad una "solidarietà propulsiva", costante, che possa ispirare una rifondazione dei rapporti fra gli Stati europei e, di conseguenza, delle politiche delle Istituzioni di Bruxelles?

Invero, sotto molteplici aspetti, è già possibile riscontrare una risposta alla domanda nella realtà esistente: dal Patto di bilancio europeo (comunemente detto "*fiscal compact*") alla istituenda unione bancaria, si possono già rilevare i primi passi nella direzione di un maggiore coordinamento delle politiche fiscali e finanziarie nell'Unione. D'altronde, gli stessi Stati membri e le Istituzioni comunitarie hanno assunto l'obbligo di consultarsi per concertare gli interventi di politica fiscale e vigilare sulle misure per il compiuto sviluppo dell'unione economica e monetaria, monitorando l'attuazione e gli effetti delle misure adottate. A primo impatto si possono comprendere le critiche che sono state mosse a tali strumenti, ritenuti il simbolo di un approccio ancora puramente economicista dell'Unione europea e dei suoi membri, nonché di un asserito dominio dei Paesi dalle economie più forti su quelli più in difficoltà, imponendo politiche di austerità ai restanti *partner* considerati meno disciplinati.

Se si supera la sterile e superficiale polemica, che continua a dominare il dibattito su tali strumenti, si può comprendere in primo luogo come la politica economica, ed in particolare quella fiscale, sia "politica" nel senso più intimo: è un tassello fondamentale delle decisioni che più direttamente incidono sulla vita quotidiana di milioni di cittadini e sulla capacità degli Stati di far fronte ai bisogni di questi ultimi – di fare politica, nella sostanza. D'altra parte, la solidarietà non può prescindere dal dialogo, che ne è uno dei presupposti essenziali:[53] se è vero che l'Europa avanza secondo un approccio dei "piccoli passi", anche sbagliando, in questo caso si assiste – finalmente – all'imposizione di un dialogo tra le parti per concordare gli interventi necessari nei diversi Stati membri. In tal modo, si mira a perseguire una politica economica armoniosa, superando o comunque correggendo il precedente assetto imperniato su regole rigide, spesso rese malleabili anche dai Paesi virtuosi, sulla cui osservanza erano chiamate a vigilare, con notevoli limiti e profonde lacune, le Istituzioni nelle loro articolazioni competenti. In tale contesto, tornano attuali le parole di Staffan Nilsson in un messaggio ai cittadini portoghesi colpiti dalla crisi: «Non siete soli in questo frangente; la solidarietà tra gli

---

[53] Cfr. KRZYSZTOF M. (a cura di), *Conditions of European Solidarity: What holds Europe together?*, CEU Press, Budapest, 2006.

Stati membri dell'Unione europea deve rimanere la chiave di volta della ripresa economica dell'Europa».[54]
Oggigiorno, l'integrazione funzionale di Monnet ha raggiunto la sua massima estensione possibile, e pertanto, proprio per tener fede al suo approccio funzionalista, è giunta l'ora di dotare il processo integrativo europeo di una più netta dimensione di politica estera e di sicurezza, come la crisi in Ucraina ed altre crisi internazionali ormai esigono.
L'obiettivo della costruzione di un'unione politica e di difesa resta, comunque, essenziale. Si possono ricordare vari tentativi esperiti per raggiungerla: i più importanti, il progetto della Comunità europea di difesa e della Comunità politica europea, falliti nel 1954; un altro tentativo nel campo politico, seppur anche questo naufragato nel 1962, fu il piano Fouchet. In seguito, il trattato di Maastricht prevedeva, seppur molto vagamente nelle sue formulazioni in materia, una politica estera e di difesa comune. Tra il 2003 e il 2004 vi è stato un concreto impegno in politica di difesa comune nelle operazioni di polizia in Bosnia-Erzegovina e Macedonia e in quelle militari in Congo, ma l'Unione è stata anche attivamente impegnata in Medio Oriente. Sarebbe opportuno fare ricorso alla via funzionale, realizzando la solidarietà di fatto in settori fondamentali che abbiano un significato politico e di sicurezza, con lo sguardo rivolto al suo immediato vicinato (si pensi alle situazioni drammatiche in Ucraina, in Siria e nel Caucaso).
Primi passi avanti sono stati dunque compiuti dalla crisi, ma resta ancora molto da fare. L'affermazione si giustifica osservando quanto sta accadendo oggi nell'Unione europea in occasione del dibattito relativo alla crisi ucraina: non tanto per quanto concerne la proiezione esterna dell'Unione, che meriterebbe un discorso a parte, quanto per le conseguenze sul fronte interno che tale crisi sta producendo.
Può essere d'ausilio un esempio concreto: è noto che la politica energetica in Europa è ancora, in larghissima misura, lasciata

---

[54] Cfr. NILSSON S., Dichiarazione del Presidente del Comitato Economico e Sociale Europeo, Lisbona, 8 aprile 2011.

alle determinazioni degli Stati membri,[55] con delle profonde differenze nelle fonti, nelle capacità e nei costi di approvvigionamento, essenzialmente dettate dalla posizione geografica, dalle dimensioni del Paese e dal PIL. In questi giorni la questione della politica energetica europea (o della sua assenza) è tornata di grande attualità per via del momento delicato che stanno attraversando i rapporti con la Russia e delle ricadute che ciò potrebbe produrre sulle forniture di gas russo a numerosi Stati membri che da esso dipendono, con l'insorgere di divisioni anche marcate fra le posizioni degli Stati dell'Unione. Nel valutare le misure che l'Unione europea ha adottato, che avrebbe dovuto adottare (e di quelle future che potrebbero essere adottate) nei confronti di Mosca in funzione deterrente, e delle possibili reazioni di quest'ultima, si è parlato della necessità di tenere in considerazione le esigenze degli Stati membri più dipendenti dal gas russo, con meccanismi di sovvenzionamento per le maggiori spese che essi potrebbero dover affrontare o di fornitura agevolata di gas da altri membri per sopperire ad eventuali riduzioni nell'erogazione di gas dall'Est.

Parlando in pubblico di tali questioni, e soprattutto dei costi che tali soluzioni implicherebbero, un rappresentante del governo di uno Stato membro di peso dell'Unione europea ha posto una domanda significativa, che può essere cosi parafrasata: perché un contadino italiano, già in profonde difficoltà economiche, dovrebbe essere costretto a contribuire di tasca propria alla salvaguardia dei confini e della sicurezza degli approvvigionamenti energetici polacchi o dei paesi baltici? Per certi versi, l'interrogativo riecheggia un altro, posto in circostanze certamente più drammatiche, ma con diverse analogie con quanto sta accadendo oggi: "Morire per Danzica?"[56] È innegabile che la solidarietà, in quanto tale, implichi dei costi, ma è proprio perciò che occorre la solidarietà fra gli Stati, nel

---

[55] Cfr. DUFFIELD J. S., *Toward a Common European Union Energy Policy: Problems, Progress, and Prospects*, Palgrave Macmillan, Basingstoke, 2011.
[56] Celebre interrogativo posto dallo scrittore socialista francese Marcel Déat, all'alba dell'invasione tedesca della Polonia nel 1939, in uno scritto a giustificazione della politica pacifista (*appeasement*) delle Potenze occidentali nei confronti dell'espansionismo di Hitler ai danni dei vicini orientali della Germania.

caso concreto che si è descritto come in qualsiasi altra fattispecie analoga: solo la cooperazione fra Stati può in questi casi impedire che gli interessi circoscritti dei singoli (per quanto comprensibili) possano ostacolare il perseguimento di obiettivi strategici che coincidono con il concetto di bene comune generale, come frutto della solidarietà, ovvero di un sacrificio da parte di tutti per intervenire a beneficio dei soggetti che più si trovano in difficoltà, perseguendo il benessere collettivo. D'altra parte, tornando al caso pratico, non è lontano il giorno in cui quello stesso contadino italiano, a ragione, invocherà l'aiuto degli altri membri dell'Unione europea per finanziare progetti di sviluppo della sua azienda o per alleviare la pressione dei numerosi migranti provenienti dalla sponda sud del Mediterraneo sul suo territorio.

Il ragionamento che si è sviluppato per sottolineare l'importanza che riveste la solidarietà fra gli Stati – che deve procedere di pari passo con quella fra individui e talvolta intervenire per plasmare o indirizzare le pulsioni di questi ultimi[57] – e per fornire argomenti convincenti per un suo rilancio nel quadro europeo può apparire "utilitarista", ma è invero il frutto di una semplice osservazione della realtà: il progetto europeo è nato dalla oggettiva necessità dei suoi Stati membri di creare una compenetrazione vicendevole – prima economica, poi estesa ad altri settori – per far sì che ogni conflitto tra di essi potesse essere escluso alla radice, pena la devastazione reciproca.

La crisi economica ha indotto molti – Stati, Istituzioni e popoli – ad accantonare tale principio fondamentale, determinando incomprensioni foriere di contrapposizioni tuttora difficili da sanare. Ancora una volta, sono valide le parole di Jean Monnet, per cui l'Europa avanza solo con le idee semplici: non vi è argomento più convincente per sostenere l'assoluta esigenza della solidarietà fra gli Stati europei che la semplice constatazione che le sfide che il mondo ci pone attualmente sono di gran lunga

---

[57] Sul punto si veda anche HABERMAS J., *Democracy, Solidarity and the European Crisis*, Social Europe Journal, 7 maggio 2013. Disponibile all'indirizzo: *http://www.social-europe.eu/2013/05/democracy-solidarity-and-the-european-crisis-2/*

superiori alle capacità di affrontarle che il singolo Stato possiede, indipendentemente dalle sue dimensioni e che in assenza della stessa solidarietà interstatale – che richiede altresì di recuperare la visione strategica che era propria dei padri fondatori – alcuni cittadini europei potranno avere dei benefici nell'immediato, subendo però le conseguenze di una visione limitata della convivenza europea nelle rispettive sfere d'interesse personale, specialmente nel lungo termine.

7. L'Europa faro dei diritti umani

La solidarietà in Europa non si esplica meramente nei rapporti tra Stati, cittadini e Istituzioni, bensì trova espressione anche nei confronti del resto del mondo.
Gli Stati europei sono tra i primi donatori di aiuti allo sviluppo, in linea con l'appello delle Nazioni Unite formulato negli obiettivi del Millennio a devolvere almeno il 0,7% del PIL in favore dei Paesi in via di sviluppo. Nel 2013 l'Unione europea ha stanziato nel complesso oltre 150 miliardi di euro in trasferimenti, prestiti e progetti per la cooperazione allo sviluppo.[58]
La solidarietà si pone a fondamento degli obiettivi dell'Unione, annoverati all'articolo 3 del Trattato di Lisbona, tra cui la pace e il benessere dei popoli, e contribuisce attivamente alla sicurezza, allo sviluppo sostenibile della Terra, alla solidarietà, al rispetto reciproco dei popoli, il commercio libero ed equo e l'eliminazione della povertà. Nella realizzazione della sua azione esterna, la quale racchiude una dimensione economica oltre alla dimensione politica della politica estera di sicurezza comune, l'Unione europea tiene conto dei principi che caratterizzano il suo sistema giuridico e politico anche nelle relazioni esterne. In particolare, emblematico è l'inserimento della clausola democratica negli accordi commerciali stipulati con Stati terzi, che impone agli Stati contraenti di rispettare i diritti dell'uomo e le libertà fondamentali e determinati *standard* in materia, pena la sospen-

---

[58] Maggiori informazioni in merito alla distribuzione degli stanziamenti per la cooperazione allo sviluppo sono disponibili all'indirizzo: *http://ec.europa.eu/europeaid/how/finance/mff/eu-budget-en.htm*

sione degli accordi stessi e delle agevolazioni concesse a tali Stati nell'accedere al mercato unico europeo. Si declina in tal modo, sul piano economico, uno dei pilastri portanti dell'edificio europeo: la salvaguardia e la promozione dei diritti umani.

Frutto dell'eredità cristiana, e della cultura illuminista, nonché delle conquiste liberali del secolo XIX, divenuti parte integrante dell'identità culturale europea, i diritti umani e le libertà fondamentali costituiscono i valori dell'Unione europea, come esplicitato nell'articolo 2 del Trattato di Lisbona; il rispetto e la promozione degli stessi nel mondo rappresentano uno dei principali obiettivi dell'Unione europea. Tale materia è stata recentemente rafforzata dal Trattato di Lisbona che integra la Carta di Nizza sui diritti e le libertà fondamentali, conferendole vincolatività. Ciò costituisce un importante passo in avanti, giacché lo spirito "mercantilista" dei primi decenni di vita della Comunità europea non contemplava i diritti dell'uomo, se non quelli dei lavoratori. I diritti umani erano tutelati in sede di Consiglio per lo più integrati nella struttura del Consiglio d'Europa tramite la Convenzione europea per la salvaguardia dei diritti dell'uomo. La stessa Corte della suddetta Convenzione si è rivelata un formidabile strumento per la tutela giurisdizionale dei diritti dell'uomo, innovandone ed estendendone l'applicazione. Grazie ad un lento e graduale sviluppo giurisprudenziale, anche la Corte di Lussemburgo ha offerto forme di tutela dei diritti dei singoli, tanto da parlarsi in dottrina di "sviluppo pretorio" dei diritti umani all'interno dell'Unione europea. La Corte di Strasburgo e la Corte di giustizia dell'Unione europea oggi assicurano, attraverso la loro giurisprudenza, una tutela giurisdizionale di altissimo livello. Lo spazio europeo si differenzia, pertanto, da qualsiasi altra regione nel mondo per la difesa dei diritti umani non solo dei suoi cittadini, ma anche dei cittadini di Stati terzi, e si pone dunque come "faro" dei diritti umani in un mondo caratterizzato da caos, libertà negate, intolleranza, scontri religiosi in diverse regioni.

8. Verso una riforma della *governance*

Il quadro che si è tratteggiato sin qui sarebbe incompleto se non ci chiedessimo che Europa vorremmo, ovvero come far con-

fluire i numerosi spunti di riflessione che sono emersi in una proposta concreta – e possibilmente non velleitaria – di riforma delle Istituzioni che guidano l'Unione europea e che presiedono al coordinamento tra i suoi Stati membri.
Alla luce anche delle recenti elezioni europee, connotate da una combinazione di astensionismo e crescita dei movimenti antieuropeisti, si può forse condensare lo spirito che dovrebbe essere alla base di ogni intento riformatorio parafrasando le parole che Don Milani proferì a proposito del compito sociale della scuola: l'Europa ha bisogno di essere inclusiva per poter essere solidale e in quanto europeisti abbiamo il dovere di contribuire a renderla un'"ospedale che non respinge i malati, curando i sani", rivedendone cioè struttura e i meccanismi in relazione ai motivi della diffusa disaffezione che larga parte della popolazione nutre nei confronti del fenomeno europeo e rendendo l'edificio europeo più funzionale alle esigenze dei cittadini europei. Tale obiettivo implica un ampio riordino dell'assetto istituzionale europeo, che – procedendo per induzione dai dati collezionati dall'Eurobarometro edizione 2013 [59] – può essere tuttavia sintetizzato in tre punti.
Innanzitutto, un'architettura istituzionale improntata ad una maggiore partecipazione democratica. In termini concreti, riteniamo indispensabile un Parlamento europeo che sia più simile a quelli nazionali, per composizione (è maturo il tempo per una legge elettorale unica europea) e poteri, che possa pertanto compiutamente rappresentare le esigenze della collettività europea. Al contempo, potrebbe essere giunta l'ora di abbandonare l'esistente relazione tra Parlamento e Consiglio, sulla quale incide a sua volta il Consiglio europeo – da taluni osservatori efficacemente definita "criptobicameralismo imperfetto" – per ristrutturarla inserendo elementi propri dei modelli federalisti, senza per forza giungere ad uno stato federale, consentendo una rappresentanza contestuale e bilanciata ai cittadini come agli Stati, in maniera non dissimile da quanto accade negli Stati

---

[59] Cfr. STANDARD EUROBAROMETER 80 (dicembre 2013), *http://ec.europa.eu/public-opinion/archives/eb/eb80/eb80-en.htm*

Uniti o in altri Paesi federali anche europei. Da un lato, si rimedierebbe, almeno in parte, alla farraginosità che, attualmente, permea il processo decisionale, non solo sul piano legislativo, dell'Unione e che troppo spesso contribuisce a rendere quest'ultima un organismo incomprensibile ad un'ampia fascia di cittadini europei e talvolta lontana dalle esigenze concrete di questi ultimi; dall'altro, verrebbe mantenuto il pur necessario coordinamento tra Stati, cittadini e Istituzioni, che – come si è visto – è componente irrinunciabile della solidarietà europea. Le norme europee in tal modo prodotte potrebbero continuare a trovare attuazione tramite l'operato congiunto della Commissione e delle Istituzioni nazionali, indispensabile ad assicurare il contemporaneo rispetto dei principi di uniformità del diritto e di sussidiarietà.

In secondo luogo, problemi comuni richiedono necessariamente soluzioni comuni. Urge una revisione delle competenze dell'Unione rispetto a talune problematiche che sono ormai condivise tra i suoi Stati membri e che continuano invece ad essere lasciate a questi ultimi, impedendo una comune ricerca di soluzioni, connaturata ad una comunità effettivamente unita nella solidarietà. Politica energetica, immigrazione, assistenza sociale, ambiente, lotta alla criminalità sono in cima alle preoccupazioni dei cittadini europei – in posizione immediatamente subordinata alle questioni economiche – eppure manca un'incisiva azione unitaria e condivisa ad opera delle Istituzioni europee e degli Stati membri. Quantunque ci siano difficoltà ad operare congiuntamente su tali questioni, esse non sono meno divisive rispetto alle tematiche economiche, dove solo la condivisione delle responsabilità ha consentito di arginare le conseguenze della crisi. In termini concreti, negli ambiti citati le Istituzioni europee, intervenendo direttamente, potrebbero operare un'opportuna azione di sintesi tra le diverse esperienze nazionali (a titolo esemplificativo, si pensi all'assistenza che la Polizia italiana offre ad altri corpi europei nella lotta alla criminalità organizzata; alle tecniche di tutela ambientale particolarmente avanzate che i paesi scandinavi potrebbero trasmettere ad altri Stati membri; all'esigenza di controllare flussi migratori che

sfuggono alla capacità di gestione dei singoli Stati), mettendo a sistema le capacità dei singoli Stati – individualmente non sufficienti – e superando le divisioni che alimentano il dibattito su tali questioni.
Infine, occorrono maggiori sforzi per la trasparenza e l'informazione. Ogni ipotesi di riforma della *governance* europea risulterebbe priva di efficacia se non fosse accompagnata da un'adeguata trasparenza, intesa come possibilità per il cittadino di comprendere gli strumenti che l'Unione europea e i suoi organismi pongono a sua disposizione e le azioni che essi intraprendono per il bene comune. La disaffezione e la contestuale solidarietà indebolita dagli eventi europei – specialmente alla luce della crisi – è, in buona parte, riconducibile ad incomprensioni, o mancanza di informazioni circa le attività, gli strumenti e le opportunità che esistono a favore dei cittadini. In termini pratici, un primo passo fondamentale è rappresentato dalla sensibilizzazione alle tematiche europee nelle scuole, primarie e secondarie, nonché dall'intensificazione di programmi di scambio studentesco (che contribuirebbero, peraltro, ad abbattere le barriere linguistiche già in età scolastica). Inoltre, nel contesto accademico e lavorativo occorre perseguire una maggiore compenetrazione tra realtà europee, rafforzando ulteriormente programmi come l'Erasmus e prevedendo meccanismi di incentivazione all'effettuazione di tirocini formativi in paesi europei o, meglio ancora, presso le Istituzioni europee (come accade, ad esempio, negli Stati Uniti, dove esperienze analoghe sono considerate un *atout* indispensabile per un candidato). In un momento in cui le fonti di informazione tradizionali non riscuotono più il seguito che avevano in passato e mezzi di comunicazione innovativi non riescono comunque a veicolare informazioni di un certo spessore ai cittadini, riteniamo che l'esperienza pratica e il contatto quotidiano con la realtà europea nelle sue molteplici declinazioni rappresentino gli strumenti più convincenti ed efficaci a coinvolgere i singoli nelle dinamiche europee.
Tale approccio consentirebbe di ingenerare nei singoli un senso di appartenenza alla collettività europea, in grado a sua volta, di riempire di contenuto il concetto di "cittadinanza europea"

senza cui non è possibile realizzare una società ed una struttura istituzionale europee unitarie e solidali. Ove non vi è un senso di appartenenza comunitario, non vi sono le condizioni necessarie affinchè si generi una comune concezione di cittadinanza e ancor più non vi sono i pilastri necessari per erigere una struttura istituzionale europea unitaria e solidale.

9. Conclusioni

Europa e solidarietà: due elementi imprescindibili. Guardando da vicino l'Unione europea ci si rende conto di come questa sia, in sostanza, un aggregato di tutte le dimensioni sociali, politiche ed economiche, trattate nei precedenti capitoli. Parlare di Europa non vuol dire reificare un concetto, parlare di qualcosa di astratto, giacché l'Unione europea si rivela molto più concreta e tangibile di quanto si creda.

Oggi tutti i cittadini sono chiamati ad avere un'idea di Europa, a credere in un modello di relazioni, di strutturazione di obiettivi comuni, in una società transnazionale e sovranazionale europea, caratterizzata da una condivisione di valori. L'idea di Europa che prevale in questo scritto è legata a doppio filo alla solidarietà, alle sue svariate declinazioni. Ragion per cui si è scelto di indagare, inizialmente, il significato della solidarietà nella costruzione e costituzione dell'Unione europea e, successivamente, tentare di comprendere come la sfida della solidarietà possa trovare risposta nei rapporti e relazioni tra i cittadini e tra gli Stati che la compongono.

Affinché l'Europa cresca, si sviluppi e, soprattutto, sia solidale, ci si rende conto che non si può prescindere dal sentimento europeista, dal sentirsi europei. Si rivela impossibile pensare ad un'Europa unita e solidale, senza che vi sia sostegno per il progetto di integrazione, per l'identità europea, per il senso di comunità e per il trasferimento di competenze decisionali. A tal fine, la narrazione della storia e del significato del progetto europeo alle nuove generazioni costituisce uno strumento fondamentale per garantire l'affermazione di una cittadinanza europea, che all'insorgere di crisi politiche ed economiche non cerchi rifugio tra i propri confini, ormai resi effimeri, ma cerchi soluzioni solidali, condivise e costruttive, che mirino alla prosperità di lungo termine dei popoli europei. In tale contesto gli Stati, in quanto faro di questo progetto, non possono più fare a meno l'uno dell'altro nel mondo globalizzato ed interdipendente e devono invero cercare modalità di integrazione alternative, che soddisfino le esigenze e gli interessi di un maggior numero, attraverso il ricorso, ad esempio, alla cooperazione rafforzata.

In definitiva, Stati, Istituzioni e cittadini europei *simul stabunt vel simul cadent;* non potendo continuare a sopravvivere senza i sacrifici che si sono tratteggiati in precedenza e che formano i pilastri della solidarietà, che deve ispirare i rapporti politici, economici e sociali all'interno dell'Unione.

Postfazione

Da pochi mesi sono giunta a Roma, la "città eterna", per assumere il compito di Direttrice della rappresentanza della Fondazione Konrad Adenauer nel Paese. Con grande interesse sono venuta a contatto con il Vostro progetto, il *Cenacolo Sinderesi*, che già da anni, come ho appreso, collabora attivamente con la nostra Fondazione.
Noi della Fondazione Konrad Adenauer ci impegniamo affinché il dialogo nella società e la formazione politica possano diventare davvero la base della società del futuro. È un compito, questo, che decliniamo diversamente, di volta in volta, a seconda dei contesti geografici, politici e sociali in cui operiamo. Ma, come recita anche il nostro motto, il nostro dovere principale è proprio il sostegno alla Democrazia!
A tale proposito, mi hanno molto colpito il Vostro impegno e la Vostra passione per il dibattito e per il confronto democratico, di cui questa interessante pubblicazione è chiara e limpida testimonianza. Purtroppo è raro, specialmente in tempi di crisi economica e di sfiducia collettiva verso la politica, trovare persone giovani e appassionate come Voi, le quali per loro libera e consapevole scelta si confrontano, si aprono al dialogo e si mettono in gioco con l'intenzione di apportare un contributo fattivo alla società in cui vivono e agiscono. Il Vostro lavoro mi sta molto a cuore! Per questo ringrazio personalmente Mons. Samuele Sangalli che Vi guida con il Suo entusiasmo e la Sua esperienza, i segretari del corso, il Dott. Francesco Nicotri e la Dott.ssa Antonella Piccinin, che organizzano il lavoro, i docenti che vi seguono e stimolano ogni giorno e soprattutto Voi partecipanti. Un ringraziamento

speciale al Rettore della Pontificia Università Gregoriana, François-Xavier Dumortier, S.J. per il Suo supporto.
La Vostra esperienza è un importante e originale "cammino di crescita", come l'ha definita un vostro membro nel bel video di presentazione di *Sinderesi* che ho visto su Youtube. Libertà, Giustizia e Solidarietà sono i principi guida del lavoro della Fondazione Konrad Adenauer. Tramite la nostra cooperazione europea e internazionale ci impegniamo affinché le persone possano vivere autonomamente in libertà e dignità. Vogliamo fare in modo che le persone arrivino a costruire il proprio futuro in questo senso. Noi diamo un contributo, grazie alla presenza di circa 80 uffici in tutto il mondo e a progetti attivi in più di 120 paesi, mettendo in contatto fra di loro persone che si assumono la propria responsabilità sociale. Così sviluppiamo reti attive nella politica, nell'economia e nella società. Sinderesi interpreta al meglio questo nostro impegno.
Sinderesi cresce nella misura in cui ci si confronta e si cresce insieme, e sono sicura che questo Vostro impegno porterà ottimi frutti non solo a Voi come persone, ma anche a tutti coloro i quali ne sapranno apprezzare il valore e avranno la fortuna di collaborare insieme al Vostro gruppo. Io, da parte mia, sono convinta che il Vostro impegno riuscirà ad agire nella società e sono davvero orgogliosa di poterVi accompagnare in questo "cammino di crescita" nei prossimi anni della mia permanenza a Roma. Buon lavoro a tutti Voi!

Caroline Kanter
Direttrice della Fondazione Konrad Adenauer, Italia

Il Cammino di Sinderesi

Solidarietà e democrazia
Mediazione e dialogo tra ideali e realtà concrete

Sabato 19 Ottobre 2013: *Solidarietà e democrazia nell'orizzonte della Dottrina sociale della Chiesa: riflessioni per un percorso*
Introduzione (e relazione) del Mons. Samuele Sangalli

Sabato 16 Novembre 2013: *Democrazia vs solidarietà? Come si valuta la qualità*
Relazione del prof. Leonardo Morlino

Sabato 14 Dicembre 2013: *Democrazia, sviluppo economico e solidarietà. Il contributo dell'Economia sociale di mercato a un nuovo ordine economico mondiale*
Relazione della prof.ssa Silvia Bruzzi

Sabato 18 Gennaio 2014: *Democrazia – solidarietà e forme di partecipazione politica*
Testo di Giacomo Alfiero, Antonella Piccinin (coordinatori), Antonio Aventaggiato, Marco Capri, Emanuele Ciancio, Huguette Kazeneza, Theodore Parran, Marilena Pisani, Francesca Ruggiero, Massimiliano Viola, Andrea Zaccagna
Supervisione esterna del prof. Gino Scaccia

Sabato 15 Febbraio 2014: *Centri (culturali) per un mondo che "soffre di pensiero"*
Testo di Francesco Nicotri, Edoardo Antonio De Luca (coordinatori), Elisabetta Abelardi, Antonio De Napoli, Paolo Fontana, Vincenzo Montagna, Francesco Moroni, Ulderico Moscetta, Nicola Pigna, Gianmaria Alessandro Ruscitti, Antonio Vella
Supervisione esterna dell'avv. Alberto Gambescia

Sabato 15 Marzo 2014: *Democrazia economica e società del lavoro*
Testo di Giovanni Saracino (coordinatore), Enrica Bozzanza, Irene Buzzi, Giulia Callegari, Lorenzo De Santis, Davide Dinoi, Pasqualino Marsico, Livio Napoleone, Luigi Picarelli, Marco Russo.
Supervisione esterna del prof. Paolo Onelli

Sabato 12 Aprile 2014: *Coopowerment: Fare impresa, cooperando*
Testo di Mariangela Lancellotta, Elisabetta Pessano (coordinatrici), Francesca Baccara, Alessandro Cavalera, Gian Maria Gramondi, Giovanni Luca Licitra, Antonietta Malatesta, Valentina Masucci, Paola Perinu, Fabio Massimo Silvetti, Elena Vicini
Supervisione esterna del dott. Carlo Borgomeo

Sabato 17 Maggio 2014: *Solidarietà ed Europa*
Testo di Rosaria Gimmelli, Sofia Tilotta (coordinatrici), Antonella Anastasi, Antonino Cordopatri, Nino Marzullo, José Manuel Fonseca de Melo, Arnaldo Mitola, Andrea Sanchez Enciso, Luca Trabalza.
Supervisione esterna dell'amb. Guido Lenzi e della dott.ssa Silke Schmitt

Indice

Prefazione — 3

Introduzione — 5

Ideali

Solidarietà e democrazia nell'orizzonte della Dottrina Sociale della Chiesa: riflessioni per un percorso — 15

Democrazia vs solidarietà? Come si valuta la qualità della democrazia, oggi — 41

Democrazia, sviluppo economico e solidarietà. Il contributo dell'Economia sociale di mercato a un nuovo ordine economico mondiale — 55

Realtà concrete

Democrazia – solidarietà e forme di partecipazione politica — 91

Centri (culturali) per un mondo che "soffre di pensiero" — 123

Democrazia economica e società del lavoro — 177

Coopowerment: Fare impresa, cooperando — 229

Solidarietà ed Europa — 281

Postfazione — 325

Finito di stampare nel mese di dicembre 2014
presso Scuola Tipografica S. Pio X - Roma